# 都市縮小時代の土地利用計画

多様な都市空間創出へ向けた課題と対応策

日本建築学会 編

学芸出版社

# まえがき

　人口減少時代の本格的な到来と共に、政治、経済から日々の暮らしにいたるあらゆる側面において、大きなパラダイムシフトが起きている。例えば、空家対策特別措置法に代表される空き家対策やまち・ひと・しごと創生法を根拠にする地方創生施策はその一面であり、配偶者控除の見直し等による女性の社会進出の促進や外国人観光客を大量に呼び込むインバウンド施策ですら、その別の一面であろう。社会のあらゆるマインドが、人口減少社会や超高齢化社会を前提に動いているといっても過言ではない。このような中で、都市計画の中でも土地利用計画を専門とする若手の研究者が集まり、人口減少下における都市のあり方を議論したのが本書のきっかけである。

　とりわけ、人口減少が進むことによって起こると予想される、器としての市街地の縮小化やその課題はどのようなものか、という問いは、都市計画に関係する者であるならば、誰でも想起するものであるはずである。これに対する都市論として、コンパクトシティやサステイナビリティ、スマートシュリンク等の考えはすでに出されていた。しかし、いずれも机上の論の印象は免れず、とかく実態としての都市縮小が明快に顕在化する以前においては、なおさらであった。

　特に危惧されるのは、コンパクトやシュリンクという言葉が、後退的でネガティブな印象を持つが故のマイナス思考の一人歩きである。確かに人口は減るかもしれない。しかし、大きなパラダイムシフトを千載一遇のチャンスと捉え、新しい暮らし方や都市のあり方を考える絶好の機会だと考えれば、かなり前向きなのであり、それができる現在は極めて重要ということになる。これが本書の動機である。

　他方で、都市縮小は欧米諸国にも共通する課題であり、都市縮小の原因はさておき、実態としての市街地縮小現象は同じ様相を呈する。国ごとに都市計画法制度が異なり、都市の形成経過も異なる中で、都市縮小は国際比較の可能な貴重な研究課題ということができる。こうした中で、本委員会の委員の一人が、所属する大学のファカルティ・ディベロップメント事業を通じ、海外の都市縮小研究者を訪ねる機会を得た。何名かを訪ねて判ったことは、欧米では、物理的な市街地の縮小現象のみを取り上げ、その都市計画的対応のみを議論するのではなく、政治、経済や社会政策と一体化した計画論が考えられているという事実であった。もちろん実務的に縮小型都市計画を担うプランナーはいるのであろうが、

少なくとも都市縮小を専門と名乗る研究者でこうした個別分野を取り上げる者は少ないということであろうか。都市縮小をタイトルに掲げる本書は、こうした彼岸との違いを認識しながら、あえて海外紹介の話題を含めることとした。これらの話題は前向きに今後の都市のあり方を考える上で有益なはずである。

　以上のような経緯から、本書は土地利用計画の側面から国内の都市縮小問題を捉えながら、海外事例の紹介をも含む点が大きな特徴となっている。また、都市計画に関わる大学研究者、行政担当者、計画系コンサルタントが著者となり、実際に直接関わった案件や研究事例を引きながら問題提起を行うと共に、海外研究者の何名かが加わることで国際的な視野から日本の課題の立ち位置を明らかにしている点も大きな特徴である。都市計画に関わる行政関係者、コンサルタント等の実務関係者、研究者、大学院生、さらには、まちづくりに関心をもっている議員、NPO等任意団体のリーダーや一般市民にもぜひ読んでいただき、情報共有や情報交換等を通し、よりよい明日のまちづくりに役立てていただければ幸甚である。

日本建築学会都市計画委員会<br>
土地利用問題小委員会

# 目 次

## 序章 都市縮小問題と土地利用計画　[浅野純一郎] ……11
- 0・1　都市縮小とは何か ……11
- 0・2　各国に見る都市縮小の要因 ……12
- 0・3　都市縮小問題の顕在化と土地利用計画制度の推移 ……13
- 0・4　本書の構成と狙い ……16

## 1編　都市縮小・都市希薄化の実態と土地利用の課題 ……19

### 第1章　海外の都市縮小事情と日本の状況　[海道清信] ……20
- 1・1　シュリンキングシティ＝縮小都市をめぐって ……20
- 1・2　世界と日本の人口変化と都市化 ……21
- 1・3　主要先進国における縮小都市の状況と対応 ……23
- 1・4　縮小都市の都市像・計画手法・施策・マネジメント ……28

### 第2章　首都圏郊外部で進む都市の希薄化　～横浜市と金沢区の高齢化と地区の状況　[中西正彦] ……29
- 2・1　大都市圏郊外地域における市街地の縮退 ……29
- 2・2　横浜市の人口動態 ……30
- 2・3　横浜市金沢区における縮退の分析 ……31
- 2・4　希薄化する住宅地の現状と具体的課題 ……35
- 2・5　課題対応への体制づくり ……38

### 第3章　拡大しながら空洞化する首都圏近郊都市　[秋田典子] ……39
- 3・1　首都圏近郊都市とは ……39
- 3・2　首都圏近郊都市の無秩序空隙化 ……40
- 3・3　都市計画区域縁辺部におけるスプロールと無秩序空隙化の実態 ……42
- 3・4　無秩序空隙化の実態は拡大しながらの空洞化 ……46

### 第4章　DID縮小区域から見た地方都市　[浅野純一郎] ……47
- 4・1　都市縮小をどう捉えるか ……47
- 4・2　DID指標に見る都市縮小の実態 ……47
- 4・3　DID縮小区域の発生要因とその特性 ……49
- 4・4　DID縮小区域と土地利用計画課題 ……53

### 第5章　東日本大震災被災地の空間変容の実態と新たな取り組み　[姥浦道生、苅谷智大] ……55
- 5・1　震災被災地の低利用化 ……55
- 5・2　復興の事業 ……55
- 5・3　土地利用的に変容する（しない）市街地・集落：高密化と低密化 ……56
- 5・4　被災空閑地の利活用に関する先進的取り組み ……58
- 5・5　被災低利用地の利活用から見えてきたもの ……61

# 2編 計画・制度の課題と可能性 ……… 63

## 都市計画制度の課題と可能性

### 第6章 都市縮小に向けた都市計画法制度のあり方　［中出文平］ ……… 64
- 6・1 本章の狙いと議論のための前提 ……… 64
- 6・2 都市縮小という現象とは何か ……… 65
- 6・3 都市縮小に際して考慮すべき点とは ……… 66
- 6・4 都市縮小に向けた土地利用制度とは ……… 67
- 6・5 都市縮小を視野に入れた計画のあり方 ……… 70

### 第7章 都市計画法指定区域の縮小に向けた取り組み　［松川寿也］ ……… 72
- 7・1 市街地の器としての法指定区域 ……… 72
- 7・2 3411区域縮小の取り組み ……… 73
- 7・3 用途地域を縮小した線引き拡大 ……… 77
- 7・4 法指定区域の縮小が目指すもの ……… 80

### 第8章 逆線引き制度の適用可能性　［浅野純一郎］ ……… 81
- 8・1 市街地縮小と逆線引き制度 ……… 81
- 8・2 地方都市における逆線引きの適用状況と計画課題 ……… 81
- 8・3 暫定逆線引き適用の実態と計画課題 ……… 87
- 8・4 市街地縮小に向けた今後の逆線引き制度とは ……… 89

### 第9章 立地適正化計画の効果的活用方策
　　　 ～居住誘導区域内外の土地利用制度のあり方　［中西正彦、松川寿也］ ……… 90
- 9・1 立地適正化計画の論点 ……… 90
- 9・2 先行する策定の取り組みに見る課題 ……… 90
- 9・3 土地利用制度との関係で考慮されるべきこと ……… 94
- 9・4 立地適正化計画制度運用の方向性 ……… 96

## 拠点・居住地の再編

### 第10章 まちなか居住施策による中心回帰　～北陸地方の主要都市を例に　［眞島俊光］ ……… 99
- 10・1 まちなか居住と中心回帰の現状 ……… 99
- 10・2 北陸地方のまちなか居住施策の効果と課題 ……… 100
- 10・3 まちなか居住施策の今後の展望 ……… 103

### 第11章 郊外住宅団地の持続的居住と集約化の可能性　［藤田　朗］ ……… 105
- 11・1 希薄化する郊外住宅団地 ……… 105
- 11・2 持続的居住に向けた課題 ……… 106
- 11・3 集約化の可能性 ……… 109
- 11・4 政策化に向けて ……… 112

### 第12章 用途無指定区域における拠点集約の取り組み　［竹田慎一、松川寿也］ ……… 113
- 12・1 上越市における取り組み ……… 113
- 12・2 小さな拠点を具体化する土地利用制度 ……… 117

## 未利用地の発生と利活用

### 第13章 市街化区域内農地の保全と市街地縮小化への活用可能性　［柴田　祐］……121

- 13・1　市街化区域内農地になぜ着目するのか……121
- 13・2　市街化区域内農地の位置づけに関する国の議論の変遷……122
- 13・3　市街化区域内農地の実態……123
- 13・4　明石市における生産緑地地区指定に向けた取り組み……124
- 13・5　市街化区域内農地の保全と市街地縮小化への活用可能性……127

### 第14章 空き地の複数区画利用と暫定利用の可能性　［原田陽子］……128

- 14・1　空き地の複数区画利用……128
- 14・2　菜園利用による空き地の暫定利用……131
- 14・3　空き地の複数区画利用と菜園化による暫定利用の可能性……135

### 第15章 市街地再編に向けた空き家の整備のあり方　［篠部　裕］……136

- 15・1　老朽危険空き家の整備と市街地再編……136
- 15・2　呉市危険建物除却促進事業の概要……137
- 15・3　空き家解体除却後の跡地活用の実態……138
- 15・4　住民意識調査からみた跡地活用の可能性……139
- 15・5　空き家の総合対策と住宅地再編……141

## 他分野と連携した対応

### 第16章 都市の縮小と公共交通　〜バス路線再編を事例として　［吉中美保子、榎本拓真］……143

- 16・1　人口減少と交通計画……143
- 16・2　公共交通のダウンサイジング……143
- 16・3　公共交通の再編事例……146
- 16・4　今後の課題……149

### 第17章 自治体税制からの検討　〜固定資産税制度から見た望ましい市街地集約化のあり方　［樋口　秀］……151

- 17・1　都市計画と税制の関係……151
- 17・2　中心市街地の衰退と固定資産税収の関係……155
- 17・3　集約型都市構造の実現と固定資産税収確保に向けた都市計画の課題……157

### 第18章 郊外市街地のマネジメント　〜将来人口構造およびインフラ・サービスの費用便益予測を踏まえた検討　［勝又　済］……159

- 18・1　将来像予測に基づく郊外市街地のマネジメントの重要性……159
- 18・2　地区レベルでの将来人口・世帯数予測……160
- 18・3　生活利便施設の存続可能性予測……162
- 18・4　インフラ・サービスの維持管理・更新に係る将来コストの推計……163
- 18・5　整備シナリオ案に基づく将来便益の推計……165

## 3編　欧米諸国の都市縮小の実態と対応　167

### 第19章　欧米諸国における都市縮小事情と国際的な比較研究の必要性
[K. Grossman, V. Mykhnenko, A. Haase, M. Bontje／浅野純一郎（訳）]　168
- 19・1　都市縮小問題の国際的研究の状況　168
- 19・2　都市縮小メカニズムの解釈モデルの検証　171
- 19・3　都市縮小問題の政策課題と展望　172

### 第20章　ドイツにおける人口減少への都市計画的対応　[姥浦道生]　176
- 20・1　ドイツにおける人口減少の様相　176
- 20・2　自治体レベルの空間形成の実態と計画　176
- 20・3　地区レベルの課題、計画とその実現　179
- 20・4　ドイツの低未利用地利活用事例からの示唆　183

### 第21章　英国における衰退住宅地管理の歴史的経緯と課題　[P. Lee／浅野純一郎（訳）]　184
- 21・1　英国における住宅需要の低下と都市縮小問題　184
- 21・2　ブレア労働党政権による政策的対応　186
- 21・3　住宅市場の強靭化と都市管理の必要性　188

### 第22章　放置されたブラウンフィールドの有効な再生方法
〜英国と日本の取り組み方の比較　[大塚紀子]　192
- 22・1　ブラウンフィールドとは　192
- 22・2　ブラウンフィールド再生に向けての都市政策　193
- 22・3　放置されたブラウンフィールドの再生事例　194
- 22・4　今後の課題　197

### 第23章　縮退状況における計画アプローチとしてのグリーン・イフラストラクチャー
[K. Rucshe, J. Wilker／秋田典子（訳）]　199
- 23・1　縮小都市におけるグリーン・インフラストラクチャーの可能性　199
- 23・2　グリーン・インフラストラクチャーとは　199
- 23・3　グリーン・インフラストラクチャーの計画アプローチの特性　201
- 23・4　縮退という文脈におけるグリーン・インフラストラクチャー　201
- 23・5　ルール地方におけるスタディ　203
- 23・6　グリーン・インフラストラクチャーの課題　205

### 第24章　米国における空き家・空き地問題への対処
〜市場メカニズム活用とランドバンク　[藤井康幸]　207
- 24・1　米国における空き家・空き地問題　207
- 24・2　空き家・空き地の再利用に際する課題　209
- 24・3　米国における空き家・空き地問題への対応　210
- 24・4　ランドバンクによる空き家・空き地問題への対処　211
- 24・5　市場性メカニズム型施策と公的施策のバランスのとれた活用の必要性　212

**終章　多様な都市空間の創出に向けて**　［浅野純一郎、姥浦道生、松川寿也］ ・・・・・・・・・・・・・・・・・・ 214
　　1　都市縮小現象の何が問題なのか ・・・・・・・・・・・・・・・・・・・・・・・・・・・・・・・・・・・・・・・ 214
　　2　多様な都市空間の創出に向けた都市再構築の必要性 ・・・・・・・・・・・・・・・・・・・・ 215


索引 ・・・・・・・・・・・・・・ 221
あとがき ・・・・・・・・・・・・ 227
著者略歴 ・・・・・・・・・・・・ 228

# 序章 都市縮小問題と土地利用計画

浅野純一郎

## 0·1 都市縮小とは何か

　少子高齢化とともに人口増加率が減少に転じた2000年代半ば以降、日本では人口減少時代の社会のあり方が本格的に問われるようになってきた。バブル崩壊後の失われた20年（現在では、数十年と言い換える場合もある）の原因は、実は人口、とくに生産年齢人口の減少によるものとする説が説得力を持ち[文1]、地方消滅の名のもとに900弱の自治体が消えるかのような議論に関心が集中したのは[文2]、いかにこの問題が社会に浸透しているかを示すだろう。そして2014年9月には地方創生担当大臣がおかれ、同年12月より地方創生と称したさまざまな政策がパッケージで投下されたのは（まち・ひと・しごと創生法制定）、この問題が国の最重要課題に浮上したことを如実に示している。こうした中で、さまざまな社会・経済活動の基盤であり結果でもある都市（市街地）には、人口減少社会に即応したあり様が求められ、そのための都市整備や制度のあり方が問われるのは当然のことである。

　日本における近年の都市計画の潮流として、1990年代の地球温暖化や地球環境問題の顕在化、少子高齢化と地方都市における中心市街地活性化の必要性といった課題に対応すべく、持続可能性やコンパクトシティの概念を全国の自治体に広く適用してきた蓄積がある。また、その一環として、今後の都市のあり方、「都市の形」としてスマートシュリンク（賢く縮小）が提言されてきた[文3]。しかし、都市縮小の実態が身近に顕在化するに及んで、机上の理論だけではなく、今一度冷静かつ丁寧に実態を把握し、現状の制度の問題点を精査したうえで、今後のあり方を議論する必要があるだろうというのが、本書の動機である。すなわち、日本における都市縮小の実態とは何か、現状の土地利用計画とその関連制度による都市縮小問題への対応課題は何か、都市の集約化や土地利用の再編、あるいは都市の再構築に向けた方法論や手がかりには何があるのか、こうした問いに対し、国内で見られる事例から実証的に、かつ海外事情との比較を含めながら、多面的に分析と考察を試みるのが本書の目的である。本書の対象とする都市とは、物的な都市、つまり土地利用として把握される地理的な概念としての都市である。そして、この都市の縮小問題を土地利用計画という観点から考察することを特色とする。このように、あえて土地の利用に拘るのは、多岐に渡る都市縮小の問題を土地利用という分野で絞る代わりに、その分野で把握される事実や課題の認識を確かにすることを重視するためである。ただし、通常、土地利用計画といった場合、開発行為や建築行為の規制や誘導が話題の中心ではあるが、本書は規制誘導のみに終始するのではなく、土地の利活用に関係しうる手法・手段をなるべく広く取り扱うこととしている。これは、空き家や空き地に典型なように、需要がない状況下では規制誘導手法だけでは限界があると考えるからである。よって、本章4節「本書の構成と狙い」で見るように、本書の土地利用計画は、土地の利活用に係わる広い意味での土地利用計画だと理解していただければ幸いである。

　本書で頻出する都市縮小に関わる用語の定義を説明する。都市の縮小の程度を測る指標には、人口と実態としての土地利用があると考えられる（図0·1）。後者

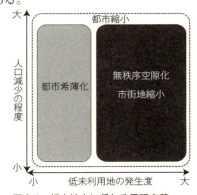

図0·1　都市縮小に係わる用語定義

は空き家や空き地といった低未利用地の発生度である。この2軸の中で、人口減少は進んでいるものの、低未利用地の発生があまり見られない場合は、「都市希薄化」や「都市の希薄化」として表現する。たとえば、空き家は発生しておらず、世帯数の減少も見られないものの、1世帯当たりの人口が減少することによる人口密度の低下等が該当する。これに対し、空き家や空き地、その他低未利用地が顕在化した、土地利用として把握される縮小現象は「市街地縮小」「市街地の縮小」として記載する。そして市街地縮小の中でも低未利用地が無秩序に発生する様態を「無秩序空隙化（リバーススプロール）」と呼ぶ。そのうえで、「都市希薄化」と「市街地縮小」の双方を含む用語として「都市縮小」を用いる。このように本書では、都市縮小の実態を、人口減少を主とする様態と低未利用地の発生にまで及ぶ様態の二つに分類して、より実態に即した都市縮小の議論を進めることとする。

## 0・2　各国に見る都市縮小の要因

都市縮小を前節のように定義したところではあるが、海外ではどのように捉えられているのであろうか。たとえば、ヨーロッパでは、EUから研究助成を受けた「Shrink Smart（賢く縮小）」調査プロジェクト[文4]や、CIRES（サイレス）のCOST ACTIONプロジェクト[注1]の二つが、最近、都市縮小をテーマとして活動している大きなものである。前者はヨーロッパ各国における比較研究に特色があり、後者はセミナーを主体とした啓蒙活動を主とする。これらを含め、欧米では各国の比較研究を通じ、都市縮小（shrinkと主に呼ばれる）の現状や原因、社会への影響を包括的に議論する取り組みが活発である。また、欧米では都市衰退（urban decline）や都市荒廃（urban decay）、人口減少（depopulation）等をテーマにした文献（単著を含め）は少なくとも1970年頃から見られ、こうした蓄積を踏まえ、都市縮小の定義を「人口の減少（population loss）」といった比較的緩い定義に留めて、幅広い現象・要因を含める形で比較研究が進められている点に特徴がある。よって、都市縮小にはその発生要因で区分すれば、

①政治体制転換によるもの、②産業構造の転換によるもの、③経済の好不況によるもの、④人口動態（少子高齢化）によるもの、⑤大都市への人口集中によるもの、⑥郊外への人口移動（スプロール）によるもの、⑦戦禍によるもの、⑧災害・事故によるもの、⑨住宅の過剰供給によるもの等が含められる[文5]。たとえば、社会主義政権の崩壊とこれに伴う西側への移住や産業構造の転換による旧東ドイツ都市の衰退事例（旧ソビエトや旧東ヨーロッパの都市事例も該当する）は①や②、石炭や製鉄のような重工業地域の衰退と産業構造転換に伴うブラウンフィールドや衰退地区の再生が課題であるイギリスやルール工業地帯の産業都市の場合は②や③、郊外開発による人口の郊外移動と経済の好不況サイクルによる都心荒廃が課題のアメリカ都市の事例は③や⑥、戦禍により住民が離散した旧ユーゴスラビアの都市は⑦と、おのおのは要因によって区別が可能である。

こうしてみた場合、現在の日本で問題とされる都市縮小は主に④や⑤によるものである。また東北に関わる住民には、東日本大震災の津波や福島原発事故による人口の離散が直接的には災禍によるものであれ、たぶんに地方衰退が共通地盤にあると感じられる向きも多いであろう。この意味で、都市縮小には⑧が含まれることを実感されていると考えられる。しかし、日本では②や③による大規模工場等の閉鎖や⑥によるスプロールを頻繁に目にしてきたはずであるが、通常これを都市縮小の一つとして理解するのは希ではなかろうか。この意味で、日本の都市縮小もまた特殊ケースの一つであり、その位置づけを明確に理解することで、国際的な比較研究の土俵に上がるのである。

欧米で行われる都市縮小の比較研究が要因によって区分される理由として、要因によって対処方策が異なると考えられていることがある。たとえば、都市縮小が進む前に対処法を講じる場合（レジリエンスと言い換えられる）、政治体制転換によるものと人口動態によるものを同列に扱うことはできず、対処方法はまったく別のはずである。そしておのおのの要因に直接効果がある対処法がもっとも有効なはずである。この文脈で言えば、日本で行われている「まち・ひと・しごと創生総合戦略」も少子高齢

化や一極集中の是正を目的とした直接的取り組みであると言えるかもしれない。これに対し、本書で扱うのは都市縮小問題と土地利用計画である。すなわち、都市縮小の要因よりも都市縮小によって生じた土地利用的、あるいは空間的現象に注視し、その結果（市街地の縮小）を受け入れたうえで、いかにこれを再構築しうるのかに焦点をあてる。よって、取り上げる都市縮小の事例も、要因が何であれ、空洞化した中心市街地、都市周辺部や郊外住宅地の衰退地、ブラウンフィールド等、都市縮小した土地利用のすべてが分析対象である。このように事前予防的というよりは事後対策の書である点に特色がある。

## 0·3 都市縮小問題の顕在化と土地利用計画制度の推移

### 1. 都市縮小問題の経過

本節では、日本における都市縮小問題と土地利用計画制度の推移を俯瞰する。まず、都市縮小問題について、日本の特色である人口動態の変容や一極集中の経過をふり返る（表0·1）。1人の女性が一生に産む子供の平均数を合計特殊出生率と呼び、ある死亡の水準のもとで人口が長期的に増えもせず減りもせず一定となる出生の水準を人口置換水準と呼んでいる。これによれば、合計特殊出生率は戦後ほぼ一貫して減少して推移してきた。とくに、第2次ベビーブームの末期（1974年）に当時の人口置換水準2.24を下回って以後はその傾向が著しく、2005年に過去最低の1.26を記録した。出生率の低下とは逆に平均寿命は延伸したものの、2005年に初めて人口増加率がマイナスとなり、その後持ち直すものの、2011年以降はマイナスが続いている。すなわち2011年を境に本格的に人口減少時代が到来したと言える[文6]。他方で、少子化への対策は早く1990年の「1.57ショック」[注2]を契機に、1994年には当時の文部、厚生、労働、建設の4大臣合意による「今後の子育て支援のための施策の基本的方向性について」（エンゼルプラン）が策定されている。さらに1999年には新エンゼルプラン、2003年には少子社会対策基本法、次世代育成支援対策基本法と続き、2014年の「まち・ひと・しごと創生総合戦略」のルーツとなっている。しかし、これらが抜本的な少子化の改善に繋がっていないのは周知のとおりである。

東京一極集中の問題は、人口流入で見ると1980年頃から首都圏への流入超過が始まり、1987年には20万人に迫っている。政府においても人口・諸機能の一極集中と地方圏での雇用問題の悪化を改善すべく1987年には多極分散型国土を目標に、交流ネットワーク構想を打ち出した第四次全国総合開発計画（四全総）を策定しており、1998年の「21世紀の国土のグランドデザイン」（五全総）においても国土軸を打ち出し地方の自立を促す等、一貫して国土の均等な発展を目指してきた。具体的な施策では四全総を受けて多極分散型国土形成促進法が制定され（1998年）、一部行政機能はさいたま新都心に移転する等している。しかし1990年代に熱をおびた首都機能移転論も2000年代に入ると急速にしぼんでいく。逆に皮肉なことにバブル崩壊（1991年）によって東京の地価高騰が沈静化すると、人口の都心回帰がはじまり、経済のグローバル化の中で投資の集中もあいまって、東京への一極集中は21世紀に入って一層進んで現在にいたる。こうした構造的な背景のもと、日本における都市縮小が進行していったと考えられるが、とくに地方都市に影響が強いのが新幹線によるストロー効果である。大阪ですら、東海道新幹線の開通後は、首都圏の人口や経済規模の拡大に対し、明快な成長の鈍化が認められる[文7]。1970年代以降、整備新幹線の各区間が開業するたびに、大都市に直接または間接に接続することになった地方都市は若い世代を中心に人口を吸引されることとなった。2014年の「まち・ひと・しごと総合戦略」には、政府関係機関の地方移転等が盛り込まれ、一極集中を是正する施策は依然続いている。2016年には消費者庁の徳島での試験業務が短期間行われ、文化庁の京都府移転が決定する等、成果もないわけではないが、他方で、2020年の東京五輪開催が決定しており、地方分散の取り組みとその効果とは比較にならない規模の上積みが一極に続いていると言わざるを得ない。

拡大から停滞、あるいは減少へという価値の転換は、持続可能性（サステイナビリティ）の概念に通じるものである。持続可能性やコンパクトシティのルーツとされる

表 0・1　都市縮小および土地利用計画制度関連年表

| 年 | 都市縮小関連事項 | 土地利用計画等関連法 | 制度変更内容等 |
|---|---|---|---|
| 1968 | | (新)都市計画法 | 市街化区域および市街化調整区域の区域区分(線引き制度)、開発許可制度 |
| 1970 | 大阪万博 | 建築基準法改正 | 用途地域の8種類化、容積率制限の適用等 |
| 1971 | 第2次ベビーブーム期(〜74年) | | |
| 1972 | ローマクラブ「成長の限界」 | | |
| 1974 | 合計特殊出生率が人口置換水準(2.24)を下回る(その後現在まで連続で続く)<br>第1次オイルショック<br>ダンツィク・サアティ「コンパクトシティ」 | 都市計画法改正<br>生産緑地法 | 市街化調整区域の規制緩和(既存宅地、大規模集落) |
| 1977 | 第三次全国総合開発計画(定住圏構想) | | |
| 1979 | 第2次オイルショック | | |
| 1980 | | 都市計画法および建築基準法改正<br>建設省都市局長通達 | 地区計画制度創設<br>市街化の見込みのない区域への逆線引きの積極的適用 |
| 1982 | | 建設省都市局長通達<br>生産緑地法改正 | 線引き制度運用による特定保留区域制度<br>三大都市圏内特定市内の市街化区域内農地の宅地並み課税 |
| 1987 | 国連「ブランドラント委員会」報告書「我ら共通の未来」<br>第四次全国総合開発計画(多極分散型国土) | 建設省都市局長通達 | 市街化区域設定に係る将来人口密度想定に40人/ha以上を追加 |
| 1990 | 合計特殊出生率の低下(1.57ショック) | | |
| 1992 | | 都市計画法および建築基準法改正 | 市町村マスタープラン、用途地域の12種類化、市街化調整区域内の地区計画が可能 |
| 1998 | リチャード・ロジャース「小さな衛星のための都市」<br>21世紀の国土のグランドデザイン(五全総) | 都市計画法改正<br>中心市街地活性化法 | 特別用途地区による規制の自由化<br>中心市街地活性化基本計画<br>コンパクトシティの導入(青森市マスタープラン、富山市マスタープラン) |
| 2000 | | 都市計画法改正 | 都市計画区域マスタープラン、線引き制度の選択制、準都市計画区域、開発許可条例、特定用途制限地域 |
| 2003 | 少子化社会対策基本法、次世代育成支援対策基本法 | | |
| 2005 | 人口増加率が初めてマイナスを記録。合計特殊出生率が過去最低(1.26) | | |
| 2006 | | 都市計画法改正<br>中心市街地活性化法改正 | 公共施設への開発許可適用、準都市計画区域指定の柔軟化、大規模集客施設の立地規制<br>中心市街地活性化基本計画の認定制度 |
| 2011 | 東日本大震災。人口増加率が本格的にマイナス化 | | |
| 2013 | 2020年東京五輪開催決定 | | |
| 2014 | まち・ひと・しごと創生法(まち・ひと・しごと総合戦略の策定) | 都市再生特別措置法改正 | 立地適正化計画(都市機能誘導区域、居住誘導区域) |
| 2015 | | 空家等対策特別措置法 | 空家等対策計画、特定空家 |
| 2016 | 消費者庁の徳島での試験業務。文化庁の京都府移転が決定。 | | |

のが、1972年のローマクラブによる「成長の限界」[注3]であり、1974年には用語「コンパクトシティ」の初出とされる同名の書がダンツィヒとサティにより発表されている。前者は、当時は異端の考え方として批判されながら、1974年にオイル・ショックが起こったことで日本においても第三次全国総合開発計画にその影響が明快に現れている。持続可能性は、その後1987年に「環境や資源に関する現況と人間活動の影響を吸収する生物圏の能力によって受ける限界」として「国連の環境と開発に関する世界委員会」の報告書「我ら共通の未来」において定義され、1998年には英国の建築家リチャード・ロジャースによって、サステイナブルシティの七つの特性[注4]が示される等、イメージの具体化が進んでいった。日本において市町村マスタープランに最初にコンパクトシティの概念が反映されたのは1998年の青森市と富山市のマスタープランにおいてであり、少子高齢化と経済低成長、環境負荷の低減といった課題に対応すべく、まちなか居住による中心市街地の再生と高齢者等への医療福祉的利便性の確保、郊外開発の抑制や公共交通サービスの維持向上による低密度分散型市街地構造からの脱却が、日本版コンパクトシティの主旨であった。その後、地方都市においてコンパクトシティを標榜しない都市はないくらいに浸透し、2014年の立地適正化計画においては多極ネットワーク型コンパクトシティに衣替えをし

て、現在にいたっている。他方、コンパクトシティ施策と機を同じくして1998年に中心市街地活性化法が制定され、中心市街地活性化事業がスタートしているように、日本の地方都市でもっとも衰退が明快に最初に認識されたのは中心市街地であったと考えられる。

## 2. 土地利用計画制度の経過

　右肩上がりの社会、すなわち、都市化社会から都市型社会への転換を前提に土地利用計画制度の大転換が図られたのは2000年の都市計画法改正であるが、本節では区域区分制度が導入された1968年都市計画法から関連制度の経過をふり返ることとする。都市計画区域を市街化区域と市街化調整区域に区分する区域区分制度（以下、線引き制度）は、人口増加と都市部への人口流入に伴う市街地拡大をコントロールするために導入された。この線引きは人口フレームを基本とし、おおむね10年後の将来人口を収容するのに必要な新たな市街地面積を計画的に包含していくという、人口増加を前提とした動的なシステムでもある。そして、これを担保するのが、原則市街化抑制とされる市街化調整区域に対し、例外的な用途のみを許可するという立地基準を備えた開発許可制度である。既存宅地制度や大規模既存集落の設定等、開発許可制度の緩和（1974年）、線引き運用における特定保留区域制度の適用（1982年）、市街化区域設定に係わる将来人口密度想定の引き下げ（1987年）等、制度やその運用の変更や改良が図られるものの、基本は人口増加・都市拡大を前提として線引き制度は機能してきた。

　しかし、人口増加の鈍化と成熟社会の到来とともに、主に都市郊外や縁辺部の土地利用計画制度は2000年に大きく変更され、線引き制度の選択制、開発許可制度の弾力化（既存宅地制度の廃止と開発許可条例）、非線引き白地区域における特定用途制限地域、準都市計画区域の創設等が加わった。制度メニューの多様化は、その必要に備える為であるが、他方で、使い手にその効果が委ねられることになる。すなわち、量的に少なくなったとは言え、依然として都市郊外や縁辺部への拡散的開発需要が残る都市での緩和型都市計画制度の適用（線引きの廃止や緩い条件での開発許可条例の適用等）は、市街地縁辺部等での無用のスプロールを招く事例を生みだした。とは言え、2006年の改正まちづくり三法による大規模集客施設の立地規制や開発許可制度（立地基準）を公共施設にも拡大した都市計画法改正は、市街地のさらなる拡散を防ぐという強い意志の現れと言える。人口減少下の開発需要の変化に対し、規制緩和と規制強化の間で各自治体の模索が進む中、2014年には改正都市再生特別措置法により立地適正化計画が創設された。これは市街化区域や用途地域指定内に居住誘導区域や都市機能誘導区域を定め、規制よりは誘導的手法で緩やかに都市機能や居住地の誘導を進めようとするものである。現在の各都市の都市縮小の実態から見れば、かなり先をみた、市街地縮小に特化した計画ツールの提示であったと言える。しかし、都市機能誘導区域内の誘導施設整備に対しては各種交付金による支援が得られる等の理由から同計画の立案が多くの自治体で進み始めている。したがって、都市縮小を土地利用計画で規定する場合、立地適正化計画で誘導すべき（あるいは誘導可能な）要件と、既存の都市計画法制度全般から再考すべき課題を分けて考える必要があるものと考えられる。とりわけ、立地適正化計画では居住誘導区域外には何も触れられておらず、居住誘導区域が適切に効果を発揮するためにも、その外側に位置する郊外や遠郊外（exurban）、すなわち都市計画法制度で位置づけられる土地利用計画とのシームレスな制度運用が求められている。

　しかし、都市縮小下では、これまでの基本的な法定土地利用計画の前提が揺らぎ始めている。当該町村の人口が都市計画区域の要件を満たさなければ都市計画区域の指定維持は困難になり[注5]、市街化区域の人口密度が40人/haを下回るようであれば、その維持も危うくなる。人口増加を前提としていた人口フレーム方式は、逆線引きをして市街化区域を縮小しなければ矛盾が生じる事態となっており、フレーム計算の操作で一応の整合を保つ事態となっている。土地利用計画によって都市をどう再構築するのかと同時に、法制度をどうするのかという議論も喫緊の課題である。

## 0·4　本書の構成と狙い

図0·2に本書の構成をまとめている。本書は国内事情に関わる2〜18章と、海外事情に関わる19〜24章の2部に大きく分けられる。そのうえで、都市縮小問題は、その実態を明らかにする章と計画・制度にかかわる章に区分されるため、対象や内容によって大きく4区分される。まず、実態編であるが、国内および海外の都市縮小事情を広く概観する1章をへて、首都圏郊外部（2章）、首都圏近郊都市（3章）、地方都市（4章）、東日本大震災被災地（5章）の分類のもと、各対象地における都市縮小（対象地によっては都市希薄化）の実態を明らかにし、課題を解説している。東日本大震災被災地に一つの章を当てるのは、本章2節で述べたように要因が異なるものの現象として同じだからである。また、2〜5章による国内の分析対象区分は計画・制度編を通して貫く場所的な分類概念として提示する。都市縮小は地方都市のみならず、大都市においても喫緊の課題であり、少子高齢化の影響が顕著に見られる。とくに高度経済成長期に大量に供給され、一様に高齢化が進んだ郊外住宅団地はその典型であり（2章）、また巨大な人口集積とそれが吸引する開発需要の影に隠れ、地方都市に似た衰退状況を呈する首都圏近郊都市の問題は深刻である（3章）。本書では地方都市を主としつつも、これらの首都圏の事情をも含め、包括した議論を目指している。

計画・制度編では、土地の利活用に関わる広義の土地の利用に関わる計画や制度に焦点を当てる。よって、ここには都市縮小に対する狭義の土地利用計画に加え、都市の拠点づくりや市街地集約に欠かせない住宅政策や居住施策（10〜12章）、市街地内の農地問題（13章）、空き家・空き地・低未利用地対策（14〜15章）、集約型都市、すなわち多極ネットワーク型コンパクトシティの構成に不可欠な公共交通のあり方（16章）を含めている。さらに、

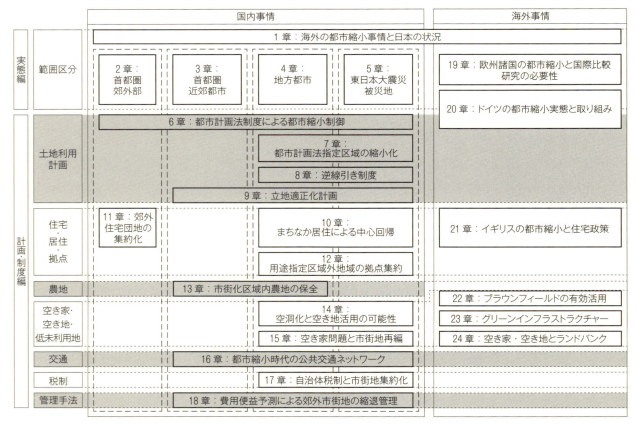

図0·2　本書の構成図（各章のタイトルは略記する。また序章と終章は除く）

税制による市街地集約の可能性（17章）や費用便益予測による郊外市街地の縮退管理の手法（18章）を、実際に市街地縮小を進める実行手段の一手法とみて、計画・制度編に加えている。

　狭義の土地利用計画に関しては、現行土地利用計画制度による都市縮小への対処方法やその可能性を包括的に考察・解説したうえで（6章）、市街地を縮小していくうえで必須のその外側の規制制度のあり方（開発許可制度に関わる緩和区域問題等）を実証的に取り上げる（7章）。8章では現行法制度から見れば、市街地範囲の直接的な縮小方策である逆線引き制度に焦点を当て、9章では立地適正化計画の方法論を居住誘導区域外における既存の規制制度との関連から解説する。10～12章は住宅施策や居住施策による市街地の再編や集約を話題にしているが、10章では主に地方都市の中心市街地におけるまちなか居住の効果と課題を取り上げる。これに対し、11章では首都圏郊外部を対象とした郊外戸建て住宅団地の再生や再編のあり方がテーマであり、団地ごとの評価法や経済的手法による誘導方策が検証される。12章では地方都市の農山村地域における集落の集約化がテーマであり、「小さな拠点」事業や地域再生土地利用計画の可能性が提示される。

　市街化区域内農地を論じる13章は、市街地内に増加が予想される低未利用地への対応が話題である。市街地内の低未利用地の大部分が農地というわけではないが、市街地内に残されている農地がある場合、その保全は環境面への貢献を含め、その価値が今後見直されるはずである。14章および15章は空洞化や空き家問題を話題とする。14章では地方都市郊外における空洞化の実態と空き地活用の新しい様態が示され、15章では空き家、とくに老朽危険家屋の除去問題や解体後の跡地活用の課題が論ぜられる。いずれも都市縮小で発生した「空き」空間の活用を通した市街地再編のあり方をテーマとする点で共通している。以上、すでに簡略化して説明した16～18章の個別の方法論による章を含め、計画・制度編では都市縮小化の過程で必要な土地の利活用を促す多面的な計画や手法、方法論を収めている。

　海外事情を紹介する19章以降では、まず欧米諸国における都市縮小事情と、その対策の基礎として国際的な比較研究の必要性が述べられ（19章）、続いてドイツにおける都市縮小の実態と都市計画的取り組みがそれぞれ解説される（20章）。旧東ドイツ地域や炭鉱地域における都市縮小が著しいドイツでは、ライプツィヒを事例に都市縮小への具体的対策が示される。21章は住宅政策からみたイギリスにおける都市縮小現象に対する対策と課題がテーマである。すなわち、英国で認識される都市縮小問題の一つが英国中部や北部の各都市で顕在化した住宅の低需要化問題であり、これに対して行われた、新自由主義的風潮の中での政策対応の経過と課題が解説される。22～24章は、主に低未利用地の利活用の実践とその方法論が共通したテーマである。22章ではイギリスにおけるブラウンフィールド（工業地跡地）の再生が、23章ではドイツにおけるグリーン・インフラストラクチャー整備（低未利用地の大規模緑地化政策）の実態が、24章ではアメリカにおけるランドバンクによる空き家や空き地の利活用の実態が、それぞれ解説される。当然のことながら、これらの施策を単純に日本で適用するというわけにはいかないだろうが、都市縮小時代における土地の利活用の潮流を示すのに十分だと考えられる。

　結章では、多岐に渡る本書の各章を踏まえて、今後の展望を示す。すなわち、各章各論で指摘された問題認識や課題の提示に対し、都市縮小の何が問題なのか、を改めて問うたうえで、集約化や都市の計画的縮小化に負の未来を見るのではなく、都市縮小を契機として、多様で新たな都市空間を創出することに可能性を見出し、そのために必要な都市再構築の必要性をまとめることで、本論の総括および結論にしたいと考える。

【注】

1　http://www. shrinkingcities.eu/　2016年4月閲覧。
　COSTはEuropean Cooperation in Science and Technology（科学技術における欧州共同体）、CIRESはCities Regrowing Smaller（都市は小さく再成長する）の略語である。
2　1989年の合計特殊出生率1.57が発表されたことを示す。この値は、「ひのえうま」という特殊要因により過去最低であった1966年の同値1.58を下回るものであり、衝撃をもたらすものであった。
3　現在のままで人口増加や環境破壊が続けば資源の枯渇や環境の悪化によって100年以内に人類の成長は限界に達するとして警鐘を鳴らした。

4 「小さな衛星のための都市」の中で、その特性を、正義の都市、美の都市、創造的な都市、エコロジカルな都市、到達しやすく移動性の高い都市、多極でコンパクトな都市、多様な都市の七つで示した。
5 都市計画区域の指定には、当該町村の人口が1万人以上で、かつ商工業その他の都市的業態に従事する者の数が全就業者数の50％以上であることや、当該町村の中心の市街地を形成している区域内の人口が3000人以上といった人口要件がある（都市計画法施行令2条1項）。

【引用・参照文献】
1 藻谷浩介（2010）『デフレの正体：経済は「人口の波」で動く』角川書店
2 増田寛也（2014）『地方消滅：東京一極集中が招く人口急減』中央公論新社
3 川上光彦・浦山益郎・飯田直彦＋土地利用研究会（2010）『人口減少時代における土地利用計画：都市周辺部の持続可能性を探る』学芸出版社
4 http://www.shrinksmart.eu/（2016年4月閲覧）。
5 Katrin Grosmann, Macro Bontje, Annegret Haase, Vlad Mykhnenko (2013) Shrinking cities: Notes for the further research agenda, *Cities*, No. 35, pp. 221-225.
6 厚生労働省（2015）『平成27年版厚生労働白書』
7 佐藤信之（2015）『新幹線の歴史』中央公論新社

# 1編
# 都市縮小・都市希薄化の実態と土地利用の課題

# 第1章 海外の都市縮小事情と日本の状況

海道清信

## 1.1 シュリンキングシティ＝縮小都市をめぐって

### 1. 人口減少に対する世界の都市政策対応

ローマクラブの「成長の限界」1972年と国連・ブルントランド委員会「我ら共通の未来」1987年は、持続可能な開発（発展）論（サステイナブルデベロップメント）を提起し、無限の成長拡大を抑制して、開発と環境との調和を計る必要性を明らかにし、今日でも都市や地域のあり方の基本理念となっている。その後の欧州や英国における「サステイナブルシティ戦略」1990年でも、市街地の拡散的開発が経済、社会、環境に与える好ましくない影響を小さくするために、コンパクトシティを提起した。では、人口減少社会の都市はどのような理念で計画、運営していくべきなのだろうか。都市は人間諸活動の中心的な場であり、富と情報とインフラと人々の生活が集約された場である。どのように都市を縮小させることができるかを考え対応することは、今日的な重要課題である。

都市は長期的に見れば、形成―成長―成熟―衰退―死滅（ネクロポリス）、といった生物とよく似た変遷をとる。生物の個体は滅びても種としては生存していくように、都市や地域もまた再生して持続することが可能である。大規模な都市になれば、部分的な空間的変化（開発、再開発、保全、修復、除却）によって時代や状況に対応した姿と機能を担う。都市が人口減少すること自体は特別な状況ではないとも言える。経済地理学や地域経済学の分野では、「地域的不均等発展」として、人口減少によって衰退する都市や地域をさまざまに論じてきた。しかし、都市計画、都市デザイン分野においては、都市縮小がどのような結果をもたらし、どのように対応すべきなのかといった課題は、欧米でも新しいテーマである。

人口減少した都市を対象とした調査研究は20世紀半ばから各国で取り組まれてきたが、これまでは衰退（decline）、荒廃（blight）、反都市化（disurbanization）といった語がよく用いられてきた。今日では、人口減少を主たる原因として都市空間が変化して、社会経済的、環境その他のさまざまな地域問題を引き起こしている都市を、欧米ではシュリンキングシティ（shrinking cities）＝縮小都市と呼んでいる。都市空間に空き家や空き地が増えて低密度になり、市街地を計画的に取り壊して農地や緑地などにするプロセスは、アーバンシュリンケージ（urban shrinkage）＝都市縮小と呼ばれる。

人口減少都市を主たる対象として、その実態や対応策・都市デザインを提起し、シュリンケージ＝縮小という語を広めたのは、ドイツ財団がスポンサーとなった「シュリンキングシティプロジェクト」（2004～2008年。チーフキュレーター：フィリップ・オズワルト、ドイツの建築家）である。そこでは、グローバリゼーションの中で、地域的な産業衰退、郊外化、政治体制転換などの要因から、急激な人口減少が生じている、ヨーロッパ（イギリス、東ドイツ、ロシア、イタリア）、アメリカ（デトロイト）、日本等が取り上げられている。その後、EUヨーロッパ連合の財政的支援を受けて、ドイツの研究者を中心に、「シュリンクスマート：ヨーロッパにおける縮小のガバナンス」＝賢明なる縮小、をテーマとした研究チームが設立された（2009年、ディーター・リンクらドイツの研究者など）。

シュリンクスマートのレポートは、次のように指摘している。ヨーロッパでは人口20万以上の大都市の40％が1960年以降人口減少を経験し、人口減少はもはや特別の状況ではなくなっている。都市縮小は、経済衰退と雇用の喪失という経済問題、郊外化と居住システムの変化という都市・住宅問題、出生率の低下と高齢化といった人口構造の問題という三つの要因が互いに関連して

生じる。都市縮小によって、住宅や土地、用水や交通などの都市インフラの需要が減退するため、それらのリストラを進める必要が高まり、高齢者のニーズも増加していく。縮小に対処すると同時に、新たな成長を促すことも必要である。それぞれの都市、地域における縮小の様相はさまざまであり、縮小のガバナンスモデルを探求する必要がある（本書19章参照）。

## 2. 人口減少に対する日本の都市・地域政策の経緯

日本における縮小都市をめぐる様相はヨーロッパやアメリカとはやや異なる。この50年間は成長拡大への対応から人口減少への対応へと、国土・都市政策は大きく転換した。しかも、自治体レベルでの創意工夫よりも、国主導での各種計画や施策を自治体がこなすことに追われるという構図が特徴となっている。1960年代は全国総合開発計画と都市計画法が制定され、ニュータウン開発が進められ、都市の成長拡大への対応と地方分散政策が都市・地域政策の中心だった。70年代には人口減少が過疎問題として取り上げられ、過疎地域対策緊急措置法（1970年）が制定され、改正を繰り返して今日まで継続している。70年代はまた狂乱地価の時代で、国土利用計画法などが制定された。80年代には再び地価高騰が社会問題となり、土地基本法（1989年）が制定される一方で、東京一極集中の是正と地方圏の重点的整備による多極分散型国土が目標とされた。90年代には中心市街地活性化法が制定されたが、人口減少や都市形態との関連は着目されなかった。ただ、「21世紀の国土のグランドデザイン」（1998年）では、国土計画ではじめて人口減少・高齢化時代に対応する国土政策が掲げられた。

状況は全国人口の減少が始まった21世紀になると大きく変化した。社会資本整備審議会答申「都市再生ビジョン：国際化、情報化、高齢化、人口減少等21世紀の新しい潮流に対応した都市再生のあり方はいかにあるべきか」（2003年）では、縮小都市との関係で次のような表現がされている。「21世紀を迎えた今、都市は、歴史的な転換点を迎えている。今後、我が国の都市は、街並みや住宅、社会資本の質において依然として多くの「負の遺産」を抱えたまま、人口の減少を伴いつつ、空洞化が進む「市街地縮小の時代」と言うべき、今まで経験したことのない新たな局面に突入しようとしている。また、すでに世界最高水準の少子・高齢化がさらに進み、2030年代には、65歳以上の高齢者が3割を超すなど人口構造の大きな変化が予想される」と述べている。

その後、都市計画中央審議会答申「新しい時代の都市計画はいかにあるべきか。（第1次答申）」（2006年）では、中心市街地の空洞化に焦点を当て、「都市構造改革」を提起し集約拠点として中心市街地を再生することを強調している。中心市街地活性化法、都市計画法改正（2006年）によって、都市中心部の衰退と都市空間のあり方が、明確に国の政策として取り上げられるようになった。これ以降、人口減少や都市再生に対応するために、市街地縮小ではなく集約拠点形成＝コンパクトシティに論点が置き換わった。関連して、人口減少時代の都市のあり方を意識した各種の政策が打ち出されてくるようになった。

2010年代には人口減少時代を明確に意識した都市計画、都市政策が前面に出てくる。14年には都市再生特別措置法、都市計画法が改正され、都市空間をよりコンパクトにするために、新たに立地適正化計画とそれに基づく誘導区域を設定できるようにした。同年には、空き家対策特別措置法が制定され、管理不全の老朽危険家屋への対策などが定められた。また、閣議決定「まち・ひと・しごと創生長期ビジョン」では、将来にわたって活力ある日本社会を維持するために、各自治体も「人口ビジョン」を策定し出生率の向上を目指すこととしている。「国土形成計画（全国計画）」（2015年8月）では、地域構造を「コンパクト＋ネットワーク」という考え方でつくり上げ、国全体の「生産性」を高めていくことを目標としている。16年現在、各自治体ではこうした方針に沿った各種調査と計画策定が進められている。

## 1・2　世界と日本の人口変化と都市化

### 1. 世界と日本の人口推移と予測

世界の人口増減の長期的状況を整理しておこう。世界人口は1900年16億、1950年25億、2000年61億と、

これまでの100年間は急激な人口増加の時代だった。2015年73億の人口は、今後も2050年97億、2100年112億へと増加すると予測されている。ただし、その増加率は急速に小さくなる。この100年間は、都市人口も急速に拡大した。世界全体の都市化率と都市人口は、1950年29.6％、7.4億、2000年46.6％、28.4億と、都市人口はこ

表1・1 世界の地域別人口動向と予測

| 地域／年次 | 人口(億人) 2015 | 年平均人口増加率 (%) | | | | 都市居住者割合 (%) | |
|---|---|---|---|---|---|---|---|
| | | 1950〜1955 | 1970〜1975 | 2010〜2015 | 2045〜2050 | 1950 | 2015 |
| 世界全体 | 73.24 | 1.8 | 2.0 | 1.2 | 0.6 | 29.6 | 54.0 |
| アフリカ | 11.66 | 2.1 | 2.6 | 2.6 | 1.8 | 14.0 | 40.4 |
| アジア | 43.84 | 1.9 | 2.3 | 1.0 | 0.2 | 17.5 | 48.2 |
| 　東アジア | 16.38 | 1.9 | 2.2 | 0.5 | −0.4 | 17.9 | 60.0 |
| 　日本 | 1.27 | 1.5 | 1.3 | −0.1 | −0.6 | 53.4 | 93.5 |
| 　中央アジア | 0.66 | 2.6 | 2.4 | 1.6 | 0.5 | 32.7 | 40.5 |
| 　南アジア | 17.94 | 1.8 | 2.3 | 1.4 | 0.4 | 16.0 | 34.8 |
| 　南・東アジア | 6.33 | 2.3 | 2.5 | 1.2 | 0.3 | 15.5 | 47.6 |
| 　西アジア | 2.54 | 2.5 | 2.8 | 2.0 | 0.9 | 28.8 | 69.9 |
| ヨーロッパ | 7.43 | 1.0 | 0.6 | 0.1 | −0.2 | 51.5 | 73.6 |
| 　東ヨーロッパ | 2.93 | 1.5 | 0.7 | −0.1 | −0.5 | 39.7 | 69.4 |
| 　北ヨーロッパ | 1.01 | 0.4 | 0.4 | 0.5 | 0.3 | 69.7 | 81.2 |
| 　南ヨーロッパ | 1.56 | 0.9 | 0.8 | −0.1 | −0.3 | 46.2 | 70.1 |
| 　西ヨーロッパ | 1.93 | 0.6 | 0.4 | 0.3 | −0.1 | 63.9 | 78.9 |
| ラテンアメリカ・カリブ | 6.30 | 2.7 | 2.4 | 1.1 | 0.3 | 41.3 | 79.8 |
| 北アメリカ | 3.61 | 1.7 | 0.9 | 0.8 | 0.4 | 63.9 | 81.6 |
| オセアニア | 0.39 | 2.2 | 1.8 | 1.5 | 0.8 | 62.4 | 70.8 |

(出典：国連：World Population Prospects: 2015 Revision および World Urbanization Prospect, 2014 Revision より作成)

の50年間で約4倍、21億増大した。今後は2015年54％、39億から、2050年には66％、64億と今世紀半ばには、世界人口の3分の2が都市で生活するようになる。都市といっても、さまざまな状況が見られ規模や都市空間構造は多様である。将来の都市の姿は、グローバリゼーションにも強く影響される。先進国と途上国でも、地方都市・農山村を中心に人口減少地域が拡大していく（表1・1）。

日本全国の人口は、1884年（明治17年）の3745万から1947年7810万と約50年間で約2倍になった。第2次世界大戦終了直後のベビーブームをへて、1960年人口9642万人は2010年に1億2800万人と50年間で3158万増加したが、2010年代に減少に転じ、2050年には9700万人に減少すると予測されている。市街地を意味するDID（人口集中地区）人口は、1960年4083万、全人口に対する比率43.7％から2010年には8612万、67.3％と人口、比率とも増大した。一方、DID以外の人口つまり農山村や小都市の人口は、1960年5258万人から、2010年4193万人へと20％減少した。DID人口密度（人／km$^2$）は1960年1万564人から1980年6983人へと低密度化が急速に進み、DID面積は3865km$^2$から1万15km$^2$へと約3倍に拡大したが、80年代以降DID人口密度の低下と面積の拡大傾向はおおむね終わった。したがって、最近50年間の日本の人口変化の特徴は、全国人口の増加から減少へ、都市人口の増加と農山村・小都市人口の減少傾向の継続、市街地の低密度拡大であった。

## 2. 世界の人口減少国・地域の広がり

国連の統計では世界の国・地域の数は233ある。そのうち、人口減少した国・地域の数は、1950〜55年は7にすぎなかったが、2005〜10年では32、それが21世紀半ばの2045〜50年には77と、世界の国・地域のおおむね3分の1が人口減少すると予測されている。2015年から2050年の35年間で人口が減少する国は東ヨーロッパと南ヨーロッパを中心に46ある。日本の人口減少は率が14.6％と13番目に大きく、これだけの人口規模と人口減少率の国はほかにはロシアだけである。

ウクライナ、ポーランド、ロシアなどを含む東ヨーロッパ10カ国では、国全体の人口減少が20世紀後半から21世紀も大きく進む。1990年代から人口減少が始まり、2015年以降チェコ以外のすべての国が人口減少する。たとえば、ウクライナは5165万（1990年）から3366万（2050年）へ、ブルガリアは896万（1985年）から508万（2050年）へ。イタリア、スペインなどを含む南ヨーロッパ15カ国でも、2020年代から人口減少国数が増大し、2045年以降ほぼすべてが人口減少する。アジアでは、2010年から日本、2030年から中国、2035年から韓国といいずれも東アジアに属する国の人口が減少

すると予測されている。ただし、アジア全体では、21世紀前半までは人口増加する国が多い。英独仏では、移民によって人口減少をカバーするという特徴が見られる。移民の多くは、都市に居住するため、都市における社会経済問題、住宅供給などの対応が重要な課題となる。

国別の人口増減を見てきたが、国内でも地域的にまんべんなく人口が増減するわけではない。ウクライナは社会主義体制崩壊後の1990～2015年までに人口が14％減少し、2050年までにさらに25％減少すると予測されている。同国の都市化を解析した世界銀行の報告書（2016年）は、人口減少の要因として出生率の低下と若年層の国外流出をあげている。とくに、単一産業の地域（工業、鉱業、農業中心地など）で人口減少が著しく、政府は十分な対策が打てなかった。中央集権的で画一的な都市計画システム（マスタープランやゾーニングなど）は機能していない。人口減少は必ず地域的な偏りを持ち、それには政治経済的社会的要因があることを示している。

## 1·3 主要先進国における縮小都市の状況と対応

### 1. 都市人口減少時代の都市計画、都市政策の課題

都市が成長拡大してきた20世紀に、先進国では都市計画制度が整えられ、都市インフラが整備され都市再開発などによって新たな都市機能が加えられてきた。住環境の改善や歴史地区などの保全修復も多くの実績が見られる。20世紀後半になって、持続可能な都市のありかたが、それぞれの国、都市で追求され、産業構造変化、都市構造の再編をきっかけとした都市再生も多くの先進国で取り組まれてきた。都市成長と都市縮小はコインの両面であり、いずれの傾向に対しても「スマート・プランニング」（賢明なる都市計画）が必要とされていると、持続可能な都市の計画をテーマとした国連報告書（2009年）は指摘している。

国連HBITATの報告書（2010年）によれば、今日、世界の都市計画、都市政策が直面している重大な課題は、地球環境問題（低炭素へ）、途上国では都市拡大、先進国では人口減少・高齢化と多文化共生、市場主義による経済変動や市街地スプロールへの対応、市民参加重視である。都市空間形態は、交通インフラと連携して都市の拡大をコンパクトにして、公共交通・社会サービスの利用が容易になるようにすべきだと提案している。

国連の統計によれば、世界には人口10万人以上の都市は、先進国1287、途上国1408、計2695ある（1990年）。1990～2000年の間に、先進国の都市では40％が人口減少し、大きく増加したのは6％にすぎない。全体として、人口増加と都市化が進んでいる途上国でも、同期間に10％の都市が人口減少している。過去50年間で見ると人口減少した都市の数は、アメリカ39、英国49、ドイツ48、イタリア34などで多い。世界の先進国では、時代を追って人口減少都市が多く見られるようになった。

1930年代にはマンチェスターなどイギリス北部の工業都市群（コアシティと呼ばれる）、1950年代にはデトロイトなどアメリカ北東部のラストベルト（錆びた地帯）の工業都市群、1990年代には社会主義体制が崩壊した旧東ドイツと東欧諸国があげられる。イギリスとアメリカは産業衰退による工業都市の雇用の喪失と都市・住環境の低下による人口減少、東ドイツや東欧諸国は出生率の低下と政治的な変化（東西ドイツの統合）が主要な起因となっている。アメリカでは郊外への市街地拡散による中心都市の人口減少も激しい。日本では、全国的な人口減少都市の広がりは、1970年代からである。戦後ベビーブームによる人口構造のゆがみと出生率の低下に加えて、地方中小都市・農山村の雇用の減少が、地域的な人口減少の主因となっている。

ヨーロッパでは、都市縮小（アーバンシュリンケージ）が重大な政治課題になりつつある。そこでの対応の方向は、これまでの成長型の都市計画・都市政策の考え方から離れて、人口減少に伴う痛みの回避や緩和と都市空間にもたらす新たな可能性をいかに活かすことができるかということである。人口減少に伴う都市空間変化は、経済構造と産業衰退、人口構成と変化、郊外化と都市空間構造、政治的構造などから、多様な状況が見られる。ヨーロッパでは、とくに中小都市で人口減少が地域の社会経済面で、負のスパイラルを数十年にわたって引き起こしている。

次に、国全体の人口は今後増加傾向にあるイギリスと

アメリカ、国全体の人口も減少が予測されるドイツと日本を取り上げて少し詳細に見てみよう。

## 2. イギリスの旧工業大都市の衰退と再生

20世紀後半のイギリスでは、北部旧工業都市からの人口流出、小さい町や田園地帯とロンドン周辺を含む南東部の人口増加が特徴だった。産業革命以来形成されてきたイギリス北部工業大都市はシュリンキングシティ＝人口減少都市だった。それぞれの都市の産業構造の違いなどから、人口減少した時期は1930年代から70年代まで、時期は少しずつずれていた。たとえば、マンチェスターやリバプールは人口が50年間で半減した。北部旧工業都市は地域活性化を目指して、1995年に8都市がコアシティグループを形成した。

2001年以降、コアシティの人口は減少から増加に転じ、この傾向は21世紀半ばまで継続すると予測されている。コアシティの人口回復の主な要因の一つは、エスニックを中心とした海外移民の増加である。リバプールの場合、1931年の86万から2001年の44万へと半減した後増加に転じて、2014年には47万人なった。マンチェスターの場合も77→39→52万へと回復した。ロンドンの人口は1931年の811万をピークに減少したのち、1980年代から上昇に転じた。ただし、インナーとアウターの人口割合は6：4から4：6と逆転しドーナツ化が進んだ。2011年には1931年のレベルまで回復し、今後25年間ではインナーもアウターも人口増加し、全体では約200万人も増加すると予測されている（表1・2）。

イギリス統計局の予測では、イギリス人口は2014年の6460万から39年の7430万へ、25年間で1030万増加する。そのうち51％は海外からの流入、残りは自然増加による。予測では合計特殊出生率は1.74と設定されている。イギリス全体では移民人口（海外生まれの人々）は、1993年380万から2014年には830万に急増した。ロンドンには300万人の移民人口が集中している（2014年）。人口に占める移民割合は、ロンドン37％、コアシティ全体26％とイギリス全体18％よりもかなり高い。

過去20年間では、海外からの流入による人口増加は毎年15万～25万で、将来人口予測でも毎年16.5万人の流入による増加を見込んでいる。地域の経済を移民が支えているという実態がある一方で、2016年6月に実施された国民投票で、EU離脱賛成が過半数の支持を得た背景には、こうした急激な移民の増加とそれがもたらす社会的な軋轢がある。

都市再生に関して、イギリスでは1990年代からの都市再生戦略が具体的な成果を挙げている。一方で、ジェントリフィケーションつまり低所得者が多く居住する地域が、ミドルクラスのための居住地やショッピングセンター、就業地に変わることへの批判がある。都心人口の増加には、住宅建設、複合機能開発の進展とともに、学生の都心居住が寄与している。広域計画、市のローカルプランとコア戦略、都心戦略が整合性を持って進められているところに、イギリスの都市計画システムの一つの特徴がある。さらに、空き家戦略も含めて、計画に記載された事項は毎年度詳細なモニタリングレポートが作成されて、事業の進捗状況が評価される。

表1・2　イギリスのコアシティ（旧工業大都市）の人口推移と予測（万人）

| 都市名／年次 | 1911 | 1931 | 1951 | 1971 | 1991 | 2001 | 2011 | 2014 | 2020 | 2030 | 2039 |
|---|---|---|---|---|---|---|---|---|---|---|---|
| バーミンガム | 53 | 100 | 111 | 111 | 100 | 98 | 107 | 110 | 116 | 124 | 131 |
| リーズ | 45 | 48 | 51 | 75 | 71 | 72 | 75 | 77 | 80 | 85 | 88 |
| シェフィールド | 46 | 51 | 51 | 58 | 52 | 51 | 55 | 56 | 59 | 63 | 65 |
| マンチェスター | 71 | 77 | 70 | 55 | 43 | 39 | 50 | 52 | 55 | 59 | 62 |
| ブリストル | 36 | 40 | 44 | 43 | 39 | 38 | 43 | 44 | 47 | 51 | 55 |
| リバプール | 75 | 86 | 79 | 61 | 48 | 44 | 47 | 47 | 49 | 51 | 53 |
| ノッティンガム | 26 | 27 | 31 | 30 | 28 | 27 | 31 | 31 | 33 | 35 | 36 |
| ニューカッスル | 27 | 29 | 31 | 31 | 28 | 26 | 28 | 29 | 30 | 32 | 33 |
| コアシティ計 | 377 | 457 | 467 | 465 | 409 | 394 | 436 | 447 | 469 | 499 | 522 |
| ロンドン | 716 | 811 | 820 | 753 | 683 | 717 | 817 | 854 | 931 | 1024 | 1098 |
| インナーロンドン | 500 | 489 | 368 | 306 | 260 | 277 | 323 | 340 | 373 | 408 | 437 |
| アウターロンドン | 216 | 322 | 452 | 447 | 423 | 441 | 494 | 514 | 558 | 616 | 661 |

（出典：イギリス統計局データより作成、人口予測は2016年8月発行資料による）

## 3. アメリカにおける縮小都市

2000年から2010年の間に人口減少した都市圏は、全米366大都市圏のうち43、11.7％である。人口規模（2000年）が15万人以上では265都市圏のうち21、10〜15万人都市圏では78都市圏のうち16、10万人以下では23都市圏のうち5と、小規模都市圏では人口減少都市圏の割合が高い。都市圏人口30万人以上のやや規模の大きな都市圏で人口減少している都市圏は146のうち11である。デトロイトは人口減少都市圏では最大規模で、都市圏人口（2010年）約430万人、中心都市デトロイト市は約68万人である。ハリケーン被害が甚大だったニューオリンズ（マイナス11.3％）を除けば、都市圏人口の減少幅はマイナス1〜6％程度である。

一方、都市圏の中心都市は、都市圏人口よりも大きな人口減少が見られる。中心都市の人口のピークつまり人口減少が始まった時期は、1950年ないし1960年が多く、長期にわたって人口減少傾向が見られる。

大幅に人口減少している都市は、ミシガン州、オハイオ州、ニューヨーク州などアメリカ北東部に集中している。図1・1は1960年時点の人口規模20位までの大都市（20大都市という）のうち2010年までに人口減少した12市と、1950年以降のピーク人口が10万人以上で、2010年までの人口減少率30％以上の25市（20大都市は除く）の分布を示す。20大都市のうち人口増加は8市だが、うち4市は合併している。かつての大都市の多くが人口減少しているだけではなく、その減少幅は約23〜63％と高い。

アメリカの都市人口減少要因と都市構造には特徴がある。人口減少都市の多くはデトロイト（自動車）やヤングスタウン（鉄鋼）、バッファロー（鉄鋼、製粉）、ピッツバーグ（鉄鋼）など単一産業で成長した都市が、産業の衰退によって雇用が失われ、従業員・市民が域外に流出した。もう一つの特徴は、大規模なスプロール開発によって郊外化した都市の中心都市の人口減少、いわゆるドーナツ化現象による。

たとえば、ピッツバーグ市と都市圏郊外の人口推移を見ると、1900〜50年までは両者とも人口増加したが、その後中心都市ピッツバーグが人口減少、郊外人口は70年まで増加、その後中心都市の産業衰退から郊外も人口減少傾向となった。また1960年の人口を100とすると、2010年人口は、セントルイスは中心都市44、郊外177、デトロイトは43と111、ヤングスタウンは40と128などとなっている。中心都市の人口減少過程で、「ホワイトフライト」と呼ばれる白人中間層の郊外転出と中心都市の黒人人口比率の上昇も、一般的な傾向として見られる。たとえば、1960〜2010年で、アフリカ系アメリカ人（黒人）比率は、セントルイス41→49％、ピッツバーグ20→26％、バッファロー20→39％、デトロイト11→83％となっている。縮小都市の空間状況は、アメリカの社会問題である人種や格差などを反映している。

縮小都市の空間形態の変化は、それぞれの都市の土地利用や都市構造とも関連している。共通した特徴の一つは、都心に近い戸建て住宅地の価格低下と空き地の広がりである。アメリカでは放置された

図1・1　アメリカにおける人口減少都市（20大都市の数値は2010年人口のピーク人口からの減少率）
（出典：アメリカ統計局センサスデータから作成）

空き家は犯罪や放火などの原因ともなるため、できるだけ早く除却する方策が一般にとられる。デトロイト（人口68万人（2014年）、ピーク人口185万人（1950年））の空き住宅地は6万5000件（2009年）、ヤングスタウン（人口6.5万人（2014年）、ピーク人口16.9万人（1950年））では、3062戸の住宅が除却（2007～13年）され空き地が広がっている。都心の商業業務地の空洞化・空きビル化はデトロイトでは進んでいるが、都市再生が成功しつつあるピッツバーグでは賑わいのある都心が見られる。アメリカの縮小都市に広がる空き地の利用は、ランドバンク制度の活用により民間デベロッパーやCDC組織などによる新たな開発と、NPOなどによる都市農業運動が特徴である。

## 4. ドイツにおける縮小都市と都市再構築

第2次大戦後のドイツの人口は、1950年6934万（東西合計）から増加した後2003年以降減少傾向に転じ、2005年8244万、2013年8077万となった。ドイツにおける都市や地域における人口動向を考えるうえでの重要なポイントは、1989年の東西ドイツの統合と移民の影響である。ドイツ統計局は2013年人口をベースに、出生率を1.4で固定し移民受入数を年平均13万人とするケース、あるいは出生率が1.6まで緩やかに上昇し移民数は年平均23万人にするなどの条件を設定して将来人口を予測している（2015年）。その結果、2013年人口8077万は2060年には6756～7307万人に減少する（図1・2）。

社会主義国であった旧東ドイツ地域の人口は、1950年の1839万人から2000年の1512万人（旧西ベルリンを含まず）へと東西統合以前から減少してきた。多くの旧東ドイツの都市は、東西統合された1989年以降大幅な人口減少を経験した。人口10万人以上の84都市のうち、1990～2000年で人口減少したのは43と約半数、2000～08年にはその数は32となった。ただし2011～14年では人口減少都市は16となり、都市人口の回復傾向がうかがえる。たとえば、ライプツィヒ市では1933年が人口のピークで71.3万人だった。その後、人口減少が継続し、とくに1989年以降10年間で市人口は53万人から44万人へと急減した。しかし、2000年以降は周辺地域の合併の効果もあり人口の回復傾向が見られ、都心周辺の市街地住宅の再生で入居も進んでいる。ただし、ベルリンなど一部を除き多くの旧東ドイツ都市は、今後も継続的な人口減少が予測されている。

旧西ドイツの中では、ミュンヘンを含むバイエルン州では人口増加傾向にあるが、ケルンを含むノルトライン＝ヴェストファーレン州の29都市（10万人以上）のうち、2011年から14年の間に、11都市が人口減少となっている。全国人口の減少の中で、旧西ドイツ地域でも人口減少する都市、地域が広がると予測されている。

旧東ドイツにおける急速な人口減少の要因は、第一に出生率の低下による自然減である。たとえばケムニッツ市の2005年の出生率は人口1000人あたり6.9と極端に低かった。若い女性たちの社会への不安や経済的困難などが背景にある。第二に西ドイツなどへの社会移動によるもので、雇用の喪失・失業率の高さという経済要素、西側のライフスタイルへのあこがれという文化要素、良好な住宅の不足という社会基盤要素の問題が指摘されている。旧東ドイツ地域では、社会主義国時代に多くの工場が立地したが、東西統合によりグローバル経済に巻き込まれ、多くの工場が閉鎖に追い込まれたという状況もある。また、東西統合の後に、西ドイツでは認められなかった郊外での拡散的な開発（住宅や商業施設）を、経済振興目的から一定程度認めたことによるドーナツ化現象による影響も見られる。

ドイツの諸都市はアメリカやイギリスとは異な

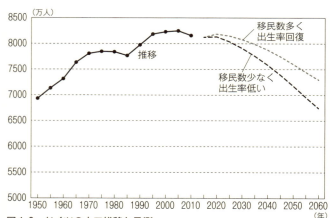

図1・2　ドイツの人口推移と予測
（出典：ドイツ統計局資料（2013年基準予測値）から作成）

表1・3 人口規模別市町村の人口減少市町村数割合推移 (%)

| 人口規模 \ 期間、年 | 60〜65 | 65〜70 | 70〜75 | 75〜80 | 80〜85 | 85〜90 | 90〜95 | 95〜00 | 00〜05 | 05〜10 | 10〜15 | 市町村数 2010年 |
|---|---|---|---|---|---|---|---|---|---|---|---|---|
| 50万人以上 | 0.0 | 10.7 | 7.1 | 10.7 | 7.1 | 21.4 | 25.0 | 17.9 | 10.7 | 17.9 | 37.9 | 29 |
| 30〜50 | 4.7 | 2.3 | 2.3 | 4.7 | 2.3 | 16.3 | 20.9 | 23.3 | 34.9 | 32.6 | 44.2 | 43 |
| 10〜30 | 26.4 | 17.3 | 6.1 | 7.1 | 11.2 | 23.4 | 19.8 | 33.0 | 43.8 | 52.3 | 65.6 | 196 |
| 5〜10 | 47.8 | 37.5 | 20.2 | 13.6 | 18.8 | 33.5 | 27.9 | 46.0 | 53.3 | 64.0 | 73.1 | 272 |
| 1〜5 | 76.4 | 70.7 | 48.4 | 37.2 | 41.6 | 60.1 | 55.1 | 65.1 | 73.9 | 81.7 | 86.4 | 706 |
| 1万人以下 | 91.5 | 93.8 | 84.4 | 75.3 | 74.3 | 84.0 | 80.7 | 86.5 | 89.4 | 91.7 | 94.1 | 482 |
| 全　国 | 67.3 | 63.1 | 47.4 | 39.5 | 42.1 | 56.7 | 52.6 | 62.6 | 69.6 | 76.1 | 82.4 | 1728 |

(出典：国勢調査より作成。人口規模は2010年時点)

り、かつて市壁で囲われた中世以来の都市構造を核として、コンパクトで堅固な都心が見られる。一定のスプロール的な開発もあるが市街地の郊外拡散も比較的抑制されてきた。またドイツの住宅は集合住宅比率、賃貸比率が高いのも特徴となっている。旧東ドイツ諸都市では、社会主義国時代の大規模な住宅団地開発と統合後の大量住宅建設が見られたが、人口減少によって大量の空き家が発生した。連邦政府と各州・市のプログラムで、郊外団地を中心に集合住宅の除却・減築によるストックの減少、除却した跡地への緑地・駐車場・産業などの導入、残された住棟・住宅の改修による価値向上、都心部再生との連携などが進められてきている。

## 5. 日本の都市縮小の状況

日本の縮小都市＝人口減少都市の特徴は、イギリス、アメリカ、ドイツなどとくらべて、全国至る所に分布していることである。都道府県単位での5年ごとの人口減少の推移と予測を見てみよう。1920（大正9）年以降、経済高度成長の始まる前後、1955〜65年では約半数の道府県が人口減少したが、県外（主として東京など3大都市圏）への人口流出による社会減がピークに達したためである。その後経済成長によって、1975〜85年には人口減少都道府県数は1（秋田県がわずかにマイナス）になった。85年以降、再び人口減少道府県数は増大し、2010〜15年では39となった。しかも、2000年以降は3大都市圏以外では社会減に加えて、死亡者数が出生数を上回る自然減になる道府県が急増してきた。社会保障・人口問題研究所の予測では、2020年以降は東京都、沖縄県も含めてすべての都道府県が人口減少する。

人口減少傾向を市町村人口規模別（2010年行政区域）に1960年から5年ごとに見る（表1・3）。全国の市町村の数は、1960年時点で3975だったが、その後の合併で2010年国勢調査時点では1728となった。全国の人口減少市町村の割合は1960年代後半から低下し、70年代後半には39.5％となったが、それ以降増加に転じ2010〜15年では全市町村の82.4％、5分の4以上の市町村が人口減少した。なかでも小規模自治体の多くは長期にわたって人口減少してきた。1965年時点の全市町村数3376のうち、人口1万以下の小規模市町村は約半数の1516だったが、その合計人口は1960年の1089万人から991万人へと5年間で9％減少した。減少町村の割合で見ると70年代後半でもおおむね4分の3が人口減少し、2010〜15年には94.1％が減少した。

人口規模が大きい市でも人口減少地域が増大している。50万人以上の自治体では60年代前半はすべて増加していたが、その後10〜20％が減少し、2010〜15年では37.9％が人口減少市となった。30〜50万人規模自治体では、80年代後半から減少自治体が増加し、10〜15年には44.2％が減少市となった。10〜30万人規模の自治体でも10〜15年には65.6％と3分の2が人口減少した。

世帯数は2015年までの5年間で、全国では145万増加しているが、世帯数減少市町村割合は、51.5％と半数を超え、とくに1万人以下では79.5％、30〜50万人では0％となっている。しかし、今後規模の大きい市でも世帯数減少地域が拡大していくと推測される。

## 1·4 縮小都市の都市像・計画手法・施策・マネジメント

我が国が直面している人口減少高齢社会と都市・地域空間の変化は先進国でも前例がない状況である。都市の人口が減少するとさまざまな問題が生じる。雇用・労働市場の縮小が市民や企業に対して、低密度化によるサービスコストの増大、地価や住宅価格の低下が資産所有者に対して、空き地や空き家の増加による住環境の悪化・生活の質の低下・犯罪の増加などが市民に対して、財政収入の低下が行政組織に、それぞれ好ましくない影響を与える。さらに、都市イメージの悪化がさまざまなマイナスの影響を与える。一方で、人口減少都市は適切に対応すれば、地価や家賃の低下による多様な空間利用、1人あたりの空間量のゆとりの増大、自然の回復や農地の拡大、必要エネルギー量の減少など、より豊かで多様な地域社会への新たな可能性も生まれる。都市縮小における空間対応は次の目的からおこなわれる。

- 余剰な建造空間ストックを減らす
- 空閑地を非都市的利用（農地や緑地）に転換する
- 集約化などで空間の維持コストを低下させる
- 無秩序に低密度化した環境を改善する
- 新たな機能・活動を導入する
- 公共空間の再利用を進める

都市再生に成功しつつあるシュリンキングシティのトリノについて、あるイタリア研究者は、都市イメージの転換、文化的歴史的蓄積の活用、使われなくなった産業空間などの大胆なリノベーション・マネジメントと新規機能の導入、公共交通と空間整備による革新などで、大きな成功を納めたが、経済面では新たな雇用を生みだすことはまだ不十分だと評価している。一方で、世界銀行の報告書は東欧ウクライナの事例では人口が減少しても従来型の成長志向の事業や政策を継続して成果を上げられていないと指摘している。

これまでの成功例と失敗例に学び、人口減少時代でも都市空間計画のシステムとマネジメントをうまく活用して、新たな状況に対応することは可能である。ただし成長期よりも人口減少期では都市空間変化の地域的現れは

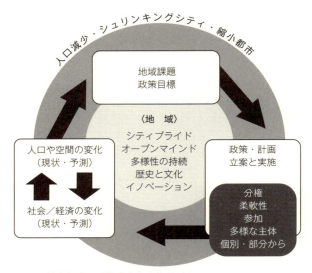

図1·3 縮小都市の政策立案と実施サイクル

多様で、計画的な制御はより困難である。そのために、地域の特性を反映できるような分権的で市民を含めた利害関係者の参加、行政とNPOなど多様な主体による運営、柔軟な対応が可能なシステムが、都市計画に求められている。また、地域の側は社会経済をより多様にし、オープンマインドな対応が欠かせない（図1·3）。

アメリカ、ドイツ、イギリスの一部の縮小都市は、人口増加に転じている。一方で、小都市や農村部では人口減少が加速している地域もみられる。都市縮小過程でのさまざまな変化と課題をリアルにとらえること、そしてそれらへの政策、計画、デザインを提起したり、先進的な取り組みをきちんと評価することが、専門家や研究者に求められている。

なお、本論は科研費（基盤研究B「シュリンキングシティにおける空間変化と計画的対応策の日米欧比較研究と提案」2015〜18年、研究代表者海道清信）の成果の一部を用いている。

【参考文献】
- 川上・浦山編著（2010）『人口減少時代における土地利用計画―都市周辺部の持続可能性を探る』学芸出版社
- 海道・水原・伊藤など（2013）「都市縮小の空間計画とガバナンス（上）（中）（下）」『地域開発』Vol. 580〜582）
- 矢作弘（2014）『縮小都市の挑戦』岩波新書
- 服部圭郎（2016）『ドイツ・縮小時代の都市デザイン』学芸出版社
- 海道清信（2017）「人口減少社会における住居と居住地」『住宅』2017年1月号
- 海道清信（2017）「コンパクトシティーの理念と政策を考える」『住民と自治』2017年4月号

# 第2章 首都圏郊外部で進む都市の希薄化
～横浜市と金沢区の高齢化と地区の状況

中西正彦

地方都市で先行してきた人口減少・高齢化だが、今後は大都市にも現れてくる。しかし、その現れ方は地方都市とは様相が異なるものと考えられる。また、現象や課題の顕在化は、一様にではなく地区の条件などによって偏在して起きると思われる。本章では大都市圏での逆都市化の現れ方を論じた後、横浜市を事例に、地域の条件等を踏まえた具体的な状況を考察する。そのうえで大都市圏郊外地域における都市希薄化の課題と対応の方向性を論じる。

## 2・1 大都市圏郊外地域における市街地の縮退

### 1. 大都市圏の人口減少・高齢化の動態

我が国が人口減少局面に入ってから10年以上経つが、大都市圏では基本的に人口増加が続いており、高齢化率も相対的に低い。2015年度国勢調査の速報値でも人口が増加ないし減少幅が小さいのは、ほとんどが三大都市圏に属する都府県である。今後の動向も、国立社会保障・人口問題研究所による人口予測（中位推計）では、2040年に日本全体で16％の減少に対して東京都は6.5％の減少にとどまり、東京都市圏で見ても全国平均より低い減少率である。地方と大都市の人口格差拡大は若年層の移動が要因と考えられている。

しかし大都市圏では人口減少・少子高齢化の影響がないということではない。若年層の流入があってもそれに比して高齢者層やその予備軍的な年齢層は絶対数として多く、今後は流入する若年層の絶対数は減少する一方で、生産年齢人口の減少・老年人口の増加が著しいと予想される。すなわち超高齢化の進行であり、大都市圏での都市縮退の様相は、人口減少よりまず超高齢化を考慮して捉えるべきと考えられる。

### 2. 大都市郊外地域における市街地縮退のパターン

県や市全体として人口が維持されるとしてもその様相は一様ではない。新規開発による人口増加や若年層の流入が進む地区もあれば、高齢化や人口減少が著しく進む地区もあり、すでにさまざまな様相を呈している状況である。むしろ問題発生の偏在を大都市圏における逆都市化の特徴と捉えるべきであろう。

では大都市圏の郊外住宅地を想定した場合、どのように逆都市化が進むのであろうか。一般化は困難なものの、一つのモデルを考えてみよう。まず、大都市圏では人口の母数としての大きさや密度の高さ、人口減少の幅が小さいことなどから、郊外においても市街地の空間的な縮退がまとまって生じるとは考えにくい。一方、とくに一体的に開発された住宅地の場合、一般に住民の年齢層に偏りがある。実際に団地や戸建住宅地の状況を見ると、入居時期に30歳代であった世代がもっとも多く、次にその子供世代が多いという二つのピークを持つ年齢構成であることが多い。家族構成や就労状況など、世帯の多くの属性も地域内で似通っており、ピークの世代が現役（生産年齢）のうちはその均質性がコミュニティのまとまりに繋がり、ある種の活力となる側面もあるが、時間が経つにつれて子供世代の流出と相まって高齢化が一気に進み、コミュニティの衰退や福祉サービス需要の急増など、社会的な問題が生じることとなる。

これを土地利用・空間利用の観点から言い換えると、開発から20～30年程度は土地・建物の容量（収容可能人員数）と見合うだけの世帯数および各世帯人員数があるが（図2・1フェーズ1）、子供世代の独立・流出などを要因として、急速に人口密度を減らしていく（図2・1フェーズ2）。ただしこの段階では初期入居世代が残るため、空き家のような未利用な空間の出現は一部にとどまる。残る世代もいわゆるアクティブシニアの年代であり、問題

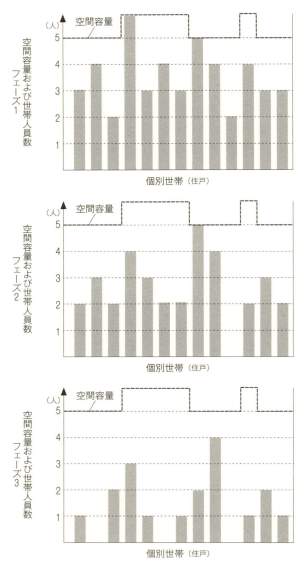

図 2·1　市街地縮退パターンのイメージ

は抱えつつもコミュニティ衰退などは大きくは顕在化しない。しかしその世代も、夫婦の一方が亡くなって独居となるなど引き続き急速に密度を減らし、逝去や高齢者施設入所等による転出により、空き家の大量発生が生じることとなる（図2·1フェーズ3）。空き家化が一時にとどまればよいが、核家族化で相続人は別に住居や生活基盤を得ていることも多く、相続で空き家が解消することは期待できない。つまり住宅市場にて物件として回っていくことが欠かせない。しかしそこに人口減少すなわち住宅需要の急速な減少が大きく影響を及ぼしてくる。条件的に新規住民の流入が見込める地区はよいが、市場的に居住ニーズが乏しい地区では人口密度減少・空き家発生からの回復が困難である。かといって大都市ゆえに住民がまったくいなくなるとまでは想定できないため、住み替え支援による地区撤退といった思い切った対処は採りがたく、空き地・空き家発生やコミュニティ維持の障害に対する対処療法を採らざるを得ないと考えられる。いずれにせよ、この段階は初期入居世代が80歳代半ばとなる開発後50年を超えるあたりが一つの区切りとなろう。

すなわち、現在は空間的には顕在化していないながら、人口・世帯人員の減少はすでに進行しており、いずれ空き家の大量発生という形で空間にも現れてくると予想される。高度成長期から大都市圏の郊外住宅地開発が大量に行われてきて数十年。初期世代の退場と社会的住宅需要減のダブルパンチにより、問題が一挙に顕在化するのはまさに間近である。

## 2·2　横浜市の人口動態

前節では大都市圏郊外地域の状況について概観的に述べた。これを具体的な都市の状況と合わせて見てみるのが本節および次節である。ここでは具体例として横浜市と同市の金沢区を取り上げることにする。

横浜市は、首都圏に位置し、人口約373万3000人と基礎自治体としては最大の人口規模を持ち、これまでの都市づくりの実績もあって多くの機能を有する大都市である。中心部は良好な都市イメージを持ち、近年は観光客数なども増加している。人口はまだ増加の途にあり、中位推計では2020年にピークを迎える。世帯数のピークはそれより先の2025～2030年と予想されている（図2·2）。

昨今の一般的な認識では人口減少・超高齢化の問題と横浜市を結び付けて考えられることは少ない。しかし、古くは関東大震災や戦災などの都市壊滅、高度成長期の都市環境の悪化など多くの課題を抱えてきた、都市問題のショーケースとも言える都市である。そして郊外地域では人口減少・超高齢化に起因する問題が顕在化しつつ

あるのが現状なのである。

　横浜市の18の区ごとに過去10年の人口増減を示したものが**図2・3**である。これを見ると横浜市の人口増加を支えているのは都心部および港北ニュータウンや新規開発地を抱える北側の区であり、それ以外はすでに人口減少が多くの区で進んでいることが分かる。金沢区、栄区などは10年間で実に10％も人口が減少している。区別に見た段階でも現象は偏在しており、人口減少が著しい区は南部海側と西部に位置し、鉄道路線の条件や開発年代との関係があることが伺われる。

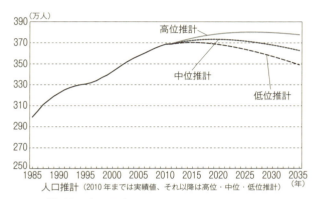

図2・2　横浜市の人口予測

　横浜市の行政も郊外に目を向け始めており、2010年に郊外部の検討調査が行われている[文1]。そこでは、市の中期計画において「駅を中心としたコンパクトで持続可能なまちづくり」が謳われていることから、交通条件に着目して駅勢圏を4段階で設定し、形成経緯、土地利用状況、人口動向等について概要がまとめられた。使われているデータは古いものの（1995～2005年）、現在でも傾向は大きくは変わらないと思われるが、ここでも市北部での人口増とそれが若年層の転入によることが示されている他、利便性の高い駅周辺には若年層が転入していること、逆に駅勢圏上の外縁部すなわち交通条件が劣る地区では高齢化率や高齢者のみ世帯率が高いことが示されている（**表2・1**および**表2・2**）。

　また、市は2014年にも人口動態について分析を行っている[文2]。それによると人口増加地区と減少地区は混在しており、区の中でも地区による差が大きいことが分か

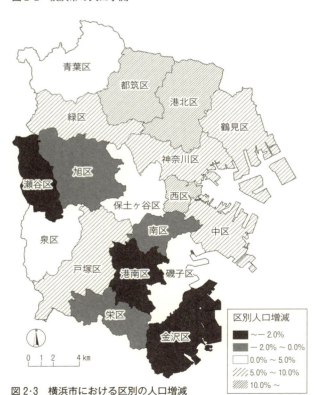

図2・3　横浜市における区別の人口増減

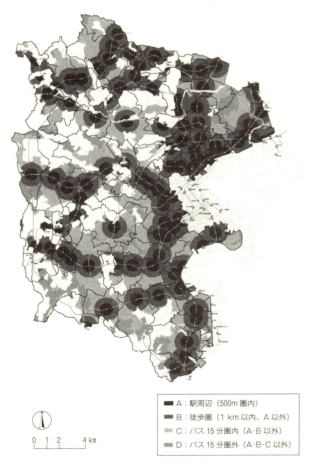

図2・4　横浜市の駅勢圏（出典：横浜市建築局[文1]より）

表2・1 横浜市の方面別人口動向

|  | 人口 | 世帯数 | 若年層 | 高齢化率 | 高齢者のみ世帯率 |
|---|---|---|---|---|---|
| 既成市街地 | 3.8 % 増加 | 6.9 % 増加 | 6.4 % 増加 | 17.7 % | 5.5 % 上昇 |
| 北 部 | 19.6 % 増加 | 20.3 % 増加 | 20.4 % 増加 | 12.8 % | 5.5 % 上昇 |
| 西 部 | 3.3 % 増加 | 9.8 % 増加 | 1.0 % 減少 | 18.5 % | 8.5 % 上昇 |
| 南 部 | 2.7 % 増加 | 9.2 % 増加 | 3.8 % 減少 | 17.6 % | 8.6 % 上昇 |
| 郊外部全体 | 7.2 % 増加 | 11.0 % 増加 | 6.3 % 増加 | 16.5 % | 6.6 % 上昇 |

（出典：横浜市建築局[文1]より）

表2・2 横浜市の駅勢圏別人口動向

|  | 人口 | 世帯数 | 若年層 | 高齢化率 | 高齢者のみ世帯率 |
|---|---|---|---|---|---|
| (A)駅周辺 | 11.0 % 増加 | 14.0 % 増加 | 19.3 % 増加 | 4.1 % 上昇 | 5.1 % 上昇 |
| (B)徒歩圏 | 9.1 % 増加 | 11.1 % 増加 | 8.9 % 増加 | 5.2 % 上昇 | 6.3 % 上昇 |
| (C)バス15分圏 | 4.4 % 増加 | 9.4 % 増加 | 2.4 % 減少 | 6.8 % 上昇 | 7.9 % 上昇 |
| (D)バス15分圏外 | 1.7 % 増加 | 6.1 % 増加 | 14.1 % 減少 | 8.7 % 上昇 | 9.8 % 上昇 |
| 郊外部全体 | 7.2 % 増加 | 11.0 % 増加 | 6.3 % 増加 | 5.7 % 上昇 | 6.6 % 上昇 |

（出典：横浜市建築局[文1]より）

っている。また鉄道駅周辺地区の動態も見ているが、駅から半径1 km以内の人口増加は市内平均の増加よりも大きく、1 km圏内外の比較によれば圏内は圏外に比べ生産年齢人口割合や単独世帯の割合が高く、圏外は持ち家率が高く高齢化がより進んでいるという、前述の調査[文1]と同様の結果が示されている。ただし駅1 km圏内であっても人口増減は駅によって異なり、郊外の駅では減少しているところも多い。

## 2・3 横浜市金沢区における縮退の分析

ここまで述べたとおり人口動態と地区・交通条件に関係があることが推察されるが、高齢化進展の早さと基盤状況・開発時期など地区の条件との関係は今一歩踏み込んでは分析されていない。そこで本節では横浜市の中でももっとも人口減少が著しい金沢区を取り上げ、地区の条件と高齢化進展の関係について分析・考察を示すことにする。

### 1. 横浜市金沢区の概要

金沢区は横浜市の最南端に位置し、横須賀市と鎌倉市に接する区である。人口は約20万人で18区中10位、世帯数約8万7千人で世帯人員数2.31は市の平均2.25を上回る。一方、人口密度は18区中16位と低く、郊外区の性格が見て取れる。

鉄道は京急線が通っており、京急富岡駅、能見台駅、金沢文庫駅、金沢八景駅、六浦駅が位置するほか、横浜市の第三セクターが運営する新交通・横浜シーサイドライン線が埋立地の産業団地を通っている。

同区の既成市街地は横浜市中心部より歴史が古く、もともとは鎌倉幕府との関係から水運の要所や寺社が位置する場所として開けたという経緯がある。江戸時代には景勝地として有名になり、それが金沢八景の名の由来ともなった。開国後は外国人や政府要人の別荘などもあり、日本における海水浴発祥や伊藤博文が大日本帝国憲法を起草した場所としても名が残っている。

歴史性の一方で、戦後の都市開発が広域に行われた場所でもある。住宅地開発は、京急電鉄の他、西武鉄道グループによるものも多くなされている。また、1965年に提唱された横浜市の六大事業の一つとして大規模な埋立事業が行われ[注1]、1970年代以降、工業団地として開発整備が行われた。埋立地以外はほとんどが丘陵地でも

図2・5 横浜市金沢区

あり、幹線道路網がある程度整備されるまでは、地理・交通条件上の難点ともなっていた。すなわち新旧の市街地が地形の制約を受けつつ入り混じって配置されている区であり、その影響のもとで大都市郊外地域の問題がいち早く顕在化しているものと考えられる。

## 2. 町丁目別の地区条件

町丁目別に立地等の条件および開発状況を見てみよう。ここでは横浜市より土地利用現況調査（2008年度作成）、都市計画決定状況（2016年度作成）、開発許可による宅地造成の履歴（2008年度作成）等の地理情報システムデータを入手し、他に国土地理院作成による基盤地図情報も利用し、地理情報システムソフト（QGIS 2.16.2）上で重ね合わせ、町丁目単位で条件を確認・判別し、類型化した。

### ❶ 項目別の区内地区条件

・駅からの立地（図2·6）

駅からの交通手段、すなわち徒歩かバス利用かその併存かで分類を行った。交通条件と住宅価格の分析を行った既存言説によれば、大都市圏ではバス利用となった段階で価格への影響は大きな差はないとされているが、金沢区はほぼ全域にバス停があるため、バス利用町丁目は一律に扱っている。

・駅との高低差（図2·7）

地形の起伏に富んだ区であり、駅との交通条件とも関係してくる条件である。町丁目のおおよそ中央部と駅との高低関係を、徒歩に対する影響も考慮して3段階に分類した。

・開発時期（図2·8）

おおよその開発年代である。横浜市の市街化区域設定時期および宅地開発データ、金沢区の都市計画マスタープランの記述などから判断・分類した。

・基盤整備状況（図2·9）

主に道路基盤の整備度である。目視で判断しているが、町丁目の範囲と開発範囲が必ずしも一致しないため、整備面積の割合の高低でおおよその区分を行った。

### ❷ 区内地区条件の概括

まず自然地形はおおむね丘陵地であり、尾根と谷戸が組み合わさっているが、平坦な埋立地（並木、幸浦、福浦など）も相当の面積を占めている。基盤の整備状況と開発時期は入り混じっており、また、駅近辺のみならず地形が複雑で駅から離れた地区（能見台、釜利谷東、釜利谷西など）も住宅地として整備・開発されていることには留意が必要である。一方、計画的基盤整備がされておらず、防災上問題があるまま市街化がなされた地区（町谷町、平潟町、六浦、大道など）も散見される。

## 3. 町丁目別の高齢化の状況と地区条件との関係

次に人口はどのような動態を見せているか、また地区の条件との関係はいかなるものかを見ることにする。ここでは今後の空き家発生に繋がる高齢化の状況を見るが、高齢化率ではなく老年化指数で示すことにする。老年化指数とは人口統計学等で近年使われている指標で、老年人口（65歳以上）を若年人口（15歳以下）で割ったものである。高齢化率に比して年齢構成の複合状況がより表されることとなる。

2016年の老年化指数と、その10年前である2006年の老年化指数、そしてその2時点の差を、町丁目ごとに算出しプロットしたものが図2·10、図2·11および図2·12である。

2006年においては100％以下、すなわち若年人口が老年人口より多い町丁目のほうが多数であったが、2016年を見ると大多数の町丁目で老年人口が若年人口を上回ってしまっている。そしてその差を見ると老年化指数が減少している地区は6町丁目（富岡3、瀬戸、大道1および2、柳町、野島町）のみである。老年化指数が高い町丁目は数多いが、その中でも並木、富岡東6、能見台、西柴、釜利谷西の一部、東朝比奈が急速に高齢者の割合が増えていることが明らかとなった。

では高齢者の割合と地区の条件との関係はいかなるものか、図を比較しつつ考察してみよう。

まず老年化指数が低下した6町丁目であるが、大道1および2は実は現在も過去も老年化指数が高い。結果として老年化指数が減少したものの、人口の実数も確認すると若年層の増加によるものだけではなく高齢人口の減少によるものであることが分かる。地区の状況を見ると、一部に数件の戸建住宅建設も確認され、若年層はこれによって増えたものではないかと推察される。逆に減少し

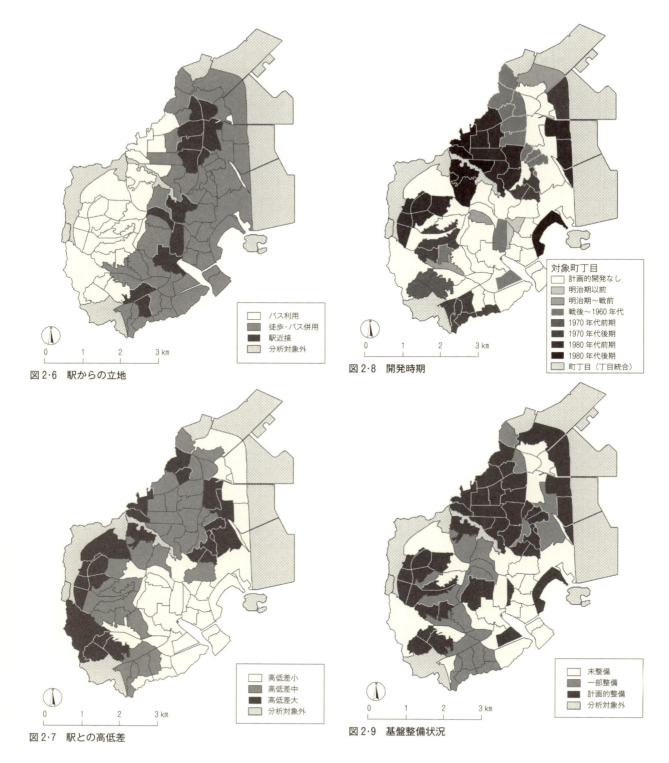

図2·6 駅からの立地

図2·8 開発時期

図2·7 駅との高低差

図2·9 基盤整備状況

た高齢者分についてはむしろ空き家の発生も伴っている可能性が指摘できよう。大道の他、富岡3、瀬戸、柳町、野島町は計画的整備が行われていないか比較的古い時期の面的開発による、基盤整備状況が良いとはいいがたい地区であるが、老年化指数は減少している。瀬戸以外は駅へのアクセスも必ずしも良くはないが、平坦地であることが有利に働いていることが推察される。

一方、老年化指数が大きく増加している地区について

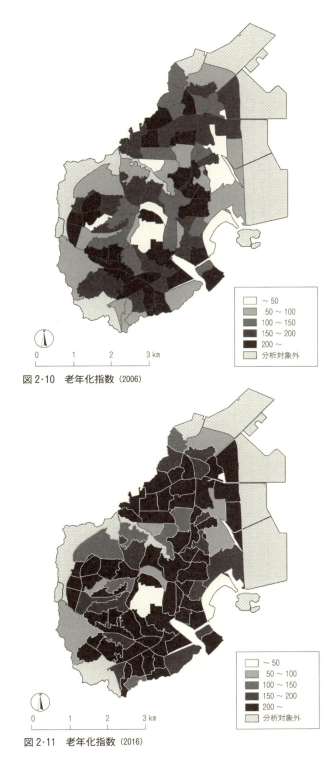

図2·10　老年化指数（2006）

図2·11　老年化指数（2016）

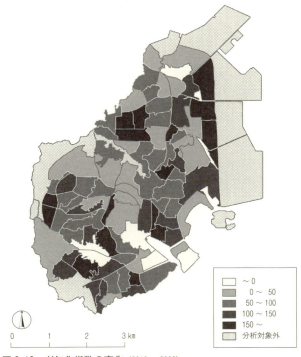

図2·12　老年化指数の変化（2016〜2006）

はどうか。ほとんどの町丁目が新都市計画法施行（1968年）以降に計画的に開発されており、基盤状況や空間的な環境が良いにもかかわらず高齢化が進んでいるという皮肉な状況が明らかである。その他の条件は一定ではないが、能見台、釜利谷西は駅より離れており、地形的にも駅との高低差が著しい場所であること、西柴は駅との高低差が著しい上に、開発年代も新制度下では比較的古いことなどが指摘できる。並木については交通条件がやや劣る以外は確たる特徴が見いだせないが、地域の実態から、一斉に開発された集合住宅団地の複合住宅地であることが影響しているのではないかと考えられる。これについては後述する。

## 2·4　希薄化する住宅地の現状と具体的課題

前節の分析で、老年人口の割合が著しく増えている地区は、むしろ基盤や環境が整備されているということが分かった。これは2·2節で考察した事項が的を射ていることを伺わせる。すなわち一体的な開発・居住開始による当初よりの人口構成のゆがみは、その後の住民の入れ替わりによっても解消されないまま残り、後の時代になって高齢化の進展とその後の空き家の発生を導くことになるという推察である。

このような実態は、地区まちづくりの場においてはすでに実感的に捉えられているところでもある。そこで高齢化が進み今後の空き家の大量発生など、希薄化が懸念される地区として西柴地区と並木地区を取り上げ、現状と課題を整理したい。

## 1. 西柴地区

当地区は老年化指数の増加が著しい西柴二～四丁目および柴町と金沢町の一部にまたがっており、西武グループにより1970年前後より開発が始まった戸建住宅地である。高低差が大きい斜面上に約1800以上の区画におよぶ広範囲に造成されており、地区内に入るには国道から急傾斜を上らなくてはならず、地区内の傾斜も厳しい。地区の大半から徒歩では駅に向かうのは厳しいが、バスも地区の一部を通り抜けるのみであり、バス停までも距離がある住戸が多い。バスの本数も潤沢とはいいがたい。

しかし入居開始当初は、高台に建つ郊外戸建住宅地という郊外居住の一つのモデルとしてイメージされる地区の典型であり、住民の住環境保全に関する意識も当初より高かった。その意味で早くから建築協定が結ばれているし（図2·13）、自治会の活動は活発であり、衰退し空き店舗が発生した商業地区で地域組織によるコミュニティカフェが早い段階から立ち上がっている地区でもある。

前述のとおり高齢化の進行が著しい当地区であるが、地区の大半を占める西柴2～4丁目の登録者数で見ると、人口も過去10年間（2006～2016年）では4721人から4428人と293人の減少を見ている。ところが世帯数では1807世帯から1838世帯と31世帯の増加となっている。これは開発当初からの空き地に住宅が新規建築されるケースや、建て替えの際に敷地分割で戸数が増える／集合住宅となるケースなどが確認されており[注2]、それによる世帯増と推察される。いずれにせよ全体としては人口密度を大幅に減らしながら高齢化が進んでいる。

コミュニティや居住の実態については、開発区域が大きいこともあり市内でも有数の加入数を持つ自治会組織だが、それがさまざまな状況にある地区内への対応を難しくしている面があるという。空き家は自治会役員の独自調査では50戸ほど把握されている。全戸数が1800

図2·13　西柴団地自治会地区建築協定

戸に及ぶことを考えると少ないが、一つにはまだ空き家大量発生のフェーズまではいたっていないと思われることと、空き家か否かの判断は現実には困難であり、正確な実態把握が難しいことも影響していると思われる。一方で明らかに高齢化が進行しており、空き家予備軍とも言うべき住戸は増えてきているという。しかし空き家発生の把握も難しく、隣近所の住民が知らせてくれなければ、自治会が（もちろん行政も）把握することはできない。このような実態把握の困難さも、大都市圏郊外地域の希薄化対応の課題の一つと言えよう。

また、本来良好な住環境を保つための建築協定について議論がなされるようになってきたという。現在の協定では大部分の地区で戸建住宅以外は規制されており、2世帯住宅も建築できないが、子供世帯が戻ることも想定して建物用途の規制はある程度緩和すべきという意見があるという。2016年の期限切れを前に更新のための見直し作業が進められたが、アンケート調査などの結果を踏まえ、基本的には今回は緩和せず、これまでの内容を引き継ぐ形で更新された。しかし次の更新時の議論では

対処に間に合わないのではないかという懸念も根強い。

## 2. 並木地区

横浜市の六大事業の一つである埋立地に産業団地地とともに建設された住宅地「金沢シーサイドタウン」に相当する地区である。ここでは住所表示（並木1〜3丁目）を取って並木地区と呼ぶ。計画人口2万7千人と単なる住宅地というには大規模な地区だが、1970年代という横浜市の都市デザイン行政が花開いた時期の開発であり、建築家の槇文彦氏を招いてのグランドデザイン策定や、複数の著名な建築家の協議と分担による住宅街区設計、デザインガイドラインに基づく複数事業体による開発等、多くの興味深い取り組みや仕組みのもとでつくられ、今日の目で見ても魅力的な空間を持った街である。しかし金沢区にあってもさらに高齢化の進行と人口減少が著しい地区である。過去10年間（2006〜2016年の8月）では2万1013人から1万7741人と実に15％以上の3272人もの減少となっている。世帯数は8186世帯から8095世帯と91世帯減少、平均世帯人員も2.57人から2.19人と大幅に低下している。また、年齢構成を見ると、開発から35年以上を経てボリュームゾーンは60歳代後半に差し掛かっており、今後一層の問題の顕在化と深刻化が懸念されている。すでに独居高齢者の生活不便の問題や孤独死等も発生してきている様相である。

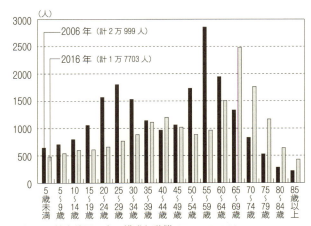

図2・15　並木地区の人口構成と動態（2006〜2016年）

図2・14　並木地区

前述のとおり都市デザインの魅力的な事例であり、空間的には十分整備されており、社会的にはまだ問題があるとは認識されていない地区であるが、目に見えない「縮退」が潜み進行していることは、ここで指摘しておかなくてはならない。

筆者は近年当地区のまちづくり活動に関わってきたが[注3]、その中で見えてきた具体的な課題を述べよう。まずライフスタイルの変化と住棟・住戸様式のズレである。70年代後半〜80年代初頭に開発された団地建物は、今日の目で見ると総じて仕様が古い。エレベーターなしの4〜5階建住棟が多いなどバリアフリーがまったく考慮されていない一方で、高齢者の夫婦のみないし独居世帯が増えつつある。また減少する世帯人員に対して住戸面積が過剰といった、建設当初は想定していなかった課題が現れてきている。たとえば高齢者の住み替え支援と元の住戸の若い世代への賃貸促進が考えられるが、実際の導入は困難なことも明らかである。少なくとも一般住民には容易になしうることではない。

また、モビリティは大きな問題である。広域的に見ると、当地区は新交通システム（シーサイドライン）が地区に接して走っているものの、接続先はJR新杉田駅もしくは京急線金沢八景駅であり、たとえば東京の都心部に向かうには不便さを感じざるを得ない。かといって京急線の駅に直接出るにはそれなりの距離と地形を乗り越えなくてはならず、着いても特急停車駅ではないため時間距離は遠い。一方、地区内での移動も問題である。平坦な埋立地であるが地区は広く、高齢者にとっては商業施

設に行くのも苦労するという声がある。この対策としてたとえばコミュニティ交通の導入などが検討される必要があるが、これも住民だけで実施するのは難しい。

あるいは地域のブランディング・対外的な情報発信である。地区内の環境整備も重要であるが、それだけでは人口増加は期待できない。金沢シーサイドタウン（並木）という魅力的な環境を持つ街を地区外に知らしめ、転居を検討している人々に居住地候補として名前が上がるくらいに存在感を高めなくてはならない。しかしブランディングに資する広報戦略などはまさにノウハウが必要とされるところである。

当地区は空間的によく整備されているがために、行政には大きな問題がない地区と認識されているが、現実の地域社会では多くの問題が発生しつつあり、しかも今後急速に顕著となることは予想に難くない。しかし住民だけで改善できるものは多くなく、着手すら難しいのも現実である。

## 2·5 課題対応への体制づくり

本章では、人口減少・超高齢化時代の大都市郊外地域の問題について、空間的な縮退の前に人口減少によって人口密度の低下が進んでいる状況と、超高齢化によってその後に来ると思われる空き家大量発生などの都市希薄化の可能性を指摘した。また、現象の偏在と地区の条件との関係を考察し、一体的開発地で課題が発生しているという皮肉な状況も示した。

これらの課題にどう対処しうるだろうか。分かりやすい処方箋はなく、空間的には住宅地としての性能向上といったベーシックな環境整備の他、空き家が存在することを前提として多様な空き家活用策や共同管理といった手法を採ること、ソフトの方策としては生活支援・社会サービスの充実の他、住み替えシステムの構築を行うことなど、さまざまな対応の積み重ねで総合的に課題解決の途を目指すしかないものと思われる。

その際重要なのは、さまざまな主体の協働である。地区住民の努力は当然としても限界もある。しかし行政が単独で取り組む事項ではなく、そもそも可能でもない。つまり地域に関わる多くの事業体や組織体のさまざまな取り組みとそれらを繋ぐ協働の体制、すなわちエリアマネジメント体制の構築が求められる。現状では商業・業務地区で取り組みの多いエリアマネジメントであるが、今後は住宅地における試みが増えてくるであろう。

なお、今後の地域に関わる主体として鉄道事業者とそのグループへの期待を述べておきたい。とくに大都市において、地区の立地条件は鉄道路線と駅にほぼ規定されることや、鉄道事業者にとっては沿線の魅力向上が乗降客増加策の一つとして重要であることから、地域との連携は Win-Win の関係が期待できる。加えて鉄道事業者ないしグループ事業者が持つ不動産事業や地域活性化に資する事業ノウハウが、たとえば空き家対策や住み替え支援システム構築、モビリティ向上などに応用できる可能性があることは大きい。我が国の鉄道事業者グループの特徴とも言える「総合性」が発揮されることが待望される。

横浜市では「持続可能な住宅地モデルプロジェクト」[文3]を進めているが、ここで示したような考え方が含まれている萌芽的な動きとみなすことができる。まだ一部地区での取り組みであるし課題もあるが、このような動きが成果を上げ、広く普及していくことを期待したい。

【注】
1 横浜市六大事業は他に、都心部強化事業（現在のみなとみらい21地区）、港北ニュータウン建設、高速鉄道敷設（現在の市営地下鉄ブルーライン）、首都高横羽線整備、ベイブリッジ建設。現在の横浜市の骨格を形成したプロジェクトの複合体である。
2 当地区の建築協定では、集合住宅は規制されており、敷地面積の最低規模制限もあるが、協定に不参加の敷地で生じているものと考えられる。
3 横浜市立大学 UDCN 並木ラボ
https://www.facebook.com/namiki.ycu/

【引用・参照文献】
1 横浜市建築局（2010）『人口減少等を踏まえた郊外部のまちづくり検討調査（郊外部全体の概況）』
2 横浜市政策局（2014）「特集 横浜の人口を読む」（『調査季報』175号 http://www.city.yokohama.lg.jp/seisaku/seisaku/chousa/kihou/175/
3 横浜市建築局「持続可能な住宅地モデルプロジェクト」http://www.city.yokohama.lg.jp/kenchiku/housing/jizokukanoupj/

# 第3章 拡大しながら空洞化する首都圏近郊都市

秋田典子

## 3・1 首都圏近郊都市とは

### 1. 大都市圏整備法によるゾーニング

本章で取り上げる首都圏近郊都市とは、東京の都心を取り囲むエリアに位置し、主に都心へ通勤するサラリーマンの住まいや暮らしの場となっている地域の自治体を指す。具体的には、東京都では町田市・八王子市、神奈川県では平塚市・小田原市、埼玉県ではさいたま市・川越市、千葉県では松戸市・柏市といった都市がこれに該当すると言えばイメージしやすいだろう。

東京、大阪、名古屋の3大都市圏は、戦後の高度成長期に産業の集中とそれに伴う地方都市からの急激な人口流入により、既成市街地の環境の悪化や過密問題が深刻化した。このため、大都市への産業や人口の過度の集中を抑制するとともに、無秩序なスプロールを防止し、計画的な基盤整備を推進するために、3大都市圏それぞれに対し、1956年に首都圏整備法、1963年に近畿圏整備法、1966年に中部圏開発整備法が制定された。

首都圏整備法第24条第1項は、すでに市街化が進行したエリアを既成市街地、本章で対象とする既成市街地を取り囲むエリアを近郊整備地帯、その外側で今後の開発整備が予定されているエリアを都市開発区域として位置づけている。既成市街地は、産業や人口の極度な集中を抑制しながら首都として必要な基盤整備を維持・推進するエリア、近郊整備地帯は、既成市街地の近郊で緑地を保全しつつ計画的な市街地の整備を図るエリア、都市開発区域は、産業や人口の集中を緩和し首都圏内における産業と人口の適正な配置を目的として開発を促進するエリアとして面的に指定されるため、各エリアの縁辺部にあたる自治体では、その一部のみが特定のエリアに指定されているケースもある。

### 2. 首都圏のみに存在する近郊整備地帯

首都圏整備法に基づく三つのゾーン分けと同様に、近畿圏、中部圏を対象とする整備法でも、既成市街地、都市開発区域に該当するエリアが位置づけられている。ただし、本章で対象とする近郊整備地帯に該当するエリアの扱いは、各法により異なっている。

まず、近畿圏整備法では、首都圏の近郊整備地帯よりも狭域のエリアが近郊整備「区域」に指定されている。一方、中部圏開発整備法には、首都圏整備法にはない観光資源や緑地等を保全する「保全区域」の指定があるが、近郊整備地帯に該当するエリアが存在しない。つまり近郊整備地帯とは、開発圧力がきわめて高い首都圏周縁部固有の空間特性を有するエリアなのである。

首都圏整備法の制定時、既成市街地の周縁部は大部分が農村集落であり、そこに進行しつつあるスプロールをコントロールし、自然環境を保全して秩序ある開発を進めることは、社会的に急務であった。既成市街地の周縁部に近郊整備地帯を、さらにその外側に都市開発区域を位置づけるという同心円状のゾーニングからは、近郊整備地帯が田園都市のような緑豊かな住環境を有するグリーンベルトとなって既成市街地の環境を保全するとともに、既成市街地と自然環境とのバッファーゾーンとしての機能を果たす、という空間像がイメージされていたと考えられる。

この空間像の根拠にもなるのが、近郊整備地帯の制度上の最大の特徴である線引きの義務づけである。我が国では、首都圏整備法の制定から12年後の1968年に、線引き制度が新しい都市計画法に導入され、近郊整備地帯内の自治体は線引きが義務化された。近郊整備地帯に規制力の強い線引きが義務づけられたことは、当該エリアにおいて、強力な開発の立地コントロールが必要だという社会的合意があったことを示している。

2000年の都市計画法改正により、線引きは自治体の選択制となったが、それでも三大都市圏の自治体には線引きの義務づけが残された。広大な首都圏近郊整備地帯には、人口10万人以下の小規模な自治体も多く含まれているが、こうした自治体が一体となって現在も線引きを実施していることは、そこがスプロールの最前線だという認識に基づくと言える。

### 3. 首都圏近郊整備地帯の境界部

図3・1に、首都圏近郊整備地帯の範囲と、首都圏近郊整備地帯に指定されている自治体の市街化区域、市街化調整区域等の位置を示す。

首都圏近郊整備地帯には、東京都、神奈川県、埼玉県、千葉県、茨城県の1都4県の合計139市町が含まれており、図3・1を見て分かるようにその位置は、都心に近接しているものから80 km近く離れたものまで、幅がある。とくに都心から遠いエリアでは、首都圏近郊整備地帯のすぐ外側が、制度上は開発が想定されない都市計画区域外となっている自治体も存在する。

一般に、都市計画区域外は、線引き都市計画区域と比較して土地利用に関する規制が非常に緩いため、これらが隣接する場合、とくに地価の安さや開発のしやすさの面で大きなギャップが発生し、都市計画区域外に開発が流出しやすくなる。このため首都圏近郊整備地帯の境界付近は、首都圏の開発圧力の最前線かつ限界点であり、

表3・1 首都圏近郊整備地帯境界部の自治体

| 県 | 対象自治体 |
|---|---|
| 千葉県 | 成田市・袖ヶ浦市・木更津市・君津市・富津市 |
| 神奈川県 | 相模原市 |
| 埼玉県 | 飯能市・熊谷市 |
| 茨城県 | 常総市 |

人口が減少する局面においては最初に縮退がはじまるスプロールと無秩序空隙化の双方の動きが混在した空間が形成されると考えられる。

表3・1に、首都圏近郊整備地帯の境界が自治体内にある都市を示す。千葉県がもっとも多い5自治体、埼玉県2自治体、神奈川県と茨城県各1自治体がこれに該当し、網掛けは、この中で都市計画区域外を有する自治体である。

本章では線引き都市計画区域のすぐ外側が都市計画区域外になっている自治体のうち、近郊整備地帯の範囲が狭い千葉県君津市を対象として、首都圏近郊整備地帯の境界部におけるスプロールと無秩序空隙化の発生実態を見てゆくこととする。

## 3・2 首都圏近郊都市の無秩序空隙化

### 1. 対象地の開発圧力

千葉県君津市は、千葉県南部の房総半島の中央部に位置する自治体である。東京湾に接する部分はすべて臨海工業地帯であり、日本を代表する鉄鋼業の工場が立地している。

君津市は、図3・2に示すように東京湾に面する旧君津町と、内陸側の旧小糸町、旧清和村、旧小櫃村、旧上総町が合併して1971年に成立した。臨海部の工業地帯を有する旧君津町は、全域が合併前の1957年に首都圏近郊整備地帯に指定され、1962年に君津都市計画区域が指定され、1970年に線引きを実施している。一方、旧君津町以外の旧町村は、線引き後に合併したこともあり、現在にいたるまで都市計画区域外のままである。

君津市の面積は318.81 km²で、都市計画区域の面積は旧君津町の範囲に該当する53.17 km²、

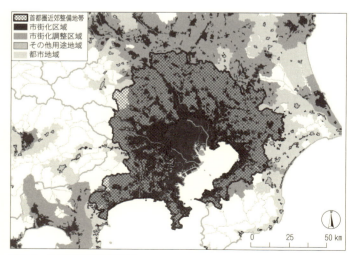

図3・1 首都圏近郊整備地帯

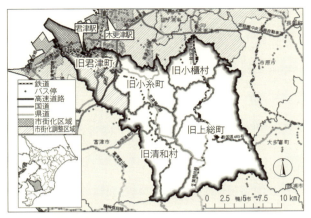

図 3・2　君津市全体の概要

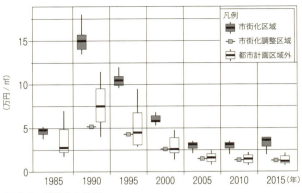

図 3・3　君津市の地価

都市計画区域外は 265.66 km² と市域の 83 % を占めている。また、2015 年 3 月時点の君津市の人口は 8 万 7831 人、このうち都市計画区域内には全体の 72 % にあたる 6 万 3468 人が居住しているが、人口の約 4 分の 1 にあたる 2 万 4363 人は都市計画区域外に居住している。

君津市の都市計画区域外の居住地は、大きく二つのタイプに分けられる。一つは合併前の旧町村の中心地や農村集落など、合併前から居住地とされていたエリアであり、もう一つは本章で対象とする、合併後に首都圏近郊整備地帯からにじみ出た開発により形成されたスプロール住宅地である。

房総半島の海沿いを走る JR 内房線の君津駅から東京の都心部までは電車で約 1 時間半程度かかる。ただし、1997 年に東京湾を横断する東京湾アクアラインが開通したことにより、車で都心まで 40 分程度でアクセスが可能になった。都心への通勤は不可能ではないが、内陸側は道路整備が進んでいないため利便性はあまり高くない。

## 2. 急上昇、急降下する地価

都道府県地価調査による君津市内の 1985 年から 2015 年の地価の分布を図 3・3 に示す。調査年により調査地点数は異なっており、最大で市街化区域が 9 カ所、市街化調整区域が 1 カ所、都市計画区域外が 6 カ所、1985 年は市街化調整区域に調査地点がない。市街化区域よりも地価の高い都市計画区域外の調査地点は、合併前の旧町の中心市街地である。

全地点で共通して 1990 年の地価がもっとも高く、その後減少傾向になり、2005 年以降は横ばいとなっている。1997 年に車による都心へのアクセス性を高める東京アクアラインが開通したが、1995 年より 2000 年のほうが地価が低下している。

全期間を通じて市街化区域の地価の変動幅が大きく、市街化区域の 1990 年の平均地価が 14 万 8286 円/m² であるのに対し 2015 年は 3 万 6377 円/m² と、1990 年の 24.5 % に下落している。一方、都市計画区域外は 1990 年に平均地価が 7 万 6666 円/m² まで上昇しており、その時点の地価は、市街化調整区域はもとより、1990 年と 1995 年以外の市街化区域よりも高い。このことは、都市計画区域外の地価が市街化区域と比較して相対的に安価なだけであり、大幅に差があるわけではないことを示している。また、各区域の地価がもっとも高い 1990 年は、区域による地価の差が大きいが、地価が下落するとともにその差は縮小している。

## 3. マクロとミクロの人口動態

次に、人口の動きを見てゆくために、千葉県の統計データが整備されている 1985 年以降の 10 年ごとの君津市内の旧町村別の人口動態を表 3・2 に、1985 年の人口を 100 % とした場合の旧町村別の 5 年ごとの人口増減率を図 3・4 に示す。

君津市全体の人口は、1995 年の 9 万 4320 人がピークであり、それ以降は継続して減少を続けている。その内訳を旧町村別に見ていくと、旧君津町は君津市全体の人口増加傾向と同様に 1995 年まで人口が増加し、1995 年

表 3·2 君津市の旧町単位の人口動態 (人)

| エリア | 1985年 | 1995年 | 2005年 | 2015年 | 1985年比 増減数 | 1985年比 増減率 |
|---|---|---|---|---|---|---|
| 旧君津町 | 52,596 | 63,867 | 63,534 | 63,468 | 10,872 | 121% |
| 旧小糸町 | 8,480 | 8,967 | 9,890 | 8,602 | 122 | 101% |
| 旧清和村 | 3,897 | 3,816 | 3,459 | 2,851 | -1,046 | 73% |
| 旧小櫃村 | 6,746 | 6,617 | 6,273 | 5,285 | -1,461 | 78% |
| 旧上総町 | 12,077 | 11,053 | 9,700 | 7,652 | -4,425 | 63% |
| 合計 | 83,796 | 94,320 | 92,856 | 87,831 | 4,035 | 105% |

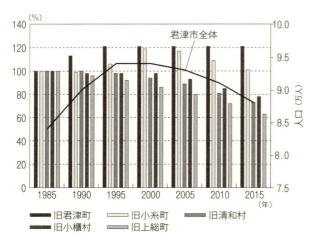

図 3·4 1985年を基準とした人口の増減率

以降は横ばいとなっている。一方、旧君津町に隣接する都市計画区域外の旧小糸町は、君津市全体の人口減少が始まった1995年から人口の増加が見られる。また、旧小糸町よりも都市計画区域から遠い旧清和村、旧小櫃村、旧上総町では、1995年以降に急激に人口が減少し、旧上総町では1985年と比較して2015年は60％程度まで人口が落ち込んでいる。

このように、君津市全体では1995年以降は人口が単純に減少しているように見えても、君津市全体の人口増加がピークとなる1995年を境に、都市計画区域では人口が漸減し、都市計画区域に隣接する都市計画区域外では人口が増加し、それ以外の都市計画区域外では人口が急減しており、地域によって人口の変化の状況が大きく異なっている。

そこで以降では、君津市全体の人口減少が始まる1995年以降に人口増加が見られた旧小糸町に着目して、スプロールおよび無秩序空隙化の実態について、具体的に見ていくこ

ととする。

## 3·3 都市計画区域縁辺部におけるスプロールと無秩序空隙化の実態

### 1. 旧小糸町の概要

旧小糸町は全域が都市計画区域外であるが、西側が旧君津町の市街化調整区域に接している（図3·2）。旧小糸町は20の地区で構成され、このうち都市計画区域に隣接する泉地区と中島地区では、1970年代に臨海部の工業地帯に勤務する従業員向けの住宅が、市街化区域内の土地区画整理事業を待ちきれずに計画的に開発されている。1985年時点で泉地区には約1500人、中島地区には約2000人が居住していた。泉地区の中心部からJR君津駅までは車で15分程度であり、市街化区域と駅へのアクセス性は大きく変わらない。

君津市全体の人口が減少した1995年以降に旧小糸町のどのような場所で人口が増加したのかを見ていくために、まずは1985年を100％とした20地区の5年ごとの人口の増減率を図3·5に示す。グラフから、1995年から2000年の間に人口が急増している地区が4カ所あることが分かる。1985年から2015年の期間全体を見る

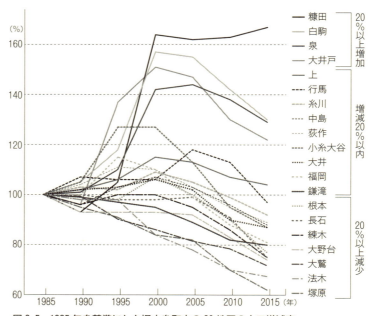

図 3·5 1985年を基準にした旧小糸町内の20地区の人口増減率

と、人口が 20％以上増加しているのが 4 地区、増減が 20％以内であるのが 9 地区、20％以上減少しているのが 7 地区あった。

人口が 20％以上増加している糠田、白駒、泉、大井戸の 4 地区のうち、糠田地区は 2000 年以降も人口を維持しているが、白駒、泉、大井戸地区は 2000 年頃から減少に向かっている。この 3 地区では急激なスプロールの発生後に、無秩序空隙化が徐々に発生していることが推察される。

## 2. 各地区の生活関連施設と公共交通網

旧小糸町内の 20 地区それぞれの生活関連施設の集積状況を表 3・3 に、人口が増加している 3 地区の周辺環境を図 3・7 に示す。人口が増加している糠田、白駒、泉地区に囲まれた中島地区には、旧小糸町内で唯一の地元大型スーパーである「おどや君津中島店」を含む複数の生活関連施設の集積が見られ、旧小糸町で唯一の行政センターと公民館も中島地区の東側に位置する糠田地区に立地している。中島地区と糠田地区を貫く幹線道路周辺が、旧小糸町の中心的なエリアとなっている。

表 3・4　旧小糸町内の公共交通網（2015.10 時点）

| 運営 | 路線名 | 運行ルート | 運行本数 | 所要時間 |
|---|---|---|---|---|
| 民間 | 周西線 | 君津製鐵所～君津駅～中島 | 17 本／日 | 君津駅まで約 20 分 |
| | 三島線 | 木更津駅～中島 | 8 本／日 | 木更津駅まで約 40 分 |
| | 鴨川・木更津線 | 木更津駅～大井戸～亀田病院（鴨川） | 5 本／日 | 木更津駅まで約 30 分 亀田病院まで約 50 分 |
| 君津市 | 小糸川循環 | 君津駅～中島～グラウンドゴルフ場 | 6 本／日 | 君津駅まで約 30 分 |
| | 中島・豊英線 | 中島～県民の森 | 10 本／日 | 県民の森まで 40 分 |

中島地区を取り囲む位置にある地区の人口増加は、1970 年に開発されて施設がある程度集積している中島地区を中心としたミクロレベルのスプロールの発生であるとも言える。また、人口が増加している大井戸地区にも中島地区ほどではないが、施設の一定の集約が見られた。

旧小糸町内の公共交通はバスのみであるが、表 3・4 に示すように、中島地区を軸として JR 君津駅と君津市に隣接する木更津市の拠点である JR 木更津駅を結ぶ路線、大井戸地区を軸として JR 木更津駅を結ぶ路線の 3 路線に加え、君津市内を循環するコミュニティバス 2 路線がある。旧小糸町内のバス停からから君津駅まではバスで 20～30 分、木更津駅までは 30～40 分で移動が可能である。バスの本数が少ないため利便性は低いが、通学等には重要な手段となっている。

旧小糸町では中島・糠田・大井戸地区に施設や交通機能の一定の集約があり、人口が増加していた地区は、このような条件を備えた地区とそれ隣接した地区のみであり、他の地区では人口が大幅に減少していた。

## 3. 開発の立地状況

次に、人口が増加していた四つの地区を対象に、住宅の開発立地動向を見ていく。開発の動向を把握しやすくするために、4 地区において人口が急増した 1990 年から 2000 年と、人口が安定から減少に向かった 2000 年から 2010 年の 10 年ごとに時期を区切り、1990 年、2000 年、2010 年の 3 時点の住宅の増減や所有者の変化を把握し表 3・5 に示した。

人口が増加した 1990 年から 2000 年の 10 年間には、泉地区 204 戸、白駒地区 51 戸、糠田地区 133 戸、大井

表 3・3　地区ごとの公共施設およびバス路線等

| | 地区 | 人口* | 施設 | バス路線 | バス停数 |
|---|---|---|---|---|---|
| 20％以上人口増加 | 糠田 | 869 | 行政センター、公民館 | 中島・豊英線 | 2 |
| | 白駒 | 376 | — | — | — |
| | 泉 | 2000 | — | 三島線、周西線、小糸川循環 | 3 |
| | 大井戸 | 584 | 警察署駐在所、歯科診療所(2)、保育園、小学校 | 鴨川・木更津線 | 1 |
| 20％以内の増減 | 上 | 434 | 病院 | — | — |
| | 行馬 | 87 | — | — | — |
| | 糸川 | 492 | — | — | — |
| | 中島 | 1801 | 警察署駐在所、歯科診療所(2)、保育園、小学校、高校、ホームセンター、大型スーパー | 三島線、周西線、小糸川循環、中島・豊英線 | 5 |
| | 荻作 | 65 | — | — | — |
| | 小糸大谷 | 113 | — | — | — |
| | 大井 | 182 | — | — | — |
| | 福岡 | 204 | — | 中島・豊英線 | 2 |
| | 鎌滝 | 417 | 消防署分署、歯科診療所 | 中島・豊英線 | 4 |
| 20％以上人口減少 | 根本 | 223 | — | 鴨川・木更津線 | 1 |
| | 長石 | 157 | — | — | — |
| | 練木 | 143 | — | — | — |
| | 大野台 | 158 | — | 鴨川・木更津線 | 1 |
| | 大鷲 | 94 | — | — | — |
| | 法木 | 62 | — | — | — |
| | 塚原 | 152 | 診療所、中学校 | 中島・豊英線 | 1 |

＊人口は 2015 年の国勢調査の数値

表 3·5　4 地区の 1990 年から 2000 年の変化　　　　　　　　　　　　　　　　　　　　　　(戸)

|  | 泉 | | 白駒 | | 糠田 | | 大井戸 | |
|---|---|---|---|---|---|---|---|---|
|  | 1990～2000年 | 2000～2010年 | 1990～2000年 | 2000～2010年 | 1990～2000年 | 2000～2010年 | 1990～2000年 | 2000～2010年 |
| 新規 | 204 | 47 | 51 | 7 | 133 | 29 | 80 | 6 |
| 消失 | 2 | 12 | 1 | 1 | 0 | 1 | 1 | 0 |
| 空き家化 | 6 | 61 | 2 | 29 | 1 | 40 | 2 | 40 |
| うち新築 |  | 18 |  | 10 |  | 14 |  | 12 |
| 持ち主変化 | 29 | 42 | 2 | 13 | 4 | 13 | 10 | 20 |
| うち新築 |  | 21 |  | 8 |  | 12 |  | 14 |

戸地区 80 戸と、4 地区あわせて 468 戸の住宅の増加が見られる。住宅の立地は地区を貫通する広域の幹線道路沿いではなく、バス停から 500 m 圏内にある生活道路沿いが多い。また、宅地の従前の土地利用を確認したところ、いずれも農地であった。

この時点の開発の特徴として、10 戸以上のまとまった宅地開発が新規に立地した住宅の半数以上を占めていることが挙げられる。図 3·6 は開発の規模を示したものである。30 戸から 39 戸の開発による住宅供給数がもっとも多く、小規模から中規模の住宅地開発によって住宅が供給されていたことが分かる。

一方、人口が安定から減少に向かった 2000 年から 2010 年の 10 年間は、泉地区 47 戸、白駒地区 7 戸、糠田地区 29 戸、大井戸地区 6 戸と、4 地区あわせて 89 戸の住宅が増加していた。これは、1990 年から 2000 年に増加した住宅数の 19 % に留まり、住宅の開発傾向が大きく変化している。4 地区のなかでも、都市計画区域からもっとも遠い距離にある大井戸地区では、この期間に新規に開発された住宅戸数が、1990 年から 2000 年に行われた開発数と比較して 10 分の 1 以下であり、開発圧力の急速な低下が見られた。10 戸以上のまとまった開発も 2 件のみであり、他の住宅は単独の開発や従前の開発に付随する形で行われていた。

### 4. 所有者の変化

次に、1990 年、2000 年、2010 年の 10 年ごとの住宅の所有者の変化を見ていく。ここでは便宜上、住宅地図上で住宅の所有者名の記載が従前と比較して消滅したものを「空き家化」と表現する。

1990 年から 2000 年の間に空き家化した住宅は、4 地区合計で 11 戸であるのに対し、2000 年から 2010 年の間に新たに空き家化した住宅は、泉地区 61 戸、白駒地区 29 戸、糠田地区 40 戸、大井戸地区 40 戸と大幅に増加している。空き家の数を住宅の数で割った空き家率は、白駒地区と大井戸地区の場合、2000 年と 2010 年でそれぞれ 1.6 % から 22.1 %、3.1 % から 22.3 % と大幅に増加しており、たった 10 年間で地区内の住宅の 2 割近くが空き家化する現象が見られた。

これらの空き家には、発生の立地的な特徴が見られなかった。スプロールによる開発の立地はある程度の集積が見られたが、無秩序空隙化の発生はランダムであり、場所の予測が困難であることがわかる。

一方、旧小糸町の空き家の発生においてとくに注目すべき点として、1990 年から 2000 年の間に 4 地区内に新たに立地した住宅の中に、2000 年から 2010 年の期間に空き家化しているものが多数存在することが挙げられる。その数は、泉地区 18 戸、糠田地区 14 戸、大井戸地区 12 戸、白駒地区 10 戸であり、4 地区合計で 54 戸に達する。これは、1990 年から 2000 年の間に新たに 4 地区内で増加した住宅の 12 % に該当し、地区別に見ても泉地区で空き家全体の 26.1 %、白駒地区で 34.5 %、糠田地区で 32.6 %、大井戸地区で 27.3 % と、大きな割合を占めている。このことは、無秩序空隙化が住宅の使い捨

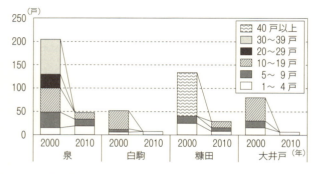

図 3·6　住宅地の開発戸数の動向

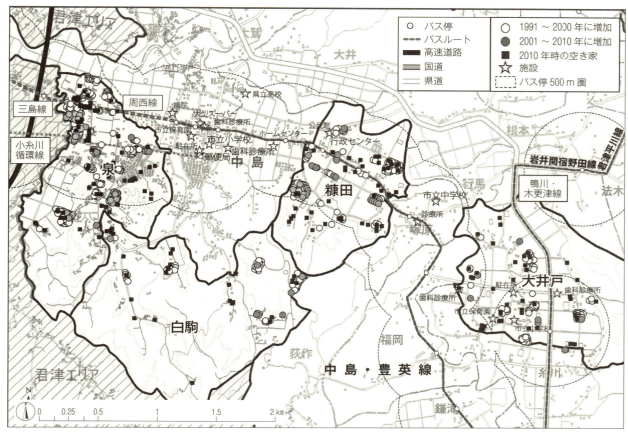

図3・7 人口が増加した4地区の概要

てという形で顕在化していることを示している。

## 5. 転入者の特性

それではこのように都市計画区域外に流入する居住者は、どのような傾向を持っているのだろうか。市の協力を得て、人口が増加した4地区に1985年以降に新たに転入し、現在も住み続けている613世帯を対象として、従前の居住地や転入の際の居住地選択の理由についてアンケートを実施した。配布数は613、回答数は275、回収率は44.9％であった。

4地区へ転入する前の居住地は、君津市内が112世帯であり、全体の43％を占めていた。また、君津市以外の千葉県内の市町村からの転入が118世帯で、全体の45％を占めていた。この結果、転入者の88％が千葉県内からの移動であった。近郊整備地帯は、首都圏へ流入する人口の受け皿として位置づけられているが、その縁辺部への現在の流入は大部分が同一あるいは近隣自治体からの転入であると言える。

一方、転入前の居住地を土地利用規制別に見ると、従前居住地が都市計画区域内である世帯が全体の71％を占めており、都市計画区域内から都市計画区域外への流出が顕著であった。とくに、旧小糸町の西側に隣接する旧君津町や北側に隣接する木更津市からの転入者が多く、全体の59％を占め、線引きを超えて都市計画区域外へ人口が流出している状況が明らかになった。一方、同じ君津市内でも旧小糸町よりさらに都市計画区域から遠い、旧上総町・旧清和町・旧小櫃村からの転入は2％のみであり、旧小糸町内で移動した世帯も8％のみであった。

これらを踏まえると、都市計画区域から遠い都市計画区域外に居住している住民が、都市計画区域により近いエリアへ移動するケースは現実的にはほとんどなく、都市計画区域から都市計画区域外へのスプロールが、都

計画区域に隣接する都市計画区域外の人口増加の要因になっていると言える。コンパクトシティ施策等において、都市の周辺部から中心の拠点近くへ居住を誘導するという考え方が示される場合があるが、現状ではそのような状況は発生しがたいと言える。

### 6. 転入目的

小糸地区への転入を決める際の決め手となった要因を最大三つまでの複数回答で尋ねたところ、「自然が豊か」がもっとも多い54％であり、「家賃や地価が安いから」が50％と半数に達していた。また、周辺施設までの距離で重視したものを同様に尋ねたところ、学校、勤務地、君津市街地の順に多くなっており、転居の際に君津市街地へのアクセス性もある程度意識されていた。

一方、今後もこの地区に住み続けたいかを尋ねたところ、「とても思う」が28％、「やや思う」が33％と全体の61％が定住意向を持っている一方で、「あまり思わない」が20％、「まったく思わない」が5％、「分からない」が13％となっており、定住意向がない世帯が全体の3分の1存在していた。図3·8は定住意向を年齢別に整理したものであるが、若い世帯の定着志向が低く、地域の持続性において大きな課題であると考えられる。なお、君津市が市内全域を対象に2013年に行ったアンケート調査では、君津市への定住意向は83.8％であることをふまえると、旧小糸町の新規居住者の定住意向は相対的に低いと言える。

## 3·4 無秩序空隙化の実態は拡大しながらの空洞化

以上を踏まえ、千葉県君津市における首都圏近郊整備地帯境界部のスプロールおよび無秩序空隙化の発生実態とその特性について以下にまとめる。

まず、市全域の人口が減少している時期においても、ミクロレベルで見ると人口の増減は地区により異なっており、近郊整備地帯のすぐ外側の都市計画区域外では、一定の施設の集約や公共交通の便が確保されているエリアは人口増加によるスプロールが進み、利便施設へのアクセス性が低い地区は人口が急減していた。また、人口増加は都市計画区域内からの住宅購入に伴う移動が大部分であり、コンパクトシティ施策が目指すような、拠点に遠いエリアから拠点により近いエリアへの移動という傾向は見られなかった。

一方、近郊整備地帯の境界部で人口増加によりスプロールが進んだエリアでは、若い世帯の定住意向が相対的に低く、新規に建設された住宅が10年の短期間で空き家となるものが全体の20％近くを占め、ランダムに空き家が発生していた。首都圏近郊都市の無秩序空隙化は、土地や建物の使い捨て的な利用により発生しており、未だ都市の範囲が拡がりながら同時に空洞化が進行している実態が都市計画区域縁辺部でも改めて確認された。

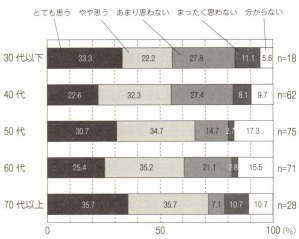

図3·8 都市計画区域外の4地区における定住意向

# 第4章 DID縮小区域から見た地方都市

浅野純一郎

## 4・1 都市縮小をどう捉えるか

　都市縮小の実態を把握するのは、都市縮小の定義によって比較的容易でもあり、困難でもある。人口減少や世帯数減少の各自治体の数値をもって都市縮小とするのであれば、国勢調査結果等を用いて全国レベルで比較分析することも容易である。しかし、実質的な市街地範囲の縮小を都市縮小と捉えると、一都市における現象把握すら正確に知ることは困難で、全国レベルでの比較調査ともなればほとんど不可能に近い。そこで本章では、国勢調査の人口集中地区（Densely Inhabited District、以下DID）を指標として、都市縮小の進行が大都市圏に比べて進んでいると考えられる地方都市[注1]を対象にその実態を見ることとする。周知のとおり、DIDの定義は、人口密度が①1 km$^2$あたり4000人以上（1 haあたり40人以上に相当）の基本単位区等（以下、密度要件と呼ぶ）が同市区町村内で互いに隣接し、②これらの隣接した地域の人口が5000人以上になる区域（以下、規模要件と呼ぶ）である。よって、この定義に基づく範囲を市街地と捉えると、DIDが縮小した場所は市街地縮小した場所だと見なすことができ、実際に、DIDを実質的市街地として扱う事例は、都市分析において一般的である。

## 4・2 DID指標に見る都市縮小の実態

### 1. DID指標とDID縮小区域

　DIDを実質的市街地としてみなすのが一般的であるとしても、居住地域の市街地範囲を見る場合には、DIDの解釈には注意が必要である。DIDの定義は①密度要件と②規模要件を同時に満たしている区域とされるため、

DIDが縮小した場合、①の要件がはずれる場合と②の要件がはずれる場合がありえる。人口密度の低下と人口の絶対数の減少は必ずしも同じ縮小現象ではなく、後者が都市縮小であるとすれば、前者は都市の希薄化である（ただし、本章ではこれを区別しない）。また、たとえば細長いDIDがあり、中間の一基本単位区が密度要件を満たせず非DID化した結果、二つに区分された元DIDが互いに規模要件を満たさなくなれば、この細長いDIDは最終的に全部DID除外という場合がありえる。さらにDIDは学校や工場等の敷地面積の大きい施設を含めているため[注2]、これらの施設が閉鎖された結果、当該DIDがはずれる場合もありえ、調査区自体の変更も行われている場合がある。本章では2005〜2010年間でDIDが縮小した区域（以下、DID縮小区域）の実態を見るが、全体を統計的に処理する場合は前述のDID定義の影響を軽微なものとして、そのまま解釈し、個別のケーススタディでは非DID化の要因に注意を払い、見ることとする。

### 2. 都市縮小の全国的傾向と特色

　まず、全国レベルでの実態として、DID人口やDID面積が減少した都市を見る（表4・1）。2010年にDIDを有する対象地方都市518都市の内、140都市（27.0 %）でDID面積が縮小している。また、これとは別に15の

表4・1　DID減少都市数一覧

| | | DID人口減少都市 | | DID面積減少都市 | | DID人口・面積双方減少都市 | | 総計 | |
|---|---|---|---|---|---|---|---|---|---|
| | | 都市数 | (%) | 都市数 | (%) | 都市数 | (%) | 都市数 | (%) |
| 大都市圏 | 線引き都市※ | 58 | 21.7 | 11 | 4.1 | 23 | 8.6 | 267 | 100 |
| | 小計 | 58 | 21.7 | 11 | 4.1 | 23 | 8.6 | 267 | 100 |
| 地方都市 | 線引き都市 | 65 | 25.8 | 6 | 2.4 | 33 | 13.1 | 252 | 100 |
| | 非線引き都市 | 111 | 41.7 | 3 | 1.1 | 98 | 36.8 | 266 | 100 |
| | 小計 | 176 | 34.0 | 9 | 1.7 | 131 | 25.3 | 518 | 100 |
| 総計 | | 234 | 29.8 | 20 | 2.5 | 154 | 19.6 | 785 | 100 |

東日本大震災被災3県を除く。　　（出典：筆者作成。以下の図・表・写真も同じ）
※大都市圏には非線引き都市が皆無。

非線引き都市でDIDが完全除外されている。DID人口が減少している地方都市は307都市（59.3％）に及んでおり、こうした傾向は線引き都市よりも、より小規模な都市が含まれる非線引き都市において深刻であることが分かる。これが大都市圏都市の場合、DID面積が減少している都市は34（12.7％）、DID人口が減少している都市は81（30.3％）であるので、大都市圏都市よりも地方都市で深刻であることが分かる。次に、DID面積の減少率とDID人口密度の関係を見ると（表4·2）、地方都市ではDIDの密度要件である4000人/km²以下の人口密度でDID面積が減少している都市が多く、この傾向は大都市圏都市と比較した場合に鮮明である。とくに、非線引き都市においては82.2％を占めている。DIDは、空港、港湾、工業地帯、公園等都市的傾向の強い基本単位区は人口密度が低くともDIDに含めるとされるため、4000人/km²以下のDID人口密度はありえるが、総じて現状のDID人口密度が低いことから、今後さらなるDID縮小区域の発生が懸念される。このように、大都市圏都市よりも地方都市で、かつより小規模な都市でDID縮小化が進んでいるのである。

表4·2 DID面積減少都市とDID人口密度の関係

| | | | 2005-2010年間のDID面積減少率 | | | | | | 計 | |
| | | | 10％超 | | 3～10％ | | 0～3％ | | | |
| | | (人/km²) | 都市数 | (％) | 都市数 | (％) | 都市数 | (％) | 都市数 | (％) |
| 大都市圏都市<br>(線引き都市) | DID<br>人口密度<br>(2010) | 7000超 | | | 3 | 8.8 | 12 | 35.3 | 15 | 44.1 |
| | | 5000～7000 | 3 | 8.8 | | | 9 | 26.5 | 12 | 35.3 |
| | | 4000～5000 | 1 | 2.9 | | | 2 | 5.9 | 3 | 8.8 |
| | | 3000～4000 | | | | | 3 | 8.8 | 3 | 8.8 |
| | | 3000以下 | | | | | 1 | 2.9 | 1 | 2.9 |
| | | 計 | 4 | 11.8 | 3 | 8.8 | 27 | 79.4 | 34 | 100.0 |
| 地方都市<br>(線引き都市<br>39都市) | DID<br>人口密度<br>(2010) | 5000超 | 1 | 2.6 | 1 | 2.6 | 12 | 30.8 | 14 | 35.9 |
| | | 4000～5000 | 1 | 2.6 | 1 | 2.6 | 9 | 23.1 | 11 | 28.2 |
| | | 3000～4000 | 1 | 2.6 | 4 | 10.3 | 6 | 15.4 | 11 | 28.2 |
| | | 3000以下 | | | | | 3 | 7.7 | 3 | 7.7 |
| | | 計 | 3 | 7.7 | 6 | 15.4 | 30 | 76.9 | 39 | 100.0 |
| 地方都市<br>(非線引き都市:<br>101都市※) | DID<br>人口密度<br>(2010) | 5000超 | | | 1 | 1.0 | 5 | 5.0 | 6 | 5.9 |
| | | 4000～5000 | 2 | 2.0 | 2 | 2.0 | 8 | 7.9 | 12 | 11.9 |
| | | 3000～4000 | 5 | 5.0 | 16 | 15.8 | 43 | 42.6 | 64 | 63.4 |
| | | 3000以下 | 2 | 2.0 | 3 | 3.0 | 14 | 13.9 | 19 | 18.8 |
| | | 計 | 9 | 8.9 | 22 | 21.8 | 70 | 69.3 | 101 | 100.0 |

※非線引き都市は総計101都市の他に、DIDが完全除外され皆無になった都市が15ある。

表4·3 DID縮小区域の地理的パターン分類

| 分類名 | Ⅰ.小市街地除外型 | Ⅱ.郊外住宅地除外型 | Ⅲ.谷間集落縮小型 | Ⅳ.平場スプロール地縮小型 |
|---|---|---|---|---|
| イメージ | （主DID） | 飛び地DID／主DID | 山間部 | 農村部 |
| 特徴 | 主要都市施設や鉄道駅等を含んだ既存市街地（小町村の中心地）が完全除外されたケース。 | ニュータウン等の郊外住宅地開発地のDIDが除外されたケース。かつては大半が単独DIDを形成。 | 山裾等の住宅地でDIDのフリンジ部分が縮小されたケース。 | 農地等が混在するスプロール市街地で、DIDの一部が縮小しているケース。大半がDIDのフリンジで発生。 |
| 規模 | 大規模 | 中規模～大規模 | 小規模～大規模 | 小規模～大規模 |
| 分類名 | Ⅴ.港湾拠点部縮小型 | Ⅵ.丘陵部・微地形地縮小型 | Ⅶ.その他 | 凡例 |
| イメージ | 海／港湾部 | 丘陵部 | | ○ 市役所・役場<br>≡ 鉄道<br>― 幹線道路<br>山地・丘陵地<br>農村地域<br>2010年DID<br>2005～2010年にかけてDIDが除外された区域<br>中心市街 |
| 特徴 | 港湾等の拠点部でDIDが縮小しているケース。 | 周辺を住宅地に囲まれた丘陵地や微地形地の頂上部分からDIDが縮小しているケース | 河川・港湾・公園・工場等が大部分を占める区域でDIDが減少しているケース。 | |
| 規模 | 小規模 | 小規模 | 小規模～大規模 | |

## 3. DID縮小区域の地理的特性

DID縮小区域には面積の非常に小さいものも含まれるが、おおむね3ha以上のものを抽出し、その地理的特性を分類すると7タイプに分けられる（表4·3）。すなわち、DID縮小区域は、主要都市施設等を含んだ既存市街地が完全除外された「Ⅰ.小市街地除外型」、ニュータウンに典型的な、郊外住宅地（飛び地DID）が完全除外された「Ⅱ.郊外住宅地除外型」、山裾の住宅地（DIDのフリンジ）が縮小された「Ⅲ.谷間集落縮小型」、農地が混在する平地のスプロール市街地（DIDのフリンジ）が縮小された「Ⅳ.平場スプロール地縮小型」、港湾等の都市の拠点部が海岸側から縮小された「Ⅴ.港湾拠点部縮小型」、周辺を住宅地に囲まれた丘陵地や微地形地の頂上

表 4・4 DID 縮小パターン別でみた縮小区域数

| 縮小パターン | 線引き都市 区域数 | 線引き都市 (%) | 非線引き都市 区域数 | 非線引き都市 (%) | 計 区域数 | 計 (%) |
|---|---|---|---|---|---|---|
| Ⅰ. 小市街地除外型 | 2 | 5.4 | 18 | 18.4 | 20 | 14.8 |
| Ⅱ. 郊外住宅地除外型 | 3 | 8.1 | 1 | 1.0 | 4 | 3.0 |
| Ⅲ. 谷間集落縮小型 | 10 | 27.0 | 12 | 12.2 | 22 | 16.3 |
| Ⅳ. 平場スプロール地縮小型 | 12 | 32.4 | 42 | 42.9 | 54 | 40.0 |
| Ⅴ. 港湾拠点部縮小型 | 2 | 5.4 | 1 | 1.0 | 3 | 2.2 |
| Ⅵ. 丘陵部・微地形地縮小型 | 1 | 2.7 | 19 | 19.4 | 20 | 14.8 |
| Ⅶ. その他 | 7 | 18.9 | 5 | 5.1 | 12 | 8.9 |
| 総計 | 37 | 100.0 | 98 | 100.0 | 135 | 100.0 |

線引き都市と非線引き都市を合計した、計 135 区域に対する割合を示す
DID 縮小区域が 1 カ所で、おおむね 3 ha 超のものを集計

表 4・5 リバース・スプロールに対して問題意識のある場所
(複数回答可)

| | 線引き都市 回答数 | 線引き都市 (%) | 非線引き都市 回答数 | 非線引き都市 (%) | 計 回答数 | 計 (%) |
|---|---|---|---|---|---|---|
| a. アンケートで尋ねた DID 縮小区域 | 2 | 22.2 | 4 | 16.7 | 6 | 18.2 |
| b. 中心市街地 | 5 | 55.6 | 16 | 66.7 | 21 | 63.6 |
| c. 中心市街地縁辺部 | 2 | 22.2 | 7 | 29.2 | 9 | 27.3 |
| d. 郊外住宅地 | 0 | 0.0 | 4 | 16.7 | 4 | 12.1 |
| e. 郊外工業地 | 0 | 0.0 | 0 | 0.0 | 0 | 0.0 |
| f. 郊外ロードサイド (幹線道路沿道の商業地) | 0 | 0.0 | 0 | 0.0 | 0 | 0.0 |
| g. 平場の農村集落 | 1 | 11.1 | 1 | 4.2 | 2 | 6.1 |
| h. 山間の農村集落 | 3 | 33.3 | 7 | 29.2 | 10 | 30.3 |
| i. 漁村 | 0 | 0.0 | 2 | 8.3 | 2 | 6.1 |
| j. その他 | 2 | 22.2 | 3 | 12.5 | 5 | 15.2 |
| 回答者総数 | 9 | | 24 | | 33 | |

5 ha 以上 DID が減少した地方都市(都市計画担当課)を対象としたアンケート調査の結果より

部(DID のフリンジ)から縮小された「Ⅵ. 丘陵部・微地形地縮小型」、河川や公園等の都市的施設が大半を占める「Ⅶ. その他」に分類される。たとえば、韮崎市では 2010 年国勢調査で DID が消滅しているが、この場合は「Ⅰ. 小市街地除外型」に該当する。

DID がはずれた要件から見れば、「Ⅰ. 小市街地除外型」と「Ⅱ. 郊外住宅地除外型」は、規模要件が理由ではずれたと見られ、逆に「Ⅲ. 谷間集落縮小型〜Ⅵ 丘陵部・微地形地縮小型」は密度要件が理由と見られるパターンである。また、「Ⅶ. その他」は文教施設や産業施設が大部分を占める都市的傾向が強い区域であり、たとえば工場閉鎖等が原因で DID から除外されたと見られるパターンである。他方、Ⅲ〜Ⅵ の内、ほとんどが DID のフリンジから縮小していくのに対し、「Ⅴ. 港湾拠点部縮小型」は都市の中心から DID が縮小している点で特徴的である。

各パターンの縮小区域数を見ると(表 4・4)、「Ⅳ. 平場スプロール地縮小型」がもっとも多く(54 区域)、「Ⅲ. 谷間集落縮小型」は線引き都市に、「Ⅰ. 小市街地除外型」や「Ⅵ. 丘陵部・微地形地縮小型」は、非線引き都市に多い。

## 4·3 DID 縮小区域の発生要因とその特性

### 1. リバーススプロールの発生場所と DID 縮小区域

空き家等の発生を伴う物的な市街地縮小が無秩序に発生する様をリバーススプロールと定義すると、リバーススプロールは必ずしも DID 縮小区域で顕著なのではない。自治体担当者の認識では、リバーススプロールの認識は中心市街地やその縁辺部、さらには山間の農村集落で強くなっている(表 4·5)。つまり、リバーススプロールは都市の中心部から遠郊外にいたる広範囲で発生しているのである。他方で、空き家等の低未利用地の発生がリバーススプロールの判断基準の一つであるから、場所によって、その進み方や低未利用地にいたる以前の土地利用といったプロセスや背景に違いはあろうものの、「空き」の発生の根本要因は類似していると考えられる。したがって、以下では DID 縮小区域の典型事例をケーススタディするが、この特性のいくつかは自治体担当者が認識する他のリバーススプロール発生地の特性の一部とも関係するものと考えられる。

### 2. 市街地形成経過との関係

DID 縮小区域の大きい事例として酒田市と水戸市(線引き都市)、土岐市および亀山市(以上、非線引き都市)をとりあげ、DID 縮小区域の特性を多面的に捉え、DID がはずれた要因を考えてみたい。酒田市の DID 縮小区域(高砂町等)は、JR 酒田駅から北西部に位置する面積約 63 ha の 1950 年代〜70 年代に住宅立地が進んだ区域であり、当初線引き時(1984 年 3 月)から市街化区域(DID にも)指定されている(図 4·1)。区域内の基盤整備は一部で民間開発による基盤整備がなされているが、全体としてはスプロール市街地に該当する。4・2 節 3 項の分類では「Ⅳ. 平場スプロール地縮小型」に該当する。水戸市には

図4・1 酒田市のDID縮小区域と線引き運用経過

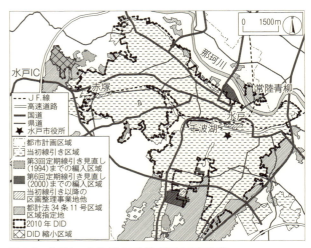

図4・2 水戸市のDID縮小区域と線引き運用経過

1カ所で88 haのDID縮小区域がある(双葉台:図4・2)。同地区は現UR(旧日本住宅公団)に開発され、1977年8月(第1回定期線引き見直し時)に市街化区域編入、編入後に着工、1985年には竣工した。常磐自動車道水戸ICに近く、飛び地DIDを形成していた(「Ⅱ.郊外住宅地除外型」に該当)。土岐市では市街地南東部にある旧駄知町市街地のDID(188 ha)が除外された(図4・3)。面的基盤整備はなく、狭小道路が入り組む旧市街地である。旧駄知町は1955年に編入合併されており、旧駄知町として見れば、「Ⅰ.小市街地除外型」と言える。亀山市では市街地東部の飛び地DID(84 ha)が除外された(図4・4)。これは1970年代に県の住宅供給公社(みどり町:約950戸)や大手商社(みずほ台:680戸)によって開発されており、基盤整備が完備された郊外住宅地である(「Ⅱ.郊外住宅地除外型」)。このように酒田と土岐が初期からDIDであったのに対し、水戸と亀山は1990〜1995年以降にDID指定された新市街地である。

## 3. 場所的特性や交通利便性との関係

四つのDID縮小区域の場所的特性や交通利便性を見ると(表4・6)、いずれの地区も幹線道路整備があるものの、都心の拠点(市役所または中心駅)からの距離が遠いか(4市とも3 km超の距離)、バスの便数が少ない(酒田、亀山)という点で共通する。次に、市街地拡大の方向性からの当該区域の位置を見ると、酒田は市街化区域の東部で市街地拡大が進んでおり、DID縮小区域はこの拡大方向から外れていることが分かる(図4・1)。土岐も同様に(図4・3)、過去の区画整理や最近10年間の都市計画法29条開発(宅地分譲)、大型店立地、1990年以降の用途地域の追加は、いずれも中央道と東海環状道の両高速道路の軸上で行われており、旧駄知町のDID縮小区域はこの開発軸から外れている。

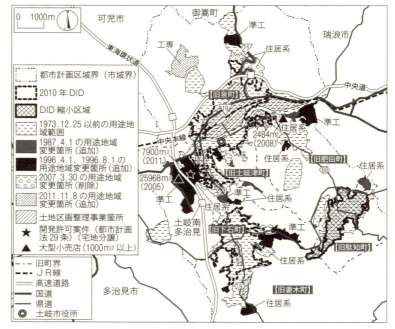

図4・3 土岐市のDID縮小区域と用途地域指定経過

逆に、水戸や亀山ではやや様相が異なる。水戸は高速道路ICに近く、都市レベルで見れば都心からインターに向かう都市軸（国道）からずれてはいない（図4・2）。亀山ではDID縮小区域は中心部からは離れるものの、周辺の白地区域では1997年にみずきヶ丘（大手商社施行：約800戸）、アイリスヒルズ（民間：約700戸）という宅地分譲が追加されている（図4・4）。同エリアは、自家用車があれば隣接する鈴鹿市（線引き都市）へのアクセスがよく、同市内の大手自動車企業の従業員向けの宅地として需要が依然としてある（この意味で開発の軸から外れていない）。よって、4・3節6項で見るように、この2事例では空き家や未利用地の更新が見られる。このようにDID縮小区域は距離や交通の不便地である点が要因の一つと考えられるが、他方で他都市との関係等の中で需要があれば市街地の更新が進む例もある。

### 4. 人口減少の程度と線引き制度の効果

DID縮小区域の人口は当然のことながら減少しているが（表4・7）、世帯数との関係から見ると、減少の意味あいは互いに異なっている。酒田と土岐は人口と世帯数の双方が減少しているが[注3]、とくに土岐では世帯数の減少幅に対し、人口減少幅は非常に大きい（高齢者のみの世帯の急増が推察される）。逆に水戸や亀山では、人口は減少しているものの世帯数は増加している[注4]。つまり、開発された当初に入居した世帯における子供の就学等による人口減少と最近のファミリー層等の需要による宅地の更新が混在していると見られる。一般に、世帯分離や就学等による1世帯あたり人口の低下→親世帯の高齢化→死別や介護による転居→空き家の発生と世帯数減少の順序で人口減少の程度が進むと考えると、もっとも深刻なのは土岐であり、酒田がこれに続いている。これらの地区では今後世帯数の減少と空き家の急増が懸念される。DIDの縮小区域には空き家の発生等、市街地縮小が見られる区域から世帯規模の縮小段階に留まる区域まで幅広い地区が含まれているのである。

人口を一定の密度に保つのが土地利用計画の役割だとすれば、線引きの果たす役割は大きい。市街化区域には人口密度規定（住宅用地全域の将来人口密度として1haあたり40人を下回らないこと）があ

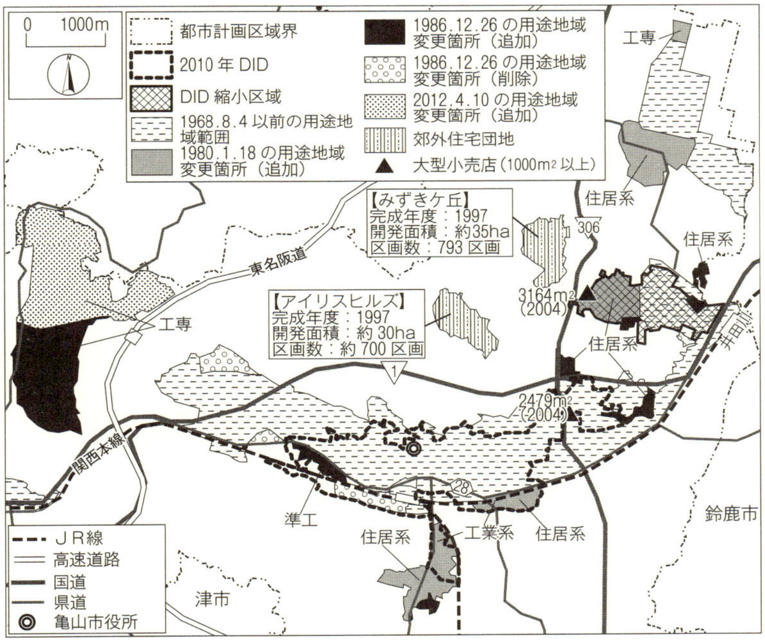

図4・4　亀山市のDID縮小区域と用途地域指定経過

表4・6　DID縮小区域の場所的特性と交通利便性

| 都市名 | | 距離的関係 | | | 幹線道路整備※3 | | | 路線バス | | | | | 備考 |
|---|---|---|---|---|---|---|---|---|---|---|---|---|---|
| | 起点施設※1 | 市役所まで(m) | 中心駅まで(m)※2 | ～12m | 12m～16m | 16m～ | 運営機関 | 路線数 | 区域内の停留所数 | 平均便数※4 | | | |
| | | | | | | | | | | 通勤・通学時間 | 日中 | | |
| 線引き | 酒田 | 簡易郵便局 | 3360 | 3000 | | 1 | 2(1) | 民間 | 1 | 5 | 1.3 | 0.0 | |
| | 水戸 | 簡易郵便局 | 7770 | 8100 | | 1(1) | 1 | 民間 | 3 | 7 | 5.0 | 8.8 | |
| 非線引き | 土岐 | 公民館 | 4910 | 5410 | | 2 | | 民間 | 4 | 7 | 7.7 | 3.5 | 土岐市民バスも運行 |
| | 亀山 | 小学校 | 3200 | 3660 | | 1(1) | 1 | 民間 | 1 | 3 | 0.7 | 0.5 | |

※1：各DID縮小区域の中心にある公共施設を起点施設として、そこからの直線距離を示す
※2：それぞれ酒田はJR酒田駅、水戸はJR水戸駅、土岐はJR土岐駅、亀山はJR亀山駅とする
※3：DID縮小区域に接するか、包含される幹線都市計画街路数。()内は区域内を貫通している本数を示す。
※4：平日の上り本数で集計。「上り」とは、当該区域から各市の中心部（駅等）に向かう路線として示す。「通勤通学時間」は6時から9時までの便数を、「日中」は9時から17時としてそれぞれ1時間の平均便数を算出している。

表4·7 DID縮小区域や用途地域内における人口および人口密度等の推移

| 都市 | | | 行政区域 | | DID縮小区域 | | | | DID | | | | 用途地域指定内 | | | |
|---|---|---|---|---|---|---|---|---|---|---|---|---|---|---|---|---|
| 線引きの別 | 都市名 | 年次 | 面積(ha) | 人口(人) | 面積(ha) | 人口(人) | 人口密度(人/ha) | 世帯(戸) | 面積(ha) | 人口(人) | 人口密度(人/ha) | 人口比率 | 面積(ha)※ | 人口(人) | 人口密度(人/ha) | 人口比率 |
| 線引き | 酒田 | 1990 | 17579 | 100911 | 63 | 1467 | 23.36 | — | 1530 | 68100 | 44.51 | 67.5 | 1812 | 73000 | 40.29 | 72.3 |
| | | 2010 | 60279 | 111170 | 63 | 1188 | 18.92 | — | 1669 | 64800 | 38.83 | 58.3 | 1923 | 74700 | 38.85 | 67.2 |
| | 水戸 | 1990 | 14701 | 234968 | 72 | 6057 | 84.13 | — | 3290 | 165900 | 50.43 | 70.6 | 3752 | 189000 | 50.37 | 80.4 |
| | | 2010 | 21743 | 268818 | 72 | 4767 | 66.58 | — | 3337 | 167700 | 50.25 | 62.4 | 4086 | 194600 | 47.63 | 72.4 |
| 非線引き | 土岐 | 1980 | 11601 | 65038 | 188 | 8591 | 45.70 | 2086 | 870 | 36731 | 42.22 | 56.5 | 1703 | 53095 | 31.17 | 81.6 |
| | | 2010 | 11601 | 60475 | 188 | 4709 | 25.05 | 2054 | 758 | 25863 | 34.12 | 42.8 | 1971 | 57408 | 29.13 | 94.9 |
| | 亀山 | 1995 | 11103 | 38631 | 80 | 5279 | 65.99 | 1212 | 380 | 14148 | 37.23 | 36.6 | 709 | 26848 | 37.88 | 69.5 |
| | | 2010 | 19091 | 51023 | 84 | 4671 | 55.61 | 1676 | 295 | 8359 | 28.34 | 16.4 | 709 | 24297 | 34.28 | 47.6 |

DID縮小区域の面積はプラニメータによる測定値を記載。都市計画年報、国勢調査の値より作成。なお、DID縮小区域、DID、用途地域（非線引き都市）の各人口については、それぞれの該当する国勢調査の調査区ごとの合計値を採用している。なお、亀山の1995年の各数値は、合併前の数値を使用している。
※：実質的な住居系土地利用の適性を考慮して工業、工業専用地域を除いて算出。

り、人口フレーム方式で線引き運用がされるためである。酒田、水戸の両市とも人口密度は低下傾向にあるが（表4·7）、それでもDIDと市街化区域の人口密度の値に乖離が少なく、飛び地DIDではない酒田のDID縮小区域では、そこでの人口密度が低下した結果、非DID化した形となっている（表4·7）注5。これに対し、非線引き都市では住居系用途地域の指定（または除外）に関して密度要件等の基準はなく、開発のあった場所や開発の見込みが確実な場所に対して指定される注6。指定基準が一定しないため、非線引き都市2市の用途地域指定内の人口比率はバラバラである（土岐は全人口の約94.9%、亀山は約47.6%）。また両都市とも人口密度は線引き都市の2市よりも低く（表4·7）、とくに亀山では用途地域指定内よりも都心部を含むDIDの人口密度が低く、逆にDID縮小区域のほうがこれらより高いという歪な構造になっている。このように非線引き都市では、用途地域指定に対して密度要件等の指定基準がなく、白地区域での開発許可制度の緩さも加わり、DID（あるいは一定密度の市街地）の維持効果が低い。と同時に用途地域指定部に都市計画税を課税している場合には、行政側から見れば用途廃止は税収減少を意味するため、低密市街地の用途廃止を進めにくくしていると見られる。

## 5. 基盤整備状況からみた居住環境特性

それではDID縮小区域に空き家はどれほどあるのであろうか。住宅地図と現地調査によって実態を把握した結果が表4·8である。本項では、前面道路幅員と敷地面積を居住環境の基本条件と考え、これらとの関係を見る。

前項でみた各区域の衰退の度合いを反映し、土岐、酒田の順で空き家総数は多く、逆に水戸や亀山では住宅の更新に該当する名字変更数が5.4～9.6%見られる。また、各区域の市街地形成経過を反映し（4·3節2項）、居住環境の基本条件がまったく異なっている。つまり、スプロ

表4·8 DID縮小区域における空き家と居住環境

| 道路幅員や敷地面積は2500分の1白図より図上計測 | | 線引き都市 | | | | 非線引き都市 | | | |
|---|---|---|---|---|---|---|---|---|---|
| | | 酒田市 | | 水戸市 | | 土岐市 | | 亀山市 | |
| | | 件数 | (%) | 件数 | (%) | 件数 | (%) | 件数 | (%) |
| 前面道路幅員※1 | 2m未満 | 4 (2) | 9.8 | 0 | 0.0 | 45(25) | 22.6 | 0 | 0.0 |
| | 2～4m | 12 (3) | 29.3 | 0 | 0.0 | 62(14) | 31.2 | 0 | 0.0 |
| | 4～6m | 11 (2) | 26.8 | 2 | 8.3 | 53 (2) | 26.6 | 32 | 68.1 |
| | 6～8m | 12 | 29.3 | 22 | 91.7 | 36 | 18.1 | 13 | 27.7 |
| | 8m以上 | 2 | 4.9 | 0 | 0.0 | 3 | 1.5 | 2 | 4.3 |
| 敷地面積 | 100㎡未満 | 12 | 29.3 | 0 | 0.0 | 17 | 8.5 | 0 | 0.0 |
| | 100～150㎡ | 12 | 29.3 | 0 | 0.0 | 63 | 31.7 | 3 | 6.4 |
| | 150～200㎡ | 6 | 14.6 | 0 | 0.0 | 42 | 21.1 | 3 | 6.4 |
| | 200㎡以上 | 11 | 26.8 | 24 | 100 | 77 | 38.7 | 41 | 87.2 |
| 空き家総数※2 | | 41(17) | 6.0 | 24(11) | 1.7 | 199 | 11.3 | 47 | 2.9 |
| 更地化※3 | | 18 | 2.7 | 30 | 2.1 | 28 | 1.6 | 3 | 0.2 |
| 名字変更数※4 | | 34(13) | 5.0 | 78 (9) | 5.4 | 42 | 2.4 | 154 | 9.6 |
| 戸建住宅区画総数 | | 678 | 100 | 1451 | 100 | 1764 | 100 | 1599 | 100 |

※1：前面道路幅員が2つある場合は大きい幅員道路でカウント。（　）は行き止まり道路の数。　※2：2014年11～12月実施の空き家現地調査による。　※3：は2005年～2013年での変化。　※4：2005～2013年に名字が変わった数（新規追加含む）。

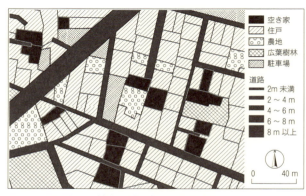

図4·5　酒田市DID縮小区域の空き家分布状況

写真4・1　酒田市のDID縮小区域における空き家（著者撮影）

ール市街地である酒田や基盤整備のない旧駄知町市街地であった土岐の空き家は4m未満道路に面する狭小な敷地（150 m² 未満）において多く発生しているのに対し（表4・8、図4・5に酒田の一部を示す）、計画的な郊外住宅団地である水戸や亀山では4m以上の幅員道路に面する面積200 m² 以上の敷地で発生している。さらに古くからの市街地である酒田や土岐では危険家屋然の事例も認められる（写真4・1）。このように、4・3節2項でみた場所的特性や交通条件を含めて考えると、立地条件の優位点の少ない酒田や土岐において、居住環境の条件の悪い土地では更新の見込みはさらに少なく、逆に宅地需要のある水戸や亀山では、居住環境の好条件の空き地や空き家敷地が新規住民に供給される構図となっている。

## 4・4　DID縮小区域と土地利用計画課題

### 1. DID指標で見る都市縮小現象とは

本章で見たように、DIDを指標として都市縮小の実態を見る場合、その定義の問題から縮小の判断に注意が必要である。しかし、全国レベルでの都市縮小実態を同じ基準下で多数同時に把握する場合には有効な指標の一つである。また、ある都市において2調査時点間のDID縮小区域を取り出す場合、そこには世帯規模の縮小段階（世帯数減少はあまり見られない）から世帯数減少の段階まで、衰退の程度が幅広く含まれている。よって、

DID縮小区域における世帯数変化も合わせて見ることで、空き家の発生を伴う物的な市街地縮小の区域を把握することができるだろう。

もちろんリバーススプロールの発生箇所は、DID縮小区域の地理的条件地ではない中心市街地や山間の農村集落にも及ぶため、都市内のリバーススプロールの発生箇所のすべてを把握できるわけではないが、たとえば、立地適正化計画における居住誘導区域の範囲を指定する場合、市街化区域や用途指定区域のフリンジからこれを縮めて指定することになるため、DID縮小区域は基礎的情報の一つになると考えられる。

### 2. DID縮小区域の発生メカニズムと土地利用計画課題

本章3節で述べたDID縮小区域の発生要因分析の結果を、他都市の結果も含めて一覧すると、表4・9のようになる。DID縮小区域の発生要因として共通するものに、①場所的特性の悪条件（中心拠点からの距離、公共交通の利便性、開発の方向性からのずれ）、②土地利用計画制度（線引きや用途地域指定）による人口密度維持機能の弱さ、③中心部の人口密度の低さが考えられる。それ以外の個別的要因としては、④DID縮小区域からはずれた場所での住居系用途地域の追加（宅地開発導入）や、⑤当該区域周辺の白地（あるいは調整区域での）宅地開発の導入、⑥DID縮小区域の居住環境の低さが考えられる。

これらの内、DID縮小区域のすべてに該当するという意味で、もっとも共通する要因は①である。また、非線引きのすべてに該当するという点で②③も共通性が高い。逆にDID縮小区域の衰退度に関わる要因を特定することは困難である。これら①〜⑥の要因のいずれかが強く影響すると空き家や更地化の発生度から見た衰退程度が深刻になる。逆にいずれかの要因に肯定的な側面がある場合は、建替が比較的多く見られ、市街地の更新が進んでいる。

こうしたことを踏まえ、DID縮小区域の発生を留めることが、集約型都市の実現やより低密な市街地化防止に繋がると考えると、今後の土地利用計画の方向性としては以下の事柄が考えられる。線引き都市においては線

表 4·9　調査対象 DID 縮小区域の発生要因等一覧

|  |  | 衰退程度 |  | 発生要因項目 |  |  |  |  |  |
|---|---|---|---|---|---|---|---|---|---|
|  |  | 空き家・更地化の多さ | 建替の多さ | ①場所的特性の悪条件 | ②用途地域※の低人口密度 | ③中心部の人口低密度化 | ④DID縮小区域から外れた場所での住居系用途追加 | ⑤郊外宅地開発動向の多さ | ⑥DID縮小区域居住環境の低さ |
| 線引き | 酒田 | ◎ | ○ | ◎ | △ |  | ○ |  | ○ |
|  | 常陸太田 | ◎ | ○ | ○※1 | ○ | ○ |  | ◎※2 |  |
|  | 水戸 | ○ | ○ | ○※1 |  | ○ |  | ◎※2 |  |
|  | 小松島 | ○ | ◎ | △※1 |  | △ | △ |  |  |
| 非線引き | 富士吉田 | ◎ | ○ | ◎ |  |  |  |  |  |
|  | 土岐 | ○ | ◎ | ◎ |  |  |  |  |  |
|  | 津山 | ○ | ○ | △※3 |  |  |  |  |  |
|  | 亀山 | ○ | ○ | △※3 |  |  |  | ◎※4 |  |

「◎：程度大、○：該当、△：やや該当」の3段階で表示。
※　：線引き都市の場合は「市街化区域」が該当する。
※1：常陸太田、水戸、小松島はいずれもバスサービスが比較的充実しているため、中心からの距離に応じて○や△とした。常陸太田は市街地展開の方向から外れている点を加味している。
※2：常陸太田では市街化調整区域における大規模住宅団地開発が多数あるため、水戸では市街化調整区域の広範囲で都市計画法34条11号条例を適用しているため、亀山では白地区域における大規模宅地開発が複数見られるため、それぞれ◎とした。
※3：津山は中心の拠点への距離が比較的近く、一定のバスサービスがあるため、亀山は中心から遠く、バスサービスも少ないが、鈴鹿市へのアクセスがよいため、△とした。
※4：亀山ではDID縮小区域近辺の白地区域で大規模宅地開発が行われているため、◎とした。

引き制度を維持し、市街化調整区域で開発許可条例を運用している場合は、より厳格な適用を行うべきである。次に非線引き都市においては、立地適正化計画の策定に合わせ、適正な用途地域指定範囲に適宜見直しを計るとともに、居住誘導区域を線引きに代替するものと位置づけ、非居住誘導区域や非線引き白地地域における開発・建築規制に実効性を持たせる必要がある。他方で、空き家や空き家跡地等の低未利用地は今後増えていくものと考えられるが、こうした今まで確定的であった土地利用の不安定化に際し、暫定的な土地利用をリザーブする制度が必要である。立地適正化計画では跡地等管理区域が指定できるが、地区レベルで低未利用地を含めて一体的に土地利用管理ができる制度の充実が必要だと考えられる。

空き家の発生場所はDID縮小区域において規則性がなく、バラバラと枯葉が落ちるように市街地内に空隙地が生まれていく（図4·5）。そして居住環境の基本条件の悪い敷地は更新されにくいという特色がある。したがって、後者のような条件の悪いスプロール市街地では、空き家や空き家跡地の発生に際し新規の建築や開発を認めず、空いた空間として新たな価値を見出したうえで活用に繋げる必要があろう。逆に居住環境の基本条件のよい場所では比較的小規模なインフィル型の宅地開発を誘導することが適当である。たとえば、居住誘導区域外における建築・開発行為の届け出・勧告制度において該当する規模の宅地開発は、こうした場所に誘導されるべきであろう。これはDID縮小区域に限らずリバーススプロールの発生部に共通する要件だと考えられる。

【注】
1　首都圏整備法による既成市街地と近郊整備地域、近畿圏整備法による既成都市区域と近郊整備区域、中部圏開発整備法による都市整備区域を除く区域にある都市を指す。
2　定義では、文教レクリエーション施設や産業施設、公共及び社会福祉施設が面積の2分の1以上を占める基本単位区（でかつ残りの区域に人口が集中していることが条件）がDIDに隣接している場合、その基本単位区はDIDに含められる。
3　表4·7の酒田の世帯数欄は基本単位区レベルの算出ができず未記入であるが、おおむねDID縮小区域に該当する町区の集計では世帯数が2005〜2010年間で5%程度減少している。
4　水戸ではおおむねDID縮小区域に該当する町区の集計では世帯数が2005〜2010年間で3%程度増加している。
5　開発許可制度の運用状況では、酒田では開発許可条例（都市計画法34条11号条例）が運用されているが、その運用は適用エリアの指定が厳格である（29条許可が年平均4.6件、43条建築許可が同6.6件）。逆に、水戸市では、2005年7月以降、都市計画法34条11号条例を運用しているが、指定エリアが広く、2012年3月までに約3000人の人口増加が同条例による開発でもたらされたと担当課は試算している（同期間内の市街化区域人口は1100人増）。この点で、DID縮小区域を含めた既成市街地の縮退を助長させることが懸念される。
6　表4·9に示す非線引き都市へのヒアリングによる。

# 第5章 東日本大震災被災地の空間変容の実態と新たな取り組み

姥浦道生、苅谷智大

## 5・1 震災被災地の低利用化

2011年3月11日、東日本一帯をマグニチュード9.0の巨大地震（東北地方太平洋沖地震）が襲い、多大な被害をもたらした（東日本大震災）。死者・行方不明者約2万2000人、全壊家屋約12万2000棟という、未曾有の大惨事だった。最大震度は7と揺れも凄まじかったが、被害のほとんどはその揺れによる直接的な被害ではなく、地震によって引き起こされた津波によるものであった。

自治体は、被災直後から復興空間計画の策定にとりかかった。その詳細な内容は自治体によって異なるものの、基本的な方針として、①二度と同じ被害を繰り返さないために災害に強い街に再生させること、②これを機に震災前から抱えていた地域の課題を解決することによって、より持続性の高い街に再生させることは、共通していたと言えるだろう。

このような目標を達成するため、自治体はさまざまな復興のための事業に取り組んだ。その結果、被災後5年半が経過した本稿執筆時点で、多くの場所で被災後の街や集落の姿が見えてきた。

一般に、大災害が発生すると、それまで地域が抱えていた課題はより時間を圧縮してより顕著な形で現れてくる、と言われる。本書のテーマである市街地・集落の低密利用化の問題も同様である。被災地の多くは、すでに被災前から空き地・空き家の増加を計画的課題として抱えていた。そして、一部の地域では被災後にその傾向がさらに進行してきている。その一方で、先駆的対応と位置づけられる事例も見られるようになってきている。

そこで本章では、2節で復興のための事業として何が行われているのかについて述べたうえで、3節でその結果としてどのような空間が形成されているのか、または されつつあるのかについて類型化する。そのうえで、4節でリバーススプロールの結果として生じる分散的空閑地の利活用事例について述べていく。

## 5・2 復興の事業

被災地の復興のためにさまざまな事業が行われているが、その中で市街地・集落の空間形成にとくに影響するものとしては、防災集団移転促進事業（「防集事業」）、土地区画整理事業（「区画整理事業」）、がけ地近接等危険住宅移転事業（「がけ近事業」）が挙げられる。以下では、これらの事業の内容について説明する。

**❶ 防災集団移転促進事業**

防集事業は、災害の発生した地域または災害危険区域のうち、住民の居住に適当でないと認められる区域内にある住居の集団的移転を促進するための事業である。具体的には、被災地の中でも主に、防潮堤が整備されたとしてもまだ一定の津波浸水リスクが残ると判断された区域に対して、市町村が移転促進区域を設定する。区域内の居住者は、市町村が高台や内陸部に整備する団地に補助を受けつつ移転することができる。その区域は同時に、市町村条例に基づく災害危険区域に指定され、居住その他の市町村が指定する用途に土地を利用することができなくなる規制がかけられる。その規制によって従前の利用ができなくなった土地——通常は従前が住宅地として利用されていた土地——は、自治体が買い取ることができる。

**❷ 土地区画整理事業**

区画整理事業とは、そもそもは道路、公園等の公共施設を整備するとともに、土地の区画の形状を整えて宅地の利用増進を図る事業である。被災地においてもさまざまな類型の区画整理事業が行われているが、中でもここ

で取り上げるのは、かさ上げ原位置再建型区画整理事業である。被災地の中には、原位置で再建しようとしても、防潮堤を整備しただけでは今次津波と同程度の津波が来襲した場合に相当程度の浸水深が見込まれる場合がある。その場合、地区全体の土地をかさ上げすることによって安全性を確保することが必要になる。しかし、土地のかさ上げという私有財産の増価行為に対して公費を投じることは認められない、というのが国の基本方針である。そこで、そのような場合には、区画整理事業と組み合わせることで公共性を持たせ、その枠組みの中でかさ上げを行うことになる。

### ❸ 自力再建（がけ近事業）

被災後の地域の空間形態に影響を与えているものとしてもう一つ挙げられるのが、防集事業や区画整理事業などの市町村の復興事業の枠組みによらずに被災者が自力で土地を探し、購入し、建物を再建するケースである。多くの自治体では、このような自力再建についても、防集事業と同程度の補助金が出るがけ近事業の適用対象とすることで、積極的に促進しようとしている。これは、防集事業や災害公営住宅整備事業などの自治体の面的整備事業や住宅整備事業の枠外での復興を促進することで、自治体の──将来的維持管理費用も含めた──負担を減らすという意味も持っている。

## 5·3 土地利用的に変容する（しない）市街地・集落：高密化と低密化

被災とその後の復興事業によって、市街地・集落の物的形態には、被災前と比較して大きな変化が生じている。ここでは、このような復興に関する土地利用規制・事業の適用とそれに伴う市街地形態の変化の実態を踏まえて、被災地を以下の四つの類型に区分したうえで、その変化について述べていく。

### ❶ 計画的に一定の密度で土地利用がなされている区域

一定の密度での土地利用が計画され、実際におおむねそのとおりになっている区域としては、防集事業の移転団地の多くが該当する。防集団地の入居区画の造成区画全体に対する割合は、約9割に達する。今回、被災者の中に防集事業の枠組みで集団移転をしたいという希望は非常に多かった。しかし、その需要は事業期間を通じて一定だったわけではない。時間の経過や制度的条件の変化等によって、住民の意向はさまざまに変化し、防集事業の移転希望戸数も増減（多くの場合は「減」だが）を繰り返してきた。これを行政が適切に把握しつつ、それに対応して臨機応変に計画戸数を修正してきた結果、ほとんどの防集団地は高い入居率を達成することができたのである。行政等が相当量の復興事業関連業務を抱えている中で、大雑把な全体アンケートのみならず、面談等による個別意向調査を通じて必要区画数をきめ細かく把握した点、実施設計等のぎりぎりの段階まで需要の変動に対応して設計変更等を行った点は、特筆に値する。たとえば、宮古市田老地区においては、移転団地の完成時点で161区画のうち158区画の売却先が決まっている。

とは言うものの、今回完成した多くの防集団地、とくに漁村集落部の防集団地では、今後高齢化がさらに進行し、空き家や空き地が増加していくことが見込まれる。その意味では、中長期的には以下で述べるような低密な利用しかされていない地域への仲間入りを果たしてしまうことが予想される。

### ❷ 計画していないにもかかわらず一定の密度での土地利用がなされている区域

自治体が積極的に移転地として計画したわけではないにもかかわらず、一定の密度での土地利用が図られた区域としては、被災していない、または軽度の被災にとどまった既成市街地が挙げられる。防集事業や区画整理事業などの公共による直接的な面的整備事業によらずに、自力で再建している被災世帯も少なくない。そのような場合の再建地として、既成市街地内に散在する空き地や農地が選択されている。この傾向が顕著なのが、区域区分（線引き）がされている市街化区域内であり、これは周辺の市街化調整区域においては開発が抑制されていることが原因であると考えられる。その中でもとくに、被災前に行われた区画整理事業で売れ残っていた保留地については、被災後の非常に早い段階で開発が進行した。たとえば、石巻市、名取市、岩沼市の区画整理事業地がこれに該当する。これは、その土地の性質上、所有者の

売却意向が非常に強かったことが要因であろう。このような場合、市街地内の土地利用密度は上がることになり、マクロな効率的な空間利用という観点からは望ましいと言える。

### ❸ 計画したにもかかわらず低密な市街地が形成されている区域

一定の土地利用密度で市街地・集落の計画をしたにもかかわらず、実態的には低密な利用しかされていない区域としては、一部の防集団地やかさ上げ原位置再建型区画整理事業区域が挙げられる。

前述のとおり、被災住民の再建場所や再建方法に関する意向は、被災直後から時間の経過とともに大きく変化してきた。そのため、とくに防集事業の中でも、移転団地が複数の移転促進区域から構成されるような大規模な場合や、複数の移転団地から移転場所が選択可能な場合など、事業スキームが大きかったり複雑だったりする場合には、住民の意向を十分に把握しきれないままに事業を実施せざるを得なかった場合もある。その結果、空き区画率が3割以上になっている事例も見受けられる。今後、移譲の対象者を非被災者にも拡大させていくことになるが、それでも多くの団地では、これらの空き区画のすべてが埋まる可能性は非常に低い。

また、区画整理事業の中でも、壊滅的な被害を受けた区域におけるかさ上げを伴う原位置再建を行う事業の場合には、インフラの整備は事業の枠組みで進むものの、土地利用という観点からは——本稿執筆時点ではまだ使用収益が開始されている地区は多くはないものの——低密にとどまる恐れが高い。被災の記憶が残る場所に戻ろうという人が必ずしも多くはないこと、区画整理事業は土地の複雑な権利調整が必要となるため時間がかかり、その間に別の場所で自力再建をする被災者が増加してくること等が理由であると考えられる。その結果、利活用されない区画が多数出て、インフラ等が有効に活用されず活気に乏しい低密な市街地が形成される恐れが非常に高い。

### ❹ 積極的な計画がなされることなく低密な市街地が形成されている区域

積極的な計画がなされることがないまま低密な市街地が形成されている区域としては、復興事業白地被災地域と、非被災都市計画白地地域、防集移転元地が挙げられる。

第一の復興事業白地被災地域とは、今回の津波で被災はしたものの、特段の復興に関する事業が行われることなく、そのまま原位置での再建が認められている区域である。防潮堤の建設や、住宅建設時に一定の条件を付ける災害危険区域の指定に基づく個別的な土地のかさ上げ等によって一定の安全性が確保され、かつ道路や公園等の都市基盤に関して大きな課題を有していない地区がこれに該当する。しかし、即時の再建が認められているとしても、被害の程度が大きければ大きいほど再建率は低い。災害の恐怖心から地区を去り、がけ近事業またはそれによることなく自力で他の場所で再建している場合や、災害公営住宅に入居している被災世帯が少なくないためである。そのため、このような区域には低密な市街地や集落が形成される結果となっている（**写真5・1**）。

第二の非被災都市計画白地地域とは、被災していない内陸部等の、土地利用規制の緩い非線引き白地地域や都市計画区域外をさす。このような区域においては、震災前から他の一般的な地方都市のフリンジ部と同様に一定程度のスプロール化が進行していた。すなわち、もともと農地や山林が中心だった地域に散発的に開発が進行しており、宅地の利用密度はそれほど高くはなかった。しかし、被災後に被災世帯による産業系を含めた自力復興需要によって無秩序な開発が進行し、スプロール化がさらに進行している。とは言うものの、とうてい農地や山林を開発しきれるほどの量ではなく、また道路等の基盤も不十分なままに開発が進行するなど、さまざまな土地利

**写真5・1** 再建が進まない復興事業白地被災地域（石巻市渡波地区）

用上の課題を抱えている。ただし、この問題は被災によってはじめて生じたのではなく、被災前から抱えていた課題がさらに悪化・固定化したものと言えるだろう。

第三の防集移転元地とは、防集事業で移転促進区域指定がなされている区域である。防集事業は、危険とされる区域からの居住機能の移転が第一目的であり、元地の利用についてまで積極的に計画する「パッケージ」となっているわけではない。そのため、移転元地のほとんどは利用されないままになっている。さらには、移転促進区域に指定されたすべての土地を、市町村が買収できるわけでもない。市町村が買収できるのは、基本的には移転の対象となる居住利用がなされていた土地に限定され、商業や工業など産業利用されていた土地や空き地については、買収の対象外となる。そのため、移転元地については一般に、公有地が大半を占めつつも、民有地が分散的に存在する、という複雑な土地所有状況になっている。

以上、見てきたように、被災地の空間形態は被災および復興のプロセスの中で大きく変容してきている。とくに大きな課題となっている、またはなりつつあるのは未利用地の急増である。マクロ的に見ると、そもそも人口減少していた中で、すなわち土地に対する需要が減少していた中で、移転団地の造成などによって市街地・集落を拡大しているわけであり、当然の帰結と言える。とは言うものの、個別的にはその課題にどのように対応するのかが問題となってくるわけであり、実際に先進的な取り組みも見られ始めている。そこで以下では、そのような先進的な取り組み事例のうち、とくに被災地に特有で他所ではあまり想定できない大規模空閑地ではなく、被災地以外でも一般化しつつある分散的小規模空閑地の利活用事例を紹介する。

## 5·4 被災空閑地の利活用に関する先進的取り組み

### 1. 中心市街地の期限付き空閑地利用：石巻市中心市街地「橋通りCOMMON」

#### ❶ 石巻市中心市街地の被災後の土地利用的課題

被災自治体の中心市街地のうち、たとえば陸前高田市や女川町など、壊滅的な被害を受けた三陸沿岸地域においては、大規模な面的整備（区画整理事業）による住宅・商業施設の集約化が進められている。一方で、石巻市中心市街地においては、津波は川を遡上して押し寄せたため勢いが比較的弱く、RCを中心として流出を免れた建築物が一定程度残った。そのような中、大規模な面的整備事業を通じて劇的に市街地の再編を行うことはほぼ不可能であった。そのため、虫食い的に低未利用地が存在するかたわら、公共施設整備や市街地再開発事業等、拠点整備をベースとした市街地の再編成が進められてきている。その際の課題としては、以下の3点にまとめることができる。

- 震災を契機とした建物ストックの消失

石巻中心市街地では、流出した建物は多くはなかった。しかし、津波による建物被害を受けた中で、修復するまでの費用はかけられないため、公費補助制度の利用による建物解体が進行した。そのため、多くの低未利用地が虫食い状に発生する結果になった（図5·1）。

- 経済的ポテンシャル（開発圧力）の低下

被災前から商業活動は郊外の大型店が中心となっていたが、その郊外はほとんど被災せず、逆に中心市街地が被災する結果となった。そのため、中心市街地の小売業の縮小、求心力の低下という従前のトレンドに拍車がかかり、中心市街地における消費・投資活動が縮小した。

- 地権者の土地の賃貸・売却に対する抵抗

中心市街地の中でも、市街地再開発事業や復興公営住宅整備などの復興に関する事業が進行している。そのような事業が途上の時点では街の将来像が不明確なため、地権者にとっても賃貸・売却等の活用方策に関する判断が困難である。また、賃貸・売却にあたっては、単に金銭的条件のみならず、信用力・公共性を求める地権者も少なくない。一方で、急いで賃貸・売却しなくても、被災によって固定資産税が免除されていたり、または支払うに十分な資産は有したりしているため、特段困ることはない。そのため、低未利用地がなかなか市場に出回らない。

このように、低未利用地が多く存在する一方で、それ

図5・1 石巻市中心市街地における建物取り壊し状況

らに一定の投資をして事業化させようとする借主が少ないこと、地権者も積極的に活用する意思が強くはないことが、低未利用不動産の非流動化に繋がっている。とはいえ、初期費用や維持管理費用を低く抑えることで、また行政やまちづくり会社などの準公的主体が借主となることで、賃貸・売却条件を調整できれば、低未利用地の活用促進に繋げることが可能であると考えられる。

本稿で述べる「橋通りCOMMON」プロジェクトも、そのような枠組みによる実践事例の一つである。

### ❷「橋通りCOMMON」プロジェクト

「橋通りCOMMON」は、石巻市の中心部の「橋通り」沿いにまちづくり会社街づくりまんぼうが賃借している約760 m²の敷地に立地している仮設商店街である。使用しているのは他地域のプロジェクトで使用された車両型コンテナであり、それをまちづくり会社で譲り受け、市内他団体・設計事務所等の協力を得て、設計・修繕した。敷地には計12台の車両型コンテナと共用飲食スペースとしてテント2張りを配置した。店舗面積は6～30 m²、家賃は3～7万円／月、保証金・礼金等はなし、一部備え付けの厨房設備等は現況のまま貸し出す、という条件のもとで入居テナントの募集を行った。募集にあたっては、災害ボランティアをきっかけに移住した若年層を中心に告知を行った。その結果、2016年4月までに延べ9店舗が出店し、そのほとんどが20～30万円

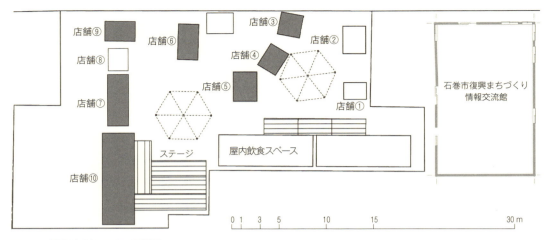

図 5・2　橋通り COMMON 配置図

写真 5・2　橋通り COMMON 施設内の様子

の初期費用で開業することができた。各店舗は自由に改修できるものとし、また施設内にイベントステージを設けて購入客以外も本施設に関わることができる設えとしている。

運営にあたっては、まちづくり会社を事務局とした出店者会が設立され、施設の管理、販売促進、イベントの企画などを出店者が中心となって進める、自律的運営が目指されている。イベント費や地代の一部には、地元信用金庫からの助成金やまちづくり会社が発行した株式による資金、出店者からの共益費を充てている。まちづくり会社は、各テナントと賃貸借契約を結び投資回収を図り、事務局として販売促進・イベント企画調整を行うほか、他のまちづくり団体の協力を得ながら各店舗の本設出店に向けた経営セミナーを実施している。

オープンから1年が経過した時点で、飲食店6店舗とギャラリー1店舗が出店しており、延べ2万人以上の来訪者があった（図5・2、写真5・2）。市内で行われている音楽イベントやまちづくり団体のイベント会場として施設内のステージが利用されているほか、石ノ森萬画館（まちづくり会社が管理・運営）と飲食テナントが連携した食イベントなども開催されるなど、飲食店としての機能のみならず、周辺施設や市内団体等との連携により、人が集まる場としての機能も果たすようになってきている。

## 2. "逆農地転用" による集落内空閑地の利活用：東松島市牛網・浜市地区

### ❶ 被災前後の牛網・浜市地区と農業

牛網・浜市地区は、東松島市の鳴瀬川河口付近に位置する農業集落である。地区は津波により約2m浸水し、大きな被害を受けた。被災後、地区には第三種津波防災区域（災害危険区域）の指定がされ、住宅を再建する場合には、前面道路と比べて1階の床面の高さを1.5m以上高くすることが条件とされた。同時に、防集事業の枠組みでは移転促進区域に指定されているため、居住移転をする場合には一定の金銭的補助や移転団地内の区画の提供を受けることができる。その他、自力での移転・再建にはがけ近事業からの補助金が出され、またそのような自力再建が困難な場合には災害公営住宅への入居が認められる。その結果、地区内にあった住宅のうち、約250戸が移転し、残ったのはわずか二十数戸であった。

サンエイトは、被災前の2007年に設立された、牛網・浜市地区の農業法人である。そもそも地区の高齢化に伴い営農する人が減少してきたため、その担い手として設立されたのがこの法人である。震災前は8戸で水稲を約

50 ha、転作大豆や枝豆等を約 30 ha 栽培していた。

　津波によってサンエイトの耕作農地のみならず、地区の農地のほぼすべてが浸水し、さらには農業用施設や機械も浸水・流出し、大きな被害を受けた。しかし、被災農家の多くは高齢化していたため、再度機械を購入して営農を再開することをあきらめる農家が続出した。そこでサンエイトは、そのような農家から田畑を預かり、被災の翌年から営農を再開した。このような被災農家からの農地の受託により営農面積は急増し、被災後3年で約110 ha の水田耕作を行い、また農閑期の11月から5月には 30 a のイチゴの施設栽培を行うまでになっている。

### ❷ 分散的宅地の農地化

　この地域は農村集落だったため、そもそも農地と住宅地が混在する土地利用形態だった。被災によって、その宅地の大部分は移転元地として市が買収し、管理する土地となった。しかし、市は地区内のすべての土地を買収したわけではなく、宅地部分のみだったことに加えて、宅地についても一部は住宅再建が行われたり、また一部はさまざまな事情から所有者の手元に残されたりした。すなわち、土地利用的には農地と宅地と宅地跡地（移転元地）が、また土地所有的には市有地と民有地が、複雑に混在する形になったのである。この土地の集約化は非常に大きな困難を伴う。

　そこで市は、防集事業の効果促進事業として、補助金を活用して移転元地の表土約 30 cm を削り、新たに同じ量の表土を入れて農地化し、"逆農地転用"したうえで、10年間無償でサンエイトに貸し出すことにした（同様の取り組みは、他にも五つの農業法人を対象に行われている）。サンエイトは、ここで生まれた約 6 ha の土地を活用して、新たな設備投資をすることなく既存の農業機械を利用して大豆の栽培を行ったり、新たに農閑期の収入源としていちごの施設栽培を行ったりしている（写真 5・3）。このような移転元地は集落内に点在しているが、もともと当地区は一宅地の規模が大きく、通常1反（約1000 m²）程度あったため、そのような分散状況は営農上の大きな支障にはなっていないとのことであった。

　一方、課題として第一に挙げられたのは、収益性の問題である。今回の宅地の農地化は市が復興関連の補助金

写真 5・3　"逆農地転用"されたイチゴ栽培施設

を使って行い、また大豆栽培に対しては国からの補助金があることから、赤字になることなく"逆農地転用"が可能だった。しかし、それでも採算ラインはぎりぎりであり、そのいずれかが欠けていたとしても、このスキームを経済的に成立させることは難しい。

　第二に挙げられたのが、担い手不足の問題である。そもそも地域の農業担い手不足の問題を解消するために農業法人化とそこへの営農委託が行われていたのである。被災を機に、法人の営農面積はさらに増加し、かつ農業法人の高齢化も進行してきている。そのため、このように逆農地転用して農地を拡大したとしても、その維持・活用は容易ではない。

## 5.5　被災低利用地の利活用から見えてきたもの

　被災地においては、被災および復興によって、いたる所で低密な市街地・集落が発生してきている。これは、人口減少している中で、すなわち土地に対する需要が減少している中で、復興のプロセスの中で市街地を拡大してきたことによる当然の帰結である。そして同時に、今後の日本の地方都市で見られるようになる、または一部ではすでに見られ始めているリバーススプロールの、いわば「行き着く先」と位置づけることができるものである。

　一方で、そのような状況に対応するための取り組みも、

すでに行われ始めている。ここでのポイントは、以下の4点にまとめることができる。

　第一には、地権者サイドの問題であり、利活用しなくても困らない地権者に対して、どのように活用を促すか、ということである。「地権者」と一括りで言っても、まったく利活用する気がない場合から、一定の条件（賃料・賃貸先等）が満たされれば賃貸・売却してもよいという場合まで、さまざまである。そこで、そのような個別的意向を細かく把握しつつ、丁寧に対応することが求められる。

　第二には、利活用者サイドの問題であり、まずは利用のためのハードルをいかに下げるかという点が課題になる。小規模な土地利用であれば、地元にも利活用の"タネ"は存在し、逆にそれをうまく活用することで地域の活性化にも繋がる可能性が出てくる。したがって、そのような萌芽的な利用可能性に対して、税額控除や各種補助助成金を活用したり、低未利用地に付加価値を与えるような工夫をしたりすることで、事業リスクの低減と低未利用地活用に対するインセンティブの付加を図ることが必要である。

　第三には、コーディネートの問題である。土地の供給も需要も圧力が弱い中では、地権者の潜在的土地活用意欲を顕在化させ、また潜在的利活用者を探し出し、両者をマッチングさせることが重要になる。このような利活用事業は、単に敷地レベルの影響だけではなく、通常は周辺を含む地区レベルの影響を有するものである。そのような観点からは、一定の公的性質を持つ機関が、このようなコーディネートを行うことが求められると言えるだろう。

　第四には、これらの空き地利用の仕組みの定常化の問題である。そもそも空き地の発生が時間的・空間的に不確実なものであり、かつその利用には、一時的な利用から継続的な利用まで、大規模なものから小規模なものまで、さまざまな形態が見られる。これらを地区レベルの空間マネジメントの枠組みの中に位置づけ、いかにフレキシビリティを持たせつつ、定常的な利用を図っていくか、ということである。その具体的な形態は発生・利用の構造・状況等を反映して地域ごとに異なるものである。したがって、地区ごとにステークホルダーが集まってそのあり方に関する議論を重ねていくことが、まずは重要である。

【注】
本章は苅谷智大（2016）「石巻市中心部における低未利用地を活用した暫定的商業施設「橋通りCOMMON」の取組みについて」（『住宅』2016年5月号）と姥浦道生（2015）「被災地の「針治療」による再生」（『地域開発』Vol. 607）を大幅に加筆・修正・再構成したものである。

# 2編
# 計画・制度の課題と可能性

都市計画制度の課題と可能性

# 第6章 都市縮小に向けた都市計画法制度のあり方

中出文平

## 6・1 本章の狙いと議論のための前提

### 1. 本章の狙い

本章では、都市計画法のもとで、都市縮小に対応するために必要な課題について俯瞰する。基本的には都市計画の枠組内での議論を中心とし、都市計画法で定められた制度がほとんど及ばない都市計画区域外は扱わない。

本章ではまず、都市縮小の状況を単に人口減少として見るのではなく、都市の本質的な性格である「密度高く居住する」という質をいかに失ってきたかという視点から提示し、その後の議論の基礎を示したい。

その後、1968年公布の都市計画法が、その後の社会経済情勢の変化に応じたあるべき姿として、「地域が目指す都市像を支える制度の構築に向けて求められているもの」を示して、現行の都市計画法のもとで土地利用に関わる制度が、都市縮小にどのように対応すべきか、あるいは対応しうるものなのか、について考えることにする。

### 2. 本章で議論するための前提

まず、本章が前提とする都市計画法は1968年に公布されているが、宮沢美智雄氏の言を借りると「この当時、昭和30年代後半から40年代の初めは、全国的な都市爆発が始まった時期で、その都市爆発にどう対応するかという議論であり、地価上昇がものすごい勢いで始まって、政府全体として土地対策が問題であり、それを進めるのに、土地利用の計画がなければ対策が進まない」[文1]という背景があり、現在の社会経済情勢とはまったく異なるにもかかわらず、大きな枠組みはそのままであるということを確認しておく必要がある。

さらには人口減少について、いくつか基本的に押さえておくべきことがある。第一に、日本全国の人口は、国勢調査では2005年の1億2776万人から2010年の1億2805万人とわずかとはいえ増えており、2015年の速報値で1億2711万人と初めて減少に転じた。地方圏[注1]に注目すると、合計では2000年がピークであり、その後は一貫して減少している（図6・1）。2010～2015年に人口が増加したのはわずか8都県にすぎず、地方圏では大都市圏に隣接する滋賀県を除くと福岡県、沖縄県だけである。

第二に、2010～2015年に人口減少した39道府県でも、世帯数も減少しているのは、青森県、秋田県、和歌山県、高知県と鹿児島県の5県だけである（このうち秋田県と高知県は2005～2010年の時点でも減少）。

一般世帯数を世帯人員別に見ると[注2]、1970年は総世帯数2685.6万のうち4人世帯が685.3万（25.5％）、5人以上世帯が767.4万（28.6％）を占める一方で、1人世帯が288.8万（10.8％）、2人世帯が415.2万（15.5％）にすぎなかった。これに対して、2010年ではまったく状況は異なり、総世帯数5184.2万のうち1人世帯が1678.5

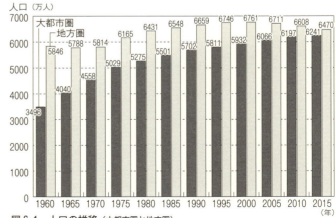

図6・1　人口の推移（大都市圏と地方圏）
大都市圏は東京都、埼玉県、千葉県、神奈川県、大阪府、京都府、兵庫県、愛知県、三重県の合計。地方圏はそれ以外の1道37県の合計

万（32.4%）と2人世帯が1412.6（27.2%）で優に過半を占め、4人世帯が746.0万（14.4%）、5人以上世帯が405.0万（7.9%）であり、三世代居住や家族世帯が前提であった時代から大きく変わっている。

## 6・2 都市縮小という現象とは何か

### 1. DIDからみた市街地の現状

人口減少社会に突入して、即座に器として必要な市街地が小さくなることはない。すでに述べたように、人口は減少していても、世帯数は依然として維持・増加している自治体が多いからである。さらに言えば、必要性が低くとも、市街化区域もしくは用途地域を拡大して器を大きくしている自治体もまだ多い。

いくつかの面からこの点を検証する。まず、人口集中地区（以降、DIDと略）の推移から考える。

昭和の大合併により市部・郡部の区別が必ずしも都市的地域と農村的地域の特質を明確に示しえなくなったため、1960年以降にDIDは画定されている。定義は『人口密度の高い基本単位区（原則として人口密度が4000人/km²（40人/ha）以上）が隣接し、かつ、その隣接した基本単位区内の人口が5000人以上となる地域』である。

この区域内に1970年時点で全国人口の54.0%（大都市圏75.0%、地方圏37.5%）が居住していたが、2010年では67.3%（大都市圏85.7%、地方圏49.9%）になっている。

このように、密度が一定以上の市街地に住む比率が高まっているという意味では、都市化が進んだと言えるが、DIDの人口密度を見ると様相がまったく異なる（図6・2）。

大都市圏と地方圏に分けて検討すると、大都市圏が高いのは当然であろうが、双方とも1960年、1965年と較べて、1970年以降1990年までの間に密度は急減し、その後は下げ止まってはいるが、地方圏では1960年の88.7人/haから2010年の50.4人/haにまで密度を低下させている。

このように、市街地の集積、すなわち都市化は進んでいるが、薄く広がってきたことが分かる。

### 2. 消滅したDIDから考える

DIDに関して、もう一つの側面から見る。1990年以降、90自治体で区域が消滅している。ほとんどは人口集積が5000人を割ったことによる。これは、自治体自体の人口減少と連動して、DIDが消滅したと考えられる。

しかし、直前（消滅時点の5年前）のDID人口が集積要件の5000人を大きく上回っていながら消滅した、北海道上砂川町（1990年消滅）、北海道赤平市（2010年消滅）、高知県室戸市（2010年消滅）は、密度が低下したことによると考えられる。すなわち、40人/ha以上という密度要件を充たさない調査区が発生したことで、連続した区域を形成しえなくなりDIDが消滅したということである。

これら3自治体について調査区単位で子細に見ると、人口が減少している調査区であっても、世帯数の減少はわずかに留まっている調査区がほとんどであり、決して空き地や空き家が激増しているわけではない。この点でも、市街地が薄くなっていることが分かる。

### 3. 郊外住宅地から見る

ここまで示したこれらの密度低下は、市街地が放棄されて生じているのかというと、現時点ではそこまでいたっていない場合が大半であろう。この点について、郊外の住宅団地の密度低下を事例に見ることにする。

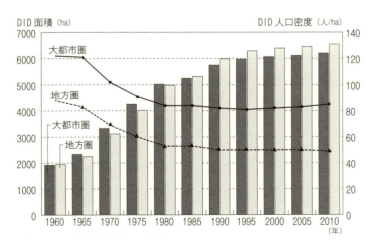

図6・2 DID面積とDID人口密度

宇都宮市の連続した市街化区域から南東2kmほどに位置する飛び市街化区域である瑞穂野団地は、1975年に組合施行の区画整理が行われ、南部に工場団地、中央部に公営住宅、北部に戸建住宅団地（面積26.5 ha）があり、この戸建住宅団地は1985年には入居がほぼ終了している。

　1985年以降、人口はその時点をピークとして2010年まで一貫して減少しているが、世帯数はほとんど変化していない（図6・3）。人口密度は、敷地規模が80坪から100坪超と比較的大きいこともあり、もともと密度がさほど高かったわけではなく、1985年の63.3人/haから2010年には47.5人/haと推移している。

　世帯人員別の世帯数を見ると、4人世帯が激減し、その分2人世帯が増えており、世帯分離が行われたことを見て取れる。年齢別人口構成を見ると、高齢化率が上がっているが、住宅取得時に主体であった団塊の世代（35～39歳）が2015年の国勢調査時に高齢者層に入ることから、高齢化率は4割に達することが予想される。

　世帯総数はこれまでほぼ横ばいで、空き地・空き家はほとんど存在しない。この住宅団地に限らず、1970年代に開発された住宅団地では、現状ではまださほど空き地・空き家が激増してはいないが、住宅地としての新陳代謝（新規住民の流入）があまり期待できない地方都市の郊外住宅地では、いずれ激増することが懸念される。

## 6・3　都市縮小に際して考慮すべき点とは

### 1. 社会経済情勢の変化とは

　まず、1960年代後半の法施行から40年以上がたち、再検討すべき点を整理しておく。

　第一に、人口減少社会とは言っても、「無秩序な市街化」は進むのではないかという指摘と、それに付随して「無秩序な市街化」の何を問題視し、都市計画は関与しなければならないのか、ということである。実際には多くの地方都市がすでに人口減少を経験しつつも、同時に市街地の拡散を続けている。

　第二に、では人口減少社会を迎えて、実際に土地利用

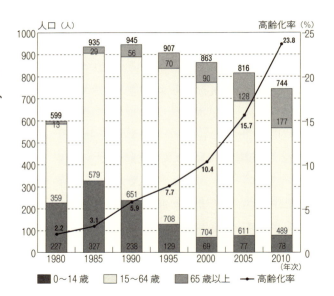

図6・3　飛び市街化区域の人口および世帯数の推移
（宇都宮市瑞穂野団地）

の制御手法はどうあるべきなのか、ということである。すでに2000年の都市計画法改正で区域区分制度が選択制とされているが、今後、線引き、非線引きの都市計画区域をどう考えていくのかということが、大きな課題となっている。平成の大合併で拡大した行政域の中に、複数の都市計画区域を持つことになった自治体の多くは、都市計画区域の統合（線引き、非線引き）あるいは並存の選択に苦慮している。

　第三に、目指すべき都市像を達成する際に、いかに土

地利用計画と施設整備計画（都市施設、市街地開発事業）が連携していくか、という点がある。目指すべき土地利用を実現しうる直接的な手法として、土地利用制御を通じての土地利用計画と社会資本整備を通じての施設整備計画の二つがある。本来、両者は緊密な連携を図るべきであるが、実態としては理想的な状態からはほど遠い。

これらの論点群を前提に、都市縮小に関わる土地利用計画と制度を考えることにする。さらには、都市再生特別措置法等の一部を改正する法律（2014年8月施行）で立地適正化計画が位置づけられたことで、この枠組みに大きな要素が付け加えられた。

### 2. 新たに考慮すべき点としての立地適正化計画

立地適正化計画は上述のように別の法律によるものであり、都市計画法の改正は、地域地区に関する第8条第1項第四の二号に、都市再生特別地区、居住調整地域、特定用途誘導地区が追加されたにすぎない。とは言うものの、立地適正化計画の施行を受けて、6年ぶりに第七版となった都市計画運用指針（以下、指針）[文2, 注3]では、都市計画の中に位置づけることが強調されている。

指針の32ページ以降の、「Ⅳ―1―3 立地適正化計画 1.基本的な考え方の背景」で、人口が減少する地方都市と高齢者が急増する大都市で問題点を分けており、都市縮小に向けた土地利用計画・制度は、主に前者に関わるものと言える。

少し遡った「Ⅲ―1 都市計画の意義」（p.4）で、第六版から追加された部分として、

「このような中で都市が抱える課題に対応するためには、とくに人口が減少に転じ、地域によっては新たな建築行為等が行われにくくなっていることを踏まえれば、規制に加えて、民間の活動や投資を誘導するという観点が必要であり、規制と誘導策とを一体として講じていくことが重要である。……（中略）……従来から、都市計画法に基づく都市計画と関連する諸制度により、都市づくりが行われてきたところであるが、立地適正化計画は市町村マスタープランとみなされるなど都市計画法と一体的に機能させるべきものとして新たに創設されたところであり、今後は、立地適正化計画をはじめとする誘導策と都市計画法に基づく土地利用規制や開発許可を一体的に運用し、これまで以上に「広義の都市計画制度」による都市づくりを進めていくことが求められる」
と示されている。

次節では、このことも踏まえて議論を展開する。

## 6·4 都市縮小に向けた土地利用制度とは

### 1. 都市縮小に対応するための論点

都市縮小という現象に対して土地利用制度がどう対応すべきかを考えるに際して、まず、論点を示しておく。

第一に、土地利用転換の量と質の変化に対応する必要があることである。土地利用の転換意欲が旺盛だった時代とは異なり、総量としては以前ほどの転換量ではなくなり、一括管理といった手法がなじまなくなっていること、そして、転換速度も緩和していることである。

第二に、6·2節で示したように市街地は薄く拡散しており、必ずしも低未利用地化を伴うことなく密度低下していることを前提に、適切な規模・塊で将来市街地を想定し、その範囲内で種々の機能を展開し、維持・管理を行う必要があるということである。

第三に、一方で、持続可能な都市として「生活の質」を高めるための開発を許容することも、一定程度必要であろうという点である。もちろん、計画的でなおかつ限定的な開発の質を吟味した後で、立地と規模を勘案した器を相応分だけ用意するということが必要となる。

### 2. 都市計画区域

土地利用制御に関して、もっとも有効な手段を有しているのが都市計画法であることは間違いないが、適用範囲はほぼ都市計画区域に限定される。そのため、都市計画区域を新設もしくは拡大する事例は、1997～2009年の13年間で新設33件（いずれも非線引き都市計画区域）、拡大77件（線引き都市計画区域23件、非線引き都市計画区域54件）と相当数にのぼり、指定理由も土地利用規制と回答する自治体がもっとも多い[文3]。また、土地利用規制を目的として都市計画区域を拡大し、特定用途制限地域等

の都市計画法の制度を用いた事例も散見される[文4]。

一方、都市計画区域内に93.8％が居住するものの、面積比率は国土の27.0％にすぎない[注4]。都市計画区域外では、建築基準法の集団規定も適用されないため、質の低い別荘地開発や産業廃棄物処分場等の立地が懸念される。さらに、前節で示した立地適正化計画も、その区域は都市計画区域でなければ策定できない。

こうしたことから、都市的土地利用の可能性のある地域は、極力、都市計画区域とすることが望ましい。しかしながら、地方圏の都市は、①都市的土地利用がなされる地域の直近に農業的あるいは自然的土地利用が存在する、②合併によって行政域が広範に亘る、ことから、すべてを包括することは困難である。この点については、2000年の法改正で新設された準都市計画区域の運用を視野に入れるとともに、土地利用計画の総合化を目指して、国土利用計画法による市町村による国土利用計画（法第8条）を策定しつつ、さらには、各自治体がそれらの計画の運用を条例によって担保することが望まれよう。

こうすることで、立地適正化計画についても、計画対象外である区域の生活拠点等に対して、計画的対応が可能となる方向性を示せると考える。

## 3. 区域区分

地方圏にとって、2000年の法改正の最大事項は、区域区分の選択制への移行といって良い。大都市圏は、相変わらず第7条第1項で義務と明示されているが、地方では指定都市（地方自治法による）が第2項で義務化されているにすぎないからである。選択制への移行を受けて、香川県では都市計画区域再編とともにすべての線引き都市計画区域、愛媛県では東予都市計画区域、を廃止しているが、廃止以降の状況を肯定的に見る意見は少ない。

人口30～40万人規模の6都市（線引き5都市と非線引きの高松市）、人口10～15万人規模の4都市（線引き3都市と非線引きの新居浜市）、人口5万人台の2都市（線引き都市の古河市、非線引き都市の大田原市）について[注5]、1970年～2010年のDID人口密度を見ることにする（表6·1）。

これを見ると、いずれの都市も人口密度を大きく減少させてはいるが、富山市を例外として、同程度の規模の都市を比較すると、線引き都市のほうが、DID人口密度が高いことが分かる。ここから少なくとも区域区分は、薄く広がる市街地形成に対して、それなりの効果を有していると考えられよう。

人口減少社会での区域区分制度の今後を議論する必要性も大きいが、いたずらに規制緩和論を振りかざすのではなく、地域が目指す市街地像を計画に基づいて実現するための制度とは何かを考える時、区域区分制度の有効性を評価することも必要であろう。

## 4. 市街化区域の設定

市街化区域はその時点の社会経済情勢に合わせるために、区域区分の定期見直しをへて区域を更新する。おおむね5年に一度実施される都市計画基礎調査を基に見直すものである。人口・産業のフレームを算定し、農林調整をへて市街化区域を設定する。この際には、人口フレーム方式を使用し、市街化区域内の人口推移に合わせて市街化区域を拡大縮小させる。拡大の際は、定期見直し時にすべての人口を市街化区域へ配分する必要はなく、一部を保留して（保留人口）、基盤整備や開発が確実となった時点で編入することも可能である（随時見直し）。

このように、人口増加時ならば将来人口を既成市街地に収容できないため、溢れ出した人口を新市街地として市街化区域へ編入できる。一方、人口減少時では既成市街地に将来人口を収容できるため、市街化区域を拡大する必要がなく、むしろ逆線引きを検討することになる。

にもかかわらず、人口減少に転じながらも市街化区域を拡大させている地方圏の都市が散見される。人口減少下で区域を拡大するには、以下に示す3手法が想定されるが、どの手法を用いたとしても、区域の実情と異なることや低密で散漫な市街地を形成する問題がある。

①将来人口の推計を過大に見積もる

将来人口推計に使用する値の変更や、将来の開発を考慮して居住人口を加算する等の過程をへて、目標年の人口を上方修正する。

②可住地人口密度を減少させる

可住地人口密度を前回定期見直しや基準年より減少させ、目標年の市街化区域に収容可能な人口を減らすこ

表6・1 DID人口、DID面積とDID人口密度

豊橋市 (2000年人口 36.5万人)

| 年 | 人口 | 面積(ha) | 人口密度(人/ha) |
|---|---|---|---|
| 1970 | 140324 | 1810 | 77.5 |
| 1990 | 223468 | 3760 | 59.4 |
| 2010 | 257571 | 4254 | 60.5 |

会津若松市 (2000年人口:11.8万人)

| 年 | 人口 | 面積(ha) | 人口密度(人/ha) |
|---|---|---|---|
| 1970 | 67824 | 780 | 87.0 |
| 1990 | 91217 | 1490 | 61.2 |
| 2010 | 88013 | 1670 | 52.7 |

高知市 (2000年人口 33.1万人)

| 年 | 人口 | 面積(ha) | 人口密度(人/ha) |
|---|---|---|---|
| 1970 | 175382 | 2000 | 87.7 |
| 1990 | 230457 | 3440 | 67.0 |
| 2010 | 239608 | 3645 | 65.7 |

三島市 (2000年人口 11.1万人)

| 年 | 人口 | 面積(ha) | 人口密度(人/ha) |
|---|---|---|---|
| 1970 | 47020 | 510 | 92.2 |
| 1990 | 78552 | 1200 | 65.5 |
| 2010 | 75681 | 1145 | 66.1 |

金沢市 (2000年人口 45.6万人)

| 年 | 人口 | 面積(ha) | 人口密度(人/ha) |
|---|---|---|---|
| 1970 | 232928 | 2280 | 102.2 |
| 1990 | 339742 | 5060 | 67.1 |
| 2010 | 363878 | 5850 | 62.2 |

別府市 (2000年人口 12.7万人)

| 年 | 人口 | 面積(ha) | 人口密度(人/ha) |
|---|---|---|---|
| 1970 | 68648 | 620 | 110.7 |
| 1990 | 119046 | 1920 | 62.0 |
| 2010 | 111401 | 1847 | 60.3 |

大津市 (2000年人口 28.8万人)

| 年 | 人口 | 面積(ha) | 人口密度(人/ha) |
|---|---|---|---|
| 1970 | 93374 | 1240 | 75.3 |
| 1990 | 155965 | 2690 | 58.0 |
| 2010 | 136520 | 2048 | 66.7 |

新居浜市 (2000年人口 12.6万人)

| 年 | 人口 | 面積(ha) | 人口密度(人/ha) |
|---|---|---|---|
| 1970 | 83652 | 2110 | 39.6 |
| 1990 | 82021 | 2610 | 31.4 |
| 2010 | 78584 | 2693 | 29.2 |

富山市 (2000年人口 32.6万人)

| 年 | 人口 | 面積(ha) | 人口密度(人/ha) |
|---|---|---|---|
| 1970 | 120953 | 1850 | 65.4 |
| 1990 | 191119 | 4550 | 42.0 |
| 2010 | 197359 | 4881 | 40.4 |

古河市 (2000年人口 5.9万人)

| 年 | 人口 | 面積(ha) | 人口密度(人/ha) |
|---|---|---|---|
| 1970 | 41288 | 470 | 87.8 |
| 1990 | 43106 | 680 | 63.4 |
| 2010 | 40049 | 704 | 56.9 |

高松市 (2000年人口 33.3万人)

| 年 | 人口 | 面積(ha) | 人口密度(人/ha) |
|---|---|---|---|
| 1970 | 143683 | 2020 | 71.1 |
| 1990 | 222531 | 3980 | 55.9 |
| 2010 | 212803 | 4088 | 52.1 |

大田原市 (2000年人口 5.7万人)

| 年 | 人口 | 面積(ha) | 人口密度(人/ha) |
|---|---|---|---|
| 1970 | 9713 | 160 | 60.7 |
| 1990 | 12697 | 340 | 37.3 |
| 2010 | 15813 | 414 | 38.2 |

は非線引き都市

とで、人口減少を想定したとしても既成市街地に将来人口を収容できなくなることから、市街化区域を拡大する。

③非可住地の定義を変更する

前回定期見直しや基準年の際には可住地と定義していた土地を非可住地に変更することで、可住地人口密度を増加できる。

多くの地方都市が、いずれかの手法を用いて市街化区域を拡大してきた中で、佐賀市は2010年の第4回定期見直し実施に際して、実際の人口減少傾向を前提に人口減少を想定している。新市街地に充てる人口を確保できないため市街化区域を拡大していない。これによって、基準年（2005年）の市街化区域内の可住地人口密度を78.9人/haと高水準で維持しており、将来予想値もほぼ同値である。

ところで、指針[注6]によると、「住宅用地の密度は、土地利用密度の低い地域であっても60人/ha以上とすることを基本とすることが望ましい」とされており、例外として、「少子高齢化、単身世帯の増加等を背景として、当該住宅用地の世帯あたり人員の減少が顕著であり、これにより住宅用地全域の平均人口密度が従前より低下していること」「敷地規模の大きな戸建て住宅の割合が高く、平均敷地規模が全国的な平均敷地規模と比較して著しく異なること」等、2節で示した状況が挙げられているが、この場合であっても、『既成市街地の人口密度の基準である40人/haを下回らないこと[注7]とすべきである』と示されている。

市街地の拡大・縮小の可能性の項[注8]では、「人口及び産業の動向及びそれに必要な適切な都市的土地利用の需要の適切な見通し、空地や空家も含めた市街地内の土地利用の現況、既存インフラの活用可能性等を総合的に勘案して、市街地の拡大・縮小の可能性を検討すべきである。……人口減少により市街化区域内の人口密度の低下が見込まれる地域等については、各都市における立地適正化計画の内容も踏まえつつ、市街化区域を市街化調整区域に編入させることも検討すべきである」と都市縮小に向けた方向性が提示されている。

このように、市街化区域に対しては、一定以上の密度を保つことが求められているが、実際の定期見直し時に、想定される可住地人口密度は高くとも、市街化区域人口密度はかなり低く想定されることが、前述の②や③の操作によって懸念される。たとえば、事例に挙げた佐賀市を見ると、可住地人口密度は基準年で78.9人/ha、目標年で78.4人/haであるが、市街化区域人口密度は基準年で49.5人/ha、目標年で49.2人/haにすぎない。これは市街化区域面積2950haに対して非可住地約1100 haを見ていることによる。非可住地として、工業用地、道路、公園緑地、公共施設用地、公共空地等が挙げられ、生産緑地が指定されている場合はこれも含まれる。

指針でも、世帯あたり人員の減少、平均敷地規模の問題（地方都市は大都市よりは相対的には大きい）に言及しているように、今後、市街地の密度を議論する際には、目標像に対する絶対値の多寡だけではなく、空間の質を踏まえた議論を進める必要がある。

さらには、市街化区域内農地や市街化区域内の樹林地をどう扱うのかについても、国土利用計画法の5地域区分の扱いからは、重複を避ける方向が求められているが、今後、市街地内の農地や林地の存在を積極的に「高い空間の質」と位置づけるならば、計画的に維持する農地・林地を非可住地に加えることも考えるべきであろう。

非線引き都市計画区域については、用途地域の設定に関して、区域区分のような厳密なフレームの議論が存在しないが、立地適正化計画を視野に入れると密度の観点は欠かせず、同様の議論を進める必要がある。

## 6・5 都市縮小を視野に入れた計画のあり方

人口減少が進行し、都市縮小が密度減少のみならず、いずれ市街地の縮退に進むことが想定されるとしても、新たな都市的土地利用の需要をまったく容認しないということはありえない。

高速交通体系から見て至便の立地条件（IC周辺等）での工業や流通、公共交通の好利用条件の地区（郊外中心や基幹集落等）での住宅供給等は、持続可能な地域の形成のためには必要な場合があろう。であるからこそ、合理的な判断のもとでの「選択と集中」が図られるべきである。

この点で、新たに創設された立地適正化計画は、一つの拠り所となり道筋を示すものとなるだろう。都市的土地利用を前提とする区域を、縮小を視野に入れて検討することが求められることになる。都市計画法施行令では、都市計画基準に関する第8条で以下のように示している。

「おおむね十年以内に優先的かつ計画的に市街化を図るべき区域として市街化区域に定める土地の区域は、原則として、次に掲げる土地の区域を含まないものとすること。

イ　当該都市計画区域における市街化の動向並びに鉄道、道路、河川及び用排水施設の整備の見通し等を勘案して市街化することが不適当な土地の区域

ロ　溢水、湛水、津波、高潮等による災害の発生のおそれのある土地の区域

ハ　優良な集団農地その他長期にわたり農用地として保存すべき土地の区域

ニ　優れた自然の風景を維持し、都市の環境を保持し、水源を涵養し、土砂の流出を防備する等のため保全すべき土地の区域」

指針でも、新たな項目である「Ⅳ-1-3 立地適正化計画」の部分（p.36）で、居住誘導区域に含まないこととされている区域、含めることに慎重な判断が求められる区域、が示されており、この内容は、実際には施行令第8条の内容にすぎない。立地適正化計画によるにしろそうでないにしろ、選択と集中を適切に進めるには、新法施行時（1969年）にすでに示されている「市街化区域に含めるべきでない」条件を厳密に適用することが肝要であろう。

縮退する優先度の高い市街地も当然これに倣うことになるが、とくに基盤未整備な区域、公共交通の担保が困難な区域等の扱いを考えていくことも求められる。これにより、社会資本整備の持続可能性を担保しながら、質の高い市街地を形成していく必要がある。

指針では、「都市の将来像を実現するための適切な都市計画の選択」[注9]で、新たに書き加えられた部分に、「目指す都市の将来像の実現は、単一の制度のみにより完成しうるものではないと考えるべきであり、各都市計画制度の特性を活かしつつ、適切に制度を活用することが考えられるべきである。たとえば、人口の減少に対応してコンパクトなまちづくりを推進するため、従来から設けられている土地利用規制を活用するほか、新たに設けられた立地適正化計画制度を活用することも考えられる。すなわち、市街化区域と市街化調整区域の区分を行っていない市町村においては、区域区分の導入という強力なコントロール手法、用途地域における特別用途地区又は白地地域における特定用途制限地域の設定という土地利用規制のほかに、立地適正化計画を作成してインセンティブを講じるという緩やかなコントロール手法が選択で

きる。また、区域区分を行っている市町村においては、市街化区域の市街化調整区域への編入という強力なコントロール手法、用途地域における特別用途地区の設定という土地利用規制のほかに、立地適正化計画を作成してインセンティブを講じるという緩やかなコントロール手法が選択できる」と示されている。

　立地適正化計画で設定する居住誘導区域は、将来の市街地の器とそれを支える構造を計画的な視点できちんと見極めて設定することが求められており、また、それが可能であると考える。もちろん、計画の策定が至上でも万能なわけでもなく、あくまで道筋を示す手段として考えるべきであり、各自治体が「一定の密度の維持」とは何か、維持すべき市街地とはどういった質の市街地かといった点を、熟慮する必要がある。

【注】
1　森村道美氏が『新建築学体系16巻―都市計画（彰国社、1981）』の第2章で、DIDを分析した際に用いた、東京圏を東京・埼玉・神奈川・千葉、名古屋圏を愛知・三重、大阪圏を大阪・京都・兵庫、この9都府県を大都市圏とし、それ以外の道県を地方圏とする。
2　世帯の種類に関して、国勢調査では、1985年以降の調査では一般世帯、それ以前は普通世帯、とその定義が異なり、主として1人世帯の数に影響するが、ここでは同一のものとして扱うことにする。
3　都市計画運用指針は第六版が2008年12月に出され、その後、細かい追加修正はあるが2014年8月まで版は変わらなかった。2015年1月に第八版が新たに出されたが、2014年8月の広島市土砂災害を受けた災害対応の事項がほとんどのため、本章では第七版を第六版と比較して扱うこととする。
4　都市計画現況調査（2014年3月31日現在）による
5　平成の大合併によって、人口、市域面積が変わる以前の2000年の国勢調査時点の人口を基準とした。
6　指針のp.31、Ⅳ-1-2 マスタープランⅡ）1. 都市計画区域マスタープラン（3）区域区分の決定の有無及び区域区分を定める際の方針の③市街化区域の規模。
7　都市計画法施行規則（1969年建設省令第49号）第八条。
8　指針の19ページ、Ⅳ-1-2 マスタープランⅡ）1. 都市計画区域マスタープラン（3）区域区分の決定の有無及び区域区分を定める際の方針の①区域区分制度の適切な運用。
9　指針の7ページ、Ⅲ-2 運用に当たっての基本的考え方 3. 都市の将来像を実現するための適切な都市計画の選択。

【引用・参照文献】
1　「座談会　線引き制度の成立過程（上）」（『土地住宅問題』1985.4）pp. 27-44
2　国土交通省（2014）『都市計画運用指針第七版』
3　伊藤浩明・中出文平・松川寿也・樋口秀（2010）「都市計画区域を新規に指定もしくは拡大した自治体の経緯に関する研究」（『都市計画論文集』No. 46-3）pp. 535-540
4　倉根明徳・川上光彦（2009）「土地利用規制を目的とした都市計画区域拡大と特定用途制限地域指定のプロセスと課題：飯田市におけるインターチェンジ建設を契機とした事例について―」（『都市計画論文集』No. 44-3）pp. 655-660

都市計画制度の課題と可能性

# 第7章 都市計画法指定区域の縮小に向けた取り組み

松川寿也

## 7・1 市街地の器としての法指定区域

### 1. 市街化区域以外の器としての法指定区域

リバーススプロールの問題を土地利用制度の側面から捉えた場合、市街地としての器の設定の仕方はもちろん、その器の外側で運用される規制制度も含めて包括的に捉える必要がある。都市計画指定区域としての市街地の器に相当する区域として、一般に思い浮かぶのは市街化区域であり、その器の縮小は「逆線引き」という制度手法を用いて行われる（「逆線引き」の取り組みについては、浅野氏による8章を参照されたい）。その一方で、地方都市や大都市圏の縁辺都市では、市街化区域以外にも市街地としての器に相当する都市計画法指定区域が広く存在する。

### 2. 線引き都市にある開発許容区域

線引き都市であれば、市街化調整区域での土地利用規制を緩和する区域（都市計画法第34条11号および12号の条例指定区域　以下3411区域、3412区域）がそれに相当する。この区域は現に市街化していない農村集落が主となるため、これを「市街地としての器」と呼ぶにはかなりの飛躍があるが、とくに3411区域は住宅開発を中心とした一定の行為を許容する区域としている自治体が多い。弾力的にこの制度を活用している自治体では、すでにスプロール市街地が形成されており、運用次第によっては「住居系の市街化区域」にも相当するため、二重線引きとしての批判の対象ともなりかねない。この区域は、新市街地としての市街化区域とは異なり「計画的に市街化を図るべき区域」ではないので、人口減少下の都市計画区域でも、制度上はその区域の指定を否定してはいない。そのため、人口減少を理由として、3411区域を広く指定する自治体すらある。

### 3. 非線引き都市にある準市街化区域

地方都市の都市計画区域の多くは非線引きであるが、非線引き都市でも当然用途地域が指定されている。この用途地域内には、市街化区域相当の人口密度や人口集積を持つ市街地だけではなく、そうでない低密な区域も広く含まれる。非線引き都市の用途地域は、都市計画法上は計画的市街化を促す区域ではないが、市街化区域と同じく農業振興地域と重複した指定が認められていない他、用途地域内の残存農地は、農地転用許可制度上もっとも転用規制が緩い第三種農地に区分される。非線引き都市の用途地域もまた、市街化区域と同じく将来の人口増加を見込み開発を想定する区域で指定されていた。そして、用途地域を持つ非線引き都市の多くが、都市計画マスタープランなどの上位計画で、用途地域の範囲を市街地としての位置づけで言及あるいは図示している。したがって、非線引き都市の用途地域もまた「準市街化区域」と見ることもできる。

### 4. 両区域の縮小に向けた取り組み

こうした市街化区域以外の指定区域もまた、それが必要以上の規模で存在するのであれば、当然その区域の見直しを検討していくことが望まれる。市街化区域内のリバーススプロール問題を土地利用制度の側面から捉えた場合、市街化区域内だけにとどめるのではなく、その外側で運用される規制制度も含めて包括的に捉える必要がある。なぜなら、市街地としての器の外側の規制制度が十分機能しなければその器の意味は当然なく、市街地内のリバーススプロールをさらに助長することは容易に想定できるからだ。

こうした中で、将来の人口減少や市街地の空洞化対策

として、前述2種類の都市計画法指定区域の縮小を試みた取り組みがある。そこで本章の前段では、3411区域の縮小に焦点をあて、市街化調整区域に広く存在する開発緩和区域を縮小した埼玉県北部地域[文1]と和歌山市、縮小によらず3411区域内を一律強化した栃木市の取り組みを紹介する。そして後段では、非線引き都市での線引き拡大によって、用途地域の外側の規制強化を図ると同時に、その用途地域の規模を縮小することで市街化区域を指定した松本市と宇都宮市の取り組みを紹介する[文2]。これらを踏まえて、リバーススプロール時代を迎える中での法指定区域縮小に向けた制度論を展望したい。

## 7・2　3411区域縮小の取り組み

### 1. 埼玉県内の3411区域と指定運用方針の改定

2001年法改正による既存宅地制度の廃止を受けて、全国の市街化調整区域を抱える自治体では、その対応策が模索されていた。埼玉県もその一つであり、3411区域の指定を活用した市街化調整区域での緩和措置を実施するとして、2002年に都市計画法第34条11号の条例を制定、翌年には指定手続にあたっての具体的な考え方を示した県の運用方針（以下、県運用方針）が策定された。

これを受けて、市街化調整区域を多く占めることで、人口減少や維持が課題となっている県北部地域の市町村を中心に、人口減少対策のためとしてその区域が指定されることとなる。その結果、羽生市村君地区（60 ha）から波及した3411区域指定の申し出は、最大で約2万4000 haもの区域指定を実現させた。3411区域縮小前の指定状況を見ると、比較的都心に近い県南部では、そもそも調整区域の占める割合が比較的低い上に、著しい開発圧力への警戒感から、3411区域の指定を限定または見合せている一方で、可住地のほぼすべてで指定した日高市の他、県北、県西部等の都心から比較的遠方にある一部の市町村では、県南部に比して広範囲に開発行為を許容していることが窺える（図7・1）[注1]。これらの3411区域は、一部市町村への開発許可制度事務の権限委譲後も存続した。

こうした広範囲に及ぶ開発緩和区域の存在は、虫食い的な農地転用を加速させ一部では農用地区域をはじめとする優良農地の開発を許容した他、基盤未整備地での排水問題、さらには都市計画決定した都市計画道路予定地との二重指定の問題など、開発条件不適地での土地利用上の問題を生じさせていた[文3]。

こうした課題を受けて、県は3411区域縮小を意図して県運用方針を2007年10月に改定した。この改定では、前述の開発不適地での土地利用上の問題を踏まえて、農用地区域等の3411区域から除外すべき土地の厳格化（農用地区域等の即地的除外）という都市計画法施行令第8条第1項第二号ハに係わる要件、さらには同施行令第29条の8での規定に該当しない同施行令第8条第1項第二号イ（道路及び排水要件）に係わる要件もあわせて強化されている（表7・1）。県は自身が開発許可事務を管轄する町だけではなく、事務処理市町にも県運用方針を提示することで全県的に3411区域の縮小を促し、その縮小地では3412区域として緩和「既存の集落（同条例で地縁

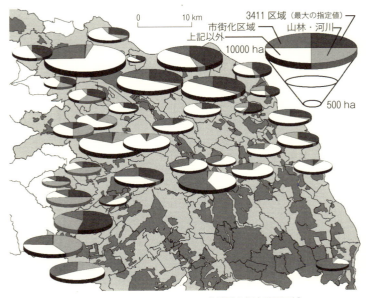

図7・1　埼玉県の3411区域縮小前の指定面積（出典：松川ら[文1]）

表7·1 埼玉県の県運用方針で定める3411区域指定要件

|  | 旧基準区域指定要件（2002.4～） | 新基準区域指定要件（2007.10～） |
|---|---|---|
| 道路要件 | 区域内の主要な道路は、幅員6m以上を原則とし、これらの道路が区域外の6m以上の道路に接続していること。ただし、6m未満であっても当該道路の位置付け、交通量等を勘案して、市町村が県と協議し、通行の安全等の観点から支障ないと判断した場合は区域指定可。集落を結ぶ道路整備や住民間協議による市町村への用地の寄付にもとづく道路整備などでの区域指定も可。 | 区域内の主要な道路は、幅員6m以上を原則とし、これらの道路が区域外の相当規模の道路（国道、県道および幅員12m以上の幹線市町村道）に接続していること。ただし、当該道路の位置付け、交通量等を勘案して、市町村が通行の安全等の観点から支障ないと判断した場合には幅員5m以上。また、区域の境界が、当該道路からおおむね120m以内となるように配置されている必要あり。 |
| 排水要件 | 汚水、雑排水を下水道や集落排水施設に排水できるか、合併浄化槽で処理したうえで水路などに排水できること。（放流先の水路管理者の同意が必要） | 表下＊のいずれかが配置されており、指定区域内の下水を有効かつ適切に排水できること。 |
| 除外すべき土地要件 | ①農用地区域、甲種・一種農地（原則区域外）、保安林など②土砂災害特別警戒区域、自然公園特別地域、保安林など他法令で土地利用が規制されている区域③緑の基本計画、環境基本計画で位置付けられた土地または区域④住民との話し合いの結果、保全すべきと判断した樹林地や湖沼（原則区域外） | ①農用地区域内の農用地、甲種・一種農地（区域図上で除外）②土砂災害特別警戒区域、自然公園特別地域、保安林など他法令で土地利用が規制されている区域③1ha以上の一団の農地や森林等（原則区域外）④①～③に囲まれた一宅地（原則区域外）⑤都市施設の決定区域 |
| 備考 | 想定される浸水の区域などを参考にして区域指定するかどうかを判断 | 市街化区域から1kmを超える区域での予定建築物用途は、自己の居住用または自己の業務用に限ることが適当 |

＊公共下水道、農業集落排水又はコミュニティプラント、区域の境界からおおむね120m以内となるように配置され、かつその流末が河川等に接続している市町村管理水路その他の排水路（農業水路は原則として接続先の対象外だが、農業排水路または農業用水・排水兼用の水路で当該水路管理者と流下能力、構造および水質の協議が整ったものは可）
（出典：松川ら文1）

血縁者の開発行為を許容）」のみへと強化するよう求めていた。これを受けて、3411区域の縮小は2008年度末におおむね完了している。

実際に、3411区域が広く指定された後に、区域の見直しを行った市町が隣接する利根川右岸の合併前旧5市町注2の3411区域を対象として、大都市圏の縁辺地域での縮小動向を確認すると、羽生市や旧大利根町で農用地区域や集団的農地を中心に3411区域の縮小が実現している（図7·2）。ただ、県運用方針で規定した道路幅員の基準値をそのまま採用することへの地元への配慮から、3411区域がほとんど縮小していない事務処理市（開発許可権限委譲市）もある。ある自治体がリバーススプロール対策として3411区域を縮小したとしても、近隣の自治体で足並みを揃えなければその効果は薄い。3411区域は都道府県や基礎自治体が制定する条例を根拠とした制度ではあるが、「住居系の市街化区域に相当する市街地としての器」と捉えるのであれば、区域指定の方針や指定規模について連携することが望まれる。

## 2. 立地適正化計画を見据えた和歌山市での3411区域の見直し

同じように、既存宅地制度の廃止を受けて3411条例を制定した和歌山市もまた、3411区域の縮小を中心とした3411条例の見直しを実施した。

1985年から人口が減少し続けていた同市では、2001年8月に第二種低層住居専用地域並みの開発、建築行為を許容する3411区域を市街化区域に隣接した4地区に限定指定した他、インターチェンジ周辺や国道24号沿道でも事業系の行為も許容する3411条例を施行した。その後、2005年7月には既存宅地制度の救済措置の失効と区域区分を継続する都市計画区域マスタープランを受ける形で、50戸連担を根拠とする既存集落内区域

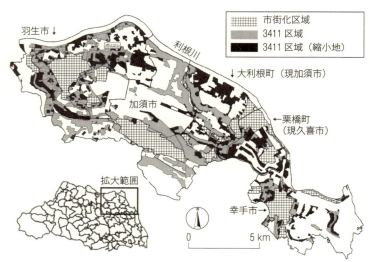

図7·2 旧5市町の3411区域縮小箇所

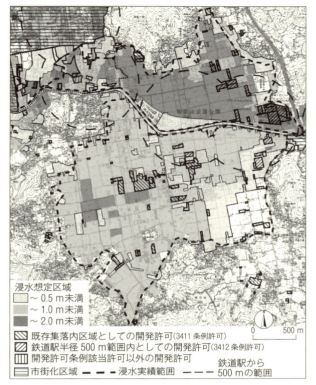

図7・3 和歌山市の浸水想定区域内での開発許可

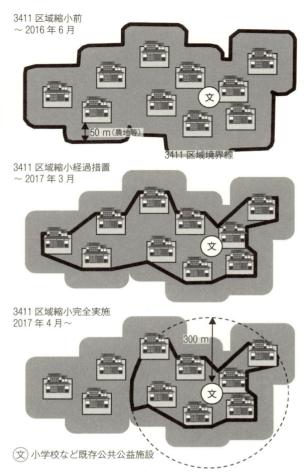

図7・4 和歌山市の3411区域縮小イメージ
(出典：和歌山市資料をもとに著者作成)

を3411区域として、また鉄道駅から半径500 mの区域を3412区域として、同じく住居系開発を許容する区域を指定するなどの大きな緩和策を導入した[注3]。この2005年の両区域制度の創設は、同市の市街化調整区域内での開発行為の増加を急増させる要因ともなり、浸水想定区域で同条例による開発許可が集中し、水害により同開発許可地が浸水するという事態ともなった（図7・3）[文4]。その後、改定された都市計画マスタープランや農地法改正による農地転用許可基準の厳格化に対応する形で、2014年に2005年に制度化した両区域制度の見直し（既存集落内区域を細分化し一部区域での共同住宅、分譲住宅の行為禁止、鉄道駅からの半径500 mを300 mにまで縮小、など）を実施したものの、市街化調整区域での開発許可を大きく減少させるほどの見直しとはならなかった。

こうした市街化調整区域での規制緩和から大きな転換を図る契機となったのが、2014年8月に当選した市長主導の政策転換とその政策転換を後押しする立地適正化計画制度の創設である。県都市計画部局のトップ出身であった市長は、既成市街地の再生やまちなか居住の推進に積極的であったことから、都市計画担当課は制度化して間もない立地適正化計画の策定に着手するとともに、開発許可担当課でも同計画を実行あるものとするために同計画策定に先立つ形で市街化調整区域の開発許可基準の見直しを実施した。具体的には、文言指定だった既存集落内区域をよりシャープな形で線引きした区域とするだけでなく、2017年4月からは既存集落内区域自体を廃止し、変わりに、そのシャープに線引きした区域のうち既存公共公益施設（小学校、支所など市長が告示する施設のみ）から半径300 mの範囲を3411区域とする特定集落制度を新たに創設することで、3411区域をより縮小させる取り組みである（図7・4）。また、農振除外の同意や農地転用許可権限を持つ県の農政部局もこうした取り組みに呼応し、和歌山市内の農振除外を原則として集落内

第7章 都市計画法指定区域の縮小に向けた取り組み 75

に介在する農地に限定する方針を県の都市計画部局との共同声明という形で表明していた[注4]。合わせて、新たに策定した立地適正化計画でも、同計画で定めた方針を具体化するための方策として、3411区域の縮小等による無秩序な市街地拡散に言及されている。

このように、前項で述べた埼玉県下での取り組みは、スプロール市街地の形成や優良農地の転用といった、主に市街化調整区域での問題を背景とした取り組みであるが、和歌山市での3411区域縮小の取り組みは、市街化調整区域での無秩序な市街化を防止するだけでなく、郊外開発に伴う既成市街地内の空洞化の抑制を実現する手段として実施されたという側面が強い。

## 3. 3411区域の縮小によらない対応策

前項までで述べた埼玉県や和歌山市での取り組みは、緩和区域の縮小による対応であるが、区域の見直し（建築物連担要件や接道要件などの厳格化による区域指定基準の見直しを含む）を行わずとも、実質的な区域縮小に繋げていく手法も想定される。1項で取り上げた埼玉県北部にある羽生市では、コンパクトに集約した都市構造を構築することに転換したことを受けて、3411区域は維持しながらも共同住宅や福祉施設等を許可対象外施設とする3411条例を2015年7月より施行しているが、同じく集約型都市を目指すとし、3411条例で許可される施設用途を羽生市以上に厳格化した市が同市近隣の栃木市である。

埼玉県利根川右岸よりさらに北側に位置する栃木市では、2004年に文言指定による条例を制定し、近隣町との合併後も新市の条例として施行して市街化調整区域の緩和策を継続したことで、市街化調整区域で1000戸以上の分譲住宅地が開発許可された（図7・5）。条例制定直後は市街化区域での住宅の建築活動が落ち込む一方で、市街化調整区域では市街化区域に対し約半数近い新築がされている。建築延べ床面積も、2000年の時点で市街

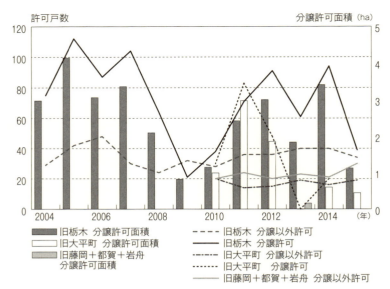

図7・5　3411条例の許可による住宅供給戸数（栃木市）
（出典：栃木市集計、開発許可、建築許可、用途変更許可の合計値）

化区域131.2 m²／件、市街化調整区域153.5 m²／件であったものが、2014年にはそれぞれ120.1 m²／件、124.2 m²／件とほぼ同程度の水準となっている。1995年からすでに人口減少に転じていた同市では、市街化調整区域での人口減少も一つの課題とされていたが、それ以上に市街化区域の人口減少、とくに中心市街地の人口減少が市街地縁辺部での人口増加に反して進んでいる。3411区域で条例に基づき許可された分譲地居住者の従前居住地を市が調査したところ、分譲地居住者の7割近くが市外からの転入ではなく、市内市街化区域からの移転であることが判明し、3411区域が既成市街地の空洞化の一要因であると考えられた。ただ、市街化調整区域内の地域コミュニティを維持する施策は引き続き必要とされている。そこで、2015年には3411区域内で許容される行為を自己用に限定する条例に改正した他、2016年度からは「まちなか宅地開発奨励補助制度」を創設し、市街化区域での宅地開発事業者に補助金（許可申請手数料相当額、防火水槽設置及び老朽建築物除却経費）を交付することで、際限のない郊外化、既成市街地の希薄化を避けると同時に、市街地の再開発・活性化、定住促進およびコンパクトシティの推進を図る措置も同時に講じている。

## 7・3 用途地域を縮小した線引き拡大

**1. 松本市と宇都宮市での用途地域縮小の経緯**

2010年3月に松本市と編入合併した非線引き都計区域の旧波田町は、合併時に松本市の線引き都計区域に統合することで合意し、合併により見直しがされた都市計画マスタープランの策定過程でも都市計画区域の統合に向け市民会議を重ねるなど、線引き制度による無秩序な市街化抑制策に向けた取り組みを進めていた。しかし、線引き都市計画区域の拡大に伴い、旧波田町の用途地域を都市計画区域の統合後に市街化区域へと移行させるかが大きな検討課題となった。人口増加を想定して2005年3月に旧町が指定した非線引き用途地域は、計画人口を大きく下回る現状を踏まえると（図7・6左）、非線引き用途地域を縮小した市街化区域への移行も検討せざるを得ず、改めて区域を画定する必要に迫られた。

宇都宮市も合併合意事項や県が定めた都市計画区域の見直し方針を踏まえて、非線引きの上河内都計区域の線引き都計区域への統合を検討したが、松本市旧波田町と同様に人口増加を見据えて過大に指定された旧上河内町の用途地域（図7・6右）の取扱が大きな焦点となった。この用途地域は、1998年の都計区域指定との同時指定を前提として前年度に農政協議が完了しており、その協議では旧町が当時増加人口の受け皿としていた中里地区土地区画整理事業（2006年都市計画決定）の施行も了承されている。

つまり、両市とも過去に人口増加を想定し指定された用途地域の存在が、線引きによる市街地の集約化を進めるうえで大きな課題となっていた。旧町の用途地域の規模を維持して市街化区域へと移行する際は、通常の市街化区域の拡大と同じく、増加する人口フレームを設定しその居住者のための新市街地を確保するか、あるいは都市計画法施行規則で定める既成市街地要件（おおむね50 ha以下の区域算定で人口密度40人／ha以上かつ3千人以上の集積が必要など）を満たす必要がある。

**2. 市街化区域へ移行する際の技術的課題**

**❶ 人口減少により新市街地として指定は困難**

松本市と宇都宮市は、ともに人口増加が見込めず、都市計画マスタープランでも減少フレームを設定したことを踏まえて、非線引き用途地域を新市街地としてではなく、すべて既成市街地要件での市街化区域への移行を検討した。松本都市計画区域では、すでに保留人口フレームの一般保留1700人を確保していたが、この人口増加分は旧松本市村井地区で約25 haの市街化区域編入を想定して確保した特定保留に近いフレームであったため、同市は当初から既成市街地要件のみでの移行を考えていた。宇都宮市も非線引き用途地域内での計画開発の見通しもなく、新たな計画人口を配分できないとして既成市街地要件のみでの移行を検討した。

**❷ 既成市街地としての指定にも限界**

松本市と宇都宮市は、ともに非線引き用途地域が指定されている範囲内で既成市街地要件に該当する区域を抽出している。松本市では、現状の非線引き用途地域内の人口が既成市街地要件の集積要件を大きく上回るものの（9011人）、密度要件を下回るため（39.1人／ha）、非

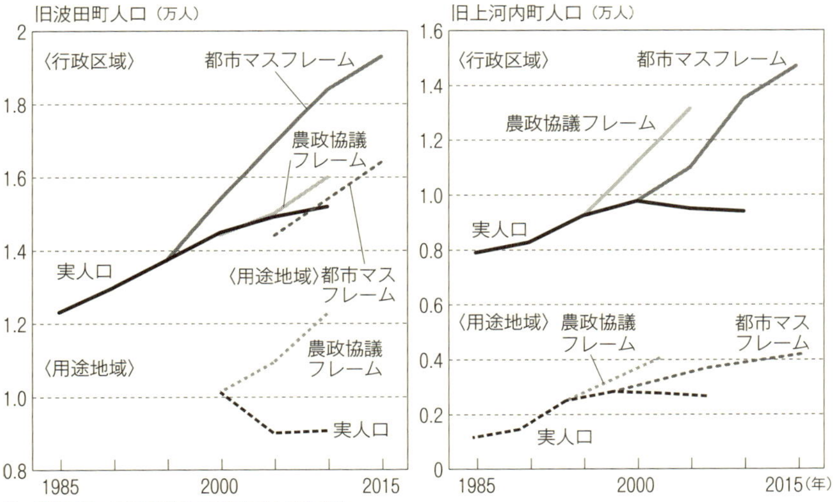

図7・6 非線引き都市計画の旧波田町（現松本市、左）、旧上河内町（現宇都宮市、右）で定められた人口フレーム （出典：松川ら文2）

注：旧波田町の1995年以前の用途地域人口は不明。

可住地とする土地を可能なかぎり広く捉えるだけではなく、既存の調査区を基本として機械的にあてはめ、その調査区の統合や公共施設の集積状況を考慮するなどして、同要件に該当する区域を、当初の検討段階から複数抽出していた。しかし、非線引き用途地域の規模をもっとも維持できる指定案を採用しても、旧町が地区計画により市街地整備を進めていた中巾地区を既成市街地として指定することはできず、一時は全域を調整区域とし用途地域だけを存置するなど、変則的な移行を模索したこともあった。

宇都宮市でも公共施設や1 ha以上の大規模施設用地等を非可住地とし、既存の調査区に捉われずに既成市街地の要件に該当する区域の抽出を試みたが、旧町が土地区画整理事業で整備した中里地区での住宅建設が進まないこと、既存の住宅団地（松風台地区）が飛地となってしまうことなどで、該当する区域の抽出が困難（市街化区域指定案では松風台地区を含めても2600人、30.5人／haと集積・密度要件とも満たせず）であった（図7·8）。

## 3. 市街化区域へ移行する技術的課題の克服手法

こうした技術的課題を踏まえて、松本市は公共交通指向型開発（TOD）の原則を参考に松本電鉄駅から半径500 mの範囲内を市街化区域とする市独自の方針に基づき、市街化区域へと移行する範囲を画定している。この方針により、過去に住宅地として整備された地区を市街化区域とすることで、比較的残存農地があり人口集積が乏しい中巾地区を市街化区域とする妥当性を確保している（図7·7）。その一方で、用途地域西側を「駅から半径500 mの範囲外であること」「ある程度まとまった農地が存在すること」を根拠に縮小させたことで、約2700人が用途地域外（調整区域）に居住することになるが、用途地域全体では密度要件を上回り（42.5人／ha）、中巾地区を含めた市街化区域への移行が2014年10月に実現している。

宇都宮市も前述の課題を克服するために、より柔軟な解釈によって既成市街地要件の該当区域の抽出を試みている。非線引き用途地域内には、松本市の中巾地区と同じく、旧町で市街地整備をしながらも当初の見込み通り人口集積しない中里地区があるが、同地区に土地区画整理事業の計画人口を割り当てることにより、用途地域を縮小すれば既成市街地要件を満たすことが想定されていた。その計画人口を居住人口とみなすことで、移行する市街化区域の人口集積と密度を、既成市街地要件に達する3476人、40.8人／haまで引き上げている（図7·8）。ただ、松風台地区が飛地となり、同地区も合わせて市街化区域に移行できないと2460人、34.4人／haと既成市街地要件を下回ることになり、市街化区域素案を画定させる最終段階で松風台地区の取り扱いが論点となった。

地方整備局との協議では当初、飛地扱いでの指定が認められず、接続する道路や宅地で線的に繋ぐ手法も検討されたが、変則的な区域指定を避けたいというのが前提にあった。そこで市は松風台地区が旧役場の地区と同じ生活圏であることを説明した他、新市街地要件で適用される飛び市街化区域の最低規模要件20 haを上回っていたことから、国土交通省からの了承を得ることができ、2016年度末に素案どおりでの市街化区域への移行が実現した。

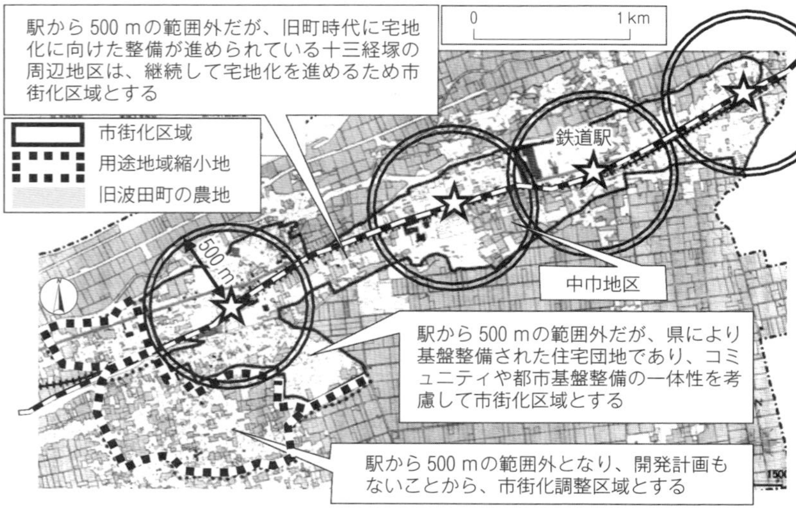

図7·7　旧波田町（現松本市）での市街化区域指定の考え方（出典：松川ら文2）

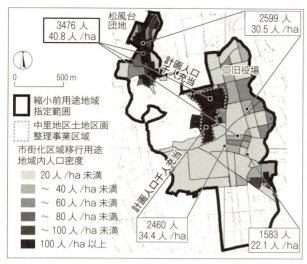

図7・8 旧上河内町（現宇都宮市）で市街化区域に移行した用途地域内の人口密度と人口集積 (出典：松川ら文2)

## 4. 用途地域縮小地での対応策
### ❶ 開発許可制度による対応

　宇都宮市は旧町が市街地として想定した用途地域が市街化調整区域となることでの特別な緩和措置を検討していないが、既存の旧宇都宮市では3411区域を文言指定として運用していた。そのため、上河内地区でも都計区域再編と同時に3411区域が指定され、下水道未整備地区でも一定の要件を満たせば自己用建築物に限り認められる。

　一方で松本市では、旧松本市内の調整区域内ですでに3411区域を即地的に指定し、専用住宅等を許容している。しかし、都市計画区域の再編にあわせた開発許可制度の緩和策は、再編前の非線引き白地地域や用途地域縮小地に関係なくそれを適用していない。用途地域縮小地は市街化区域移行地とほぼ同水準の基盤整備と土地利用であるが、3411区域の指定などの緩和措置による開発、建築行為の許容は、市独自の市街化区域指定方針（鉄道駅から500mの範囲を市街化区域）と矛盾するため、当面は既存の届出制度で対応する方針である。こうした対応が受け入れられたのは、都市計画マスタープラン見直しの段階からの度重なる協議により、都市計画マスタープランで定めた事項について地元と合意形成が図られたことも一要因となっている。

### ❷ 農業振興地域制度による対応

　宇都宮市と松本市とも縮小地は農業振興地域と接することから、用途地域縮小後に農業振興地域を指定する物理的特性は整っている。農地や山林が多くを占める宇都宮市の縮小地は、縮小地と隣接する農用地区域を含めて集団的な農地を形成しており、その縮小地内の一部農地も用途地域指定に伴う農政協議の直前に農振除外した旧農用地区域でもあることから、農地の質という面でのみ考えれば農用地区域を指定し営農条件を再び確保することは比較的容易と想定される。しかし、松本市では、まとまった農地を市街化調整区域とする指定方針に基づき区域を画定したため、縮小地内に4割近い農地が存在するが、これらは従来から農振白地であった集落内に介在する小規模農地であり、農用地区域との連続性も乏しい。実際に同市の縮小地では、土地利用基本計画の見直しをへて農業振興地域に指定されたものの、用途地域縮小検討時での地方農政局との協議では縮小地内農地での農業振興施策が課題とされていた。

## 5. 線引き拡大と合わせた用途地域縮小の可能性
### ❶ 用途地域縮小を促す弾力的な区域区分制度

　多くの自治体が線引き拡大による都市計画区域の再編を拒み、かつ非線引き用途地域を市街化区域へ移行することが課題とされている中で、本節で取り上げた両市では、郊外での土地利用規制の新規導入だけでなく、市街地として想定した範囲の縮小という、都市計画法指定区域を見直した大胆な取り組みがされていた。そして、その取り組みは、政策的に必要と判断した地区を市街化区域へと移行させるために、既成市街地要件の考え方を戦略的（松本市中中地区）あるいは弾力的（宇都宮市松風台団地）に解釈することで、縮小を止むを得ないとしながらも、一部用途地域を存置する対応がされていた。

　人口減少下でも線引き拡大を促す一つの方策として、施行規則で定める既成市街地要件の緩和という方策もあるが、安易な緩和は密度の低い市街化区域を認めることになる。したがって、一定のまとまりのある農地や山林等での用途地域縮小を伴う都計区域の再編に限って、既成市街地要件の考え方に一定の裁量性（たとえば、公共交

通や日常生活圏の概念を組み入れた既成市街地の抽出）を確保することも必要であり、非線引き用途地域の取り扱いが課題となっている都市計画区域並存都市での都市計画区域再編を、制度面から支援することも必要と思われる。

**❷ 縮小地での対応方策のあり方**

用途地域縮小を円滑化させる対応策の一つに開発許可制度の緩和策があるが、縮小地で従来どおり開発を許容しては市街地縮小を見据えた対応とは言いがたい。また、許容する施策を講じたからと言って、縮小を円滑にできるという保証もなく、実際に両市と同じ都市計画区域の再編を検討していたある自治体では、縮小される用途地域向けの緩和策まで検討したものの、縮小はおろか都市計画区域の再編自体が見送られている。松本市は市街化区域指定の考え方を尊重する意味で、一定の基盤が整備された縮小地も含め例外なく当面の間は緩和策を適用しないとしているが、緩和策が適用され、さらに道路や下水などの基盤も市街化区域並みの水準が維持されつづければ、見かけ上の市街地縮小を行ったにすぎない。今後は課題とされた縮小地に介在する農地への農業振興方策を含めて、市街化調整区域としての条件整備も同時に検討していく必要があろう。

人口減少により既成市街地要件に合致しない市街化区域を将来抱えうることは容易に想定されるため、本節で指摘した課題は既存の線引き都市での逆線引きでも同じことが言える。いかにして残すべき市街化区域を抽出し、縮小すべき市街化区域ではどのような施策を打つ必要があるかの議論を今後詰めていかなければならない。

## 7・4 法指定区域の縮小が目指すもの

本章では、市街化調整区域での開発を許容する区域の見直しと、非線引きの用途地域を市街化区域へと移行させた取り組みから、都市計画法の指定区域の縮小について論じてきた。いずれの取り組みでも共通して言えることは、その裏返しとして市街化が不自由となる区域が逆に拡大することを意味し、それを実現させるためには逆線引きと同じく相当の労力を要することになるだろう。

しかし、「当該地で市街化が見込めなくなった」といった逆線引きの理屈とは少し異なり、本章で紹介した事例は「無秩序な市街地拡大の抑制」にとどまらず、「人口減少を見据えた都市政策」というある種の強い政策的意図を持って行われていた。こうした政策的意図のもとで行われた法指定区域の縮小の取り組みがそのまま他都市の模範となるかは一概に言えないが、過剰な宅地供給をこれ以上抑制する一手段であることには変わりない。歯止めなくかつ秩序なく進行する既成市街地の低密化に備える各種解決策をより実効性あるものとするためには、こうした法指定区域の縮小が大きな意味を持つ手段となるだろう。

【注】
1 条例が制定済みでも3411区域が未指定の市町村や、文言指定により運用していた川越市等は明示していない。
2 3411区域の縮小がされた当時の市町村。
3 この緩和の経緯については、浅野純一郎・藤原郁恵（2011）「地方都市における開発許可条例の導入効果とその課題に関する研究：主に都市計画法34条11号条例を対象として」『都市計画論文集』No. 45-3) pp. 685-990によってすでに論じられている。
4 2015年8月11日の県知事の定例会見にて「守ります、まちと優良農地」として公表されたが、その後地元農家や県議会からの強い反発があり翌年に撤回された。これについては、野澤千絵（2016）『老いる家 崩れる街―住宅過剰社会の末路』講談社現代新書が新聞報道をもとにその経緯をまとめている。ただし、後の撤回に代わる希望表明では、引き続き計画的なまちづくりと優良農地の保全を強く求めている。

【引用・参照文献】
1 松川寿也・白戸将吾・佐藤雄哉・中出文平・樋口秀（2012）「開発許可制度を緩和する区域の縮小に関する一考察：都市計画法第34条11号の条例で指定する区域を縮小した埼玉県下での取り組みを対象として」『都市計画論文集』No. 47-3) pp. 175-180
2 福王寺岐平・松川寿也・佐藤雄哉・中出文平・樋口秀（2015）「市街地の縮小を想定した都市計画区域の再編に関する研究：松本市・宇都宮市・相模原市を対象として」『都市計画論文集』No. 50-3) pp. 974-979
3 奥重裕貴・高野和則（2009）「土地利用調整を伴う農村地域活性化施策とその運用形態に関する研究」『都市計画』No. 280) pp. 55-58
4 松川寿也・佐藤雄哉・中出文平・樋口秀（2014）「開発許可条例運用時における都市計画法施行令第八条第1項第2号ロの区域に関する一考察：3411条例と浸水想定区域との関係に着目して」『都市計画論文集』No. 49-3) pp. 459-464

都市計画制度の課題と可能性

# 第8章 逆線引き制度の適用可能性

浅野純一郎

## 8·1 市街地縮小と逆線引き制度

　1968年の新都市計画法で導入された区域区分制度（以下、線引き制度）は、都市計画区域を市街化区域と市街化調整区域（以下、調整区域）に区分するものであるが、一方で将来の人口増加に即応した面積を計画的に市街化区域に編入し（人口フレーム方式）、市街地拡大をする役割を担ってきた。これに対し、計画的市街地整備の見込みのない地区を市街化区域から調整区域に編入するのが逆線引きであり、1980年には逆線引きに関する通達[注1]が各都道府県に通知されている。実際には、当初線引きの比較的初期から営農意欲の高い農地や自然地（自然公園法特別地域や保安林）等を除外する目的で、この通達以前にも都市的土地利用を断念し逆線引きする事例は多数見られ、今日にいたるまで多くの蓄積がある。

　他方で、計画的市街地整備を促すために用途地域を存置したまま暫定的に逆線引きを行う方式も開発されてきた。すなわち、計画的な市街地整備が行われる予定がない地区に対し、土地区画整理事業（以下、区画整理）が確実になった時点で市街化区域編入することを条件に、当分の間、用途地域を存置したまま調整区域に編入する暫定逆線引き制度である。埼玉県での運用（「埼玉方式」）がよく知られ、これを受ける形で、1982年には調整区域への編入に伴う用途地域存置と保留フレームに関する通達[注2]が通知されているが、これもその後、地方都市における適用事例が増えている。用途存置は暫定であり区画整理を断念し、用途廃止をすれば結果的に逆線引きとなる。逆線引き制度は、市街化区域指定時に賦課された都市計画税や逆線引きによる開発許可制度（立地基準）の再適用等に関わる地権者合意の観点から適用が難しい制度とされているが、暫定期間を設けることで逆線引き実施を円滑化する効果が暫定逆線引きに期待される向きもある。いずれにせよ、日本の都市計画法制度で、市街化区域が計画的市街地範囲を意味する以上、逆線引きの実施は明快な市街地縮小方策だと考えられる。本章では、逆線引き制度や暫定逆線引き制度のこれまでの実績をみながら、その適用の課題と可能性を見る[注3]。

## 8·2 地方都市における逆線引きの適用状況と計画課題

### 1. 地方都市における逆線引きの適用実績

　地方都市における逆線引き地区は全国で178あり（表8·1）、2000年の都市計画法改正以前（以下、2000年以前）に125（70.2%）、それ以降に53（29.8%）見られる。さらに細かく見ると、1980年の逆線引き通達以前に47地区（26.4%）で適用されており、逆線引き通達から直後の各都市の定期線引き見直し時の期間では、時間的には短い期間にもかかわらず、42地区（23.6%）で適用されている。このように比較的初期に5割以上が実施されたという特徴がある。

　面積規模では（表8·1）、3 ha未満の小規模な地区が99（55.6%）を占め、20 ha未満で全体の86.5%を占める。逆線引き地区の小規模化は2000年以降に顕著であり、2000年以前には「3〜20 ha」に46地区見られる等、比較的規模の大きい事例が多く見られた。調査では、各逆線引き地区について制度適用の理由や経緯を表8·2に

表8·1　逆線引き地区の面積規模

| | 0〜3 ha | | 3〜20 ha | | 20〜50 ha | | 50 ha〜 | | 総計 | |
|---|---|---|---|---|---|---|---|---|---|---|
| | 件数 | % | 件数 | % | 件数 | % | 件数 | % | 件数 | % |
| 初期事例<br>(2000年以前) | 61 | 48.8 | 46 | 36.8 | 11 | 8.8 | 7 | 5.6 | 125 | 100 |
| 最近事例<br>(2000年以降) | 38 | 71.7 | 9 | 17.0 | 5 | 9.4 | 1 | 1.9 | 53 | 100 |
| 総計 | 99 | 55.6 | 55 | 30.9 | 16 | 9.0 | 8 | 4.5 | 178 | 100 |

示す①〜⑬で尋ねている。これを同表上段の7種類にまとめて見ると、農地保全系と区域境界調整系がおのおの30〜31％を占め、開発見込みなし（15.2％）、自然保護系（10.7％）と続いている。これらで87.7％を占める。しかし、2000年前後で適用数を比較すると、区域境界調整系、自然保護系、整備事業見直しが通期でほぼ変わらず見られるのに対し、農地保全系は2000年以降に激減し、開発見込みなしは逆に激増している。農地保全系が2000年以前の初期に多い理由である。

## 2. 逆線引き後の宅地化動向

逆線引きに関わる計画課題の一つに逆線引き後の宅地化の進行がある。本項では、逆線引き後の経年数の長い2000年以前の事例を基に宅地化の動向とその要因を見る。表8・3では、縦軸に逆線引き後の宅地化率[注4]、横軸に逆線引きの経緯区分をとり（表8・2の7区分を類似する内容でまとめ4区分化した）、初期事例の内、場所や境界が確認できた76地区を各諸元とともに分類・一覧している。表8・3で宅地化率10％以上を逆線引き後に開発等が進んだ事例だとすると、59地区（77.6％）では開発等はあまり進んでいない。とくに自然保護系や区域境界調整系は全事例で宅地化率が非常に低い。その理由として自然保護系では、宅地開発等が現実的でない山稜（富士山、千手山、八木山、愛宕山）や海岸部の保安林指定地（市川、鳥見町太郎代）、公園（国営公園、上富岡）が逆線引きの対象地であったため、開発が実質不可能であった。区域境界調整系では、各種事業区域や行政界等の変更に伴う面積が非常に小さい事例が大半であり、これらも開発が実質不可能な事例群である。経緯区分「その他」では、港湾整備計画の変更に伴う水域（東港）、ニュータウン区域界の変更に伴う山林原野（長岡ニュータウン）、自衛隊基地（岐阜基地の一部）等がおのおの逆線引きされており、これらも開発困難な事例群に該当する。

これに対し、「開発見込みなし・土地利用調整系・整備事業見直し」（以下、開発見込み無と略記）や農地保全系では、宅地化率10％以上の地区が相当数含まれる（前者では44.4％、後者では34.6％）。開発見込み無は、逆線引きの目的が将来土地利用に根ざしておらず、その意味で周辺の都市的土地利用の進展によって当該地区の開発需要も影響を受けやすい事例群であると言える。宅地化率5％未満の地区は、斜面地や丘陵地による物理的な開発

表8・3 初期事例の逆線引き地区の諸元一覧

| 逆線引き時から現在までの宅地化率（％）[※1] | | 逆線引きの経緯区分 | | |
|---|---|---|---|---|
| | 集落地との関係[※2] | 開発見込み無・土地利用調整系・整備事業見直し 18地区 | | |
| 5％未満 55地区 | 集落縁辺 6地区 | 加茂町、住、6.1ha（福山市）<br>坪生町、住、6.9ha（福山市）<br>撫牛子・橋下、住、0.3ha（弘前市） | 赤坂町、住、8.2ha（福山市）<br>連島西之浦、住、0.1ha（倉敷市）<br>撫牛子、住、3ha（弘前市） | |
| | その他 4地区 | 児島菰池2丁目、住、1.2ha（倉敷市）<br>児島阿津3丁目、住、4.8ha（倉敷市） | 赤田、住、0.5ha（富山市）<br>向外瀬、住、0.9ha（弘前市） | |
| 5％以上10％未満 4地区 | | 0地区 | | |
| 10％以上 17地区 | 集落を含む 6地区 | 本田北、工・住、26.2ha（瑞穂市）、①②（17.0）<br>桔梗野、住、11.7ha（弘前市）、①（28.1）<br>槇山地区、商・住、28.1ha（長岡市）、①（13.2） | 野白、住、21.3ha（瑞穂市）、①②（20.1）<br>羽根、住、11.1ha（富山市）、①（21.9）<br>長沼、住、32ha（伊勢崎市）、①（13.2） | |
| | その他 2地区 | 駅家町、工、16ha（福山市）、①（14.6） | 木崎、住、11.2ha（新潟市）、①（10.1） | |

表8・2 逆線引きの理由・経緯

| | 開発見込みなし | | 土地利用調整系 | | 区域境界調整系 | | 農地保全系 | | 自然保護系 | | 整備事業見直し | | 不明 | | 総計 | |
|---|---|---|---|---|---|---|---|---|---|---|---|---|---|---|---|---|
| | ①開発見込み無<br>②都市的土地利用がなくなった | | ③合理的な土地利用<br>④住民合意が取れない | | ⑤河川・道路・水域等（地形地物）<br>⑥区域変更<br>⑦区域境界の調整・明確化 | | ⑧営農・農業振興 | | ⑨公園保全<br>⑩緑地保全<br>⑪保安林区域指定 | | ⑫整備事業の見直し | | ⑬不明 | | | |
| | 件数 | ％ | 件数 | ％ | 件数 | ％ | 件数 | ％ | 件数 | ％ | 件数 | ％ | 件数 | ％ | 件数 | ％ |
| 初期事例<br>（2000年以前） | 8 | 6.4 | 6 | 4.8 | 37 | 29.6 | 49 | 39.2 | 13 | 10.4 | 9 | 7.2 | 3 | 2.4 | 125 | 100 |
| 最近事例<br>（2000年以降） | 19 | 35.8 | 0 | 0 | 17 | 32.1 | 7 | 13.2 | 6 | 11.3 | 4 | 7.5 | 0 | 0 | 53 | 100 |
| 総計 | 27 | 15.2 | 6 | 3.4 | 54 | 30.3 | 56 | 31.5 | 19 | 10.7 | 13 | 7.3 | 3 | 1.7 | 178 | 100 |

| 集落地との関係 ※2 | 農地保全系 26地区 | | | 集落地との関係 ※2 | 自然保護系 10地区 | 集落地との関係 ※2 | 区域境界調整系 その他 22地区 | |
|---|---|---|---|---|---|---|---|---|
| 集落縁辺 10地区 | 太田西部工業団地、工、6.1 ha (太田市) | 吉佐町、住、7.3 ha (安来市) | 亀山、住、13 ha (真岡市) | その他 | 金屋、工、5 ha (小山市) | 集落を含む 3地区 | 児島小川2丁目、工、0.08 ha (倉敷市) | 志段見の一部、住、9.7 ha (岐阜市) |
| | 太田東部工業団地、工、17.5 ha (太田市) | 石島、住、1 ha (真岡市) | 上殿、住、20 ha (鹿沼市)④ | | *市川地区、住、6.7 ha* (八戸市)、③ | | 打越の一部、住、2.4 ha (岐阜市) | 仲町、住、0.2 ha (栃木市) |
| | 平出、工、0.06 ha (宇都宮市) | 仁井田、住、1 ha (高根沢町) | 実法寺、住、5.1 ha (姫路市) | | 富士山、住、40 ha (鹿沼市) | 集落縁辺 | 福田町福田、住、0.04 ha (倉敷市) | 太夫浜、住、2.4 ha (新潟市) |
| | 太郎八須、工、8 ha (北房町) | | | | 千手山、住、10 ha (鹿沼市) | | 児島稗田町、住、0.5 ha (倉敷市) | 羽島、住、0.2 ha (倉敷市) |
| その他 3地区 | 尾島工業団地、工、0.7 ha (太田市) | 古海、工、5.6 ha (鳥取市) | 湖山新田、住、2.6 ha (鳥取市) | | *陰平山、住、58.4 ha* (各務原市)、③ | | 児島赤崎2丁目、住、0.01 ha (倉敷市) | 連島町連島、工、0.09 ha (倉敷市) |
| 集落縁辺 1地区 | 志方町志方、工、14 ha (加古川市) (8.0) 通2 | | | | 八木山の一部、住、64.9 ha (各務原市) | | 連島町西之浦1、住、0.01 ha (倉敷市) | 広江、住、0.4 ha (倉敷市) |
| その他 3地区 | 新田中部工業団地、工、5.3 ha (太田市) | 升田、工、101 ha (岡山市) (6.9) (5.7) | 寺山、住、19.8 ha (新潟市) (6.4) | | 愛宕山、住、47 ha (佐野市) | | 連島町西之浦3、住、0.03 ha (倉敷市) | 藤戸町藤戸、住、0.3 ha (倉敷市) |
| 集落を含む 5地区 | 中尾高畑、住、5 ha (高崎市) ①② (34.8) | 那加日新町、住、5 ha (各務原市) ① (48.7) | 立野内島、住、13.4 ha (高岡市) ① (14.1) | | *島見町太郎代、工、80.2 ha* (新潟市)、③ | 12地区 | 児島小川5丁目、住、0.4 ha (倉敷市) | 桔梗野地区、工、0.9 ha (八戸市)③ |
| | 真備町川辺、住、5 ha (倉敷市) ① (13.6) | 真備町箭田、住、4 ha (倉敷市) ① (13.0) | | | 国営公園、商・住、400 ha (長岡市) | その他 7地区 | バイパス地区、住、0.8 ha (各務原市)、③ | 荒立、住、2.8 ha (栃木市) |
| 集落縁辺 3地区 | 上大曽、住、0.3 ha (宇都宮市) ① (24.8) | 上組、住、4 ha (宇都宮市) ① (16.1) | 志方南、住、7 ha (加古川市) ① (17.0) | | 上富岡、住、10 ha (長岡市) | | 岐阜基地の一部、工、9.4 ha (各務原市)、③ | 東港、工、115.9 ha (新潟市)、③ |
| その他 1地区 | 久末、工、7.5 ha (鳥取市) ① (22.0) | | | 10地区 | | | 長岡ニュータウン、工・住、15.7 ha (長岡市) | 児島味野城2丁目、住、1.2 ha (倉敷市) |

※1：逆線引き時の宅地率（都市的土地利用された率）から直近の宅地率の増加率。国土地理院の国土変遷アーカイブ空中写真およびゼンリン住宅地図、Google航空写真を参考にCADソフト上で計測。
※2：逆線引き地区と周辺の集落地が重なっている地区を「集落を含む」、周辺の集落と接している地区を「集落縁辺」、周辺の集落から独立、または、港湾・河川等の地形地物等が逆線引きされた地区を「その他」とする。
※3：網掛けの地区は、現在農振農用地区域指定されている地区（土地利用調整総合支援ネットワークシステムLUCKYより）。
□ 地区内に農振農用地区域含まず。 □ 3割未満農用地区域を含む。 ▨ 3割以上8割未満農用地区域を含む。 ■ 8割以上農用地区域を含む。

地区記載例：地区名※1、元の用途地域※2、面積（ha）、（市町村）、問題設定番号※3、宅地化率の順に記載。ただし宅地化率は宅地化率5％以上の地区のみ記載。
※1：斜体字の地区名は地区全域または一部が保安林指定されている地区。
※2：商：商業系用途地域、工：工業系用途地域、住：住居系用途地域。
※3：問題の設定…①逆線引き後に個別開発進展、②逆線引き後の土地利用管理、③初期の線引き設定の適正さ、④逆線引き形状の不整形で表記。

困難地（加茂町、赤坂町、連島西之浦）、河川敷や堤防地（撫牛子・橋下、向外瀬）、高速道路敷やIC用地（児島菰池2丁目、児島阿津3丁目）、農振農用地区域指定地（赤田）といった、開発不可能地か農用地区域であり、これら以外の平場に位置する開発見込みなし事例では軒並み宅地化の進展が見られる。とくにその傾向は集落を含む逆線引き地区で顕著である。

農地保全系は逆線引き時に地権者の営農意欲を根拠に逆線引きされた事例である。そのため、逆線引き後に農振農用地区域指定される地区や圃場整備がされた地区も多い（表8・3のハッチングの地区）。しかし逆線引きから時間が経ち営農環境が変わるにつれ、宅地化率が上昇する事例が見られる。農地保全系の各地区は平場に位置し、地理的な開発可能地が大半であるため、当該地区に農振

農用地区域指定がない事例や集落を含む事例では宅地化が進んでいる。

以上のように、平場に位置する「開発見込み無」や「農地保全系」の逆線引き地区で宅地化を防止するためには、逆線引き後の農振農用地区域の指定が必須であることが分かる。仮に指定のない地区で開発が進んでいないとしても、それは立地条件等による開発圧力の低さに起因する偶然であり、開発管理体制は脆弱で長期にわたり宅地化を防止するには足りない。

## 3. 逆線引きの適用に関わる計画課題

### ❶ 逆線引き後の開発管理：岐阜県瑞穂市

逆線引き地区に農振農用地区域の指定がなく、さらに開発許可制度の運用に適正を欠く場合には、スプロール

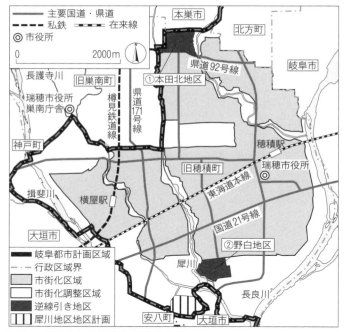

図8·1 瑞穂市の都市計画区域全体概況

表8·4 本田北地区内の開発審査会提案基準第34号における開発許可一覧

| 図中番号 | ① | ② | ③ |
|---|---|---|---|
| 面積（m²） | 1600 | 2000 | 2000 |
| 許可日 | 2008.1.23 | 2011.2.3 | 2010.12.3 |
| 予定建築物の用途 | 専用住宅（分譲住宅5区画） | 専用住宅（分譲住宅8区画） | 専用住宅（分譲住宅6区画） |

化の懸念がある。本項で取り上げる瑞穂市は逆線引き前の既宅地の扱いに問題のある事例である。瑞穂市の本田北地区や野白地区は第2回定期線引き見直し時（1987年）に市街化区域へと編入され、第4回定期線引き見直し時（1994年）に逆線引きされた。市街化区域編入時に組合土地区画整理で整備を図る予定であったが、市街化区域編入以前から圃場整備がされていたことから、二重減歩を理由に地権者合意が得られず計画が断念され、逆線引きにいたった。同市は旧穂積町（岐阜都市計画区域）と旧巣南町（都市計画区域外）が2006年に合併して生まれた

が（図8·1）、旧穂積町では将来の開発需要を見越して注5農振地域自体が指定されていない。加えて、岐阜県の開発許可制度では、逆線引き地区の土地所有者の既得権益を保護した運用がなされている。同県開発審査会提案基準34号に既宅地が設定され、逆線引き前日にすでに宅地であった証明がなされれば開発が許可される。この既宅地には、土地登記簿で宅地でなくとも都市的土地利用の状況証拠（建築物が建っていなくても駐車場利用や宅地向けの整地等の青空利用を含む）があれば許可をするという運用がなされている。本田北地区では、これまでに3件の既宅地による分譲住宅開発がなされ（図8·2、表8·4の丸数字記号が該当）、現在の未開発地でも既宅地指定に該当する土地が6.7 ha（地区面積の25.6％）ある（図8·2）。今後も既宅地におけるバラ建ちが懸念されると同時に、調整区域とは言え、非農振地域であることによる都市的土地利用化の恐れがある。同様の事態は野白地区でも起きている。

一方で、逆線引き地区への開発許可条例（都市計画法34条11号条例）の適用は慎重であるべきである。とりわけ対象地域が文言規定で指定され農振農用地区域の指定のない場合、バラ建ち開発が進むこととなる（2000年以降の事例として広島県福山市神辺町川南地区等）。こうした方策は逆線引き時点で当該地区が将来の農業的土地利用を志向したこととも矛盾し、問題である。いずれにせよ、逆線引き地区は市街化区域に置かれた期間があるため、地目の変更状況や都市的土地利用の進行状況の点で他の調整区域に比べ、開発圧力の影響を受けやすいものと考えられる。したがって、逆線引き後の開

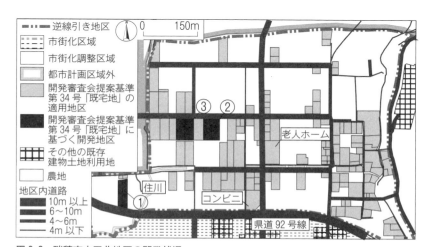

図8·2 瑞穂市本田北地区の開発状況

発管理は厳格である必要がある。

### ❷ 逆線引き地区の形状と市街地整備：栃木県鹿沼市

逆線引きに関わる計画課題の一つに、その形状の歪さによって、残された市街化区域の市街地整備に悪影響をおよぼすことがある。鹿沼市上殿地区は農地保全を目的として逆線引きされ、逆線引き地区内では現在も農地が保全されながら、その境界が歪なため、隣接する市街化区域の計画的発展に支障をきたした事例である（図8·3）。同地区は当初線引き時（1970年）に区画整理予定地として市街化区域に編入された。しかし、地権者からの合意が得られず事業が断念され、第3回定期線引き見直し時（1990年）に逆線引きされた。当時の栃木県の逆線引きの方針として、全体計画の整合性を図りながら各地権者の要望に応じたため、穴抜け状の不整形な形で逆線引きがなされた[注6]。同地区は農振農用地区域の指定はなされていないが、地権者の営農意欲の高さに支えられ、現在でも農地が保全されている。しかし、境界線が不整形なため、隣接する市街化区域ではスプロール市街地が形成され、道路や下水道がまだ未整備である。すなわち、従後の計画的土地利用の可否を、隣接地域を含めて検討したうえでの逆線引きが重要であることを同事例は示唆する。

### 4. 人口フレームと逆線引き

人口減少が鮮明となった地方では、逆線引き制度の適用に対しても保留人口フレームの保有状況が関係すると考えられる。本項ではこれに焦点を当てる。表8·5では、2000年以降に住居系用途指定地区が複数逆線引きされた都市計画区域を対象として、直前の定期線引き見直し時の保留人口フレーム状況を一覧している。これを見ると、判明分のすべての都市計画区域で保留人口フレームは2000人以下であり、多治見都市計画区域ではゼロであったことが分かる。たとえば、保留人口フレームが1600人と多い長岡都市計画区域では、この内の1300人分を38 ha

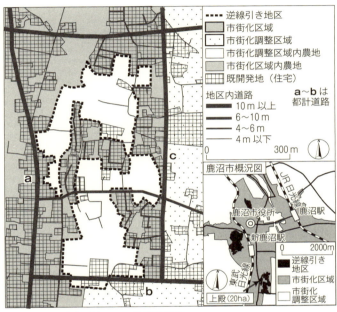

図8·3 鹿沼市上殿地区の土地利用概況

表8·5 直前の定期線引き見直し時の保留人口フレームの状況

| 都市計画区域 | 直前の定期線引き見直し年月日（見直し回数） | 次回定期線引き見直し年 | 保留人口フレームの状況（人） | | | 元住居系用途地域の逆線引き制度運用状況※ | | 市街化区域（住居系用途地域）編入の状況※ | | 特定保留区域指定状況 | | 特定保留区域解除の状況（市街化区域編入分除く） | |
|---|---|---|---|---|---|---|---|---|---|---|---|---|---|
| | | | 一般保留 | 特定保留 | 計 | 地区数 | (ha) | 地区数 | (ha) | (ha) | フレーム（人） | 地区数 | (ha) |
| 新潟都市計画区域 | 2011/3/18 (5回) | 不明 | 不明 | 1100 | 不明 | 2 | 12.4 | 不明 | 不明 | 13.8 | 1100 | 不明 | 不明 |
| 長岡都市計画区域 | 2011/12/27 (5回) | 不明 | 300 | 1300 | 1600 | 1 | 11.9 | 7 | 75.5※1 | 38.0 | 1300 | 3 | 85.7 |
| 上越都市計画区域 | 2009/3/31 (3回) | 不明 | 300 | 800 | 1100 | 2 (1) | 14.5 (13.9)※1 | 6 | 16.2※1 (9.6) | 14.3 | 800 | 3 | 20.2 |
| 多治見都市計画区域 | 2010/12/24 (2回) | 2020年 | 0 | 0 | 0 | 3 (1) | 11.6 (1.4) | 5 (4) | 9.3 (8.4) | 0.0 | 0 | 0 | 0.0 |
| 鳥取都市計画区域 | 2006/12/15 (5回) | 未定 | 1900 | 0 | 1900 | 2 | 4.9 | 8 | 8.0 | 0.0 | 0 | 0 | 0.0 |
| 備後圏都市計画区域 | 2012/4/5 (5回) | 2020年 | 0 | 1800 | 1800 | 1 | 44.6 | 8 | 3.0 | 96.5 | 1800 | 不明 | 不明 |

「不明」は回答なし、「未定」は回答されたことを示す。　※：( )内の地区数や面積は、区域内に準工業を含むものの地区数とその地区面積を示す。
※1：前々回定期線引き見直し時の特定保留区域が解除されて市街化区域編入された地区を除いて算出。

に特定保留区域指定ではり付けたうえ、計75.5 haの市街化区域編入を行っている。これに対し85.7 haの特定保留区域解除が行われているが、単純に合計面積を比較しても編入分や特定保留区域分の合計に足りず、線引き見直しに逆線引き地区が深く関係したことが推察される。同様の構図は上越にも当てはまる。同市でも市街化区域編入面積と特定保留区域指定の合計値30.5 haに対し、特定保留区域解除の合計値は20.2 haにすぎず、フレーム計算の操作を行ってもなお、逆線引きは不可欠であったと見られる。

他方で、保留人口フレームの枯渇している多治見都市計画区域においては、計9.3 haの市街化区域編入に対し、11.6 haの逆線引きを行っており、県では計画人口密度の変更をしたうえで、新たな市街化区域編入と逆線引きを併せて行ったとしている。具体的には、目標年次の可住地面積の算出において逆線引き地区が除かれたうえで、計画人口密度を当初の60人/haよりもさらに下げて計算されている。このように、直前の定期線引き見直し時においてすでに、保留人口フレームの減少が逆線引きに密接に関係していたことが分かる。逆に言えば、最近事

表8・6 現在（2012年3月）の暫定逆線引き地区の諸元一覧

| No. | 市 | 地区名（面積ha） | 行政の指定方針※1 | 市街化区域編入決定年月日 | 定期線引き見直し時（回） | 暫定逆線引き決定年月日 | 定期線引き見直し時（回） | 暫定逆線引き中の用途地域指定状況（建蔽率/容積率） 旧用途区分 | 用途地域細分化 1996年以降 | 各用途地域面積 [ha] | インフラ整備状況 道路基盤 | 下水道 | 現在の農用地区域の指定状況 | 地区計画または開発許可条例等の指定状況 | 2012年の人口フレームの状況 |
|---|---|---|---|---|---|---|---|---|---|---|---|---|---|---|---|
| 1 | 八戸市 | 尻内(37) | 存置 | 1971/3/20 | 当初 | 1984/8/16 | 2 | 二住専<br>住居<br>準工<br>工業 | 二中高(60/200)<br>一住居<br>準工<br>工業 | 4.6<br>2<br>21<br>9.4 | 土地改良事業 | 区域外 | 無 | 一部で地区計画 | 特定保留なし、一般保留有り(4400人) |
| 2 | 八戸市 | 市川(19) | 存置 | 1971/3/20 | 当初 | 1984/8/16 | 2 | 一住専<br>住居<br>工業 | 一低層(50/80)<br>一住居<br>工業(60/200) | 2.1<br>0.6<br>16 | 無 | 区域外促進区域一部済 | 無 | 無 | |
| 3 | 大垣市 | 犬ヶ渕(13.8) | | 1971/3/31<br>1975/12/27 | 当初<br>1 | 1991/4/23 | 3 | 二住専(60/200) | 一中高(60/200) | 14 | 土地改良事業 | 区域外一部済一部予定 | 無 | 無 | 保留フレームなし※6 |
| 4 | 新潟市 | 大学南(7.3) | | 1970/11/16 | 当初 | 1986/3/25 | 2 | 二住専(60/200)<br><br>住居(60/200) | 一中高<br>二中高<br>一住居 | 5.2<br>0.5<br>1.6 | 耕地整理 | 区域外一部済 | 無 | 無 | 当該地区のみ特定保留指定有り(1100人)、一般保留有り(7100人) |
| 5 | 新潟市 | 坂井(6.5) | 市街化 | 1970/11/16 | 当初 | 1986/3/25 | 2 | 一住専(50/100)<br>住居(60/200) | 一低層(50/100)<br>二住居<br>二住居(60/200) | 3.2<br>2.8<br>0.5 | 耕地整理 | 区域外一部済 | 無 | 無 | |
| 6 | 三島 | 萩(21.1) | | 1997/5/2 | 随時 | 2003/12/19 | 5 | | 一低層(50/80⇒30/50※2) | 21 | 無 | 区域外 | 無 | 無 | 特定保留無し、一般保留有り(2000人) |
| 7 | 静岡市 | 中島(26.6) | | 1970/7/2 | 当初 | 1986/7/1 | 2 | 二住専(60/200)<br>住居(60/200) | 二中高<br>一住居 | 19<br>8 | 耕地整理 | 区域外一部済 | 無 | 無 | 当該地区のみ特定保留指定有(1200人)、一般保留有(3000人) |
| 8 | 焼津市 | 小川第四(34.5) | | 1976/10/12 | 当初 | 1985/5/31 | 1 | 一住専(40/60)<br><br>住居(60/200)<br>工業(60/200) | 一低層(40/60)<br>一中高(40/100)<br>二住居(60/200)<br>工業 | 28<br>1.8<br>2.2<br>3 | 土地改良事業 | 区域外 | 無 | 無 | 当該地区のみ特定保留指定有り(1900人)、一般保留有(600人) |
| 9 | 浜松市 | 道本小林(10) | | 1972/1/11 | 当初 | 1986/6/20 | 2 | 住居(60/200)<br>一住専(40/60) | 一低層(40/60) | 9.5<br>0.5 | 無 | 区域内未整備 | 有 | 無 | 当該地区のみ特定保留指定有(500人)、一般保留有(6500人) |
| 10 | 岡山市 | 下(23.1) | 解除 | 1979/8/31 | 1 | 1994/4/22 | 3 | 住居(60/200)<br>準工業(60/200)<br>近商業(60/200) | 一住居(60/200)<br>準工業(60/200)<br>近商業(60/200) | 22<br>0.6<br>0.2 | 条里制 | 区域外 | 無 | 都計法第34条11号 | 当該地区特定保留指定無し、他地区特定保留指定有り(3600人)、一般保留無し |

※1.「存置」は用途地域が存置される予定の地区、「解除」は用途地域が解除される予定の地区、「市街」は市街化区域へ再編入される予定の地区、をそれぞれ表している。
※2.暫定逆線引きと同時期に萩地区では、建ぺい率と容積率の変更をしている。
※3.逆線引き当時は特定保留区域に指定されていたものの、2004年の第4回定期線引き見直し時に特定保留区域は解除されている。

例では現行の人口フレーム方式に沿うことが逆線引きの動因になっている面があり、人口フレーム方式の評価とは別として、市街地縮小を進めるうえでの制度的環境として機能している点は重視する必要がある。つまり、安易にフレーム計算を操作する前に、可能な地区を逆線引きするのが適当だと考えられる。そのためには、まず現在非公開とされる場合の多いフレーム計算が公表される必要があり、その計算内容や根拠の妥当性が検証される必要があると考えられる。

## 8・3 暫定逆線引き適用の実態と計画課題

### 1. 暫定逆線引き制度の適用状況

暫定逆線引き事例は、逆線引き事例に比べて少なく、調査時点で暫定逆線引きがされている地区が10、過去に暫定逆線引きがされていた地区が8である注7（この内、現在の適用事例を表8・6に示す）。18地区中16地区が当初から第2回定期線引き時（1970～1980年頃）に市街化区域編入された地区が第2～4回定期線引き見直し時（1985～1990年頃）に暫定逆線引きされており、その意味で1982年の暫定逆線引き通達注2の影響を受けていると言える。暫定逆線引き制度の計画課題は、用途地域存置予定の場合、市街化区域再編入予定の場合、用途地域解除予定の場合でおのおの異なるが、以下では、現在の適用事例の中から、もっとも課題が顕著な事例として、尻内、犬ヶ渕地区（用途地域存置）、萩、中島地区（市街化区域再編入）、下地区（用途地域解除）の各地区の現状を見る。

### 2. 暫定逆線引き地区の経緯と計画課題

#### ❶ 用途地域存置予定の場合

第7版都市計画運用指針では、「存置した用途地域については、都市的土地利用の可能性が失われた時点で速やかに廃止する事が望ましい」と記述があり、用途地域存置はあくまで暫定であり、非正規な状態と解釈できる。そこで用途地域存置を予定する理由に着目する。尻内地区（八戸市）は、JR八戸駅東側約1kmに位置するが、営農希望者の土地を穴抜き状に暫定逆線引きした経緯から、市街化区域に囲繞されている（図8・4）。このような立地条件から、市では基盤整備手法の見通しを持たないものの、市街化区域編入を目指す意向を維持し続けている。一方で、地権者の多くは高齢化が進みつつも、現在も営農を希望しており、市でも地権者の意向を尊重し開発許可制度の運用を通して土地利用を保全してきた。このように、市街化区域編入を目指す市の意向と営農を希望する地権者の意向が合わないことが、用途地域存置の理由となっている。犬ヶ渕地区（大垣市）は、市街化区域縁辺部に位置し、都市計画道路大垣一宮線にほぼ接している。大垣市では保留人口フレームの減少により、これ以上の市街化区域拡大は困難であり、当該地区を市街化区域編入する意向はない。が、同市では、幹線道路に近接しながら当該地区内で目立った開発がなかった理由として用途地域存置の効果を見ている。加えて、地区内地権者の土地利用意向も明確ではない。このように、大垣市では当該地区の将来土地利用像が不明であるため、現状維持としての用途地域存置が予定されている。

#### ❷ 市街化区域再編入予定の場合

萩地区（三島市）は、市街化区域縁辺部の丘陵地（裾野市との境界）に位置している。三島市では、低層住宅地として当該地区を整備する方針であり、区画整理の都市計画決定を行ったうえで、同地区を1997年に市街化区域に編入した。しかし、その後、地区内で都市計画法53条による開発が一部で進み事業が困難となり（図8・4のA）、暫定逆線引きされた（2003年）。また、事業成立を不安視する地権者もおり地権者合意にも課題が残る。さらに、近年の保留人口フレームの減少により、第6回定期線引き見直し（2006年）では特定保留区域の維持ができず、静岡県は次回定期線引き見直し時には用途地域維持も困難であるとの方針を示している。中島地区（静岡市）は、周辺を市街化区域に囲まれ、国道150号等の幹線道路が通る立地条件から、静岡市は市街化区域編入が妥当であるとしている。しかし、同地区では、当初市街化区域指定時から暫定逆線引き間にかけて、すでに開発が進んでいた（図8・4）。そのため、今後の事業計画では、既存の基盤を活かし地区計画導入を予定する区域と（図8・4のa）、基盤が貧弱であるため区画整理を予定する区域（図8・4のb）が混在し、事業に対する地権者合意が困

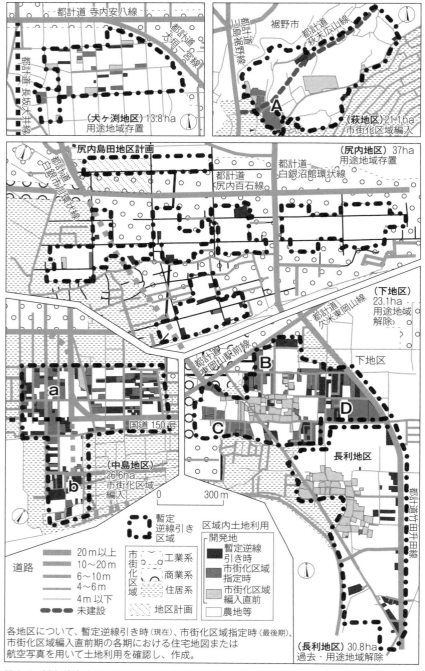

図8・4 暫定逆線引き地区における土地利用状況

難となっている。一方、静岡市では、保留人口フレームの減少から第7回定期線引き見直し（次回）では保留人口フレーム調整の困難が懸念されることから、それ以前の随時編入を目標としており、地権者合意が急務となっている。このように両市共、保留人口フレームの減少から事業期限の先延ばしができない中で地権者合意に臨む

という難しい対応に迫られている。

### ❸ 用途地域解除予定の場合

下地区（岡山市）は、JR東岡山駅南部に位置し、2本の都市計画道路に挟まれたエリアにある。岡山市は当初から市街化区域編入を目指し、地区住民に働きかけてきたものの、地権者側の要望により区画整理が中断した経緯がある。さらに、地権者説明会での暫定逆線引き決定（1991年）と、第3回定期線引き見直し（1994年）での暫定逆線引き正式決定との間に駆け込み的な開発が進み（図8・4のB、C、D等）、区画整理が困難な土地利用状況となった。そのため、岡山市ではこれを区画整理実現不可の状況とみなし、市街化区域再編入は不要との原則に立って、早期の用途地域解除を目指している。しかし、一部地権者が市街化区域編入を望み、他方で、営農意欲も特段高くなく、用途地域解除の地権者合意を得ることも困難であることから、用途地域を存置しておくしか方策がない。下地区では、暫定逆線引き決定直前の駆け込み開発が遠因であったものの、市街化区域編入と用途地域解除のいずれに対しても地権者合意が難しく、暫定逆線引き解除が困難となっている。

以上のように、暫定逆線引きの場合、現状の土地利用に開発があまりなく、関係者の意向調整の問題で暫定下にある場合（尻内地区や犬ヶ渕地区）は、用途存置の継続が適当な判断であろうが、市街化区域再編入か用途解除のいずれにおいても当該地でバラ建ちが進んでいる場合

はその対応が難しくなる。しかし、下地区の事例をとっても、市街化区域のまま据え置かれてスプロール市街地が形成されるよりは暫定逆線引きは良かったはずであり、用途解除の結果、宅地と農地の混在化した市街地が調整区域として残されたとしても、その後の追加的な開発行為は開発許可制度によって少ないはずである。また、中島地区の場合でも、多少時間がかかっても地区計画導入や区画整理実施をして市街化区域編入できれば、一定の住環境の改善は期待できる。こうしたことを考慮すると、暫定的とされる逆線引きをあえて長期化して運用する方策が重要ではないかと考えられる。

## 8・4 市街地縮小に向けた今後の逆線引き制度とは

人口減少に伴い人口フレーム方式の維持が難しくなる線引き地方都市が今後増えることが予想される。しかし、フレーム計算の中で、計画人口密度の下限がたとえば40人/haまで認められるのであれば、この水準を下回るまでは線引き指定が現行の枠組みの中で維持されると考えられる。そこで地方都市においては、安易な線引き廃止や計画人口密度の計算操作による線引き維持よりも、まずは可能な地区を逆線引きする努力が必要だと考えられる。しかし目的とするのは逆線引きすることではなく、市街地縮小後のよりよい都市形態や住環境の創造である。つまり逆線引きについて言えば、逆線引き地区が農業土地利用地として、あるいは良好な調整区域内集落としてソフトランディングすることである。よって、本章で見たように、逆線引き地区に対する農振農用地区域の指定や開発許可制度の厳格な運用が必須となる。調整区域内集落へのソフトランディングに関しては、今後は立地適正化計画（居住誘導区域）との関係が重要になろうし、基盤未整備を理由に逆線引きをする場合には、暫定逆線引きを採用し、住民の意向を踏まえたうえで暫定期間を長期化することでソフトランディング化をはかる等の工夫が必要になると考えられる。

【注】
1 「市街化区域及び市街化調整区域に関する都市計画の見直しの方針について」（昭和55年9月16日建設省都計初第100号建設省都市局長から各都道府県知事宛て）一（二）および二（二）。
2 「市街化区域及び市街化区調整区域の区域区分制度の運用方針について」（昭和57年9月6日　建設省都計発第61号）一（一）「用途地域存置に関する方針」および二（一）（ロ）「保留フレームに関する方針」。
3 本章は、以下に記す逆線引きに関するA、B二つの独自調査に基づく。A調査では、三大都市圏（東京、神奈川、埼玉、大阪）を除く43道府県の都市計画担当部局を対象とし、35道府県から回答を得た（2012年5～7月実施）。B調査では、A調査で逆線引き地区が存在した51市町村の都市計画担当部局を対象とし、32市町村から回答を得た（2013年4～5月）。
4 宅地化率には、従前土地利用からの変更を幅広く捉えるために、建築物が建った土地だけではなく、駐車場等青空土地利用を含めた都市的土地利用をすべて含めている。
5 旧町内を東西にJRや国道21号が通じており、同国道沿線に内陸型工業地として土地利用誘導する狙いや岐阜市方面へのベッドタウンとしての開発需要も見込まれた。岐阜市（県）では1966年に岐阜県庁が郊外移転しているが、旧穂積町はこうした官庁に近接していることも影響したとされる。
6 栃木県は1985年頃にはこの付近を土地利用調整区域に設定し、土地利用転換計画を立てたうえで区画整理を入れようとしたが、市街化区域と営農継続を望む地権者がほぼ半々で実現にいたらなかった。地権者要望に加え、都市計画道路が計画されていたことも歪な形状となった要因である（図8・3のa～c）。
7 注3）のA調査による。

都市計画制度の課題と可能性

# 第9章 立地適正化計画の効果的活用方策
～居住誘導区域内外の土地利用制度のあり方

中西正彦、松川寿也

## 9·1 立地適正化計画の論点

2014年度に都市再生特別措置法が改正され、立地適正化計画が制度化した。これを受けて全国の自治体で同計画策定が進められているが、国土交通省の調査によれば2016年7月末現在、289自治体が立地適正化計画の策定に取組んでいる（本章ではこれらの自治体を「策定取組み都市」とする）。人口減少がすでに顕在化している地方都市でもその取り組みがされているが、比較的人口規模の小さい地方都市は市街地と呼べるほどの領域が限られるため、誘導区域の指定や実効性ある誘導手段の適用は容易なものではない。また、立地適正化計画は都市機能や居住機能の誘導を重視した制度であるが、市街地の希薄化に対して計画的かつ実効性を持って対処するには、誘導区域の指定検討対象から除外される領域において土地利用制度を効果的に運用していくことも望まれる。

そこで本章では、上記2点の論点を中心に立地適正化計画の適用と課題について論じたい。まず、地方都市を対象とした先行事例の調査をもとに、とくに居住誘導区域設定に際してのジレンマや計画上困難な論点とそれへの対応の方向性を論じる。次に、既存の規制制度の実態を踏まえて、とくに誘導区域の外側となる市街化調整区域や非線引き都市計画区域といった、地方都市が広く抱える領域の存在に着目し、立地適正化計画の取り組みを効果的に運用する方法論を提示する。

## 9·2 先行する策定の取り組みに見る課題

### 1. 立地適正化計画策定の実際

立地適正化計画を策定するにあたっては、区域設定や誘導すべき用途の設定等、多くの困難な課題がある。本節は、先行して策定に取り組む都市での検討などから、とくに本書の主題と関連して居住誘導区域に関わる点に着目して、具体的な課題を論じるものである[注1]。

そこで、ここでは具体的な事例として岩手県花巻市を取り上げることにする。地方中核的都市としての性格や、非線引き都市として郊外開発がなされてきたものの人口減少傾向にあることに加え、立地適正化計画制度の趣旨や基準に忠実な策定の姿勢などを考慮したものである。

#### ❶ 立地適正化計画策定のきっかけ・経緯

花巻市は4市町が合併した（2006年1月）という経緯もあり、市域が広く都市機能も分散している。人口増加期に郊外開発が進められ、既成市街地の空洞化が著しい状況である。市内での人口移動もあり、旧4市町の中心地のうち花巻地域、石鳥谷地域は他の地域からの移動により人口増加は傾向だが、他の旧中心地や市全体では減少傾向である。結果としてこの2地域に居住誘導区域が設定されている。

従前よりまちづくりに関する事業の体系的な実施を目標としていたという経緯はあるが、立地適正化計画策定の具体的な動機は、病院のまちなか移転問題である。立地適正化計画策定を同時に行うことで、継続的なサービス機能維持を意図したという。しかし施設の問題がきっかけであるが、「コンパクトシティ」実現は都市計画マスタープラン（2010年3月策定）ですでに謳っており、立地適正化計画制度導入に合わせて論点を整理する中で関連する都市課題が明らかになっていった面もあるという。今後は立地適正化計画を基軸として街なかのことを考えていくことになっている。

策定に当たっては、次のような資料・データを活用している。

①人口ビジョン、人口動態や将来見通し、人口密度

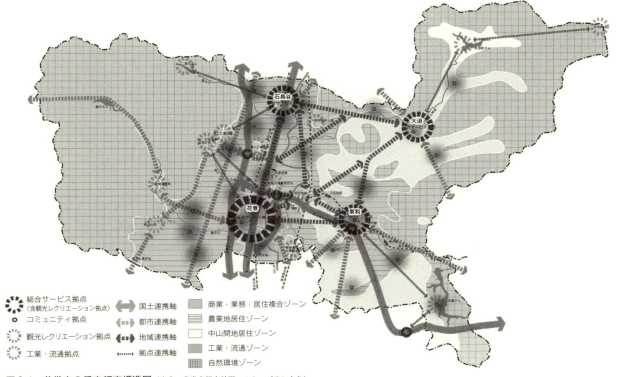

図9・1　花巻市の将来都市構造図　（出典：花巻市都市計画マスタープランより）

　②人口集中地区（DID）の変遷
　③病院、福祉施設、商業施設の分布状況図
　④災害ハザードマップ

　以前より地区別カルテをまとめていたので、人口密度や推移、施設分布はすでに見ていたが、誘導区域の設定に関しては分布状況図が役立ったという。またハザードマップをかなり参照しており、北上川の災害時浸水域や急傾斜地などは区域から除いている。

**❷ 居住誘導区域の設定**

　区域設定の前提は、花巻市都市計画マスタープランに掲げる既成市街地を中心とした総合サービス拠点であり、用途地域が設定されているエリアであることが条件である。結果として前述のとおり花巻と石鳥谷の2地域に設定されている。

　花巻地域はもともと比較的人口密度が高いエリアであり、石鳥谷地域は規模が小さくても生産年齢人口の割合が維持されているエリアであるが、人口密度30人／ha以上の維持を目標とした人口密度推計による可能性範囲であることや、人口流入の受け皿となっていることを判断基準としている。そのうえで災害ハザードマップでの危険区域等を極力除外している。すでに住宅が張り付いている地区でも、北上川の浸水災害の想定を強く考慮したうえで、道路等で判断して分けている。また駅より東側に整備されたニュータウンがあるが、国道を挟んでいるため区域設定はしていない。大きすぎず小さすぎずというところを狙ったというが、総じて制度の趣旨とデータを丁寧に踏まえながら設定しているといえよう。

　居住誘導区域の指定には、意外なことに現時点では市民からの大きな反対はないという。当制度の設計上、具体的な権利制限として働くものではないため、関心を持ちにくいものかと考えられる。ただし公共施設再編計画が定まって、近くの施設の維持ができないといった具体的な形で影響が見えるようになってから意見や不満が出てくるという懸念はあろう。

　居住誘導区域の方針については、民間の市場原理に委ねていいのか行政のテコ入れが必要なのか、バランスが大事であると考えているという。立地適正化計画はコンパクトシティを考えるよいキッカケとはなったが、制度

の狙いを全部受け入れようと思うと難しい面もあり、一つの計画作りに盛り込む形になってしまっているのは現場サイドではつらいところとのことである。

しかし居住誘導区域に誘導したい用途や施設の設定は、制度上明確に謳われていない。設定は可能であると考えられるが、実際に条項として記述するのは難しい。また、補助金による誘導もできるが、官製地上げとなって民間の流入を妨げることにもなってしまう。地価・家賃と居住の流入のしやすさは、とくに自動車社会では人口移動に効いてくるため、政策としてもさじ加減が必要である。策定されたプランを見ると、届け出・勧告対象の設定はその困難さが垣間見えるものとなっている。

### ❸ 区域外の手当て

誘導したい先（居住誘導区域）があれば、本来は誘導元には立地規制などなんらかの手当てが必要なはずである。しかし立地適正化計画制度自体にはそのような手段は組み込まれていない。花巻市では都市計画マスタープランに掲げる総合サービス拠点（旧市町の中心）のうち、居住誘導区域外の大迫地域、東和地域の維持形成のため、地域再生計画を活用したいわゆる「小さな拠点」の検討が必要と考えている。しかし誘導区域への外側からの誘導など長期的に見た時の手当は考えていないという。区域外を扱う手段の不在は立地適正化計画制度に内在する課題といえよう。

## 2. 居住誘導区域設定に関わる課題

前述の花巻市の例や他の策定取り組み都市の例を見ると、都市機能誘導区域および居住誘導区域設定の考え方や具体的な基準などは、自治体が抱える状況に応じて異なる。しかし立地適正化計画を策定し運用していくには、区域設定だけでなく多くの論点について議論と検討を重ね、政策として合意していかなくてはならない。その中には絶対的な正解のない論点も多くあり、策定取組み都市は悩みつつ作業を進めている。それらの論点をここでは「ジレンマ」と呼ぶが、それらを列挙し、計画のプロセスと要因の別から整理したものが表9・1である。ではジレンマはなにが要因となって生じるか。表9・1の表側に整理したとおり、次の5点が挙げられよう。

- 立地適正化計画に関わる施策投入の
タイミング判断の難しさ

都市のダイナミズムや総合的な政策には流れがすでにあり、さらに今後の変化をどう読むかも重要である。それに対して、どのようなタイミングで立地適正化計画を導入するかの判断は難しい。

- 都市構造や地区を評価する考え方の多様性

どのような地区を核・中心とみなすか。歴史性や人々の認識か、基盤整備の成果か。あるいは都市内の立地や交通条件をどのように評価するか。技術的には良し悪しを決めきれず、政策的な判断も必要とされる。

- 必要な生活サービスや都市機能を空間配置と
結び付けて峻別することの難しさ

都市構造実現の手段として、どのような用途や機能に対して、どのように働きかけるのか。具体化を図ろうとするほど、さまざまな制約が影響してくる問題である。

- 政策・規制誘導手段構築・計画策定の技術的な難しさ

さまざまな計画や事業がある中で、それらと整合性を取るように立地適正化計画を位置づけられるだろうか。あるいはこれまでの体系を変更できるかだろう。

- 主体・組織の構成や連携の難しさ

上とも関連するが、とくに分野横断的なアプローチが必要とされる本制度の運用において実効性を確保できるか。

これらは見方を変えればいわゆる5W1H、すなわち理由（Why）、時期（When）、場所（Where）、内容（What）、主体（Who）、手段（How）のうち理由（Why）を除いた要素と考えらえる。理由（Why）がないのは、すなわち立地適正化に取り組む事情は都市ごとに異なるべきことに起因すると捉えられるが、これはある意味興味深い。これらを踏まえたうえで、居住誘導区域設定とそこへの誘導方策に関わるジレンマを述べよう。

### ❶ どのような地区にどのように居住を誘導するべきか？

一般的には歴史的な経緯がある地区（かつての集落の核）がコミュニティの核・居住するべき地区と認識される。しかしそのような地区は、相対的に住宅の老朽化が進んでおり、基盤も未整備であるか、行われていても早期の整備水準で、今日的には性能がいま一つであることが多

表 9·1 立地適正化計画策定における課題（ジレンマ）

| | 計画の段階・プロセス | | | | |
|---|---|---|---|---|---|
| | 策定のきっかけ・プロセス設計 | 都市構造の評価方法・方針 | 都市機能誘導区域の指定 | 居住誘導区域の指定 | 立地適正化計画策定後の運用・実現手法の適用 |
| 立地適正化計画に関わる施策投入のタイミング判断の難しさ<br>・都市のダイナミズムや総合的な政策の流れがすでにある。<br>・将来予測・時間軸による変化をどう読むか。 | Q1 人口減少のタイミングとの関係をどう考えるか？<br>Q2 他の計画策定・改定のサイクルとの関係をどう考えるか？<br>Q3 公共施設再編との関係をどう考えるか？ | Q6 都市の外側が新しく、内側が古いことをどう考えるか？ | Q11 都市機能誘導区域をプロジェクト型で指定するかエリア型で指定するか？<br>Q12 民間投資が動いているところに、どう拠点を重ねるか？ | | Q19 実効性をどのように評価するか？ |
| 都市構造や地区を評価する考え方の多様性<br>・どのような地区を核・中心とみなすか。歴史性や人々の認識か、基盤整備の成果か。<br>・都市内での立地・交通条件をどのように評価するか。 | | Q7 今までの都市計画の蓄積をどう読むか？<br>Q8 拠点の数をどのように設定するか？<br>Q9 交通などのネットワークをどう読むか？<br>Q10 工業立地の蓄積をどう読むか？ | Q13 どういうエリアを拠点とするべきか？ | Q16 どのような地区にどのように居住を誘導すべきか？ | |
| 必要な生活のサービスや都市機能を空間配置と結び付けて峻別することの難しさ<br>・基本的な人権・生活の権利をどこまで保障するか。<br>・ナショナルミニマムとローカルミニマムの議論の再来。<br>・どのようなアプローチでコンパクトな都市構造を実現するのか、働きかけ方の難しさ。 | | | Q14 都市機能誘導区域に誘導すべき都市機能誘導施設・サービスとは何か？<br>Q15 駅周辺だからこそ誘導すべき医療福祉施設とは何か？ | Q17 居住誘導区域に必要な生活サービスとは何か、それを誘導しなくてよいのか？<br>Q18 居住誘導区域外をどう手当てしていくか？ | |
| 政策・規制誘導手段構築・計画策定の技術的な難しさ<br>・政策体系の中で立地適正化計画をどのように位置づけるのか。総合的な政策となりえるのか。<br>・立地適正化計画と整合性を取るように他の（運用の積み重ねがある）制度を変更できるか | | | | | Q20 届出・勧告といった運用の基準・仕組み・体制をどのように構築するか？<br>Q21 市街化調整区域の緩和条例の取り扱いとの関係をどう考えるか？ |
| 主体・組織の構成や連携の難しさ | Q4 庁内体制はどうあるべきか<br>Q5 市民参加はどうあるべきか | | | | |

い。一方で、比較的近年に計画的な基盤整備がなされた新市街地は、公共投資もされ、古くからの地区よりむしろ良好な住環境を持つ。そのような住宅地を居住誘導区域の外としてよいのか。

また、居住を誘導するには受け皿となる基盤や住宅の整備も必要であるが、開発しうる（文字どおりの）余地の少ない旧来の中心地区で建替や基盤の再整備を誘発しうるだろうか。

❷ **居住誘導区域に必要な生活サービスとは何か？ それを誘導しなくてよいのか。**

現在の枠組みでは、居住誘導区域に対して施設・サービスの誘導という仕組みは組み込まれていない。しかし用途や機能へなんらの働きかけをせずに区域を示すだけでは、居住を有効に「誘導」できようはずもない。

しかし、居住に関わるきめ細やかさが必要な「生活サービス」の配置をどう考えることができるのだろうか。たとえば保育園は需要者たる家族の住居地の近くにあってこそという面がある。しかし現状で若い世帯が少なく、かといって通勤者が多くもない誘導区域内に設置しても、利用者にとっての利便性は低い。一方で区域外の郊外住宅地への立地には抑制的にならないといけない点は大きなジレンマである。

❸ **居住誘導区域外をどう手当てしていくか？**

現実にはなにも指定されない「区域外」の地域にも、

現に多くの人が住み機能が立地している。そのような「誘導されない区域」をどう位置づけるのか、なにも手当をする必要はないのか。たとえば、公共交通網は必要ないのか。福祉サービスは人権や生活権の観点から、提供しないわけにはいかないのではないか。一方、居住を誘発する商業の立地は規制しなくてよいのか。どこまでが保証するべき生活の質なのかと考えると、最終的にはシビルミニマム、ナショナルミニマムとはといった議論になってしまう。

❹ **市街化調整区域の緩和条例との関係をどう考えるのか？**

前項にも関連するが、策定取り組み都市の中には、市街化調整区域でも住宅なら開発可能といったように、都市計画法第34条第11号に基づく緩い規制緩和条例を施行している場合も多い。本来的には立地適正化計画策定と同時に抑制的な見直しが図られるべきであるが、条例による区域指定ということもあり、人口を増加させたい・維持させたいという政治的な意向も大きく働くため、「今後の課題」として棚上げされる可能性がある。居住誘導区域を市街化区域よりも狭く設定しているにもかかわらず、都市計画税を支払っていない市街化調整区域でどこでも開発可能となってしまう状況は、計画としての整合性がとれないだけでなく、居住機能をさらに規制の緩い市街化調整区域に誘導してしまいかねない。この点については次節で詳しく論じたい。

## 9.3 土地利用制度との関係で考慮されるべきこと

### 1. 策定取り組み都市の都市計画法指定区域

立地適正化計画では、居住誘導区域や都市機能誘導区域の指定という線引きを、市街地の器として指定された市街化区域や非線引き用途地域の中で画定させることに主眼を置かれがちだが、その線引きをする器の外側にある用途無指定区域の存在を忘れてはならない。

策定取り組み都市を都市計画法の指定区分の面積構成で見ると、一般に誘導区域の指定検討地となる市街化区域や非線引き用途地域は約72万ha（工業地域および工業専用地域を除く）ある（図9·2）。その一方で、用途地域が指定されていない市街化調整区域や非線引き白地地域は、約297万haとその4倍以上を占めている。とくに非線引き白地地域が立地適正化計画の対象区域で2番目の規模となる背景には、策定取組み都市に属する287都市計画区域が、区域区分を義務づけられていない地方圏注2に属しているためであり、その中には線引き廃止都市や、線引き都市計画区域と並存する都市の非線引き白地地域も含まれる。

次に、人口構成で見ると、線引き都市の2010年の人口集中地区には3400万人以上、同じく非線引き都市では200万人以上が居住している（図9·3）。ただ、市街化調整区域で499万人、非線引き都市計画区域の人口集中地区の外側には440万人が居住しており、人口集中地区から外れた市街化区域人口371万人を上回る。さらに、立地適正化計画の対象から外れる都市計画区域外に145万人が居住していることにも注目すべきである。これも策定取組み都市の多くが、都市計画区域外を広く抱える地方圏に位置しているためであり、人口の2割以上が都市計画区域外に居住している策定取組み都市も少なくない。

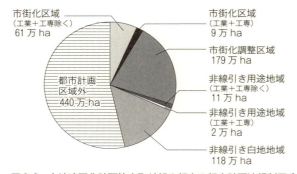

図9·2　立地適正化計画策定取り組み都市の都市計画法規制区分

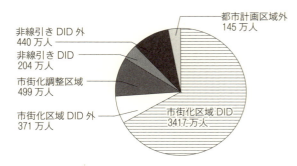

図9·3　立地適正化計画策定取り組み都市の人口構成

## 2. 用途無指定区域を抱えた計画策定の課題

このように、策定取り組み都市に用途無指定区域が広く存在し、また今後の立地適正化計画の取り組みの進展により、その面積や計画区域内居住者が増えていくことになる。では、用途無指定区域を広く抱える策定取組み都市では、用途無指定区域の存在を重要視せず策定することが適切なのだろうか？

立地適正化計画を策定して誘導区域を指定はしたものの、そのままでは誘導区域内への立地を奨励する施策を講じている程度にすぎず、その誘導区域の指定も拡大解釈によっていかような指定も可能である。実効性を持った誘導策として、より効果的な立地適正化計画を目指すのであれば、後述するそれぞれの用途無指定区域の現状や課題を認識したうえで、計画策定に取り組む必要がある。

### ❶ 市街化調整区域

もともと市街化調整区域は、市街化を抑制すべき区域とされ厳格な開発許可制度によってその抑制が担保されていることを前提に考えれば、市街化調整区域自体が居住調整地域であるため、市街化調整区域では立地適正化計画と合わせて特段の対応を採る必要がない領域と思われがちである。しかし、市街化調整区域で適用される開発許可制度の中身を紐解くと、その前提はむしろ誤った認識であることを指摘しておきたい。

市街化調整区域内であっても、自治体が独自に制定する条例（都市計画法第34条11号および12号で定める条例で、いわゆる「開発許可条例」）により、一般住宅など一定の開発を許容する制度がある。この制度は、2000年の都市計画法改正により制度化され、多くの線引き都市で同条例による緩和措置が講じられている。全国に先駆けて立地適正化計画の策定と誘導区域を指定した熊本市もそうした都市の一つであり、集落内開発制度という名称で、分譲住宅や共同住宅といった開発・建築行為を市街化調整区域で許容している。同市では、1万795 haの市街化区域内の公共交通沿線を中心に居住誘導区域が5904 ha指定されているが、集落内開発制度により、分譲目的を含めた一般の戸建住宅の他、一定規模以下の共同住宅を許容する区域が、居住誘導区域から外れた市街化区域のさらに外側で、6706 ha[注3]もの規模で指定されている（図9・4）。同様の条例による市街化調整区域の規制緩和は、熊本市以外にも線引き都市計画区域を抱える策定取組み都市60市町で行われており、とくに大幅な緩和となっている都市では、居住誘導区域の指定効果を萎縮させる要因ともなりかねない。

また、自治体独自の条例による緩和措置とは別に、開発審査会をへて例外的に許容する開発・建築行為も従来からあり（都市計画法第34条14号）、行政手続法第5条に規定する審査基準として自治体が定めた開発審査会基準において、例外的に許可しうる施設が例示されている。その中には、医療施設や福祉施設などの誘導区域内での立地を推奨すべき施設も含まれており、その一つである有料老人ホームは、都市再生特別措置法第88条で定める「その他人の居住の用に供する建築物のうち市町村の条例で定めるもの（住宅等）」に該当しうる施設である他、

図9・4 居住誘導区域と市街化調整区域での緩和区域

都市機能誘導区域との関係で見れば福祉機能も合わせ持つ施設でもある。しかしながら、開発審査会基準を定める特例市以上の143自治体のうち、95自治体で有料老人ホームが開発審査会基準上で規定されている他、規定していない48自治体でも、有料老人ホームが国土交通省の開発許可制度運用指針で例示されていることを根拠として、開発審査会に付議する扱いとしている自治体もある。

### ❷ 非線引き白地地域

市街化調整区域と異なり、他法令の土地利用規制に立地の可否を委ねている非線引き白地地域では、市街化調整区域以上に立地適正化計画を効果的に活用する仕組みとすることが求められる。非線引き都市の場合は、線引き都市での開発許可制度並みと言わずとも、誘導区域外で適用される届出・勧告制度をそれに近い形で運用することが想定される。しかし、すでに届出・勧告制度のもとで緩やかな制限を講じている景観条例でさえも、景観計画中に景観形成基準を定めることで行為の可否を判断する仕組みがある一方で、立地適正化計画に基づく場合はその基準が存在しない。つまり、居住調整地域を指定しない以上は、誘導区域外での住宅開発を抑制する明確な基準が担保されないといっても過言ではない。

次に、非線引き白地地域は立地制限がない地域である。そのため、旧町村役場以外にもたとえば日常の生活拠点になっているような郊外型商業施設や医療施設がすでに立地している他、一部の非線引き白地地域では用途地域や線引き都市から滲み出した開発地で、低密ではあるが一定の人口密度を持つ市街地もすでに形成されている。そして、利便性が十分確保されているかは別として、こうした地域を結ぶ公共交通機関があることも想定される。都市計画運用指針では、線引き都市の用途地域外（＝市街化調整区域）での誘導区域の指定を認めていないが、非線引き都市計画区域では用途地域外での指定を法的に妨げているわけではない。つまり、非線引き用途地域と同程度の中心性や拠点性、あるいは人口集積を持つ非線引き白地地域が存在する都市の場合は、線引き都市以上に誘導区域の指定範囲に対する説得力のある地元説明が求められると推察される。

### ❸ 都市計画区域外

誘導区域外のうち都市計画区域内であれば、届出・勧告制度を適用できるが、都市計画区域外の場合は、立地適正化計画上で都市計画区域外について何らかの言及をしたとしても、これを適用することはできない。都市計画区域外は、都市計画とはかかわりのない農山村地域が大半を占めるが、都市計画区域と近隣接する一部地域は、その都市計画区域と一体的な生活圏を構成する地域が含まれることは容易に想定できる。前述の非線引き白地地域でも同じことが言えるが、市街化調整区域の立地規制を嫌った開発が隣接する線引き都市計画区域から滲み出す実態が指摘[文1]されており、いずれはこうした開発地もオールドタウン化し、すでにその問題が顕在化している開発地も散見される。また、都市計画区域とはかけ離れた既存集落も含めて、すでにその空洞化が顕在化しており、集落拠点の維持が困難な事態に陥っているのも事実である。したがって都市計画区域外は、立地適正化施策を何ら講じる必要のない領域とは言い難い。

## 9・4 立地適正化計画制度運用の方向性

### 1. 立地適正化計画制度に期待される役割

ここまで述べたとおり、立地適正化計画制度の趣旨を果たすには、実は都市計画制度との連動が欠かせないが、策定作業に追われている現場では意識されているとはいいがたい。また対応しようとしたとしても絶対の正解がない課題（ジレンマ）に直面することになるが、対応策が一意に示せるものではない。

それを考えるためにも、まず立地適正化計画制度に期待される役割を整理しておこう。通常の行政は縦割りと評されるように分野・課題別にプランや方針を立て、それに属する各種個別施策を適用するものである。しかし立地適正化計画制度は、分野横断的かつプランと施策が複合した総合的な体系を、通常の行政構造に載せようとしたものと捉えることができる（図9・5）。もとより都市構造は都市のさまざまな主体の活動が積層した結果見いだせるものであり、それに働きかけようとする同制度の

運用には総合性・戦略性・施策の具体性が求められる。

　そのためには、まず、悪い意味での感情的平等論や政治的判断に立脚せず、データに基づいた合理的政策判断によるプラン決定が必要である。「メリハリのある」区域設定や施策実施が行えなくては都市構造の働きかけることは困難である。また、プラン自体の優先順位づけも必要となってこよう。現状、総合計画のみを筆頭に置き、そのもとにある行政部門別のプランは横並びで位置づけられている。しかし施策の総合性・戦略性を確保するには、まず立地適正化計画（および本来の意味での都市計画・土地利用計画）が都市構造・空間に関わる主要なプランとして位置づけられ、関連する各分野のプラン・施策がそれを踏まえて決定されるという実質的な行政構造を確保しなくてはならない。そして、規制ないし抑制的手段を連動させることも重要である。立地適正化計画制度は「誘導」偏重の制度設計と言わざるを得ないが、その裏返しにある「規制」はこれまでも線引きや開発許可など主として都市計画において運用されてきた。それとの連動なくして戦略性ある施策実施はかなわない。

　上記の方向性はどれ一つとして容易なものではなく、また実際の自治体行政の場を見てもこのような方向性に乗ることが困難であることは否定できない。また本来の意味での都市計画・土地利用計画と言える狙いを持つ同制度であるにもかかわらず、都市計画制度体系の抜本的な見直しは伴わず都市再生特別措置法に位置づけられていること、取り組む自治体は多いとは言え大半は事業への補助獲得がモチベーションとなっていることなど、批判・懸念は多い。しかし都市構造効率化の社会的な必要性や制度の本来的主旨を踏まえ、逆に総合性・戦略性・具体性を持った土地利用行政確保のきっかけとするべく取り組まれることが必要とされている。これは本書の主題であるリバーススプロールに作用しうる土地利用計画制度という観点からも、同制度の運用や今後の制度改善に望まれることである。

## 2. 用途無指定区域で採るべき方策とは？

　次に、本章3節で論じた用途無指定区域での課題に対しては、どのように臨むべきなのか？ここでは、立地適正化計画を効果的に活用するための用途無指定区域で講じるべき方策を考える。

### ❶ 線引き都市での開発許可制度の見直し

　線引き都市で立地適正化計画を効果的に活用するためには、誘導区域の外側での施設立地を許容する制度を再点検し、場合によっては既存の開発許可制度の見直しを検討していく必要がある。とくに、開発許可条例による市街化調整区域での規制を著しく緩和している都市では、居住誘導区域の指定と連動し、たとえば緩和対象区域の大幅な縮小または緩和対象建築物の一律強化、さらには条例自体の廃止も含めた対応が求められる。実際に、本書第7章で取り上げた開発許可条例の運用を厳格化した都市での取り組みは、単なるスプロール対応だけではなく、既成市街地の空洞化対策も一つの狙いとされていた。

　また、開発審査会によって従来許容してきた施設への対応も検討していく必要がある。前節では有料老人ホームを例にその課題を指摘したが、一部自治体では、同施設の立地を抑制することを意図して、開発審査会基準で有料老人ホームに関する基準を定めない都市もある。その一つの北九州市では、都市計画マスタープラン上で街なか居住の推進などを定めたこと受けて、開発審査会基準から有料老人ホームの基準を削除しており、こうした都市政策との整合の確保を意図した同市の取り組みは、立地適正化計画の効果的活用に示唆を与えると言えよう。

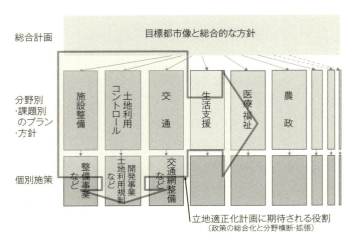

図9・5　立地適正化計画に期待される役割の範囲

## ❷ 非線引き白地地域での方策

次に、非線引き白地地域の場合で考えると、当該地域ですでに開発されてしまった市街地で、誘導区域の指定を検討するのであれば、基盤整備を担保したうえで用途地域を指定して市街地としての器を設定し、その枠内で誘導区域を指定することが望まれる。しかし、誘導区域を指定する手段として必要以上に市街地の器を指定する（用途地域を拡大する）ことは、散漫な市街化を助長することにもなりかねず、それが必ずしも適切とは言いがたい。その一方で、旧役場周辺等の地域拠点などでの各種サービス施設機能の誘導もまた否定することもできない。したがって、こうした課題に対しては後述する「小さな拠点」に関連する土地利用規制誘導方策を合わせて検討する必要がある。

また、非線引き都市での居住誘導区域の指定効果を高める制度手法として、新たに制度化した居住調整地域の指定が想定される。これを指定することで、一定の行為に対して開発許可制度の立地基準を適用することが可能となり、それを都市の広範囲に指定することができれば、線引き都市に近い形でより効果的に立地的適正化計画を実現していくことができるだろう。しかし、居住調整地域の指定は地元合意を得ることが相当難航すること予想されることから、別の手段もまた検討する必要がある。立地適正化計画とは関係ないが、横手市は線引き制度に替わる手段として、非線引き白地地域の全域で特定用途制限地域を広く指定し、一部地域で共同住宅の行為を制限している。こうした同市の取り組みは、居住調整地域を指定しない別の制度手段を活用した居住施設の立地抑制方策と言える。ただ、こうした都市計画の地域地区制度を活用しないのであれば、誘導区域外で届出される各種行為に対して、その届出内容が立地適正化計画に支障とならない行為と判断する基準を定めておくことが望ましく、その基準について立地適正化計画策定時に議論することが最低限必要である。

## ❸ 都市計画区域外での方策

立地適正化計画の対象区域外とされる都市計画区域外では、前節で述べた立地適正化計画や地域地区による方策は活用できない。都市計画区域外を抱える多くの自治体で、より効果的な立地適正化計画を策定するのであれば、立地適正化計画の適用範囲である都市計画区域の広がりの妥当性をまずは再点検したうえで、策定業務に取り組むことが望まれ、その点では都市計画区域の指定権者である都道府県の役割も重要である。ただ、都市計画区域の拡大は、建築基準法の集団規定や都市計画税の問題など、自治体個別の事情によりそれを実現することは容易ではない。

本書第12章で仔細を説明するが、立地適正化計画の制度化とほぼ同時に、集落レベルでの立地適正化計画とも言うべき、地域再生法に基づく「地域再生土地利用計画」が制度化した。この計画は都市計画区域内外に関係なく農山村地域を対象として策定することができ、届出・勧告制度による緩やかな規制だけではなく、集落の再生を促す各種支援施策が盛り込まれている。本節と前節で述べてきたことは、立地適正化計画の効果的活用を目指す際の課題として、誘導区域外での実効性ある規制制度の必要性を主に指摘しているが、規制一辺倒の施策だけでは限界があるのも事実である。地域再生土地利用計画には、集落の再生を促す各種支援施策の一つに、機能集約を実現するための土地利用規制制度の緩和措置（特例扱いでの農地転用）が講じられる。この緩和措置のみに指向した計画策定とならないことを前提として考えるのであれば、こうした用途無指定地域全般で適用できる制度も合わせて活用することで、用途無指定区域の生活拠点の集約化に向けた方策も同時に考えていく必要がある。

【注】
1 9・2節は著者も一員である研究グループによる調査（饗庭伸・野澤千絵・中西正彦「立地適正化計画に注目した都市のたたみ方の手法」2016年3月、第一生命財団委託研究）の成果によっている。とくに策定の経緯については花巻市の担当部局の方々へのヒアリングに基づくものである。
2 本章では、首都圏整備法で定める既成市街地および近郊整備地帯相当に属する領域を大都市圏、それ以外を地方圏とする。
3 地理情報システムにより求測。

【引用・参照文献】
1 岩本陽介・松川寿也・中出文平（2006）「都市圏の一体的な土地利用規制の実現に向けての課題とあり方に関する研究」『都市計画論文集』No. 41-3）pp. 595-600

拠点・居住地の再編

# 第10章 まちなか居住施策による中心回帰～北陸地方の主要都市を例に

眞島俊光

## 10・1 まちなか居住と中心回帰の現状

### 1. まちなか居住が進められる理由

すでに人口減少時代に突入している多くの地方都市において、生活の質や都市経営の維持等の視点から「コンパクトシティ」を掲げる自治体が数多く存在している。また、都市再生特別措置法の改正（立地適正化計画制度の創設）により、まちなかや地域の拠点等への都市機能や居住の誘導が明確化され、その具体化に向けた施策展開が求められている。とくに、居住の誘導施策については、地方自治体による施策展開に委ねられている。

地方自治体のまちなかへの居住誘導施策は、人口減少が現実味を帯び始めた1990年代から徐々に取り組む自治体が増え始めた。一方、近年の"地方創生"の名のもとに自治体間の人口の奪い合いが激化し、他自治体からの移住には積極的に補助金が充てられている。人口減少社会において、まちの賑わいや自治体経営等の観点から人口維持を望むことは理解できるが、単なる奪い合いの居住施策は財政的な体力や都市の魅力勝負となり、最終的には"負け組"が生じ、いわゆる"地方消滅"となりかねない。また、当面は"勝ち組"になったとしても、これまでの人口増加を基調とした土地利用政策に限界が来ることは自明の理である。そのため、居住施策は、市街地をどのように形成するか、まちなかの環境をどう改善するか、地域の年齢構成のバランスをどのように整えるかなどの視点から検討が必要と考える。

そこで本章では、今後のリバーススプロール対策として、中心市街地や地域の拠点等の特定の地域（以下、「まちなか」と称す）へ居住を誘導する自治体の施策に着目し、これまで行われてきた施策の効果と課題を整理するとともに、今後の居住誘導施策について展望を述べたい。

### 2. 地方都市のまちなか居住の現状

地方都市では、モータリゼーションの進展とともに住宅や商業施設、行政機関等の各種都市機能の郊外化が進行し、多くの自治体でまちなかの空洞化が進行した。

一方、近年は大都市において、通勤の利便性や生活のしやすさ等の魅力から都心回帰が進み、まちなかの人口が増加に転じるなどの報告が見られる。他方、地方都市では、まちなかを含むDID人口密度を指標として見ると、2000年から2005年に減少する区域が71％であったのに対し、2005年から2010年では79％に8ポイント増加しており、市街地の人口密度の低下が進んでいる（図10・1）。また、DIDの人口規模別に見ると、2005年から2010年にかけて人口密度が減少する区域の割合は、1万人未満が88％に対し、20万人以上は65％であり、人口規模が小さいほどその傾向は顕著であるとともに、地方都市の中でも大規模な都市においても、半数以上が市街地の低密化が進んでいることが分かる。

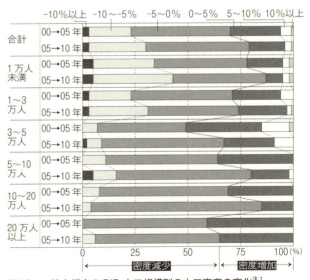

図10・1 地方都市のDID人口規模別の人口密度の変化[注1]
（出典：国勢調査を基に筆者が作成）

## 10.2 北陸地方のまちなか居住施策の効果と課題

### 1. まちなか居住施策の概要

　北陸地方（新潟県、富山県、石川県）には64の市町村があり、その内DIDを有する37市町（2010年時点）を対象として、まちなか居住施策の有無やその概要を整理した（表10·1）。

　まちなか居住施策に取り組んでいる自治体は37市町のうち12市町（40施策）であった。誘導する区域は"まちなか"と称する場合が多く、中活法で定める中心市街地と同じ区域もあれば、類似するが若干異なる区域等があり、商業の活性化を目的とした中心市街地と居住を誘導する区域を分けて検討していることが伺える。また、公共交通を軸とした「串と団子」の都市構造を目指す富山市等では、中心市街地だけでなく、公共交通の便利な鉄軌道駅やバス停周辺を対象区域とするほか、郊外の地区計画区域等を対象とする自治体も見られ、目指す都市構造と居住施策を合わせて設定する戦略的な自治体も見られた。

　補助内容では、全国有数の持ち家率を誇る地方であることから、多くの自治体が戸建てを中心とした住宅の新築・購入に対する補助を行っている。この特徴は、借入金を有することが基本的な条件となり、その他、市外からの移住者や市内のまちなか外からの転居に限定するなど、誘導する対象を限定する自治体も見られた。また、

表10·1　北陸地方の自治体におけるまちなか居住施策の概要

| 区分 | 補助内容 | 自治体数 | 事業数 |
|---|---|---|---|
| 住宅取得補助 | 住宅（中古含む）の新築・購入（戸建・マンション）への補助 | 8 | 12 |
| 住宅改修補助 | 中古住宅（戸建・マンション）のリフォーム等の改修工事への補助 | 3 | 4 |
| 共同住宅建設補助 | 分譲・共同住宅の建設補助（遊休ビルの転用等を含む） | 5 | 11 |
| 土地売却・購入補助 | 隣地等の土地の購入・売却する両者への補助 | 3 | 3 |
| 家賃助成 | 賃貸住宅の家賃の助成 | 2 | 2 |
| 従前住宅助成 | 従前地の住宅の賃貸や除却への補助 | 2 | 2 |
| 居住環境整備 | 住宅設備や周辺のインフラ整備への補助 | 2 | 3 |
| 計画策定支援 | 住宅建設や共同建替え等の計画策定費を助成 | 3 | 3 |

（出典：文1を基に、まちなか以外での取り組み（富山市公共交通沿線等）を加え、筆者が作成）

補助額の上限は、戸建住宅の建設や購入にあたり、1戸30万円〜100万円が大半であるが、金沢市では基本的な上限額を200万円（借入金の10％）としており、さらに加算条件（2世帯、駐車場等の活用、45歳未満、多子世帯等）も多く、最大で400万円の補助額となり、他の自治体と比べ手厚くなっている。ただし、これは町並み景観の保全に向けた外観の基準が多く設定されているほか、職人の確保・育成等を目的とした和室の設置なども条件となっており、適合するために一定の金額を要することから上限額が大きくなっている。

　また、中古住宅（戸建て・マンション）の購入や既存住宅の改修によるまちなかのストックの活用のほか、隣接地などの土地の購入・売買を支援することでまちなかの土地の流動化を促進するための補助などが見られた。一方、家賃補助を行う自治体は2件に限られており、賃貸住宅での居住は定住に繋がりにくいという判断から取り組みが少ないものと想定される。

　さらに、まちなかへの移転に伴う従前地の住宅に対し、子育て世帯への賃貸や除却に対する補助を行う取り組みも見られ、まちなか居住と空き家対策を合わせた有用な取り組みと考えられる。しかし、自治体へのヒアリングでは、従前地に仏壇やお墓等が残っており、住宅の賃貸や除去には抵抗感がある等の理由から、両制度ともに利用実績はないとのことであった。世帯数も減少する本格的な人口減少が目前であることから、賃貸等の活用に向けた支援の充実や売買の促進など、まちなか居住と従前地の空き家の活用等を合わせて行う対策の検討も必要であろう。

### 2. まちなか居住政策の実態

　まちなか居住施策の概要は前述のとおりであるが、利用実態および施策の効果・課題を把握するため、制度開始後一定期間経過し、利用実績の蓄積のある富山市と金沢市の調査結果を以下に整理する。

#### ❶ 富山市のまちなか居住施策

　富山市は、2005年（平成17年）4月に、まちなかにおける新築の住宅取得（戸建て・分譲）に対する支援や家賃助成などの「まちなか居住推進事業」を開始した。また、

2008年3月には「富山市都市マスタープラン」を策定し、公共交通を軸としたコンパクトなまちづくりを明確化し、LRT等の整備や公共交通沿線への都市機能の集約、居住の推進等を一体的に推進している（まちなかを示す都心地区の面積は約436 ha、公共交通沿線居住推進地区は約3489 haで、それぞれ市街化区域面積の約6%、約48%を占める）。

2016年4月現在、まちなか居住推進事業として、市民向けの戸建て・分譲住宅の取得（新築・購入）や賃貸住宅の家賃助成、中古住宅の改修のほか、まちづくり計画の策定支援やマルチハビテーション（多地域居住）の推進に向けた住宅取得補助を行っている。また、事業者向けとして、共同住宅や地域優良賃貸住宅（サービス付き高齢者向け住宅）の建設補助なども行っている。さらに、富山市の特徴である公共交通沿線においても、まちなかに比べ補助額は少ないものの、戸建て・分譲住宅の取得補助や共同住宅の建設費補助など、さまざまな居住施策に取り組んでいる[注2]。

制度の主な利用実績（表10・2）は、まちなかの戸建住宅の取得（新築・購入）は年平均で約17戸（累計で191戸）に対し、新築分譲マンションの取得は約31戸（累計で337戸）と多い。また、まちなか以外から賃貸住宅に転居した場合の家賃助成（所得制限あり）は年間111件と多いものの、補助対象期間が3年間となることから、新規に限定した場合は年間31件となり、分譲マンションの取得と同程度となっている。また、公共交通沿線では、戸建住宅の取得は年45戸、共同住宅の建設補助も65戸（累計で77件、717戸）であり、まちなかに比べいずれの利用も多い。

制度利用者の従前居住地（表10・3）を見ると、まちなかの戸建住宅の取得では、まちなか内が54%、公共交通沿線が20%、その他市内が17%に対し、分譲住宅や家賃補助はその他市内や市外・県外の割合が高くなっている。また、公共交通沿線については、同沿線が49%、その他市内が37%となっており、戸建住宅の取得についてはまちなか、公共交通沿線ともに、自地域での建て替え・転居がもっとも多く、市外・県外からの転居は10%程度となっている。

これらのまちなか居住施策や各種取り組みの一体的な

表10・2　富山市の主な定住促進事業の利用実績

| | 主な事業内容 | 制度開始 | 基本補助額 | 累計戸数 | 年平均戸数 |
|---|---|---|---|---|---|
| まちなか | 戸建て住宅取得 | 2005年度 | 50万円/戸 | 191 | 17 |
| | 分譲マンション取得 | 2005年度 | 50万円/戸 | 337 | 31 |
| | 家賃助成 | 2005年度 | 1万円/月 | 1223 | 111 |
| | マルチハビテーション | 2014年度 | 25万円/戸 | 7 | 7 |
| | 共同住宅建設補助 | 2006年度 | 100万円/戸 | 156 | 16 |
| 公共交通沿線 | 戸建て住宅取得 | 2007年度 | 30万円/戸 | 490 | 45 |
| | 共同住宅建設補助 | 2007年度 | 70万円/戸 | 717 | 65 |

（出典：富山市提供資料（2015年3月末）を基に筆者が作成）

表10・3　富山市の制度利用者の従前・従後居住地

| 従後居住地　従前居住地 | まちなか 戸建て | | まちなか 分譲住宅 | | まちなか 家賃助成 | | 公共交通沿線 戸建て | |
|---|---|---|---|---|---|---|---|---|
| まちなか | 104 | 54% | 53 | 16% | - | - | 1 | 0% |
| 公共交通沿線 | 38 | 20% | 98 | 29% | 96 | 28% | 242 | 49% |
| その他市内 | 33 | 17% | 106 | 31% | 108 | 31% | 182 | 37% |
| 市外・県外 | 16 | 8% | 80 | 24% | 139 | 41% | 65 | 13% |
| 合計 | 191 | 100% | 337 | 100% | 343 | 100% | 490 | 100% |

（出典：富山市提供資料（2015年3月末）を基に筆者が作成）

推進が一因となり、まちなかでは2008年から、公共交通沿線では2012年から社会増（転入超過）となっている。なお、制度利用者へのアンケート（まちなか・公共交通沿線）では、居住地の選定理由として、半数以上が公共交通機関の利用しやすさを理由としているほか、買い物や飲食、通勤・通学の利便性などが高い割合を占めている。一方、市の補助制度は選定理由の10%程度に留まり、補助金の有無がまちなか居住を検討する要因には必ずしもなっていないと言える。

### ❷ 金沢市のまちなか居住施策

金沢市は、1998年（平成10年）4月に、まちなかにおける新築の戸建住宅の取得に対する支援として「まちなか住宅建築奨励金」を創設し、2001年4月には「金沢市まちなかにおける定住の促進に関する条例」を制定し、まちなか区域における各種住宅取得支援[注3]を実施している（まちなか区域は907 haで、市街化区域面積の約11%を占める）。

2016年4月現在、まちなか定住支援事業として住宅の取得や中古住宅の改修、空き地の活用、共同建替に対する支援など、徐々に支援メニューが拡充されている。また、補助額が他の自治体に比べ2倍以上高いことも特徴である。なお、郊外においても市外への流出抑制を目的として、地区計画やまちづくり協定の締結地区に限り、

表10·4　金沢市の主な定住促進事業の利用実績

| | 事業名 | 制度開始 | 基本補助額 | 累計戸数 | 年平均戸数 |
|---|---|---|---|---|---|
| まちなか | 住宅建築奨励金 | 1998年度 | 200万円/戸 | 1197 | 67 |
| | マンション購入奨励金 | 2006年度 | 100万円/戸 | 427 | 43 |
| | 空家活用促進費補助 | 2010年度 | 50万円/戸 | 28 | 5 |
| | 中古分譲マンション改修費補助 | 2011年度 | 25万円/戸 | 46 | 9 |
| | 住宅団地整備促進補助 | 2001年度 | 整備費等の1/2 | 95 | 6 |
| 郊外 | いい街金沢住まいづくり奨励金 | 2004年度 | 50万円/戸 | 1745 | 145 |

(出典：金沢市提供資料（2015年3月末）を基に筆者が作成)

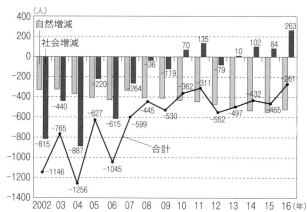

図10·2　金沢市まちなか区域内の人口動態の推移（各年1月1日時点）
(出典：金沢市提供資料（2015年3月末）を基に筆者が作成)

住宅取得に支援を行っており、まちなか区域と比べ補助額を半額とするなど区別をしているものの、郊外で居住を誘導する区域を明示する数少ない事例である。

制度の主な利用実績（表10·4）は、戸建住宅の新築・購入を支援する「まちなか住宅建築奨励金」の利用がもっとも多く年平均で約70戸（累計で1197戸）、新築分譲マンションの購入を支援する「まちなかマンション購入奨励金」も約40戸（累計で427戸）であり、新たな住宅取得に関する制度利用は年間110戸にのぼる。なお、まちなか区域における戸建住宅の住宅着工件数は、2010年度～2015年度の平均で約140件／年であり、戸建新築住宅の約半数は制度を利用していることになる。また、まちなかの住宅団地の開発行為に対する補助（道路や公園等の整備費や用地費、建物の除却費などが対象）は、15団地95区画の実績があり、城下町としての古くからの都市構造をもつ金沢市において、狭小な宅地や道路などの住環境の改善に寄与している。なお、郊外の住宅取得の制度については、年間145戸（累計で1745戸）とまちなかの2倍の利用となっており、郊外居住の人気の高さをうかがわせる結果となっている。

まちなかの住宅取得に関する制度利用者の従前居住地を見ると、まちなか区域内が54％、まちなか区域を除く市内が32％、市外が14％となっている。また、住宅取得地の従前土地利用については、自宅（建て替え）が25％、自宅以外の住宅が43％、低未利用地が28％となっている。さらに、補助金の上乗せ内容を見ると、45歳未満が64％、3年以上更地の土地の活用が17％などとなっており、若年層を中心としたまちなかへの転入促進と区域外への転出抑制のほか、空き家や低未利用地の活用などにも繋がっていることが分かる。さらに、まちなか住宅建築奨励金利用者のアンケート調査結果から、まちなかでの定住を考えるうえで、制度の利用が「主たる要因になった」が10％、「要因の一つになった」が63％を占め、補助制度がまちなか定住を進める要因になっている。まちなか居住を選択した理由（複数回答）は、「これまでもまちなかに住んでいた」「公共交通などが便利」「親と同居・近居のため」が約半数、「繁華街に近く便利」「勤務地に近い」「街並みやまちの雰囲気がよい」が20～30％を占めており、居住歴や家族の事情のほか、まちなかの利便性や環境の良さが選定理由となっている。

これらのまちなか定住施策の効果も一因となり、近年はまちなか区域内が社会増に転換している（図10·2）。ただし、まちなか区域では高齢化率が35％（2015年）と高く、自然減の割合が大きいことから総人口は減少している（金沢市全体の高齢化率は25％）。なお、2015年3月の北陸新幹線金沢開業等によるマンション開発等により、2014年以降はとくに社会増が多くなっている。

### ❸ 北陸地方の事例に基づくまちなか居住施策の効果と課題

北陸地方では、まちなかを中心とした特定の区域に、若年層等の特定の対象を誘導する居住施策を行う自治体があり、これらの施策が一因となり、まちなかの社会増への転換が見られた。また、事例都市のアンケート結果から、まちなか居住を選択した住民は、公共交通や通勤・通学の利便性、買い物・飲食等の選択肢の多様性など、

暮らしの豊かさを求める傾向がある。この実態を踏まえると、まちなか居住施策は、単に住宅を誘導するだけではなく、まちなかの生活環境の向上に資する施策であるべきであろう。金沢市では、まちなか居住と文化・景観等の施策が連携し、歴史的町並み景観の形成やそれを担う職人の確保・育成など、幅広い効果に繋げている。

また、地域性もあるが、大半の自治体が戸建住宅の取得に対する補助となっており、持ち家の促進を前提としている。持ち家は定住に繋がりやすいが、増加する単身世帯やライフステージに対応したまちなかの住まいの選択に自由度が生まれない。高齢化が著しいまちなかに、若年層や子育て世帯を呼び込むためには、まずは安価に入居できる質の良い賃貸住宅で、期限を定めたまちなか居住を体験してもらい、次のライフステージにおける暮らしのあり方を考えてもらうことが重要ではないか。住宅の所有が是とされるのではなく、賃貸も含めた住まいの選択の自由度もまちなかの魅力と考える。

さらに、世帯数が減少する本格的な人口減少時代において、単に新規の住宅取得のみを支援するだけではなく、従前地の住宅への対策も必要である。富山市では、高齢者がまちなかに所有する住宅を、子育て世帯等へ賃貸する場合の支援制度を設けており、北陸地方では先進的な取り組みである。しかし、実態としては活用されておらず、両者を繋ぎ、契約の仲介まで支援する具体的な仕組みの構築が求められる。

## 10·3 まちなか居住施策の今後の展望

### 1. まちなか居住に向けた新たな取り組み

北陸地方のまちなか居住施策を事例として、施策の効果と課題を整理したが、まちなか居住の推進によりリバーススプロールの一因となりかねない従前地の住宅対策について、他都市の取り組みを概観したい。

従前地の住宅対策の一つとして、近年リバースモーゲージ[注4]が注目されている。これは、高齢者が所有する土地付き戸建住宅等の不動産資産を担保として融資を受けることができる仕組みであり、1981年に東京都武蔵野市で「福祉資金貸付制度」が全国で初めて導入された。当時は低収入高齢者の生活資金の補給という福祉制度という性格が強かったが、近年は民間金融機関が積極的に参入し、高齢者施設への入居一時金や自宅のリフォーム資金など、老後の充実した生活を送るための資金に充てる金融商品の取り扱いが増加している。

こうした中、茨城県土浦市では、中心市街地活性化に関する連携協定を常陽銀行と締結し、中心市街地への定住と空き家の有効活用の促進を目的としたリバースモーゲージ（住宅取得、住み替え、空き家活用の3商品）を2014年10月から開始した。

取り組みの特徴として、「住宅取得プラン」は北陸の事例と同様に取得費用の一部を直接補助するものであるが、「住み替えプラン」や「空き家活用プラン」は、制度利用者が従前地の住宅を「一般社団法人 移住・住みかえ支援機構（以下、JTI）」と借家契約し、JTIから受け取る家賃により、金融機関にローンを返済する仕組みとなっている（図10·3）。これにより、制度利用者は従前地を手放さずに、従前地の住宅ローンの解消や老後生活資金等に活用できるほか、従前地の住宅は空き家化することなく、JTIが新たな入居者に転貸する。とくに、入居者が新婚・子育て世帯の場合、入居者は土浦市から家賃補助（上限は2万円で3年間）を受けることができ、空き家の抑制と若年層の誘導を図る効果的な施策を展開している。なお、JTIを介した住み替え支援は関東や関西の自治体を中心として広がっているが、大都市および近郊での事例が多い。北原[文3]の指摘にあるように、持ち家志向の強い地方都市においてこの仕組みが構築できるのか、住み替え後の新たな住宅取得や生活における経済的な対応が可能なのか、今後の展開を注視したい。

### 2. 今後の展望

北陸地方の事例を通じ、住宅取得への補助によりまちなかの社会増に繋がる効果も見られたが、全国的に移住者支援制度が導入される現在、自治体そのものに魅力がないかぎり、移住者は補助金の有無でその自治体を選択しない。限られた財源のもと、各自治体が効果的に目指す都市像を実現するためには、少なくとも都市像に応じ

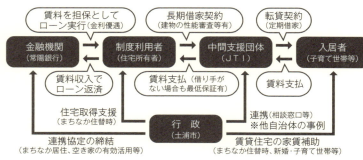

図10・3 土浦市でのリバースモーゲージの仕組み
(出典:土浦市、常陽銀行等の資料を参考に著者が作成)

た区域に居住を誘導すべきであり、さらに空き家や老朽建築物の解消、町並み景観の向上など、まちなかが抱える課題に対し、まちなか居住を通して改善する施策が必要と考える。

また、単にまちなかへ誘導するだけではなく、従前地の対策を合わせて講じることにより、郊外等でリバーススプロールが生じる恐れのある地域においても効果的な施策となる。制度利用者に対し、売却や賃貸(リバースモーゲージを含む)による住宅としての活用のほか、建物の寄付や除却など、今後の住宅の管理意向を明確化させることも有効な手段ではないか。さらに、国の補助制度(サービス付き高齢者向け住宅等の建設費補助)に自治体独自の上乗せを行う事例も見られたが、長期優良住宅やエコハウス等についても、各自治体が定める誘導区域内での開発にかぎり補助対象とし、良質な住宅ストックの集積を図るべきである。これらの良質のストックの集積が進めば、たとえばリバースモーゲージを活用した住み替え支援と効果的に連動し、まちなかの長期的な居住の安定に繋がる。まずは、住宅をどこに誘導するかを明確化する必要があり、これが、まちなかであり、立地適正化計画で定める居住誘導区域に相当すると考える。

多くの地方都市では、マイカーでの自由な移動を基本とした"郊外の庭付き戸建住宅"が豊かな暮らしの代表例としてもてはやされ、都市計画も郊外開発を進めてきた。実際に、まちなかに比べ広い敷地でプライバシーが確保され、良好な生活環境として評価でき、今後も求められる暮らしであろう。ただし、この暮らしがすべてではない。歩いて暮らせる環境の中で、そのまち独自の文化や賑わいにふれ、交流による多様な暮らしを選択する

人もいる。ライフステージにおいて一時それを求める人もいるであろう。これを"まちなか居住"とすれば、単にまちなかに住むだけの施策ではなく、多様な暮らしが選択できる環境整備とともに、所有だけでなく賃貸[注5]を含めた多様な住まい方を選択できる流通の促進など、まちなか居住に向けた施策展開が必要と考える。

【謝辞】
本章の作成にあたり、貴重なデータを提供していただいた富山市都市整備部居住対策課、金沢市都市整備局住宅政策課には多大なご協力をいただきました。ここに感謝の意を表します。

【注】
1 3大都市圏および政令市を除くDIDのうち、2000年、2005年、2010年で共通するDIDを集計した(1自治体に複数存在する場合は別々に集計)。
2 公共交通沿線とは、鉄軌道駅から半径500m以内の範囲もしくは、運行頻度の高いバス路線(1日おおむね60本以上)のバス停から半径300m以内の範囲で、かつ用途地域が定められている区域(工業地域および工業専用地域を除く)を対象としており、都心地区からの転居は補助対象外となっている。居住施策の詳細は富山市HPを参照されたい。
http://www.city.toyama.toyama.jp/toshiseibibu/kyojutaisakuka/kyujyuu-yuudou/jutakuseisaku.html
3 まちなか定住促進事業を含めた定住促進施策の詳細は文2を参照されたい。なお、郊外での支援は2016年4月から移住者限定の事業が創設され、2004年から行っている「いい街金沢住まい奨励金」は2016年9月末の受付をもって廃止されることとなっている。
4 国や機構による公的な融資制度と民間の金融機関による融資商品があり、一般的なリバースモーゲージとしては、自宅を担保に高齢者が融資を受け、死亡後に住宅を売却して返済を行う場合が多い。なお、日本では長生きリスク、金利変動リスク、不動産価格変動リスクの3大リスクがあると指摘されている。
5 事例とした家賃補助のほか、たとえば、低廉で良質な賃貸住宅の供給とまちなかの老朽建築物の解消を目的とした借上公営住宅などが考えられる。

【引用・参照文献】
1 国土交通省北陸地方整備局(2015)『北陸発 まちなか再生・まちなか居住のすすめ〜まちなか・既成市街地再生のための総合的なノウハウ集〜(第2版)』
2 『金沢住まいのススメ 平成28年度版』
http://www4.city.kanazawa.lg.jp/data/open/cnt/3/6667/1/H28sumainosusume1.pdf
3 北原啓司(2011)「コンパクトシティにおける郊外居住の持続可能性」『住総研 研究論文集』No.38)pp.23-34。

拠点・居住地の再編

# 第11章 郊外住宅団地の持続的居住と集約化の可能性

藤田 朗

## 11・1 希薄化する郊外住宅団地

### 1. 郊外住宅団地の類型
#### ❶ 急増する高齢人口

本書第2章で述べられているとおり、大都市圏においても人口動態に起因する都市縮小問題（都市希薄化）が懸念されている。2025年以降の高齢人口予測について見ると、東京圏以外の広域首都圏で高齢人口が減少することになるが、東京圏では高齢人口が加速度的に増加すると推計されている[文1]。高齢化は、ファミリー世帯向け住宅需要の低下や、生産年齢人口あたりのインフラ維持更新コストの増大に繋がり、住宅市街地の規模を維持することが将来困難となる。

#### ❷ 遠隔郊外住宅地の持続的居住に向けて

郊外住宅団地について、たとえば勝又[文2]は、東京都心から50km以上離れた「限界郊外住宅地」、都心から30～40km圏の「遠隔郊外住宅地」といった整理を既往研究から示している。そのうえで、放置すれば衰退・荒廃しかねないが、維持更新の取り組みにより持続可能となる団地を選択することの重要性を指摘している。

都市希薄化のマクロ的な動向について、たとえば国土交通省国土政策研究所の調査[文3]では、首都圏の都心から30～50km圏に位置する八王子市や横浜市郊外部等に空き地率が高いメッシュの集積が見られるとしている。同様に、柴田・藤井・森田[文4]は、都心から30～50km圏において、町丁目で「住み継がれる郊外」と「住み継がれない郊外」がモザイク状に分布している現状を示している。三宅・小泉・大方[文5]は、都心から30～50km圏において持家減少地区の数が多く、これらの地区には戸建住宅団地が多いことを示している。

都心から30～50km圏には、高度経済成長期に供給されたニュータウンをはじめとした郊外住宅団地が多く立地している。これらの地区は、限られた年齢構成の世代が開発当初に一斉に入居したことから、急速な高齢化率の上昇による地域の活力低下、高齢者単独世帯の増加等の郊外住宅団地特有の問題（郊外の中の郊外）が生じるとされている[文6]。本章では、首都圏の遠隔郊外住宅地を対象として、持続的居住に向けた課題や経済的誘導手法など集約化の可能性を検討する。

集約化の可能性について、林・土井・加藤[文7]は、撤退・再集結のためのパッケージとして、再結集する土地の最有効活用によって社会全体の利益を最大化する制度の提案を行っている。和田・大野[文8]は、土地の証券化を用

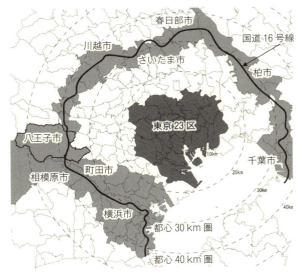

図11・1 首都圏郊外部で進む高齢化
（出典：社会保障・人口問題研究所の推計値（2013年）より作成）

| | 2010年 | | 2040年 | | 増減率 (2010→2040) | |
|---|---|---|---|---|---|---|
| | 人口 | 高齢化率 | 人口 | 高齢化率 | 人口 | 高齢者人口 |
| 国道16号線周辺自治体 | 978万人 | 20.3% | 910万人 (▲68) | 35.2% | -7.0% | +61.5% |
| 東京23区 | 895万人 | 20.2% | 840万人 (▲55) | 33.0% | -6.1% | +53.4% |
| 1都3県 | 3562万人 | 20.5% | 3231万人 (▲330) | 34.6% | -9.3% | +53.0% |

いた手法により事業主体および移転する市民の負担する費用のシミュレーションを行い、その実現可能性を検証している。しかし、集約化の方法として経済的誘導手法の体系的検討を行った研究は少ない。

## 2. リバーススプロールの予兆
### ❶ 都市希薄化の実態把握

都市希薄化やリバーススプロールの実態を把握するため、従来は現地踏査やアンケート等が行われてきたが、それらは手間のかかる方法である。また、水道使用者情報を活用して空き家を把握する方法は、データ入手が困難であったり、実態とは異なる場合がある。そこで、国勢調査、国土数値情報といった入手の容易なデータソースに基づき、リバーススプロールの予兆・実態や、リバーススプロールの程度に影響を及ぼすと考えられる指標の活用を提案する（表11・1）。

表11・1 リバーススプロールの予兆・実態等を表す指標

| 検討の視点 | 指標（調査項目） | データソース |
|---|---|---|
| リバーススプロールの予兆・実態を表す要素 | 空き家・空き地（概数） | ゼンリン住宅地図、八王子市、1997、2002、07、13年（参考） |
| | 高齢化率、高齢化率の推移 | 国勢調査、2000～15年 |
| | 人口密度、人口・世帯数の推移 | 国勢調査、住民基本台帳 |
| | 地価 | 地価公示・都道府県地価調査 |
| リバーススプロールの程度に影響を及ぼすと考えられる要素 | 駅、バス停までの距離、バスのサービス水準 | バス事業者HP等 |
| | 通勤通学時の自家用車、バス、電車の各利用割合 | 国勢調査、2010年 |
| | スーパー、コンビニの立地数 | 全国大型小売店総覧2014年版、WEBサービス「コンビニまっぷ」 |
| | 市内、市外での各就業割合 | 国勢調査、2010年 |
| | 団地内高低差 | 国土数値情報 |
| | 地区計画による規制 | 八王子市HP |
| | （団地外のデータ）スプロール市街地における新築戸建住宅の販売状況 | 不動産会社HP等 |

表11・2 八王子市住宅団地の評価

| 団地 | 衰退実態 ||| 衰退要因 ||||
|---|---|---|---|---|---|---|---|
| | 高齢化率 | 人口密度 | 地価 | 公共交通 | 商業集積 | 団地内高低差 | 地区計画規制 |
| A団地 | × | ○ | ○ | ○ | ○ | △ | × |
| B団地 | × | △ | △ | × | × | × | × |
| C団地 | △ | × | × | ×× | △ | × | × |
| D団地 | × | × | △ | × | × | △ | × |
| F団地 | × | ○ | △ | △ | × | △ | × |
| G団地 | × | × | △ | × | △ | △ | × |
| H団地 | ○ | ×（分譲中） | △ | × | × | △ | × |

### ❷ 団地の評価

リバーススプロールの予兆・実態等を表す指標を用いて、典型的な遠隔郊外住宅地を八王子市から選定して、指標間の相関分析やGISを用いた団地間比較により、持続性評価を行った（表11・2）。その結果、鉄道駅から遠くバス利便性もそれほど高くない団地は、他の指標についても低い水準であり、今後のリバーススプロールが懸念される結果となった。

八王子市は都心からおおむね40km圏に位置し、高度経済成長期に丘陵地等に戸建住宅団地を含む大規模住宅団地が大量供給された典型的な遠隔郊外住宅地を擁している。また、多摩ニュータウンなど新住宅市街地整備事業による開発以外に、開発許可の前身的制度である旧住宅地造成事業により、民間事業者により造成、整備された戸建住宅団地が多いという特徴がある。それらの団地の多くは住宅の老朽化や居住者の高齢化が進んでおり、空き家が増加しているとの声も住民から上がっている[注1]。また、持ち家中心であることから、団地の一体的な対応策の主体が想定しにくい。次節では、八王子市の団地をケーススタディとして集約の必要性の根拠となる課題を明らかにする。

## 11・2 持続的居住に向けた課題

### 1. 駅から遠い団地で進む高齢化
#### ❶ 人口減少が続く団地

八王子市全体の人口は、増加傾向にあった。一方で、郊外住宅団地を含む町丁目人口の推移を見ると、めじろ台、南陽台、北野台をはじめとした団地を含む地区について人口減少が続いてきた。また、各団地の地価は、市内住宅地の最高地価が近年上昇しているのに対し、横ばいもしくは微減傾向で推移している（図11・2）。

国勢調査による高齢化率を町丁目単位で見ると、めじろ台、南陽台、高尾台、北野台といった団地を含む地区の高齢化率が、30％以上と高いことが示された（図11・3）。これらのうち、分譲時期がもっとも早いめじろ台を除くと、鉄道駅から路線バスの乗車時間が10～15分程度

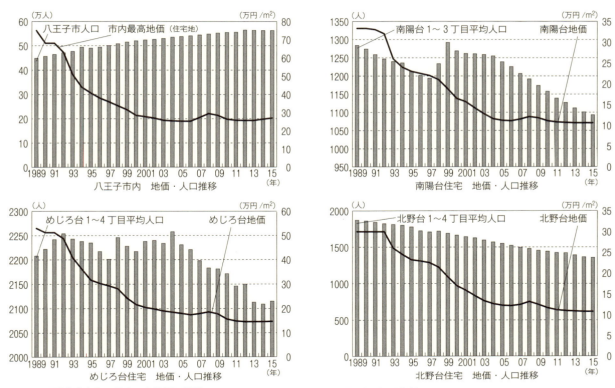

図 11・2　団地を含む町丁目人口と地価の推移 （出典：住民基本台帳、地価公示・都道府県地価調査より作成）

表 11・3　八王子市住宅団地の公共交通の利便性の状況

| 団地 2015年(町丁目高齢化率) | 最寄バス停までの距離 | 徒歩所要時間 | バスによる拠点駅までのアクセス ||||| 鉄道駅までのアクセス時間（バス停までの徒歩時間＋待ち時間＋乗車時間） |
|---|---|---|---|---|---|---|---|---|
| ||| 最寄バス停までの所要時間 | バス運行本数 || バス待ち時間の目安（運行間隔/2） | 乗車時間 ||
| ||||1日 | ピーク時 ||||
| 1　北野台 (42%) | 2.3 km (北野) | 48分 | 団地内のため0分 (バス停：北野台5丁目、わかば公園、北野台1丁目、公園前、坂上、北野台3丁目、西武北野台) | 北野駅、八王子駅行：104本/日 ※反対方向は八王子みなみ野駅行 | 9本 (7時台) | 3分 | 12分 (公園前〜北野駅) | 15分 |
| 2　南陽台 (47%) | 2.0 km (北野) | 43分 | 団地内のため0分 (バス停：南陽台、南陽台商店街、南陽台中央) | 北野駅、八王子駅行：113本/日 平山城址公園駅行：16本/日 | 9本 (7時台) 2本 (7時台) | 4分 | 12分 (南陽台〜北野駅) | 16分 |
| 3　めじろ台 (38%) | 0.4 km (めじろ台) | 8分 | 団地内のため0分 (バス停：めじろ台駅、めじろ台南) | 488本/日 ※めじろ台駅での発本数 | — | 0分 | 0分 | 8分 |
| 4　紅葉台 (28%) | 1.9 km (高尾駅) | 39分 | 1区団地から5分(400m)、2区団地から11分(900m) (バス停：上舘) | 高尾駅行：86本/日 八王子駅行：43本/日 | 9本 (7時台) 3本 (7時台) | 3分 | 8分 (上舘〜高尾駅) | 16分 or 22分 |
| | | | 【自治会バス】 団地内のため0分 (バス停：なし) | 高尾駅行：23本/日 | 4本 (6時台) | 8分 | 18分 ※運行経路距離より推計 | (26分) |
| 5　高尾台 (40%) | 2.4 km (高尾駅) | 49分 | 団地内のため0分 (バス停：高尾台中央、高尾台) | 高尾駅行：38本/日 ※上記とは別に駅から高尾台住宅方面へは、21時から1時まで13本運行 | 3本 (7時台) | 8分 | 10分 (高尾台中央〜高尾駅) | 18分 |
| 6　松子舞 (33%) | 4.0 km (高尾駅) | 81分 | 団地内のため0分 (バス停：松子舞団地北、松子舞団地東、松子舞自治会館) | 高尾駅行：5本/日 ※はちバス（八王子市地域循環バス） | 0.6本 | 60分 | 32分 | 92分 |
| 7　ホームスタウン八王子 (21%) | 3.7 km (高尾駅) | 75分 | 団地内のため0分 (バス停：ホームスタウン、ホームスタウン北) | 高尾駅行：61本/日 西八王子駅行：25本/日 | 5本 (7時台) 2本 (7時台) | 6分 | 13分 (ホームスタウン〜高尾駅) | 19分 |

（出典：西東京バス、京王バスHPより作成）

第11章　郊外住宅団地の持続的居住と集約化の可能性

図11・3　町丁別高齢化率（出典：2010年国勢調査より作成）

ここでは、ニュータウン地区や八王子市全域との人口構成を比較することにより、世代交代の状況を類推する。

### ❷ 流出する若年世代

八王子市内には、ニュータウン地区（みなみ野など）やスプロール地区など居住者の年齢が比較的若い地区もある一方、高齢者が多く人口構成に偏りがある郊外住宅団地が多い（図11・5）。これらの団地は、50〜60歳代の人口はそのまま高齢化へスライドしている一方、20〜30歳代の人口はスライドすることなく減少しており、若年世代が流出していることが分かる（図11・6）。なお、ニュータウン地区は、どの年齢層も比較的均質に人口が増加している。

郊外住宅団地は老朽化しているため若い世代に人気が

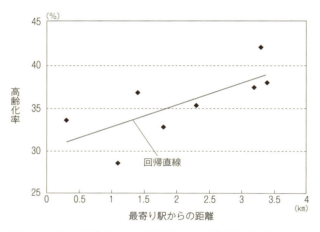

図11・4　八王子市住宅団地の最寄駅からの距離と高齢化率
（出典：八王子市住民基本台帳人口（2010年3月末）および八王子市都市政策研究所（2012）『より豊かな高齢社会を目指して最終報告書』より作成）

以上かかる団地（表11・3）の高齢化率が高いと言える。また、昭和40〜50年代に入居開始した住宅地の最寄駅からの距離と高齢化率を見ると相関があり、駅から遠い住宅地で高齢化が進んでいることが分かる（図11・4）。

### ❸ 団地内の高低差

加えて、駅から遠い郊外住宅団地は、丘陵地に建設された場合が多く、団地内の高低差が大きい。高齢者にとっては徒歩での移動が困難な住みにくいまちとなっている可能性がある。

## 2. 進まない世代交代

### ❶ 年齢別人口構成の比較

郊外住宅団地において、世代交代が進んでいるかどうか直接把握できるデータを入手することは容易ではない。

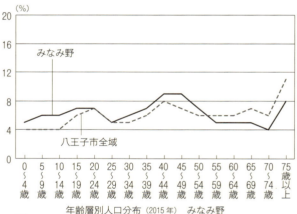

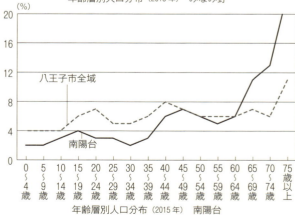

図11・5　ニュータウン地区と戸建住宅団地の人口構成
（出典：国勢調査より作成）

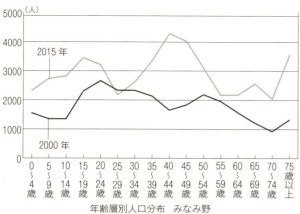

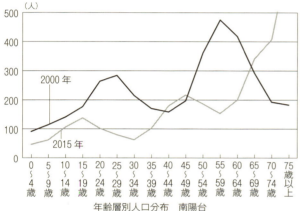

図11・6 八王子市住宅団地の年齢層別人口分布の変化
（出典：国勢調査より作成）

なく、今後も人口流入がない場合は、空き家化（都市希薄化）が進むことが予想される。

### 3. スプロールの進行

#### ❶ 安価に供給される新規開発住宅

八王子市の北部・西部など市街化区域縁辺部の鉄道駅から遠いエリアに、バラ建ちや小規模宅地開発により、戸建住宅が安価で供給されている。たとえばJR八王子駅からバスで25～30分程度かかるエリアで、土地125～140 m²、建物95～105 m²の新築物件が、1780万円～1980万円程度で販売

されている[文9]。

市街化区域内ではあるが、計画的な住宅地とは言いがたいスプロール的な市街地が、今なお拡大をしている状況である。世帯年収が比較的低く、市内もしくは近傍で就業する層をターゲットに販売されていると考えられる。

#### ❷ 足かせとなる地区計画

一方で郊外住宅団地の大部分は、地区計画によって最低敷地面積が160～170 m²程度以上に規制されている。若い世帯向けの比較的廉価な宅地面積での住宅供給が困難な状況となっており、スプロール開発地に対して価格面では優位性が低い。この点が、郊外住宅団地において世帯交代が進まない要因の一つと考えられる[文10]。また、用途地域によるコンビニ等の生活利便施設の立地制限など、柔軟性に欠ける都市計画が団地の魅力向上の足かせとなっており、これらについては、行政が積極的に都市計画の見直しに関与することが必要である。

## 11・3 集約化の可能性

### 1. 集約方策と縮退方策

#### ❶ 都市全体を見渡した方策

本節では、前述した課題を踏まえ、郊外住宅団地における施策を一般論として検討する。将来は、宅地需要やインフラ維持更新コストの点からすべての団地を維持することは困難である。放置すれば衰退・荒廃しかねないが、維持更新の取り組みにより持続可能となる団地と、

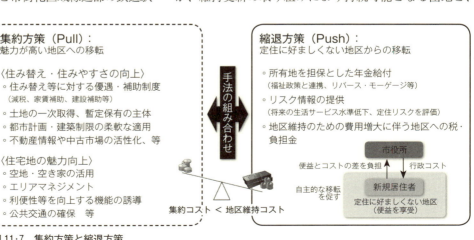

図11・7 集約方策と縮退方策

取り組みを試みても長期的には衰退・荒廃の可能性の高い団地に分かれる中で、持続的居住を目指す団地を選択し、コントロールすることが必要な施策となる。それは、集約方策(Pull)と縮退方策(Push)の二つに整理できる(図11・7)。集約方策とは、団地の魅力・優位性を高めるための取り組みであり、縮退方策は居住者の自主的な撤退を求める取り組みである。将来のリバーススプロールに備え、集約方策と縮退方策を組み合わせ、都市全体を見渡した展開が必要であると考える。

### ❷ 立地特性に応じたケース分け

たとえば、駅周辺の団地については、生活利便施設や高齢者福祉施設等の集積による駅前エリアのコア形成を強化し、駅周辺住宅地との連携を維持・強化する。鉄道駅までのアクセス時間が20分程度以上かかる住宅団地では、住宅や商店等の更新や公共施設・緑地等の維持管理を適切に行い、若い世代を含め多世代に魅力のある住宅地としていく。公共交通がきわめて不便な団地については、短期的には周辺の新たなスプロールを抑制しつつも、長期的には計画的縮退を視野に入れた検討を行う、などといった立地特性に応じたケース分けが考えられる。

## 2. 住み替えの促進

### ❶ 世帯の入れ替わりの促進

高齢化が進展する団地において、転出入による世帯の入れ替わりを促進する集約方策として、住み替え事業や都市計画の見直しなどの手法がある。住み替え事業としては、駅から遠い団地に住む高齢者単身世帯が土地を売却し、その資金で駅周辺の高齢者向けマンション等に入居、売却後の土地は敷地面積の小規模化や多世帯住宅を認めて若手ファミリーの手の届く価格帯で供給するといったスキームが考えられる(図11・8)。

### ❷ 共同化による取り組み

駅に近い団地については、2～3戸の敷地を共同化し、容積緩和等で高齢者向け住宅やタウンハウスを整備するとともに敷地の小規模化を認め、借地権設定等で若手ファミリーの手の届く価格帯で供給するといったことが考えられる。このような取り組みを民間事業者が円滑に進められるよう、行政が支援することも必要である。

## 3. 計画的に縮退を促す地域の選択

### ❶ 計画的に縮退を促す地域の位置づけ

計画的に縮退を促す地域は、立地適正化計画制度により居住調整地域として制度化されている。居住調整地域とは、「人口減少・高齢化の進展という社会背景の中で、都市構造を集約化して都市の機能を維持していく必要性が高まっていることを踏まえ、今後工場等の誘導は否定しないものの、居住を誘導しないこととする区域において住宅地化を抑制するために定める地域地区」である。

「過去に住宅地化を進めたものの居住の集積が実現せず、空き地等が散在している区域について、今後居住が集積するのを防止し、将来的にインフラ投資を抑制することを目的として定める場合」などが想定されている[文11]。計画的に縮退を促す地域は、居住調整地域に位置づけるなど、縮退方策を促すことが必要になってくる。

### ❷ 縮退を促す地域を選択する方法

縮退を促す地域を選択する根拠として、地域のコスト(インフラや公共施設の維持・更新コスト)、便益・生活の質(税収、都市機能へのアクセシビリティ、災害安

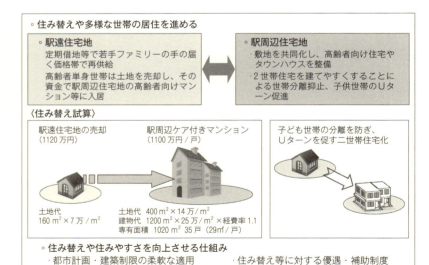

図11・8 住み替えの促進施策(例)

全性、歴史や風土、居住者の価値観など）といった視点での分析が考えられる。そのうえで、将来人口推計と行政コストの関係、コストと便益の関係などを評価することにより、縮退を促す地域を選択するための基礎資料となる。

たとえば、将来のDID人口密度目標を保つためにはどの程度の規模の市街化区域が適切であるのか、公共交通が便利な地域に住む人の人口割合を保つためには将来どの程度の数の居住者を移転されたらよいのか、などといった目標値の設定が考えられる。

縮退方策は、現実的には住民の合意形成が困難となる。それぞれの地域住民に施策の効果を認識させることが重要となる。そのためには、縮退する場合としない場合のそれぞれについて、コストや便益をシミュレーションするなど、合意形成のためのツールを構築することも一方策である。

試算例として、全国の中核市から3市を選んで、市全体のインフラ維持更新コストの構成比および人口あたりの税収とコストとの差を示す（**図11·9**）。コストの試算方法は、国土交通省「都市構造の評価に関するハンドブック」（2014年）に基づいた。税収については、人口変化に応じて個人市民税と法人市民税を変化させ、固定資産税・都市計画税（土地分）は、人口密度を説明変数とした地価関数を設定するなど、簡便な方法により試算を行った。計画的縮小のある場合とない場合のコストの差を一定の仮定を置いて試算した場合中核市B市の場合、人口あたり4800円、中核市C市の場合人口あたり6900円となった。

また、インフラ維持更新コストを地域メッシュに振り分けた後、各メッシュについて人口あたりのコストと人口密度の関係を見たものが**図11·10**である。将来の人口密度が低下する地区が増える中、人口あたりのインフラ維持更新コストが割高となる地区が増えることが分かる。

## 4. 経済的誘導手法
### ❶ 住民の自主的な撤退を求める方法

縮退方策として、住民の自主的な撤退を求める経済的誘導手法が挙げられるが、経済学的には妥当な方法である

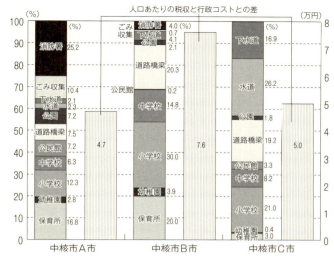

図11·9　インフラ維持更新コストの試算例（自治体によって集計項目が異なる）

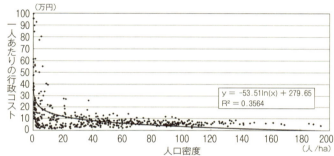

図11·10　1人あたりのコストと人口密度の関係

とされている。たとえば金本・藤原[文12]は、固定資産税に差をつけることにより、公共サービスの費用負担の適正化を行うことが最善の政策であり、土地利用規制という間接的な政策手段は次善の政策であるとしている。

### ❷ 経済的誘導手法の提案

具体的な手法として、人口が減少して1人あたりのインフラ維持更新コスト等が割高になる団地において、通常のインフラ維持更新サービスを受けようとする場合には、団地住民に負担を求めるなどの仕組みを取り入れる方策が考えられる。特定の地区に立地する者に対して、社会的な便益（外部効果や税収等）とインフラ維持更新の費用とのアンバランスを解消できるよう負担を求めることにより移転を誘導するなど、市場を活用した仕組みである。

また、その他の経済的誘導手法の例を**表11·4**に示す。それらのうち不動産にかかわる相続税納税猶予による高質街区の形成方策を**図11·11**に示す。集約を図る地区

表11・4 経済的誘導手法（例）

| インセンティブ | 備考 |
|---|---|
| ①固定資産税、都市計画税の減免 | 税等の措置として、住宅ローンの減税、固定資産税の減免、住宅ローンの金利の低減等 |
| ②家賃補助、住宅建設費補助 | まちなか居住誘導に一定の実績がある施策 |
| ③相続税納税猶予 | 高質な街区を保全するため、子世帯が引き続き居住することを促進<br>⇒参考（生産緑地区） |
| ④年金給付による高齢者死亡時の土地収用（リバースモーゲージやビアジェ） | 高齢者の土地や建物を担保として、毎月一定額の融資を行い、死亡時に担保物件を収用 |
| ⑤地方環境税の活用 | 縮退地区に居住することが環境面等で周辺地域も含め悪影響を及ぼす場合、その社会的費用を住民に求める新たな税を導入。あるいは森林環境税の使途として高質な街区構築に使用 |
| ⑥住み替え支援のためのマーケット・デザイン | 需要と供給の情報の非対称性を解消 |
| ⑦ランドバンクの設立 | 公的機関が不動産を一次取得。資産価値を高めるため、既存建築物を改修・解体したり、隣接する不動産を取得して一体的な開発が可能となるまで保持 |

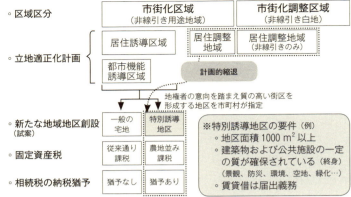

図11・11 相続税納税猶予による高質街区の形成方策（試案）

については生産緑地のような位置づけを図り、相続税納税猶予をインセンティブとして与えてはどうかという提案である。持続的居住に向けてインパクトのある施策ではないかと考えている。これらの手法について、実施した場合の行政の事務量、既存の法制度との整合性、財政支出などの観点など、実現可能性の評価を進めることが今後の課題である。

## 11・4 政策化に向けて

八王子市の遠隔郊外住宅地をケーススタディとして、①駅から遠い団地で高齢化が進む、②世代交代が進んでいない、③団地外でスプロールの拡大も進行している、といった課題を明らかにした。そのうえで、課題に対する施策として、世代交代を進め持続できる住宅地とするための事業の考え方を提案した。さらに、転居するタイミングを狙って住民の自主的な対応を求める施策や、相続税納税猶予による高質街区の形成方策など、経済的誘導手法の試案を縮退方策として示した。

今後は、経済的誘導手法のシミュレーション（費用対効果分析）や財源問題などを含め、政策化に向けた検討を進めていきたい。

【謝辞】
　本稿は、日建設計総合研究所の自主研究成果ですが、八王子市土地利用計画課中里氏にはたいへんお世話になりました。この場をお借りして御礼申し上げます。

【注】
1　八王子市「第1回八王子市都市計画マスタープラン検討委員会会議録」（2012年）および現地調査時における住民へのヒアリング結果など。なお、八王子市都市政策研究所「八王子市における土地の有効活用策の検討〜めじろ台住宅団地の事例をもとに〜」（2012年）では、現地踏査により、めじろ台団地の全区画のうち5％以上が空き地・空き家等（駐車場等を含む）であるとしている。

【引用・参照文献】
1　国土交通省（2016）『首都圏広域地方計画』p. 11
2　勝又済「郊外住宅地の維持更新の条件と取り組み方策」（川上光彦ほか編著『人口減少時代における土地利用計画：都市周辺部の持続可能性を探る』学芸出版社）p. 59
3　国土交通省国土交通政策研究所（2012）『オープンスペースの実態把握と利活用に関する調査研究』p. 39
4　柴田建・藤井多希子・森田芳朗（2010）「持続可能な都市圏の形成に向けた郊外住宅地ストックのポテンシャル分析」（『国土政策関係研究支援事業研究成果報告書』）p. 19
5　三宅亮太朗・小泉秀樹・大方潤一郎（2014）「東京圏における世帯減少地区の分布と市街地特性に関する研究」（『都市計画論文集』Vol. 49、No. 3、2014年）
6　国土交通省（2015）『国土形成計画（全国計画）』p. 2
7　林良嗣・土井健司・加藤博和（2009）「土地利用の集約化とストック化の実現手法」（林ほか編著『都市のクオリティ・ストック：土地利用・緑地・交通の総合戦略』鹿島出版会）
8　和田夏子・大野秀敏（2013）「コンパクト化を目指した都市再編マネジメント手法の検討：長岡市でのケーススタディ」（『日本建築学会大会学術講演梗概集（北海道）』）
9　不動産・住宅サイトSUUMOおよびHOME'S（2016年閲覧）
10　小場瀬令二・小林乙哉（2006）「民間開発による地区計画のある遠隔郊外住宅地の相続時の変容動向に関する研究」（『都市計画論文集』No. 41-3）
11　国土交通省（2016）『立地適正化計画の作成に係るQ&A』（2016年2月8日一部改正）
12　金本良嗣・藤原徹（2016）『都市経済学（第2版）』東洋経済新報社、p. 313

拠点・居住地の再編

# 第12章 用途無指定区域における拠点集約の取り組み

竹田慎一、松川寿也

　計画的に市街地を縮小させる制度手法として、立地適正化計画が注目されているが、これは市街地を主たる対象としている。ただ、多くの地方都市では、市街地周辺に広大な農村地域や中山間地域を抱えている。既成市街地と同じく、両地域でもすでに人口減少と高齢化が進行しているが、市街地の集約化に向けた取り組みの犠牲として両地域での居住や生活利便性を否定し、両地域での生活拠点機能の低下を野放しすることはあまりに非現実的である。したがって、農山村地域（用途無指定区域）での生活拠点を維持し、拠点間のネットワークを形成するためには、財政的支援だけに頼るのではなく、土地利用の規制誘導手法を講じていくことも当然重要である。

　そこで本章の前段では、市街地周辺に広大な農山村地域を抱える上越市を題材として、立地適正化計画の策定と同時に行われている「都市計画区域外での小さな拠点形成」と「市街化調整区域での土地利用適正化」の両取組みを紹介する。そして後段では、農山村地域でのミニ立地適正化計画とも言うべき「地域再生土地利用計画」を取り上げ、立地適正化計画と対比しながらその可能性を論じたい。

## 12・1 上越市における取り組み

### 1. 現況と課題

　上越市は、新潟県南西部に位置する日本海に面した都市である。2005年1月に14の市町村の合併において東西44.6 km南北44.2 kmで面積は973 km²となり、香川県や大阪府の半分以上の広大な市域となった。地形は市内平野部のほぼ中央の南北にわたり1級河川関川が流れ、その下流域の東西に1級河川保倉川が合流し、周辺

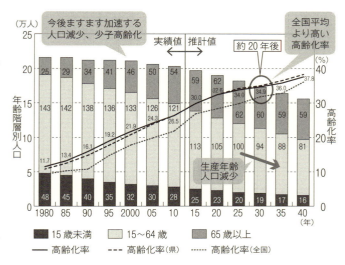

図12・1 上越市の人口の推移と将来推計（出典：上越市都市計画マスタープラン）

流域は稲作地帯を支える沖積地が広がっている。この平野を取り囲むように米山山地、東頸城丘陵、西頸城丘陵が連なっており、そのうち平均標高60 m以下に人口の約9割が居住する平野が広がっている。また古くから交通の要所として栄え、重要港湾である直江津港や北陸自動車道、上信越自動車道をはじめ妙高はねうまライン、日本海ひすいライン、JR信越本線、ほくほく線など複数の主要鉄道を有している。2015年3月には北陸新幹線が開業し東京と短時間で結ばれたところであり、今後も上越魚沼地域快速道路、上信越道の4車線化プロジェクトが進行し、陸・海の交通ネットワーク環境が整う有数の地方都市である。

　合併後の人口は2010年の国勢調査人口によると20万3899人で新潟県の市町村では3番目の人口となっており2007年4月に特例市へ移行している。しかし、2010年と比べて2030年には3万人減少することが推計され、とくに高齢化率については2010年では26.6 %、20年後の2030年では34.9 %と全国平均よりも高い数値の推計となっている（図12・1）。また世帯数において

も1980年の1世帯あたり人員は3.86人／世帯に対して2010年は2.79人／世帯となっており約3割減となっている。

## 2. 都市計画の概要と都市政策上の課題

上越市の都市計画は上越市となる以前の戦時中の1938年の高田市、直江津市での初回設定に始まる。当時は市街地の都市計画道路網の指定が主だったものであり土地利用まで定めるものではなかった。その後、高速交通網の整備など激増する交通量への対応、その周辺の土地利用の変化、1968年の都市計画法の制定、また1971年に高田市、直江津市が合併し上越市として10万人の人口規模となり1973年には上越都市計画区域の指定を行った。

合併後は、旧高田市と旧直江津市の中央に行政機能を移転し、産業構造の変化も伴って市街地が拡大した。線引き都市計画区域としては1984年に区域区分制度により当初線引き指定、その後、市街地の拡大が続いてきたことから1991年に第1回定期見直し、2001年に第2回定期見直しを行い、近年では2009年に第3回の定期見直しを行った。この第3回見直しでは人口減少、少子高齢化を踏まえ、市街化区域において都市的土地利用がされていない良好な営農環境である保全可能な地域について、大規模に市街化調整区域に編入する手続きを行った。

しかし、当初の区域区分における市街化区域面積が3548 haであったことに対し現在の市街化区域面積は4463 haとなっており、約1.26倍増へ市街化区域が拡大している状況である。その結果、DID面積は高田・直江津地区の1980年の15.8 km²から2010年においては22.9 km²へと約4割増加した一方で、DID人口密度は1980年の市内平均約46人/haの密度に対して2010年では約37人/haと減少しており、低密で分散化した市街地となっている現状である（図12·2）。

そのため今ある市街地を維持・向上していくため生産年齢人口である働き盛り世代・子育て世代が住み続けられる生活の場や増加す

る高齢者が安心して暮らしていける生活環境の確保が必要である。また、インフラ維持費についても、市の抱える施設の老朽化および人口減少も相まって市民1人あたりの維持費負担が2010年から2030年の間に1人あたり1.6万円から約2.6万円に増加することが推計されており、効率的で価値ある財政投資・運用を進める必要がある。

また、上越市内の都市計画区域は、線引き都市計画で合併前の上越市、大潟区全域、頸城区の一部の範囲の2万6055 haとなっており、これに接する柿崎都市計画区域は非線引き都市計画区域で柿崎区の一部範囲3301 haで指定されている（図12·3）。この他、非線引き都市計画である妙高都市計画区域において行政区が上越市になる中郷区があり1万6293 haのうち2624 haを指定し

図12·2　DID面積と人口密度の推移（出典：上越市都市計画マスタープラン）

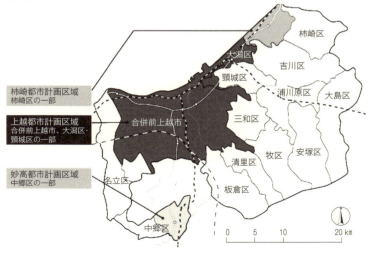

図12·3　上越市の都市計画区域の概要（出典：上越市都市計画マスタープラン）

ている。さらに、都市計画区域を大きく上回る 973 km² の市域となったことで、一つの市域に線引き都市計画区域、非線引き都市計画区域、都市計画区域外）が並存している。そして、都市計画区域外となる中山間地域の集落人口は、2005 年が約 1.8 万人、2010 年は約 1.6 万人、5 年間で約 1 割程度の減となり人口減少や高齢化が進行し集落の維持に支障をきたすことも懸念される。そのため多様な公益機能を有する中山間地域においても、豊かな自然や農作物を育む人々の暮らしや営みを維持していくことが必要とされている。

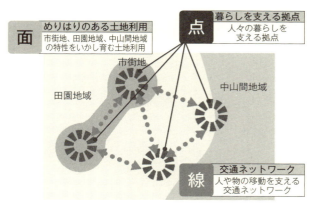

図 12・5　上越市の都市構造のイメージ
（出典：上越市都市計画マスタープラン）

## 3. 都市計画マスタープランでの拠点設定

上越市の立地適正化計画の策定区域は、土地利用の状況や日常生活圏域を勘案して、線引き都市計画区域である上越都市計画区域を計画対象とし、その中で居住誘導区域、都市機能誘導区域の指定を検討することになる。ただ、上越市のまちづくりの将来都市構造は、非線引きの柿崎都市計画区域と妙高都市計画区域だけでなく、都市計画区域外も含め計画対象区域とした都市計画マスタープラン（まちづくりの基本方針に基づく全体構想、地域別構想）を反映し、連携・調和を図り策定された（図 12・4）。

上越市都市計画マスタープランの計画期間は、2015 年から 2034 年までの 20 年として策定している。このマスタープランでは、計画対象範囲を都市計画区域に捉われず市域全域とし、都市計画区域外も含めた将来都市像の実現のための「快適で充実した（生活）空間を形成し、各拠点が相互に連携した持続可能な都市構造」を目指している。

将来都市構造は、めりはりのある「面」、暮らしを支える拠点の「点」、人や物の移動を支える交通ネットワークの構築の「線」により構成している（図 12・5）。「面」については、都市機能を有する「市街地」、農業生産機能と生活機能を有する「田園地域」、水源かん養などの公益的機能と生活機能を有する「中山間地域」の三つの地域それぞれの特性を活かした土地利用に分類している。「点」の拠点については、各地区の拠点の機能に応じて多様な都市機能が集積する「都市拠点」、周辺の生活拠点を支える機能を集積する「地域拠点」、日常生活に必要な機能を集積する「生活拠点」、広域的な人や物の移動の玄関口としての機能を有する「ゲートウェイ」の四つに分類し拠点を構築することとしている。この「地域拠点」には、市街化調整区域を有する頸城区の他、都市計画区域外の三和区や安塚区なども含まれる。さらに、同じく都市計画区域外の浦川原区、板倉区が「生活拠点」として位置づけられている。これら両拠点も市街化区域である「都市拠点」と同じく、人口集束とコミュニティ維持を図る方針を定めている（図 12・6）。そして「線」については、それら拠点と市外、拠点と拠点、拠点と地区内の集落などのそれぞれの間の移動の交通ネットワークの構築や効率的で利便性の高い公共交通体系の構築を図ることとしている。

こうした上越市が目指す都市計画マスタープランの将

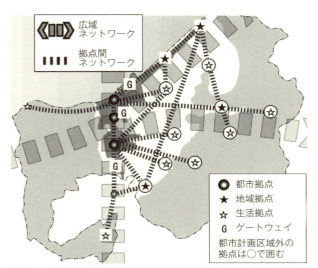

図 12・4　将来都市構造図　（出典：上越市都市計画マスタープランに筆者加筆）

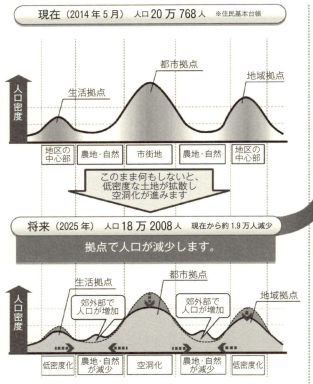
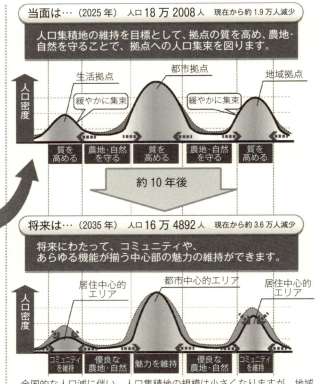

図 12・6 都市拠点、地域拠点、生活拠点での人口集束のイメージ
(出典：上越市都市計画マスタープラン)

来都市構造の各拠点が相互に連携した都市構造は、改正都市再生特別措置法でのコンパクトシティ・プラス・ネットワークの形成を推進する取り組みと、まさに同じ方向性のまちづくりである。

## 4. 集落拠点維持に向けた取り組み

　本章2節で述べたように、合併によって規制の異なる都市計画区域が市内に並存したことで、非線引きの柿崎都市計画区域と都市計画区域外の一部地域は、線引きの上越都市計画区域と接している。上越市では都市計画法第34条11号の条例を制定し3411区域も指定してはいるが、旧既存宅地制度と同じく市街化調整区域の指定時に宅地であった土地のみを許可対象としているため、市街化調整区域での土地利用の緩和施策を導入していなかった。そのため、市街化調整区域と接する地域との間には、開発行為、建築行為の制限に格差がある他、当区域における人口減少・少子高齢化などの社会情勢の変化に対応した新たな土地利用制度が必要とされていた。

　そこで、農村集落の活力を維持する土地利用方策として新たに二つの土地利用ルールを運用し始めた。ルール1は集落内の空き地・農地の有効活用であり、集落内の範囲や目的を限定したうえで、農家や土地所有要件に関係なく一定の利活用ができるようにした（図12・7）。ルール2は既存建築物の有効活用として地域の環境に悪影響を及ぼさない範囲で建築の用途変更ができるようにした。こうしたルールは2014年度より開発審査会付議基準として運用しているが、今後は地域の実情も把握しながら条例化を検討するとし、田園地域における都市計画マスタープランの実現化方策の一つにも位置づけられている。

　また、土地利用の面だけではなく、立地適正化計画の策定と合わせて「小さな拠点」の形成に向けた取り組みも行っている。市内の田園地域、中山間地域の面積は約9割程度、同じく人口は約4割程度となる両地域の集落

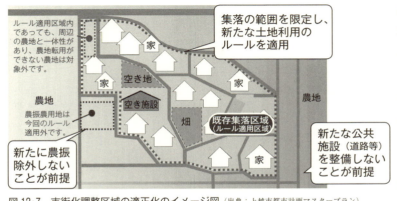

図 12·7　市街化調整区域の適正化のイメージ図 (出典：上越市都市計画マスタープラン)

について、地域の暮らしを守りコミュニティを維持し持続可能な地域づくりを進める必要があり、そのための集落単位での取り組みが求められている。都市計画区域外の安塚区の拠点づくりは、合併前からの地域独自の取り組みを継続して活かした事例である。安塚区では、1世帯1人以上の正会員加入を呼びかけ8割が会員として参加することで、全世帯参加型のNPOを設立し地域の中心部の活動拠点となる「コミュニティプラザ」内に「NPO雪のふるさと安塚」が設立された。この活動は安塚区全域が対象となっており、既存の施設であるコミュニティプラザの図書室、会議室、調理室、ホール、談話スペースなどにおいて住民の活動の場を用意し、そこを拠点としてさまざまなイベントや生活サービスを展開している。会員には、少ない負担で有償ボランティア事業として病院等への送迎サービス、除雪、草刈り、家事援助を受けられる取り組みを実施している。

有償ボランティアの送迎サービスは国土交通省新潟運輸局から自家用自動車有償運送の許可を得て安塚区の会員を対象者としており、日常生活などの移送に利用している。主に、上越市内外の病院、各種施設、趣味の送迎を行うなど多様な用途に利用されている。料金は100円/kmとしてその利用者とNPOがそれぞれ負担しており、利用回数も近年の年間平均では500回程度の運送回数、運送距離も1万km程度利用され地域住民の足として定着している。また、国道、県道路肩を主にした公共花壇に耕運、施肥、花苗の植栽などを行いフラワーロードとして維持管理し、花苗の際には地域の住民参加による景観づくりや環境に配慮した地域づくりを行っている (写真12·1)。さらに2015年3月までは試行的であったが同年4月からは本格的に「安塚ふれあいサービス」の運用を開始し65歳以上の高齢者を対象にサロンと介護予防教室を実施し高齢者の集いの場の提供や健康増進の取り組みを図っている。2016年度からは牧区でも同区内10集落で構成される集落ネットワーク圏が設定され、小さな拠点として営農環境や生活環境整備の取り組みが動き出している。

## 12·2　小さな拠点を具体化する土地利用制度

上越市での立地適正化計画の策定は線引き都市計画区域に限定していたが、都市計画マスタープランでは線引き都市計画区域外にある拠点との連携を強く意識した将来都市構造図を定めていた (図12·4)。そして、その拠点の一つとされた都市計画区域外の農山村地域では、小さな拠点を形成する取り組みが住民主体で行われている。また、開発許可条例による大幅な規制緩和措置が講じられていなかった市街化調整区域の集落を対象として、集落での集住を促す土地利用制度を構築している。

写真 12·1　住民参加による活動風景

こうした地域独自の取り組みがされている一方で、政府が打ち出した「まち・ひと・しごと創生総合戦略」では、中山間地域等で必要な生活サービス機能の提供に支障がある現状から、生活サービス機能を一定のエリア内に集めるとともに、このエリアとエリア周辺の集落を交通ネットワークで結んだ「小さな拠点」を形成するとしている。これを受けた2015年の地域再生法の改正では、中山間地域に代表される用途無指定区域での集落生活圏の拠点集約を実現する土地利用制度が制度化した。

そこで本節では、立地適正化計画と対比しつつ、土地利用の側面からその制度の可能性を述べておきたい。

## 1. 地域再生土地利用計画の概要

「小さな拠点事業」は、中山間地域等において「小さな拠点」および「ふるさと集落生活圏」の形成を推進することを目的に、2013（平成25）年度からモニター調査のための国の補助事業として実施されていた。同補助事業は2年間で24地域が選定されており、「小さな拠点」を形成することで、その拠点内では徒歩で移動できる範囲内で生活サービスを受けられるようにし、拠点周辺の集落住民が集まり交流することによって、人口減少・高齢化などの時代の変化に対応した地域構造への転換や、持続可能な地域づくりを目指す取り組みである[注1]。そして、こうした「小さな拠点形成」を土地利用の面から支援する制度が、内閣府地方創生推進室の主導により構築された。

2015年度の通常国会で改正地域再生法が審議、可決成立したことにより、同法で定める地域再生計画に基づく「地域再生土地利用計画」を市町村が策定することで、集落拠点の集約化を目指す仕組みが制度化した。地域再生土地利用計画では、「地域再生拠点区域」を設定することにより、生活サービス施設（公民館や診療所の他、店舗やガソリンスタンドの商業機能）や就業機会を創出する施設（地場産品の加工・販売所、観光案内所など）を、設定した同区域内に集約させる（図12·8）。そして、策定市町村に対しては、立地適正化計画と同様に財政支援策が講じられ、地方創生先行型交付金や地域再生戦略交付金を活用した事業を導入できる。

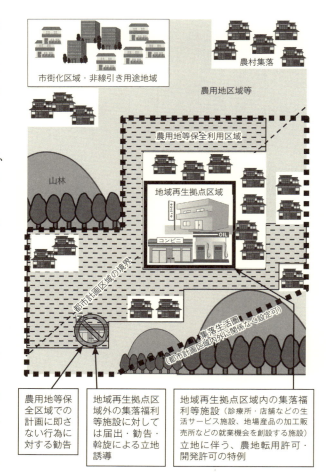

図12·8 地域再生土地利用計画のイメージ図
（出典：内閣府地方創生推進室資料を参考に著者が作成）

## 2. 立地適正化計画との類似点・相違点

地域再生土地利用計画は、各種施設立地の集約化を目指した市町村計画であり、そのための財政支援策を講じる立地適正化計画と類似していることから、両計画を比較して互いの類似点・相違点を確認したい（表12·1）。

地域再生土地利用計画では、立地適正化計画の都市機能誘導区域に相当する「地域再生拠点区域」を設定するだけではなく、あわせて立地適正化計画の居住調整地域に相当する「農用地等保全利用区域」を指定する。これにより、地域再生土地利用計画に適合する行為（あるいは即さない行為）をゾーニングの手法によりコントロールする仕組みを採用している。策定主体も大都市圏、地方圏の市町村に関係なく策定が可能で、大都市圏法で定める近郊整備地帯相当の政策区域を持つ自治体も含めて、

表12・1 立地適正化計画と地域再生土地利用計画の制度比較

| | | 立地適正化計画 | 地域再生土地利用計画 |
|---|---|---|---|
| 根拠法 | | 改正都市再生特別措置法 (2014.8) | 改正地域再生法 (2015.6) |
| 策定主体 | | 都市計画区域を有する市町村 | 地域再生計画認定市町村 |
| 適用区域 | | 都市計画区域 | 同法で定める集落生活圏の区域※ |
| 指定区域 | | 都市機能誘導区域<br>居住誘導区域<br>特定用途誘導地区<br>(都市計画決定)<br>居住調整地域<br>(都市計画決定) | 地域再生拠点区域<br><br><br><br>農用地等保全利用区域 |
| 土地利用に関する | 届出・勧告等 | 都市機能誘導区域外での施設立地や居住誘導区域外での一定の住宅建築等を事前届出・勧告の対象とする | 地域再生拠点区域外での集落福利等施設の建築を事前届出・勧告の対象とし、市町村は同区域内での立地をあっせん。農用地等保全利用区域内での地域再生土地利用計画に即さない行為等への勧告 |
| | 許可 | 居住調整区域での一定の住宅建築等を許可制とし、市街化調整区域の立地基準を適用 | 地域再生拠点区域内で、地域再生土地利用計画で定めた集落福利等施設を目的とする農振除外や農地転用許可、開発許可は特例扱い |

※市街化区域その他政令で定める区域（非線引き用途地域）を除く

地域再生土地利用計画策定の前提条件となる地域再生計画がすでに多数認定されている。

しかし、地域再生土地利用計画を立案する範囲に関しては、両計画に違いがある。立地適正化計画が都市計画区域を対象として策定されるのに対して、地域再生土地利用計画は法令で定義する「集落生活圏」の区域に限定して策定される。集落生活圏とは、「自然的社会的諸条件からみて一体的な日常生活圏を構成していると認められる集落およびその周辺にある農用地等を含む一定の地域」であり、市街地の器として従来から指定されている市街化区域や非線引き用途地域を除外する区域で設定する。つまり、計画策定単位が集落レベルであることから、一見したところ立地適正化計画よりその策定範囲が限定されているように見えるが、従来の市街地の器の外側であれば、都市計画区域外であっても地域再生土地利用計画による土地利用の規制誘導を講じることができる。また、市街化調整区域でも、集落で必要な生活サービス施設を誘導する区域を定めることもできる。次に、土地利用規制の面で見ると、立地適正化計画、地域再生土地利用計画ともに、誘導すべき施設の誘導区域外での立地は、届出・勧告により対応する仕組みとなっている。

## 3. 地域再生土地利用計画策定の留意事項

このように、立地適正化計画と同程度の仕組みで制度設計され、同時に策定すれば立地適正化計画の限界を一部克服することも期待できる。ただし、制度の中身を見るかぎりではあるが、その活用には留意すべき点もある。

まず、立地適正化計画と異なり、地域再生土地利用計画では居住誘導の面では、何ら対応する制度設計はされておらず、住宅立地は届出対象外となるため、農用地等保全利用区域を指定しないかぎりは、何ら規制する手段を持ち得ていない。都市部と農村部では居住の様相は異なるため、新たな規制誘導策を導入してまで居住機能の集約化を図るかについての必要性には議論の余地がある。ただ、都市部以上に疎密化が進む農村部において、新規就農者など新たな集落の担い手確保により、地域再生を目指すのであれば、コミュニティ維持や行政サービスの効率化などの点で、集落内の空き地空き家を活用するなどした集密化を促す方策が必要である。また、土砂災害対策、雪害対策といった防災の面から考えれば、許可制による厳しい制限も含めた集落生活圏でのミニ線引きのような運用も考えていかなければならない。

次に、地域再生土地利用計画が抱えうる課題を一つ指摘しておきたい。地域再生法では、地域再生拠点区域内で地域再生土地利用計画により定められた「集落福利等施設」を目的とする開発に対して、土地利用規制の適用を例外扱いする規定が定められている。線引き都市で策定された地域再生土地利用計画では、市街化調整区域内での集落福利等施設を設置するための開発許可・建築許可が、開発審査会の議を経ずとも都市計画法第34条14号に該当すると行為とみなされるため、開発審査会を持つ自治体の多くが、地域再生土地利用計画で定めた集落福利等施設の許可を事後承認する審査会基準を制定するものと推察される。市街化調整区域であっても、集落の拠点性を確保するための一定の施設立地は許容されるべきではあるが、どのような施設が集落生活圏のどの場所で許容されるかを十分に吟味する必要がある。また、立地適正化計画の策定自治体の場合は、計画策定の対象範囲は異なるものの類似の計画が並存することにもなり、地域再生土地利用計画とどのように整合性を図っていく

のか、あるいは棲み分けをはかっていくかも課題となる。

開発許可制度と同じく、都市計画区域内外に関係なく適用される農振法、農地法も同様の例外規定があり、農振除外や農地転用許可の手続きも円滑化される。誘導する集落福利等施設が立地する場所が農用地区域であれば、その農地は農振法上、農用地区域として指定すべきでない土地となり、農地転用許可基準も例外扱いで許可されたものとみなされる[文1]。こうした農振法、農地法の特例措置は、この地域再生土地利用計画によって初めて制度化したものではない。かつては立地適正化計画に反するような大規模集客施設や分譲住宅地が、農村地域の活性化や地域振興を錦の御旗とした同様の特例措置の発動により立地していた[文2,3,4]。そしてこの特例措置は、かつてのような大規模集客施設の立地で発動されることはなくなったものの、農業振興地域整備法施行規則に基づく土地利用計画[注2,3]としていまだに存続している。地域再生土地利用計画が特例措置を主目的として策定されることのないよう、同じ轍を踏まない活用を期待したい。

【注】
1 モニタリング調査では24地域での事例が国土交通省国土政策局を通じて広く公表されている。
2 農業振興地域の整備に関する法律施行規則第4条の4第1項第26の2号で定める計画で市町村条例に基づく土地利用計画
3 農業振興地域の整備に関する法律施行規則第4条の4第1項第27号で定める計画で施設の種類、位置及び規模を定めた計画

【引用・参照文献】
1 内閣府地方創生推進事務局（2016）『地域再生計画認定申請マニュアル（各論）』
2 松川寿也・中出文平（2001）「土地利用調整を伴う農村地域活性化施策とその運用形態に関する研究」（『都市計画論文集』No. 36）pp. 721-726
3 松川寿也・中出文平（2003）「農山村地域の新たな土地利用の枠組み構築に関する一考察」（『都市計画論文集』No. 38-3）pp. 319-324
4 松川寿也・樋口秀・中出文平（2015）「農業側の制度を活用した土地利用の適正化方策の課題」（『日本建築学会学術講演梗概集F-1』）pp. 573-576

未利用地の発生と利活用

# 第13章 市街化区域内農地の保全と市街地縮小化への活用可能性

柴田 祐

## 13・1 市街化区域内農地になぜ着目するのか

### 1. リバーススプロールと市街化区域内農地の保全

リバーススプロールを無秩序な市街地の縮小、つまり空き家や空き地の無秩序な増加とすると、そのことと市街化区域内農地の保全にはどのような関係があるのだろうか。一見関係がない、個別の問題のようにも見える。しかし、そこには密接な関係があり、リバーススプロールの進行を抑えるためにも市街化区域内農地を保全するべきであるというのが筆者の考えである。

一方で、市街化区域内農地の問題は、そもそも1968年に行われた当初線引きに端を発するものであり、論点は社会情勢の変化とともに変わってきているものの、新都市計画法とともにずっと存在し続けてきた、いわば伝統的な問題である。既往の研究や論説の蓄積も膨大にあり、今さら改めて市街化区域内農地の保全の問題を取り上げる必要があるのかという声もあるだろう。

### 2. 市街化区域内農地の位置づけの転換

しかし近年、人口減少社会をむかえ、これまでの人口増・成長型から新たな時代の都市計画への変革が議論される中で、市街化区域内農地に関する関心、論点が大きく転換してきており、そのことはリバーススプロールに対しても大きな意味を持つ。その議論の現在の到達点としては、2014年8月の都市計画運用指針の改正により、市街化区域内に農地の存在を認める内容が明記されたことを挙げることができる。

さらに、2015年に都市農業振興基本法が制定され、都市農業の安定的な継続を図るとともに、多様な機能の適切かつ十分な発揮を通じて良好な都市環境の形成が図られることとなった。関連法の改正により、今後、生産緑地地区の面積要件の緩和や、新たな用途地域として「田園居住地域」の創設などが予定されており、都市農地を巡る施策は大きな転換期を迎えようとしている。

### 3. 地方都市における市街化区域内農地

これまで「おおむね10年以内に優先的かつ計画的に市街化を図るべき」という市街化区域の定義に基づき、三大都市圏では市街化区域内農地に対する宅地並み課税や農住組合制度など、宅地化の推進を目的とした施策が実施されてきた。一方で、三大都市圏以外の地方都市における市街化区域内農地は、都市計画的にも農政的にも対応のないまま放置されてきたのが実情である。その結果、地方都市には三大都市圏を上回る3万9899 ha（2012年）の市街化区域内農地が残存している（図13・1）。

ところが、固定資産税の負担調整措置により地方都市における市街化区域内の農地に対する税負担は上昇し続

表13・1 地方都市における生産緑地地区制度の導入状況

| 市町村 | 石川県金沢市 | 福岡県福岡市 | 宮崎県門川町 | 長野県長野市 | 和歌山県和歌山市 | 茨城県常陸太田市 |
|---|---|---|---|---|---|---|
| 指定時期 | 1992年 | 1998年 | 2001年 | 2003年 | 2006年 | 2010年 |
| 指定面積 | 1地区<br>0.1 ha | 7地区<br>2.1 ha | 1地区<br>2.1 ha | 8地区<br>3.1 ha | 240地区<br>68.7 ha | 9地区<br>7.3 ha |
| 指定要件 | 500 m² 以上 | 1000 m² 以上 | 500 m² 以上 | 1000 m² 以上<br>4 m以上の公道に接していること | 1000 m² 以上<br>4 m以上の公道又は農道に接していること | 1000 m² 以上<br>建築基準法上の道路に接していること |
| 備考 | ・調整池機能を持たせ河川災害の防止を図る | ・調整区域並みの課税評価<br>・近代化施設整備の対象 | ・土地区画整理事業の集合農地に指定 | ・調整区域並みの課税評価<br>・農地の維持管理のための助言等を求めることができる | | |

けており、農家の負担は限界に達しつつある。それに伴い、長野市（2003年）や和歌山市（2006年）など、地方都市においても生産緑地地区の指定が行われるようになってきている。これらの動きは、本来の趣旨から外れ、現実的には固定資産税を農地課税とする手段として機能してきていると批判されることも多い[文1]。しかし、都市内においても保全するべき農地があるという現場の必要性に伴い、現行制度の枠内で何とか現状を打開しようとした動きの現れと積極的に捉えることもできる。そこに新たな時代の都市計画のあり方の萌芽を見いだすことができるのではないだろうか。

そこで、ここでは改めて近年の市街化区域内農地への関心の高まりを概観しながら、とくに地方都市における市街化区域内農地に着目し、その現状について概観する。そのうえで、地方都市である兵庫県明石市において、現在進められている生産緑地地区制度の導入に向けた取り組みの特徴と今後の課題を検討することを通じて市街化区域内農地の保全とリバーススプロールについて論じることとしたい。

## 13·2 市街化区域内農地の位置づけに関する国の議論の変遷

### 1. 都市計画分野

市街化区域内農地の位置づけに関する国の議論の変遷について、生産緑地地区制度の改正以後に着目して整理したものを表13·2に示している。

改正以後、最初に市街化区域内農地の制度的な位置づけが示されたのは2006年に閣議決定された住生活基本計画の全国計画である。基本的な考え方の中で、市街化区域内農地について、「市街地内の貴重な緑地資源であることを十分に認識し、保全を視野に入れ、農地と住宅地が調和したまちづくりなど計画的な利用を図る」と示された。それまで、市街化区域内の農地は、生産緑地地区という例外的な農地を除いて宅地化するのが当然と考えられてきたところに、「保全を視野に入れ」という文

表13·2 都市農地の位置づけに関する国の議論の変遷

| 年月 | 名称 | 都市農地に関する記述 |
|---|---|---|
| 1999年7月 | 食料・農業・農村基本法 | 第36条2項 国は、都市及びその周辺における農業について、消費地に近い特性を生かし、都市住民の需要に即した農業生産の振興を図るために必要な施策を講ずるものとする。 |
| 2006年9月 | 住生活基本計画（全国計画） | 市街化区域内農地については、市街地内の貴重な緑地資源であることを十分に認識し、保全を視野に入れ、農地と住宅地が調和したまちづくりなど計画的な利用を図る。（第3の1 基本的な考え方(2)） |
| 2010年3月 | 食料・農業・農村基本計画 | 新鮮で安全な農産物の都市住民への供給、身近な農業体験の場の提供、災害に備えたオープンスペースの確保、ヒートアイランド現象の緩和、心安らぐ緑地空間の提供といった都市農業の機能や効果が十分発揮できるよう、これらの機能・効果への都市住民の理解を促進しつつ、都市農業を守り、持続可能な振興を図るための取組を推進する。（第3の3（3）都市及びその周辺の地域における農業の振興） |
| 2011年2月 | 都市計画制度小委員会 これまでの審議経過について（報告） | 都市農地・農業の位置付けのあり方<br>・市街化区域の空間の再構成の中で、都市農地は、必然性のある（あって当たり前の）安定的な非建築的土地利用として活かしていく。<br>・生産緑地地区制度による的確な建築規制等の措置が土台となり、市街化区域の再定義に併せた農業政策上の位置付けの見直しなど、農業政策との再結合を図る。<br>（第3の2）市街化区域の空間の再構成（計画論の見直し）） |
| 2011年3月 | 住生活基本計画（全国計画）（変更） | 市街化区域内農地については、市街地内の貴重な緑地資源であることを十分に認識し、保全を視野に入れ、農地と住宅地が調和したまちづくりなど計画的な利用を図る。（第3の1 基本的な考え方(2)） |
| 2012年8月 | 農林水産省 都市農業の振興に関する検討会 中間取りまとめ | （各地方自治体において方針を明らかにする必要性）<br>各都市において農業・農地に求められる機能は様々なものとなると考えられ、都市農業の振興に着手しようとする地方自治体においては、まず、まちづくりの中で農業・農地をどのように位置付け、どう活用しようとするのかという基本的な方針を明らかにする必要がある。（2（1）地方自治体の実情に応じた方針の明確化） |
| 2012年9月 | 都市計画制度小委員会 中間とりまとめ「都市計画に関する諸制度の今後の展開について」 | 〔基本的な考え方〕<br>都市計画の制度面、運用面において、「集約型都市構造化」と「都市と緑・農の共生」の双方が共に実現された都市を目指すべき都市像とする。<br>〔都市と緑・農の共生〕<br>消費地に近い食料生産地や避難地、レクリエーションの場等としての多様な役割を果たしているものとして都市内に一定程度の保全が図られることが重要であり、このような「都市と緑・農の共生」を目指すべきである。（第2（1）基本的な考え方） |
| 2014年8月 | 第7版 都市計画運用指針 | （区域区分の意義）<br>市街化区域内の緑地や農地等は、都市の景観形成や防災性の向上、多様なレクリエーションや自然とのふれあいの場としての機能等により市街地の一部として良好な都市環境の形成に資するものであり、将来にわたって存在することが許容されている。（Ⅳ-1-2 Ⅱ）1（3）①区域区分制度の適切な運用） |

言が法定計画の全国計画に示されたという点で、大きな転機となった。

その後、2009年に社会資本整備審議会に設けられた都市計画制度小委員会において、社会経済情勢を踏まえた今後の都市計画に関する諸制度の展開方向について検討が行われ、市街化区域内農地の扱いが論点の一つとなった。2011年2月の「これまでの審議経過について（報告）」では、「必然性のある（あって当たり前の）安定的な非建築的土地利用」というキーワードが出され、さらに2012年9月の中間取りまとめ「都市計画に関する諸制度の今後の展開について」では、「集約型都市構造化」と「都市と緑・農の共生」の双方がともに実現された都市を目指すべき都市像とすると謳われた。市街化区域内農地の都市計画における新たな位置づけの確立への端緒となったと言える。

そして、2014年8月に都市計画運用指針の改正が行われ、市街化区域内農地を宅地化など別の用途に転換すべきとしてきたこれまでの考え方を改め、市街化区域内農地の存在を認める内容が明記された。具体的には、区域区分の意義として、「市街化区域内の緑地や農地等は、都市の景観形成や防災性の向上、多様なレクリエーションや自然とのふれあいの場としての機能等により市街地の一部として良好な都市環境の形成に資するものであり、将来にわたって存在することが許容されている」と明記された。そのうえで、市街化区域の基本的な考え方として、「消費地に近い食料生産地、避難地、レクリエーションの場等としての多様な役割を果たすことが期待される市街化区域内の農地等は保全を図るべきことも検討すべきである」としている。このように、市街化区域内の農地について保全を含めた積極的な位置づけが、都市計画運用指針で示された意義は大きい。

### 2. 農政分野

農政の分野では、市街化区域内農地という用語はあまり使われず、都市農業または都市農地という用語がよく使われることが多い。

1999年制定の食料・農業・農村基本法の第36条2項に、都市およびその周辺における農業について、「都市住民の需要に即した農業生産の振興を図るために必要な施策を講ずるものとする」と定められたことに始まる。2010年3月に閣議決定された食料・農業・農村基本計画では、「都市農業の機能や効果が十分発揮できるよう、都市農業を守り、持続可能な振興を図るための取組を推進する」とされた。

また、農林水産省でも都市農業の振興に関する検討会が設置され、2012年8月に中間取りまとめを提出している。この中で、都市農業の振興・都市農地の保全のための取り組みとして、各都市においてまちづくりの中で農業・農地をどのように位置づけ、どう活用しようとするのかという基本的な方針を明らかにするとともに、市民のための多様な農地利用の推進、住民を対象とした農業指導、福祉・教育などとの連携、防災その他の公益的機能の発揮など、さまざまな便益に着目する必要性が指摘されている。

こうした都市農業をとりまく情勢の変化を背景に、2015年4月、都市農業振興基本法が制定され、翌2016年5月には、都市農業振興基本計画が閣議決定された。基本法は、農林水産省と国土交通省の共管で運用されており、都市農業を「市街地及びその周辺の地域において行われる農業」と定義するとともに、これまで「宅地化すべきもの」とされてきた市街化区域内農地の位置づけを「あるべきもの」へと大きく転換し、計画的に農地を保全していく施策の方向性が示された。

このように、近年、都市計画と農政の両分野から、かつてないほどの関心が寄せられているだけでなく、非常に重要な位置づけを市街化区域内農地に与えるようになってきている。

## 13·3 市街化区域内農地の実態

### 1. 市街化区域内農地の面積の推移

図13·1は、固定資産の価格等の概要調書をもとに全国の市街化区域内農地の面積の推移を示したものである。1992年に宅地化農地が3万3357 haであったものが、現在は1万3938 ha、41.8％に減少している一方で、生

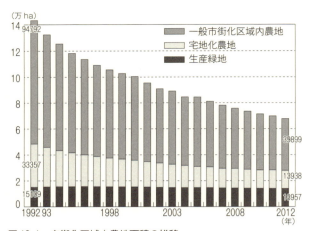

図13・1 市街化区域内農地面積の推移
(出典：固定資産の価格等の概要調書（総務省）、都市計画現況調査（国土交通省）などをもとに筆者算出)

産緑地地区は1万5000 ha前後を維持しつつ推移している。この宅地化農地と生産緑地地区の合計2万7895 haが三大都市圏特定市の市街化区域内の農地である。

三大都市圏特定市に対して、図13・1で一般市街化区域内農地としている3万9899 haが、三大都市圏以外の地方都市の市街化区域内農地となる。したがって三大都市圏特定市と合わせて6万7794 haが全国の市街化区域内の農地となる。このうち、地方都市に立地する一般市街化区域内農地は、1992年には9万4792 haであったものが、現在は3万9899 ha、42.1%に減少しているが、いずれの時期も、三大都市圏よりも地方都市に存在する市街化区域内農地の面積のほうが多いということを指摘しておきたい。

### 2. さまざまな都市農地の営農形態

写真13・1は、市街化区域内農地のさまざまな営農形態を示したものである。首都圏の市街化区域内農地は、水田がないわけではないが、一般的には台地上の畑であることが多く、関西圏で市街化区域内農地というと一般的には水田である。また、首都圏の市街化区域内農地には屋敷林と一体となったものも多く、相続税の負担が課題となっているが、関西圏ではほとんど屋敷林は見られず、一方で、組合等が所有、管理するため池や水路が営農には欠かせない。また、一般に畑作のほうが収益性が高く、市街化区域内においても農業が生業として成立しうるが、小規模な農地における水稲栽培で収益を上げるのは容易ではなく、自家消費米の栽培がほとんどである。また、静岡市の市街化区域内には茶畑も立地している。茶畑は多少の傾斜地であっても立地可能であるという点が、水田や畑地と大きく異なる点であり、他には見られない独特の市街化区域内の農地の景観となっている。

## 13・4 明石市における生産緑地地区指定に向けた取り組み

### 1. 明石市における市街化区域内農地の概要

明石市の人口は約29万人で面積は約4925 ha、その79.0%の3889 haが市街化区域となっている。神戸市に隣接し、京阪神都市圏の通勤圏となっており、市街化区域の人口密度は約73人/haで、地方都市としては比較的人口密度の高い都市となっている。三大都市圏に含まれるものの特定市ではない。

市街化区域内農地は、とくに市内の中部から西部にかけて小規模な農地が分布しており、2011年時点で315 ha、市街化区域の8.1%を占めており、市街化調整区域に立地する農地394 haと同等の面積が存在している。

東京都日野市の畑

兵庫県明石市の水田

静岡県静岡市の茶畑

写真13・1 さまざまな市街化区域内農地における営農形態

ここ10年間で市街化区域内の農地が120 ha減少し、宅地が100 ha増加している。

## 2. 市街化区域内農地と土地区画整理事業の実施面積の推移

明石市内の市街化区域内農地の面積と土地区画整理事業の実施面積の推移を図13·2に示す。当初線引きの直後に20％近い市街化区域農地が減少したものの、その後は5年で10％前後の減少率で推移しており、土地区画整理事業の実施面積との明確な相関は認められない。土地区画整理事業の実施が、市街化区域農地の減少に必ずしも繋がっていないことが示唆される。

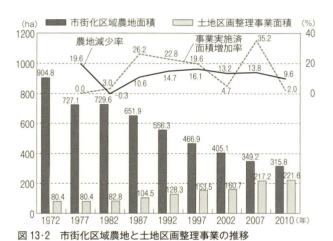

図13·2 市街化区域農地と土地区画整理事業の推移

もう少し詳細に見てみるとそれは明らかである。図13·3は、明石市内のある土地区画整理事業実施地区の農地の分布状況の推移を示したものである。2005年に、事業面積8.3 haの土地区画整理事業が完了直後、事業区域内に4.8 ha、59.0％の市街化区域内農地が存在していたが、10年後の2015年でも2.0 ha、24.1％の農地が区域内に残存している。土地区画整理事業を実施してもそれがすぐに宅地の供給に繋がらないこと、周辺を含めて宅地化された農地の分布はランダムであること、その結果として市街化区域内農地の小規模化、分散化が進んでいる様子が見て取れる。

このような市街化区域内において土地区画整理事業を実施してもなかなか宅地の供給に繋がらないという現象はこの地区に特有のことではなく、地方都市においてはよく見られることである。図13·3に示した土地区画整理事業は組合施行によるものであるが、地権者の話によると、道路を整備して孫子へ使いやすい土地を少しでも残したいということが事業実施の最大の理由となっていた。そのうえで、自分が生きている間は少なくとも農業を続けたいということであり、今後もしばらくは農地として存在し続けるだろうと予想される。

市全体で見ても、宅地面積は増加しているものの、市内人口は29万人前後で推移しており新規の住宅の供給

図13·3 明石市における土地区画整理事業実施地区（太線内）とその周辺の農地の分布状況

が人口増に繋がっていない状況となっている。土地区画整理事業が行われた農地は、相続後は宅地化される可能性が高いものの、事業完了から場合によっては10年、20年のタイムラグが生じるうえに、宅地需要の状況によっては宅地化されないことも考えられる。このようなことは土地区画整理事業の制度としては想定していなかったことである。

## 3. 明石市における市街化区域内農地の担い手

明石市の市街化区域内農地の担い手の特徴を見ると、まず、所有農地の規模が0.3 ha未満が69.4 %と大半を占め、1 ha未満までを合わせると93.5 %と小規模なものがほとんどとなっている。

また、過去1年間に販売のないいわゆる自給的農家が65.7 %と大半を占めている。販売があってもその金額は非常に小さく、100万円未満が26.9 %であり、自給的農家と合わせると92.6 %と、大半を占めている。

さらに、農地所有者は60歳代以上が合わせて79.9 %を占めており、大半が高齢者となっている。

これらを考え合わせると、担い手は高齢化しながらも、小規模な農地で、自家消費用の水稲を細々と作っているにすぎないという農家が一つの典型的な姿として浮かび上がってくる。首都圏や阪神間の特定市では、市街化区域内の農地の多くが生産緑地地区に指定され、収益性の高い葉物野菜などを栽培しているなど、都市農業が生業として成り立っているのと比べると、担い手の姿が大きく異なると言える。

## 4. 生産緑地地区の指定にむけた取り組み経緯

明石市では、現在、生産緑地地区の指定にむけた取り組みが進められている。これは2010年度に改定が行われた都市計画マスタープランの中で、「都市緑地として活用すべき農地については保全を図」ること、その際、「生産緑地制度を検討する等、農地の保全活用を図」るという文言が加えられたことを踏まえての動きである。

市街化区域内の農地所有者の高齢化や後継者不足、無秩序で散発的な開発や非建築的土地利用の増加などとともに、人口の減少に伴い宅地需要が減少する中で、現在残存する市街化区域内農地を従来どおり宅地化するとのみ位置づけてもかえって都市環境の悪化を招くばかりであり、保全を含めた新たな位置づけが模索されている。

さらに、固定資産税が上昇し続けていることを反映して農家の農地保有に対する負担感は増しており、2010年頃より生産緑地地区の指定についてたびたび市議会で取り挙げられたり、JAを通じて農家からの嘆願書が市に提出されたりした経緯がある。

これらの動きは一見、農家からの嘆願に市が応じたようにも見えるが、そうではなく、人口減少社会において、良好な市街地を形成していくためには生産緑地地区制度の導入も一つの手段として考えられたということであり、人口減少社会における都市計画のあり方を模索している一つの表れと評価することができる。

## 5. 生産緑地地区の指定の考え方

その考え方の表れの一つが、図13・4に示した農地を保全・活用する地域と宅地化を促進する区域に区分した土地利用方針図である。生産緑地地区制度は、特定市における20年以上の運用蓄積があり、その経験を踏まえ、属人的な指定と解除という運用に陥りがちなところに、計画的な視点を導入するためにはどうしたらよいかが検討された結果である。

具体的には、鉄道駅から一定距離内の区域、商業系や沿道系の用途地域、工業専用地域などとともに、土地区画整理事業の実施地は、宅地化を促進する区域として、生産緑地地区の指定はしないという方針を示している。それ以外の地域は、農地を保全・活用する区域として、生産緑地地区の指定ができるとしている。今後、都市計画マスタープランの中に位置づけていく予定となっており、生産緑地地区制度に都市計画的なゾーニングの概念を組み込むことが目指されている。

## 6. 今後の展開方向

今後、生産緑地地区の指定と合わせて、営農支援などの農政との連携が不可欠である。従来、都市農業は、経営規模の拡大による自立経営の育成という伝統的な農業構造政策や、「おおむね10年以内に優先的かつ計画的に

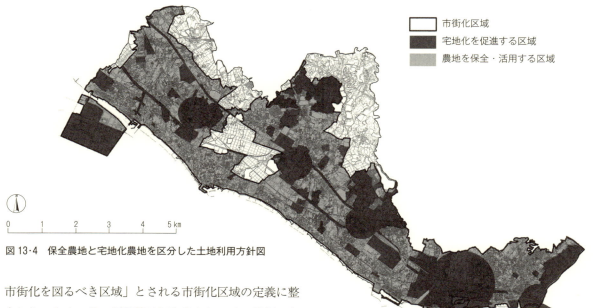

図13・4 保全農地と宅地化農地を区分した土地利用方針図

市街化を図るべき区域」とされる市街化区域の定義に整合しないため、その振興策は打ち出されにくい状況にあった。しかし、制度的にはそのような状況は払拭されつつあり、土地利用の担保として生産緑地地区を指定するとともに、都市農業の振興を両輪として推進する必要がある。

さらに生産緑地地区の指定にあわせて、地区レベルのまちづくり計画の策定も有効であると考えられる。農地と住宅が混在する市街化区域内では、営農環境と居住環境の軋轢が大きな課題である。農地所有者も、営農継続希望者と宅地化希望者が混在している場合が多く、土地の集約や敷地の整序を目的とした土地の交換分合や、その中で簡易な農業用通路の整備なども必要となる。一方で、農地への日照を確保するために住宅の高さ制限を加えるなど、住と農が共存するような計画が必要である。都市住民と営農者が一体となってまちづくり計画を策定、実践することで、住と農が共存する都市とすることができるのではないだろうか。

## 13・5 市街化区域内農地の保全と市街地縮小化への活用可能性

当初線引き後まもなく50年が経過しようとする中で、神戸市に隣接し、宅地化の条件としては比較的優位な立地にある明石市でさえ、市街化区域の8.1%、315haの農地が存在し続けていること、さらに、市街化区域内において土地区画整理事業を実施してもそれが宅地の供給に繋がらず、今後もしばらくは農地として存在し続けるだろうと予想されるという事実を、まずは真摯に受け止める必要がある。

このような状況の中で、空き家や空き地の無秩序な増加が起きつつあるが、人口を維持するためにも宅地を供給する必要があれば、良好な環境を提供している農地をわざわざ転用するのではなく、空き家や空き地の有効活用を図るほうが、既存の都市基盤を活用できるなど、はるかに合理的である。そのためにも市街化区域内農地の保全が重要となってくるが、明石市で導入しようとしているゾーニング的発想による生産緑地地区の指定には大きな可能性があると考えられる。これは、あくまで生産緑地地区の指定方針を示したもので、マスタープランとしての活用のあり方には検討の余地があるが、市街化区域内農地を保全することを通じて、無秩序な市街地縮小をコントロールし、住と農が共存する都市を実現することができるのではないだろうか。

【引用・参照文献】
1 原修吉（2009）「都市農地の税制を巡る議論」『農業と経済』Vol. 75, No. 5) pp. 36-45

未利用地の発生と利活用

# 第14章 空き地の複数区画利用と暫定利用の可能性

原田陽子

都市縮小期を迎える中、今後、点在的かつ無秩序に大量発生する空き地[注1]を誰がどのように活用・管理するのかについての具体的方策は不明瞭である。

こうした中、福井市周縁の郊外部に数十年前に開発された戸建住宅地の中には、区画統合[注2]など空き地の「複数区画利用」[注3]が群として目立つ住宅地が複数存在する。このような住宅地では、隣接する空き地を購入し区画を統合することによって2世帯住宅として建て替えたり、隣接しない空き地を含め空き地を所有または賃貸し、駐車場や菜園[注4]として活用する事例が見られる。

さらに福井市市街化区域内では空き地が無秩序に増加しているが、こうした中、郊外だけでなくまちなか周辺においても、複数区画利用や暫定利用による空き地の「菜園」としての活用現象が数多く見られる。

以上のような空き地の複数区画利用や暫定利用の実態を明らかにすることは、今後の都市縮小期において大量かつ無秩序に発生する低未利用地を活用するための再編手法として重要な手掛かりを見出せるものと考えられる。

そこで本稿では、福井市周辺の郊外住宅地や福井市市街化区域内における複数区画利用や空き地の菜園化の実態と可能性を考察する。

## 14·1 空き地の複数区画利用

### 1. 土地利用特性と複数区画利用
#### ❶ 調査対象地の位置づけ

最初に紹介する住宅地は福井市中心部から北へ約20kmに位置し、福井市のベッドタウンとして住宅地の供給が続いている福井県坂井市春江町に位置する。開発状況調書や住宅地図などを用いて、開発時期が古く(1980年以前)、かつ開発規模の大きい団地(3ha以上)の中か

らとくに空き地や区画統合の目立つ3団地を調査対象地に選定した(表14·1)。

#### ❷ 空き地と複数区画利用の概況

まず3団地における「空き地の割合」では、3団地とも2割〜3割の区画が空き地となっており、「区画統合の割合」では、同じく3団地とも2割〜3割の区画が区画統合されている(表14·1、図14·1)。また複数区画の「所有数」では、2区画を所有している世帯がもっとも多いが、中には3区画以上の所有や区画を半分に分けて所有するケースもある。さらに、隣接しない複数の区画を所有する世帯や区画を借りている世帯も複数存在する。

#### ❸ 空き地所有者の居住地と区画の利用状況

空き地の地権者の居住地と区画の利用状況を調べると、

表14·1 調査対象地の概要(2015年時点)

| | A団地 | B団地 | C団地 |
|---|---|---|---|
| 開発時期 | 1971年 | 1973年、1978年 | 1973年 |
| 敷地総面積 | 8.8 ha | 4.5 ha | 3.0 ha |
| 全区画数 | 322区画 | 178区画 | 118区画 |
| 建売区画数 | 30区画 | 0 | 0 |
| 世帯数 | 174世帯 | 133世帯 | 80世帯 |
| 1区画あたりの敷地面積 | 212.7㎡ (64.3坪) | 214.7㎡ (65.0坪) | 210.0㎡ (63.6坪) |
| 空き家数 | 11/322 (3.4%) | 6/178 (3.4%) | 8/118 (6.8%) |
| 空き地数 | 75/322 (23.3%) | 34/178 (19.1%) | 24/118 (20.3%) |
| 区画統合数 | 101/322 (31.3%) | 45/178 (25.3%) | 33/118 (28.0%) |
| 統合世帯数 | 46/174 (26.4%) | 20/133 (15.0%) | 17/80 (21.3%) |
| 不在地主所有空き地数 | 45/75 (60.0%) | 18/34 (52.9%) | 13/24 (54.2%) |

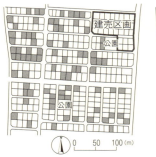

図14·1 空き地(左)と区画統合(右)の状況(A団地)

空き地の地権者は団地内居住者だけでなく春江町や福井市内など団地外の不在地主が多数所有しており、とくに未利用地の多くは不在地主所有の土地であった。

なお、3団地の不在地主へのアンケート調査結果によると、「子供や孫の居住地として確保」や「資産として購入」したものの、現実には子供や孫が居住地とすることもなく、また思うような価格で売れないことから、未利用地の状態になっている場合が多いことが分かった。

## 2．複数区画所有プロセスと居住者意向

### ❶ 区画統合と接道条件・方位との関係

次に複数区画所有プロセスを把握するため、課税台帳やヒアリングをもとに、複数区画所有世帯の区画間の「位置関係」、2区画目以降の「取得時期」「利用区画数」から複数区画所有世帯の類型化を行い、図14・2のA～Dに示す大きく4つのタイプに分けることができた。

類型別の「区画統合と接道条件・方位との関係」を見ると（図14・2）、「A．隣接同時取得型」では奥行き方向に同時取得した世帯はおらず、全世帯が間口方向に同時取得している。また「B．隣接随時取得型」では、奥行き方向に随時拡張した8世帯の内、南側から北側を入手した世帯はおらず、全世帯が当初北側区画を取得した後、日照確保等のため南側区画を取得している。

以上のことからも区画統合が行われる背景には接道条件や方位との関係が大きく関係していると言える。

### ❷ 複数区画所有世帯の特性と区画入手の経緯

複数区画所有世帯の特性として、家族数では非統合世帯に比べ区画統合世帯のほうが多くなっており、とくに「3世代居住」は非統合世帯では1割程度であるのに対し、区画統合世帯では約3割と高くなっている。

また「自動車保有台数」では、2台以上保有世帯が区画統合世帯で97％、非統合世帯で84％と全体的に非常に多いが、とりわけ区画統合世帯で約4割が4台以上保有していることが注目される。

図14・3に示す「区画入手の動機」を見ると、1区画目では「価格が手頃だから」の割合がもっとも高いが、2区画目以降では「駐車場の確保」が高く、続いて「畑や花壇づくり」「親族との同居」「住宅の拡張や建替」等となっている。

「区画入手の方法」を尋ねたところ、1区画目では「自分から不動産業者へ問い合わせた」が多いが、2区画目以降では「隣接する土地所有者から持ちかけられた」や「不動産業者から持ちかけられた」が高い。

さらに居住者の中には、不在地主の所有区画を草刈する代わりに無償で畑として暫定的に借りている世帯や、隣接する未利用地の利用について交渉するため、役所へ地権者の連絡先を問い合わせた世帯も複数見られた。

A団地の地価の推移を見ると（図14・4）、1997年に地価が6万9900円／m$^2$で最高値であったが、2015年に

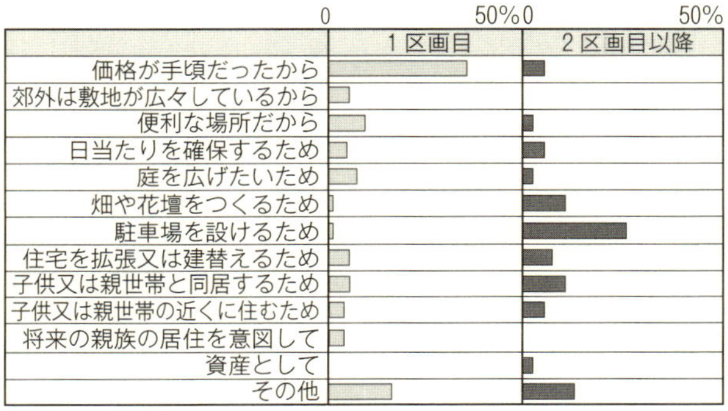

図14・3　区画入手の動機（複数回答、3団地合計）

| | A．隣接同時取得型 (13/73, 17.8%) | | B．隣接随時取得型 (45/73, 61.7%) | | | | C．非隣接型 (4/73, 5.5%) | D．増殖型 (13/73, 17.8%) | |
|---|---|---|---|---|---|---|---|---|---|
| | 間口方向 | 奥行方向 | 間口方向 | 奥行方向 東西方向 | 北→南 | 南→北 | | 隣接のみ | 非隣接含む |
| A団地 | 7 | 0 | 17 | 0 | 5 | 0 | 0 | 7 | 2 |
| B団地 | 3 | 0 | 9 | 0 | 3 | 0 | 1 | 1 | 1 |
| C団地 | 3 | 0 | 11 | 0 | 0 | 0 | 1 | 1 | 1 |
| 計 | 13 | 0 | 37 | 0 | 8 | 0 | 2 | 9 | 4 |

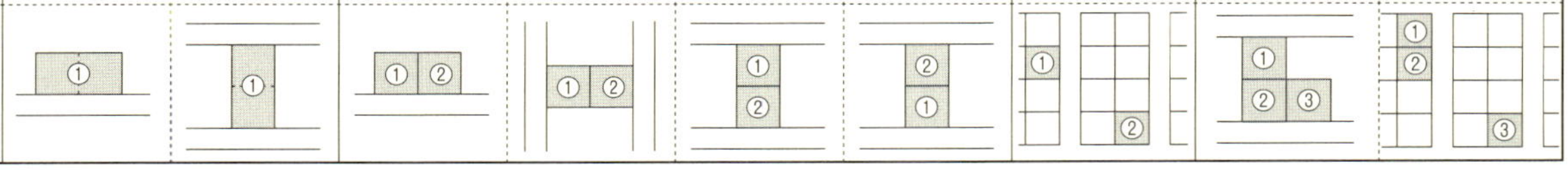

図14・2　複数区画所有世帯の類型化（3団地合計）

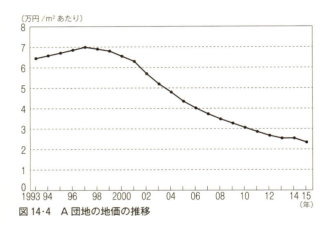

図14・4 A団地の地価の推移

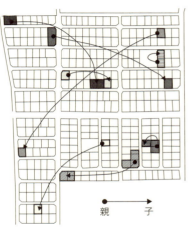

図14・6 親子近居の状況（A団地）

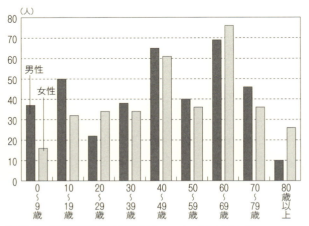

図14・5 A団地居住者の年齢構成（2016年8月住民基本台帳）

は2万3400円／m²となっており、19年間で約1／3にまで地価が下がっている。一方、地価の下落は、区画の買い足しがしやすくなっていることを意味しており、今後さらに地価の下落が予想される中、空き地の複数区画利用は、より現実的な手法になっていくと考えられる。

❸ 複数区画利用による親子近居の実現

さらに図14・5は、A団地居住者の年齢構成を示している。A団地は1971年に開発されてから45年以上経ち、60代以上の年齢層が多いものの、30〜40代や0〜19歳もある程度の数で見られるなど新規若年世帯の流入が行われていることが分かる。

一方、図14・6はA団地における親子近居の状況を表している。もともと福井県は3世代居住が多い地域ではあるが、親世帯が子世帯のために同じ団地内の土地を確保し、隣接しない区画を含めた複数区画の所有によって「親子近居」を実現している例が複数見られ、こうした

ことも新規若年世帯の流入に繋がっていると考えられる。

❹ 定住意向と未利用地に対する評価

団地居住者に今後の定住意向を尋ねたところ、「できるだけ現在の住宅に住み続けたい」とする世帯が区画統合世帯では約9割、非統合世帯では約7割存在し、統合世帯のほうがより定住意向が高いことが分かった。

未利用地に対する居住者の評価では、「広々とした感じで良い」や「畑や駐車場に利用できて良い」など、未利用地の存在を必ずしも否定的に捉えているわけではなく、雑草が放置状態になった未利用地に対しての管理面での改善を望んでいることが明らかとなった。

## 3. 複数区画利用を促す背景と意義

❶ 持続可能性が危ぶまれる郊外住宅地

一方、A団地のような現象はすべての郊外住宅地で見られるものではなく、同じ福井市周辺でも、今後その存続が危ぶまれるような郊外住宅地も存在する。

たとえばS団地は、1980年に開発され福井市中心部から約8.5 kmの斜面地に建ち、A団地と同じく宅地分譲の団地である（表14・2）。S団地全体が山を切り開いた斜面地であり、道路と区画や区画どうしの間には1 m以上の段差のある区画も多い。またS団地の最寄りの公共交通は1日に2〜3本のバスであり、実質的には自家用車を前提としたライフスタイルとなっている。

A団地とS団地の空き地の土地利用状況を比較すると、A団地では未利用地区画数は31／322（9.6％）で

表14·2　A団地とS団地の概要の比較

| | A団地 | S団地 |
|---|---|---|
| 開発年 | 1971年 | 1980年 |
| 世帯数 | 185世帯 | 551世帯 |
| 総区画数 | 322区画 | 753区画 |
| 団地面積 | 8.8 ha | 27.6 ha |
| 地形 | 平地 | 斜面地 |
| 空き家数 | 12/322 (3.7%) | 11/753 (1.5%) |
| 未利用地区画数 | 31/322 (9.6%) | 141/753 (18.7%) |
| 区画統合数 | 101/322 (31.3%) | 52/753 (6.9%) |
| JR福井駅からの距離 | 約10 km | 約8.5 km |
| 最寄の公共交通 | 鉄道駅から徒歩10分 | バス1日2〜3本 |
| 地価（2015年） | 23400円/m² | 18000円/m² |

あるのに対し、S団地では141／753（18.7%）である。またS団地の土地利用状況と段差との関係を見ると、道路との段差の高い区画ではとくに未利用地が多く発生している。

さらに区画統合が行われている区画は、A団地では322区画中101区画（31.3%）であるのに対し、S団地では753区画中52区画（6.9%）とA団地に比べて低い割合となっており、このような区画統合率の違いは地形条件や居住者の定住意向も関係していると考えられる。

親族の居住場所を尋ねたところ、A団地ではヒアリングを行った34世帯中8世帯（23.5%）が団地内に暮らしているのに対し、S団地では28世帯中1世帯（3.6%）のみが団地内に暮らしており、S団地ではA団地に比べ親子での同居や近居が少ないことが推測される。

さらに住環境で不便に感じることを尋ねたところ、A団地では「特にない」がもっとも多かったのに対し、S団地では「交通面や買い物の不便さ」を挙げる人が約半数あり、定住意向もA団地に比べ低い。

以上のことからも、S団地のように、立地や地形などで条件の悪い団地は、複数区画利用など空き地活用の割合も低く、また子世帯など新規若年世帯の流入は難しいと考えられ、人口減少期を迎える中で、今後、淘汰されていく運命にあると考えられる。

❷ 複数区画利用を促す背景と意義

以上の調査結果などから、春江町のA団地を含む3団地において区画の複数利用が活発に行われている背景には、①区画の方位・接道条件、②区画の形状・面積、③住宅地の規模や地形条件、④宅地分譲・建て売り、といった住宅地自体の空間特性が関係していると考えられる。

さらに①伝統的に住宅や敷地の規模が大きいこと、②3世代居住や親族への土地確保が活発であること、③農家出身者も多く菜園づくりの需要が高いこと、④自家用車が主要な交通手段となっており世帯あたりの自動車保有台数が高いこと、⑤土地価格が安いこと、といった福井県独自の地域特性も影響していると考えられる。

したがって空き地の複数区画利用は、どの住宅地でも適用できる手法とは言えないが、本調査結果を通して、空き地の複数区画利用は、家族構成やライフスタイルの変化など各世帯の多様な住要求に対し柔軟に対応すると言える。そして今後、人口減少に伴い、福井市周辺に限らず全国の地方都市や大都市圏を含めた多くの郊外住宅地で地価が下がることが予想される中、複数区画利用は、より多くの場所で実現可能性のある手法になっていくと考えられる。

## 14·2　菜園利用による空き地の暫定利用

福井市の市街化区域内では、個人によって菜園として利用されている空き地が点在している。

そこでここからは郊外住宅地に限らず、福井市市街化区域全体における空き地の菜園利用の分布特性と菜園形成プロセス、菜園利用者の土地利用実態を明らかにし、菜園利用による空き地の暫定利用を考察していく。

### 1. 菜園の分布特性と菜園形成プロセス

❶ 空き地利用による菜園の分布特性

福井市市街化区域内における空き地を利用した菜園を調べたところ、合計数は1749件あり、その内、区画の全面を菜園として利用しているものは全体の約90%を占め、区画の一部が駐車場や未利用地の菜園はそれぞれ全体の約5%であった。

もっとも割合の高かった全面型菜園について、JR福井駅から菜園までの距離を示した分布状況を図14·7に示す。ここから、全面型菜園はとくにJR福井駅から2〜4 kmの範囲に多く分布していることが分かる。

### ❷ 空き地の菜園形成プロセス

空き地の菜園形成プロセスを具体的に把握するため、福井市市街化区域内で条件の異なる4地区（①低層住居フリンジ地区、②工業フリンジ地区、③まちなか近郊新興住宅地区、④まちなか地区）を調査対象地として選定した（図14·7）。

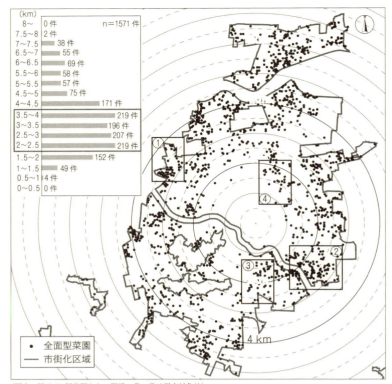

(図中の円はJR福井駅からの距離。①〜④は調査対象地)
図14·7　福井市市街化区域内の「全面型菜園」の分布

表14·3　用途地域別の菜園分布と割合（km²あたり）

| 第1種低層住居専用地域 | 第1種中高層住居専用地域 | 第2種中高層住居専用地域 | 第1種住居地域 | 第2種住居地域 | 近隣商業地域 | 準工業地域 | 工業地域 |
|---|---|---|---|---|---|---|---|
| 72件/km² | 57件/km² | 33件/km² | 38件/km² | 26件/km² | 9件/km² | 24件/km² | 21件/km² |

また菜園分布数を用途地域ごとの面積あたりの件数で比較したところ（表14·3）、第1種低層住居専用地域が72件/km²ともっとも多く、近隣商業地域の分布件数が9件/km²でもっとも少ない結果となった。

4地区をまとめた路線価別の空き地の利用内容を見ると（図14·8）、6万円/m²以上の価格帯には駐車場のみが分布し、6万円/m²未満より価格が低くなるにつれ菜園や未利用地の割合が増加しており、空き地の菜園利用は地価が安くなるにつれ発生しやすいと言える。

さらに1995年〜2015年までの各地区における空き地全体に対する利用内容の推移を見ると（表14·4）、菜園はとくに「④まちなか地区」で大きく増加しており、またどの地区でも駐車場の数は増加し未利用地が減少傾向にあることが分かる。なお、他の地区に比べ、「④まちなか地区」では近年、空き地の合計数自体が大きく増加しており、空洞化が進行していることが分かる。

次に4地区の空き地を利用した菜園について、1985年と2015年との土地利用用途の変化を表14·5に示す。この分類の内、「A. 菜園→菜園」「B. 未利用地→菜園」「C. 水田→菜園」はこれまでに市街化していない区画といえ、

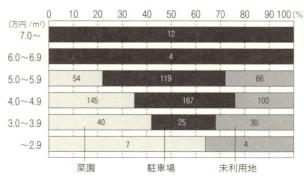

図14·8　路線価別の空き地の利用内容（4地区合計、n=773）

表14·4　空き地全体に対する利用内容の推移

| | | ①低層住居フリンジ地区 | ②工業フリンジ地区 | ③まちなか近郊新興住宅地区 | ④まちなか地区 |
|---|---|---|---|---|---|
| 1995年 | 菜園 | 73 (45.3%) | 93 (32.7%) | 64 (37.0%) | 35 (20.7%) |
| | 駐車場 | 34 (21.1%) | 54 (19.0%) | 36 (20.8%) | 93 (55.3%) |
| | 未利用地 | 54 (33.5%) | 137 (48.2%) | 73 (42.2%) | 41 (24.3%) |
| | 合計 | 161 | 284 | 173 | 169 |
| 2005年 | 菜園 | 59 (40.4%) | 151 (48.1%) | 50 (30.3%) | 37 (21.4%) |
| | 駐車場 | 38 (26.0%) | 62 (19.7%) | 48 (29.1%) | 106 (61.3%) |
| | 未利用地 | 49 (33.6%) | 101 (32.2%) | 67 (37.4%) | 30 (17.3%) |
| | 合計 | 146 | 314 | 165 | 173 |
| 2015年 | 菜園 | 82 (53.2%) | 137 (44.8%) | 47 (26.3%) | 62 (28.1%) |
| | 駐車場 | 54 (35.1%) | 80 (26.1%) | 60 (33.5%) | 128 (57.9%) |
| | 未利用地 | 18 (11.7%) | 89 (29.1%) | 72 (40.2%) | 31 (14.0%) |
| | 合計 | 154 | 306 | 179 | 221 |

「D. 建物→菜園」と「E. 駐車場→菜園」はこれまでに市街化した区画と言える。

全体としては「A. 菜園→菜園」「B. 未利用地→菜園」「C. 水田→菜園」のように、これまでに市街化していない区画での菜園化が多いものの、「D. 建物→菜園」は「④まちなか地区」で多く見られることから、前述の表14・4からも、今後、市街地内で空き地が増加することが予想される中、たとえまちなかの建物のある区画であっても菜園へと変化する可能性があることを示している。

表14・5 菜園の土地利用の変化
（1985年と2015年の比較）

| | | |
|---|---|---|
| A. 菜園→菜園 | 62件 | (23%) |
| B. 未利用地→菜園 | 129件 | (49%) |
| C. 水田→菜園 | 39件 | (15%) |
| D. 建物→菜園 | 31件 | (12%) |
| E. 駐車場→菜園 | 4件 | (2%) |
| 合計 | 265件 | |

### 2. 空き地の菜園利用者と地権者の土地利用実態

次にここから具体的に空き地の菜園利用者と地権者の土地利用実態を明らかにする。

調査対象地として、立地条件の違いによる菜園利用の実態比較を行うため、前述の四つの調査対象地の中から、①低層住居フリンジ地区郊外（以下、郊外地区）と④まちなか地区（以下、まちなか地区）の2地区を選定した。対象地は町丁目を単位としており、郊外地区はJR福井駅から3km～4kmに位置し、まちなか地区はJR福井駅から1km～2kmに位置する。

#### ❶ 調査対象地の土地利用状況

郊外地区とまちなか地区の空き地の土地利用状況を図14・9に示す。前述表14・4の2015年①低層住居フリンジ地区と④まちなか地区の状況からも、郊外地区では菜園としての利用が約53％である一方、まちなか地区では駐車場の割合が高いものの約28％の空き地は菜園として利用されている。

空き地の菜園利用者に菜園を始めてからの年数を尋ねたところ、郊外地区では、菜園を始めてから50年以上の人が31.3％ともっとも多く、また20年以上の人が8割以上であるなど全体的に利用年数が長い。これに対し、まちなか地区では20年以上の人は約59％に止まり、10年未満の人が約3割を占める。

以上のことからも、全体的に、郊外地区では空き地の菜園利用年数が長い一方で、まちなか地区では比較的近年、菜園利用を始めた人が多いことが明らかになった。

#### ❷ 菜園の所有関係と利用者特性

郊外地区で調査を行った菜園利用者44人の内、賃貸は10人（22.7％）、所有は34人（77.3％）であり、まちなか地区で調査を行った菜園利用者35人の内、賃貸は12人（34.3％）、所有は23人（65.7％）であった。

以上のことから、空き地の菜園利用は、まちなかと郊外共に、所有者だけでなく、暫定的に土地を借りて菜園として利用している割合が2割から3割程度存在することが明らかになった。

なお、菜園利用者の年齢では、両地区ともに、9割以上が60代以上の高齢者であった。

#### ❸ 菜園利用の動機と土地入手方法

菜園を始めたきっかけとして、郊外地区の菜園利用者では「もともと実家が農家である」を挙げる人が多い。一方、まちなか地区では「子供のために土地を確保していたが当面利用する予定がないため」など、所有している土地を暫定的に菜園化している利用者が多く見られた。菜園利用者へ

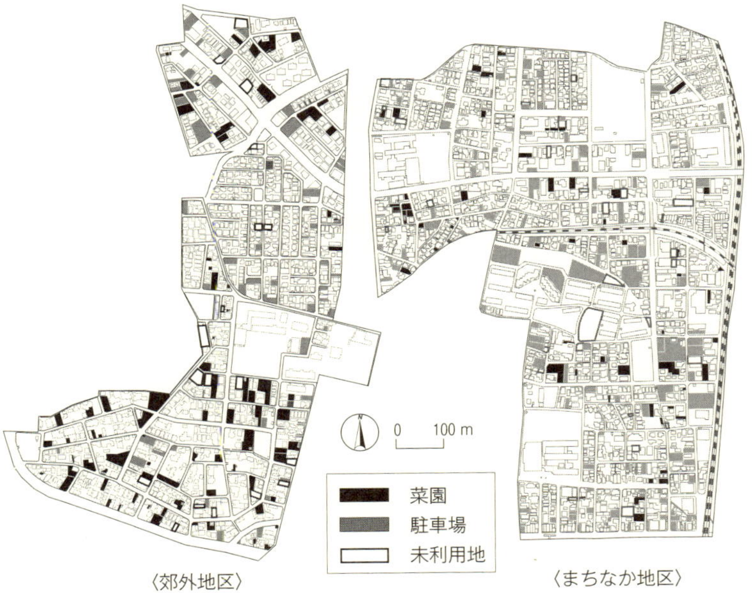

図14・9 郊外地区とまちなか地区の土地利用状況

〈郊外地区〉　〈まちなか地区〉

凡例：■ 菜園　▓ 駐車場　□ 未利用地

表 14・6　菜園利用者の土地入手の方法（複数選択可）

| | 所有菜園利用者 | | 賃貸菜園利用者 | |
| --- | --- | --- | --- | --- |
| | 郊外地区<br>(n = 34 人) | まちなか地区<br>(n = 23 人) | 郊外地区<br>(n = 10 人) | まちなか地区<br>(n = 12 人) |
| a. 新聞や不動産会社から情報を得た | 1 (2.9%) | 0 | 0 | 1 (83.3%) |
| b. 土地に建てられていた看板を見て | 1 (2.9%) | 1 (4.3%) | 0 | 0 |
| c. 所有者から持ちかけられた | 3 (8.8%) | 0 | 3 (30.0%) | 4 (33.3%) |
| d. 不動産業者から持ちかけられた | 1 (2.9%) | 0 | 0 | 0 |
| e. 自分から土地所有者に交渉した | 1 (2.9%) | 0 | 2 (20.0%) | 0 |
| f. 知り合いに紹介してもらった | 2 (5.9%) | 7 (30.4%) | 4 (40.0%) | 6 (50.0%) |
| g. もともと所有地だった | 24 (70.6%) | 17 (73.9%) | | |
| h. その他 | 4 (11.8%) | 4 (17.4%) | 2 (20.0%) | 2 (16.7%) |

図 14・10　菜園利用者の類型化

| | | A.<br>隣接区画利用型 | B.<br>地区内分離型 | C.<br>地区外分離型 | 合計 |
| --- | --- | --- | --- | --- | --- |
| | | 自宅の隣接区画を菜園として利用 | 自宅と菜園は地区内で、場所は分離 | 菜園は地区内で、自宅は地区外 | |
| 郊外地区 | 賃貸 | 3 (30.0%) | 3 (30.0%) | 4 (40.0%) | 10 (22.7%) |
| | 所有 | 5 (14.7%) | 24 (70.6%) | 5 (14.7%) | 34 (77.3%) |
| | 合計 | 8 (18.2%) | 27 (61.4%) | 9 (20.5%) | 44 (100%) |
| まちなか地区 | 賃貸 | 5 (41.7%) | 6 (50.0%) | 1 (8.3%) | 12 (34.3%) |
| | 所有 | 5 (21.7%) | 13 (56.5%) | 5 (21.7%) | 23 (65.7%) |
| | 合計 | 10 (28.6%) | 19 (54.3%) | 6 (17.1%) | 35 (100%) |

表 14・7　菜園利用者の自宅から菜園までの移動時間

| | 利用者種類 | 5 分未満 | 5 分以上<br>10 分未満 | 10 分以上<br>15 分未満 | 15 分以上 | 合計 |
| --- | --- | --- | --- | --- | --- | --- |
| 郊外地区 | ①賃貸利用者 | 4 (57.1%) | 2 (28.6%) | 1 (14.3%) | 0 | 7 |
| | ②所有利用者 | 25 (92.6%) | 1 (3.7%) | 1 (3.7%) | 0 | 27 |
| まちなか地区 | ①賃貸利用者 | 8 (88.9%) | 1 (11.1%) | 0 | 0 | 9 |
| | ②所有利用者 | 15 (93.8%) | 0 | 1 (6.3%) | 0 | 16 |

（自宅が菜園と離れている図 4・10 の B・C タイプが対象）

のヒアリングによると、このような背景には、空き地を菜園化することで農地利用として登録され、更地のまま所有するよりも固定資産税を抑えられることも関係していると考えられる。

土地入手の方法では（表14・6）、所有利用者の多くは、「もともと所有地だった」であるが、賃貸利用者は知人からの紹介や地権者自身からの依頼、地権者への直接交渉によって菜園を始めている。

### ❹ 菜園利用者の類型化

次に菜園利用者の自宅と菜園の位置関係から、菜園利用者を図14・10のように3つのタイプに類型化を行った。その結果、菜園利用者は両地区共に、同じ地区内に自宅と菜園が離れて位置する「B. 地区内分離型」がもっとも多く、郊外地区では44件中27件（50.9％）、まちなか地区では35件中19件（54.3％）であった。

さらに菜園と自宅が離れているBとCタイプでの自宅から菜園までの移動時間を見ると（表14・7）、両地区共に5分以内の移動時間が大多数を占め、自宅と菜園とは近距離にあることが分かった。

### ❺ 賃貸菜園利用の状況

地権者に所有している空き地を菜園として貸し出した動機を尋ねると、子供ために土地を所有しておきたいが、当面、子供が戻ってくる様子がなく、それまでは自分で使うつもりもないため、雑草等の管理をしてもらう代わりに土地を貸しているという理由が多い。

また菜園利用に関する賃料を尋ねたところ、「無料」と答えた人が両地区とももっとも多く、それ以外では収穫した野菜をお礼として渡したり、有料でもほとんどの菜園で年間2000円～3000円程度の賃料であるなど気持ち程度の価格であった。

以上のことから地権者は当面利用目的がなく未利用地となっている所有地について、収益目的というよりは、雑草の管理や固定資産税の軽減のメリットもあって暫定的に菜園として貸し出している実態が明らかになった。

### ❻ 菜園利用の意義

菜園利用者に菜園をやって良かったことを尋ねたところ（表14・8）、利用者の多くが菜園利用による健康面や精神面、交流面においてプラスの変化を実感しており、生活の豊かさの向上に繋がっていることが分かった。

また空き地の菜園利用は緑の豊かさなど住環境の質の向上に繋がると考えられるとともに、自宅には菜園をつくるような庭はなくても、少し離れた場所に空き地を所有または借りて菜園づくりを楽しむような新しい暮らし

方の可能性を示している。

## 14·3 空き地の複数区画利用と菜園化による暫定利用の可能性

　人口減少に伴う不透明な今後の社会状況の中、空き地の集約化をする場合でも実現までに時間がかかることが予想され、またそもそも高度利用や集約化自体が難しい空き地も大量発生することが予想される。

　こうした中で、空き地の利用方法を決定し集約化を実現するまでの暫定的な活用方策として、あるいは高度利用や集約化自体が難しい条件にある空き地の活用方策として、複数区画利用や空き地の菜園化は有効である。これは移転や整備、管理運営のための多額の財源や長期間の時間を必要とする方策ではなく、市民による自律的な住環境形成能力を活かして住環境や生活の質を上げる、実現可能性の高い柔軟な方策の一つであると考えられる。

　また、人口減少や空き地の増加は悲観的に捉えられがちであるが、空き地発生に伴い空間的ゆとりや土地価格の低下が生じ、工夫次第では複数区画利用による菜園利用など、これまで実現が難しかった豊かな住環境やライフスタイルの実現が考えられる。

　一方、本調査結果を通して、今後の都市縮小期における空き地の活用を考えるうえで、①自宅と離れた区画を含めた複数の区画利用、②暫定的な空き地活用、③土地の所有と利用の概念を切り離すことの重要性が明らかになった。

　今後こうした市民による空き地の複数区画利用や菜園化による暫定利用を支援するため、土地所有者の連絡先、売買や利用の意向などの情報を利用希望者がスムーズに得られるような仕組みが求められる。またそれと同時に、土地の所有と利用の概念を切り離し、地権者への税制面でのインセンティブを設け、暫定的であっても未利用地の賃貸利用を促したり、自宅と離れた空き地を含め区画の複数利用を支援するような制度を設けることも考えられる。

　さらに、複数区画利用や空き地の菜園化を通して地区全体としての住環境を良くするために、自治会などが核となって、駐車場や菜園など地区内での空き地の利用用途の位置を決めたり、まち並み形成に配慮した空間作りや管理運用面でのガイドライン化を行うことも考えられる。

　また方位や接道条件など隣地との統合が難しい区画は、菜園として貸し出したり、自宅と菜園が離れた人のための水道設備の設置、コモンガーデン化など、空き地を菜園利用者や地区住人が共同で利用できるような機能を含めた活動拠点として再整備することも考えられる。

【注】
1　本稿における「空き地」とは、駐車場や菜園利用、未利用地などを含め、建物の建っていない区画のことを指す。
2　本稿における「区画統合」とは、隣接する空き地を購入し区画を統合することを指す。
3　本稿における「複数区画利用」とは、区画統合をはじめ、隣接していない区画や賃貸の区画を含め、1世帯が団地内の複数の区画を「利用」している状況を指す。
4　本稿における「菜園」とは、空き地を利用して野菜や果物、花を「地植え」で栽培している敷地のことを指す。ただし、ビニールハウスを用いて明らかに業として利用されている菜園は除く。

【参考文献】
原田陽子・野嶋慎二・薬袋奈美子・菊池吉信「地方都市郊外戸建住宅地における複数区画利用プロセスと空区画利用の可能性—居住者による自律的住環境形成に関する研究—」、日本都市計画学会都市計画論文集、No. 41-3、pp. 1049-1054、2006年10月

表14·8　菜園をやって良かったこと（複数選択）

| | 郊外地区 (n = 44) | まちなか地区 (n = 33) |
|---|---|---|
| a. 体力向上、健康的な生活になった | 19 (43.2%) | 17 (51.5%) |
| b. 精神的な豊かさを感じる | 7 (15.9%) | 17 (51.5%) |
| c. 生きがいになった | 16 (36.4%) | 15 (45.5%) |
| d. 近所の人と話す機会が増えた | 12 (27.2%) | 17 (51.5%) |
| e. 自分で作った野菜はおいしく安全 | 31 (70.5%) | 24 (72.7%) |
| f. 野菜を人にあげると感謝される | 22 (50.0%) | 22 (66.7%) |
| g. その他 | 14 (31.8%) | 7 (21.2%) |

未利用地の発生と利活用

# 第15章 市街地再編に向けた空き家の整備のあり方

篠部 裕

## 15・1 老朽危険空き家の整備と市街地再編

　成長・拡大社会から衰退・縮小社会への移行に伴い空き家の増加が著しい。総務省統計局の住宅・土地統計調査によると、2013年の我が国の空き家率は13.5％に達し、過去最高を更新した（図15·1参照）。地方都市の中には空き家率が20％を超える自治体も見られる。

　図15·1に示すように空き家の中でも世帯が長期にわたって不在の住宅などに該当する「その他の空き家」の増加が著しく、空き家の放置による危険建物化、地震・台風等の災害時の空き家の倒壊・破損の危険性、住宅地の景観の荒廃などが問題視されている。

　図15·2は人口20万人台の地方都市の人口減少率（2005年～2010年、国勢調査）と空き家率（2013年、住宅・土地統計調査）の関係をまとめたものである。この図に示すように人口減少率が大きい自治体は空き家率が総じて高い傾向にあり、広島県呉市は人口減少率と空き家率のいずれもが高い地方都市として位置づけられることが分かる。

　空き家の増加に伴いさまざまな問題が地域社会で発生しており、国も2015年5月に「空家等対策の推進に関する特別措置法」を施行するにいたっている。

　市街地でも利活用の可能性が低く放棄されがちな空き家は老朽危険建物化が進展しており、これらの空き家が防災面や景観面などで負の遺産となっている。人口減少時代においては、利活用の見込めないこれらの空き家の解体除却を通じて、引き算の空間整備による市街地再編が急務の課題と言える。

　空き家は資源の有効活用という視点からは空き家の改修による活用が理想と言えるが、人口減少が進む中で空き家の有効利用には限界があると言わざるを得ない。老朽化による危険空き家の増加や人口減少に伴う住宅需要の低下という時代性を直視した場合、縮退を前提とした空き家の整備施策が現実的で妥当な方向性と考えられる。

　したがって今後は「良質な空き家の適正管理」を行う一方で、「危険空き家の解体除却」「空き家跡地の利用」を含めた総合的な空き家整備施策の展開が喫緊の課題と言え、このような視点での空き家と市街地整備が求められる。

　本稿では、「老朽危険空き家の解体除却」と「空き家の解体除却後の跡地活用」の二つの視点から、都市縮小時代の市街地再編のあり方を、地方都市をケーススタディとして論じる。具体的は、空き家の解体除却整備の実績をもつ広島県呉市を事例として、老朽危険建物化した

図15·1　空き家の推移

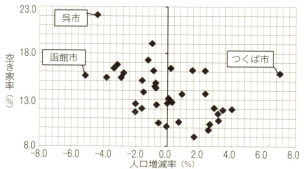

図15·2　地方都市の人口増減率と空き家率

空き家の整備の現状と今後の持続可能な空間管理、市街地再編のあり方を検討する。

## 15・2 呉市危険建物除却促進事業の概要

### ❶ 呉市危険建物除却促進事業の創設の背景

2001年の芸予地震では、呉市も甚大な被害を受け、呉市には地元住民から危険な空き家について多くの苦情が寄せられた。このため呉市ではこれらの空き家の所有者を特定し、適正に管理するように指導してきたが、所有者が解体費用を捻出できないなどの理由で改善に導けない状態が続いていた。呉市の空き家率は2008年にすでに17.1%まで上昇しており、危険建物化した空き家の対応が急務の課題となっていた。

そこで呉市は、危険建物化した空き家の解体除却の足がかりになるよう、解体除却費用の一部を助成する呉市危険建物除却促進事業を2011年度に創設し、危険建物の除却の促進に取り組むことにいたった[文1]。

### ❷ 呉市危険建物除却促進事業の目的と対象

表15・1は呉市危険建物除却促進事業の対象(建物、対象者、対象工事など)をまとめたものである。呉市危険建物除却促進事業は、危険建物の除却を行う所有者等に対し、解体除却費用の30%かつ30万円以内の範囲内で補助金を交付することにより、危険建物の除却を促進し、危険建物の倒壊等による事故を防止することを目的とし

表15・1 呉市危険建物除却促進事業の概要

| 項目 | 内容 |
|---|---|
| 対象建物 | ①呉市に存する空き家、②戸建て住宅、長屋、共同住宅、併用住宅で居住のための建物、③「住宅の不良度判定基準」かつ「周辺への危険度判定」の基準を満たした建物、の3項目を満たし、危険建物と認定された建物 |
| 補助対象者 | ①危険建物の所有者、②危険建物の法定相続人、③危険建物の存在する土地の所有者、のいずれかの条件を満たしたもの |
| 補助対象工事 | ①危険建物の除却工事<br>②当該工事後の敷地における災害防止対策 |
| 解体業者 | 呉市に本店、営業所、事務所その他これに類する施設を有し、かつ、建築工事業若しくは土木工事業、とび・土工工事業の許可を有する業者又は解体工事業の届出を出している業者 |
| 解体後の敷地の措置 | ①敷地ががけ上にある場合は、浸水防止措置<br>②上記以外の場合は敷地外への土砂等の流出防止措置 |
| 補助額 | 補助対象工事に要する経費の30%、かつ、30万円以下 |

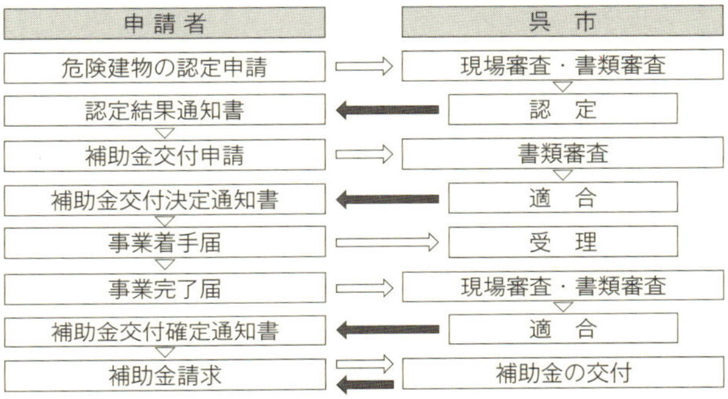

| 申請者 | | 呉市 |
|---|---|---|
| 危険建物の認定申請 | ⇒ | 現場審査・書類審査 |
| 認定結果通知書 | ⇐ | 認定 |
| 補助金交付申請 | ⇒ | 書類審査 |
| 補助金交付決定通知書 | ⇐ | 適合 |
| 事業着手届 | ⇒ | 受理 |
| 事業完了届 | ⇒ | 現場審査・書類審査 |
| 補助金交付確定通知書 | ⇐ | 適合 |
| 補助金請求 | ⇐ | 補助金の交付 |

図15・3 呉市危険建物除却促進事業の流れ

ている。また、図15・3に事業の申請から補助金の交付までの手続きの流れを示す。

本事業の存在は、呉市のホームページや広報誌、住民説明会を通じて市民に周知されてきている。

### ❸ 呉市危険建物除却促進事業の実態

表15・2は、2011年度から2015年度の呉市危険建物

写真15・1 呉市の斜面住宅地

写真15・2 事業により解体された空き家 (出典:呉市提供)

表15・2 呉市危険建物除却促進事業の実績

| 項目／事業年度 | | 2011 | 2012 | 2013 | 2014 | 2015 | 合計 |
|---|---|---|---|---|---|---|---|
| 申請者住所 | 呉市内 | 44 | 64 | 59 | 89 | 53 | 309 |
| | 呉市外（広島県内） | 13 | 20 | 17 | 21 | 16 | 87 |
| | 呉市外（広島県外） | 7 | 11 | 15 | 16 | 10 | 59 |
| 用途 | 専用住宅 | 63 | 88 | 85 | 107 | 78 | 421 |
| | 併用住宅 | 1 | 7 | 6 | 19 | 1 | 34 |
| 建方 | 戸建住宅 | 48 | 77 | 73 | 105 | 71 | 374 |
| | 集合住宅 | 16 | 18 | 18 | 21 | 8 | 81 |
| 階数 | 1階建て | 32 | 55 | 36 | 62 | 43 | 228 |
| | 2階建て | 32 | 40 | 54 | 63 | 36 | 225 |
| | 3階建て | 0 | 0 | 1 | 1 | 0 | 2 |
| 構造 | 木造 | 62 | 94 | 90 | 122 | 79 | 447 |
| | 鉄骨造 | 2 | 1 | 1 | 3 | 0 | 7 |
| | 木造＋鉄骨造 | 0 | 0 | 0 | 1 | 0 | 1 |
| 延床面積 | 50 ㎡ 未満 | 9 | 14 | 9 | 30 | 14 | 76 |
| | 50 ㎡ 以上 100 ㎡ 未満 | 25 | 40 | 38 | 52 | 36 | 191 |
| | 100 ㎡ 以上 150 ㎡ 未満 | 26 | 29 | 26 | 25 | 21 | 127 |
| | 150 ㎡ 以上 200 ㎡ 未満 | 2 | 5 | 9 | 10 | 5 | 31 |
| | 200 ㎡ 以上 | 2 | 7 | 9 | 9 | 3 | 30 |
| 解体除却総費用 | 50 万円未満 | 1 | 5 | 2 | 3 | 2 | 13 |
| | 50 万円以上 100 万円未満 | 10 | 17 | 8 | 24 | 14 | 73 |
| | 100 万円以上 150 万円未満 | 31 | 40 | 36 | 49 | 35 | 191 |
| | 150 万円以上 200 万円未満 | 14 | 19 | 18 | 25 | 11 | 87 |
| | 200 万円以上 | 8 | 14 | 27 | 25 | 17 | 91 |
| 用途地域 | 第一種低層住居専用地域 | 0 | 0 | 1 | 1 | 0 | 2 |
| | 第二種低層住居専用地域 | 0 | 0 | 0 | 0 | 0 | 0 |
| | 第一種中高層住居専用地域 | 24 | 33 | 22 | 32 | 20 | 131 |
| | 第二種中高層住居専用地域 | 0 | 0 | 0 | 0 | 2 | 2 |
| | 第一種住居地域 | 24 | 35 | 36 | 47 | 22 | 164 |
| | 第二種住居地域 | 0 | 0 | 0 | 0 | 0 | 0 |
| | 準住居地域 | 0 | 0 | 2 | 1 | 0 | 3 |
| | 近隣商業地域 | 4 | 12 | 6 | 17 | 12 | 51 |
| | 商業地域 | 0 | 0 | 1 | 6 | 0 | 7 |
| | 準工業地域 | 0 | 1 | 0 | 0 | 0 | 1 |
| | 工業地域 | 0 | 0 | 0 | 0 | 0 | 0 |
| | 工業専用地域 | 0 | 0 | 0 | 0 | 0 | 0 |
| | 指定なし | 12 | 14 | 23 | 22 | 23 | 94 |
| 合計 | | 64 | 95 | 91 | 126 | 79 | 455 |

除却促進事業の実績の概要をまとめたものである。

申請者は呉市内の在住者がほとんどであるが、広島県外在住の申請者も約1割みられる。対象となった空き家は、木造の専用住宅（2階建て以下）がほとんどすべてを占める。建物規模は 200 m² 以上も一部に見られるが、100 m² 未満の住宅が約6割を占める。空き家の所有関係は、建物と土地の両方の所有者が約4割を、建物の所有者（相続関係者を含む）が約9割となっている。解体除却費は 100 万円以上が8割であり、ほとんどの申請者が補助額の上限である 30 万円の補助を受けている。用途地域別に見ると、第一種住居地域や第一種中高層住居地域に立地するものが全体の 2／3 を占める。

## 15・3 空き家解体除却後の跡地活用の実態

2011 年度から 2014 年度に解体除却された空き家のうち、呉市の中心市街地を含む中央地区を対象に、空き家の解体除却後の跡地利用の実態調査を、2012 年度から年1度、継続的に実施した。ここではこの調査結果（119 カ所）を基に空き家の解体除却後の跡地利用の実態を紹介する[注2]。呉市は平地部が少なく戦前から斜面住宅地が形成された歴史があり、非計画的に建設された住宅地は狭隘道路に接道するものが多い。空き家解体除却後の跡地活用を接道幅員や標高という立地条件から考察する。

### ❶ 接道幅員と跡地活用

図15・4 に跡地の接道幅員と跡地活用の関係を示す。活用されている跡地は、接道幅員4m以上で13カ所（59.1%）、接道幅員2m以上4m未満で20カ所（42.5%）、接道幅員2m未満で7カ所（14%）と接道幅員が狭くなるにつれ活用される割合が減少している。接道幅員が4m以上で駐車場としての活用が多く、接道幅員2m以上4m未満で住宅としての活用が多い結果となった。接道幅員の広い跡地は、住宅、駐車場として活用されているが、自動車によるアクセスが困難な接道幅員の狭い跡地は、跡地活用が難しいことが分かる（写真15・3）。

### ❷ 標高と跡地活用

図15・5 に標高と跡地活用の関係を示す。活用されて

駐車場

菜園

更地（シート養生あり）

更地（雑草の繁茂）

写真15・3 空き家の解体除却後の利用実態

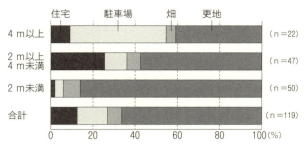

図15・4　接道幅員と跡地活用

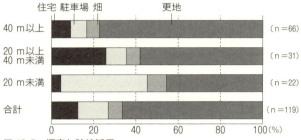

図15・5　標高と跡地活用

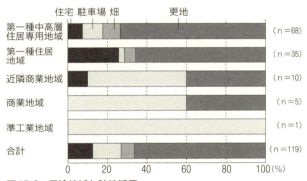

図15・6　用途地域と跡地活用

いる跡地は、標高40m以上で16カ所（23.6%）、標高20m以上40m未満で13カ所（41.9%）、標高20m未満で11カ所（47.8%）である。全体的に標高が低くなるにつれ跡地活用の割合が増加している。標高20m以上40m未満で住宅としての活用が多く、標高20m未満で駐車場としての活用が多い。標高が低い跡地は、住宅、駐車場として活用される可能性もあるが、標高が高い跡地は、勾配が急な道路に接道するなどアクセス条件が悪い場所が多く、跡地の活用が進みにくい傾向がある。

### ❸ 申請者の住所と跡地活用

申請者の現住所と跡地活用の関係を見ると、申請者の現住所が呉市の場合は27カ所（36.0%）の跡地が、現住所が呉市以外の場合は13カ所（29.1%）の跡地がそれぞれ活用されている。また、畑としての活用は呉市内在住者に限られ、現住所が呉市以外の場合は住宅としての活用となっている。

### ❹ 用途地域と跡地活用

図15・6に用途地域と跡地活用の関係を示す。住居系の用途地域（第一種中高層住居地域、第一種住居地域）では、住宅や駐車場以外にも畑の跡地活用が見られる。一方、商業系の用途地域（近隣商業地域、商業地域）では、駐車場が大半を占める。

## 15・4　住民意識調査からみた跡地活用の可能性

それではこのような市街地の空き家問題や空き家解体後の跡地活用に対して住民はどのような要望や意向をもっているのであろうか。住民の意向を踏まえた空き家整備や跡地活用のあり方について、呉市の住民を対象とした空き家に対する住民意識調査（2014年～15年実施）を基に[文3]、呉市の空き家整備の施策に対する評価、空き家整備に対する意識、空き家解体後の跡地活用に対する要望から、空き家整備と市街地再編のあり方を考えてみたい。

### ❶ 呉市危険建物除却促進事業に対する期待と評価

図15・7に空き家に対する心配事と呉市危険建物除却

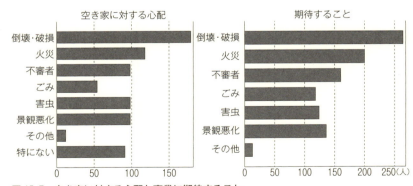

図15・7　空き家に対する心配と事業に期待すること

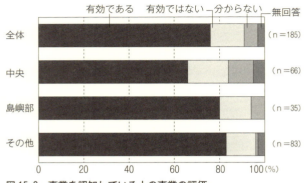

図15·8 事業を認知している人の事業の評価

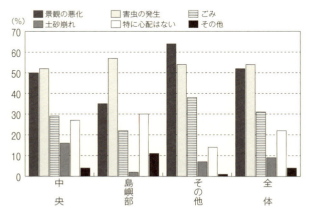

図15·9 空き家の解体除却後と跡地の心配事

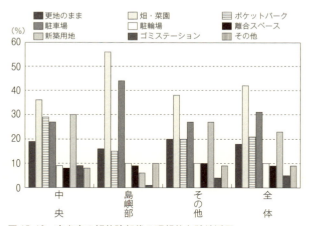

図15·10 空き家の解体除却後の理想的な跡地活用

促進事業へ期待することをまとめた。空き家に対する心配事と事業に対する期待には多少の違いはあるものの、「空き家の倒壊・破損」がもっとも多く、次いで「火災」「景観悪化」「害虫」が多い。また、事業に対する期待を地域別に見ると、中央・島嶼部・その他とも、「倒壊・破損」「火災」が上位2項目であるが、「中央」「その他」

は「不審者の侵入による犯罪の防止」が3番目に多いのに対し、「島嶼部」は「害虫が発生することの防止」が3番目に多い結果となった。

事業を知っている住民に、空き家問題を解決するうえで、事業は有効だと思うかという問いには、「思う」は141人（76.2％）、「思わない」は28人（15.1％）、「分からない」は11人（5.9％）であり（図15·8）、住民のほとんどが呉市危険建物除却促進事業の実施を評価していることが分かる。

❷ 空き家の解体除却後の跡地の心配事

図15·9に空き家の解体除却後の跡地に対する心配事を示す。中央地区は「雑草の繁茂による害虫の発生が心配」29人（51.8％）ともっとも多く、次いで「雑草による景観の悪化が心配」28人（50.0％）と多かった。

呉市全体でも同様の傾向が見られる。「とくに心配はない」と回答したのは中央地区15人（26.8％）、全体41人（21.9％）であった。地域住民は雑草に伴う害虫の発生や景観の悪化を懸念していることが分かる。

❸ 空き家の解体除却後の理想の跡地活用

図15·10に地域住民が考える空き家の解体除却後の理想的な跡地活用の内容を示す。中央地区では「畑・菜園」が31人（36.0％）ともっとも多く、次いで「新築用地」の26人（30.2％）が多かった。全体では「畑・菜園」が122人（41.8％）ともっとも多く、次いで「駐車場」の90人（30.8％）が多かった。地域住民は「畑・菜園」「駐車場」「新築用地」を理想の跡地活用として考えており、とくに中央地区では、「畑・菜園」「新築用地」を期待していることが分かる。

❹ 畑・菜園とした場合の活用と意向

所有者が跡地を畑・菜園として貸し出した場合、活用したいと思うかという問いに「思う」は、中央地区は94人中32人（34.0％）が、呉市全体では303人中99人（32.7％）であった。活用したいと思うと回答した人に、金額、距離や環境などといった他の条件についても尋ねたところ、金額面では中央地区の場合、年間で「無料」が15人（51.7％）ともっとも多く、次いで「6000円未満」が9人（31.0％）であった。また、その他の条件では、「近所であれば（徒歩5分未満）」が16人（76.2％）ともっと

図15・11 空き家の適正管理・活用・解体除却、空き地の適正管理・跡地活用の総合施策

も多く、次いで「給水ができる環境であれば」が9人（42.9%）であった。金額、その他の条件とも呉市全体の場合もほぼ同様の傾向が見られた。

## 15・5　空き家の総合対策と住宅地再編

　呉市では空き家解体除却費用の一部を所有者に補助する形で老朽危険建物化した空き家の解体除却を進めており、地元住民もこの事業の実施を評価している。一方、空き家の解体除却後の跡地利用は各個人の個別対応となっており、跡地全体の情報を総合的に管理し、活用を図る仕組みは現時点では設けられていない。

　老朽危険空き家の解体除却は、防災、防犯、景観保全などさまざまな面で必要であるが、解体除却後の跡地の適切な利用や管理がなされない場合は、空き家問題が空き地問題に置き換わる可能性も否めない。

　したがって、空き家の解体除却に留まることなく、解体除却後の跡地利用を含めて総合的に捉えた空き家・跡地の整備が求められる（図15・11参照）。

　既成市街地内の老朽危険建物化した空き家の解体除却は、周辺の住宅の日照や通風など諸条件の改善、延焼防止のための緩衝空間の確保、レクリエーション空間の提供など住宅地の環境の総合的な改善に資するものと言える。このような点から老朽危険建物化した空き家の解体除却整備は、単に直面する空き家問題の解決だけでなく、今後の縮退社会における住宅地を再編・再生するうえで、大きな意義を有している。

　管理不全により危険建物化した空き家の解体により生じたこれらの跡地は隣接住宅の「第二の庭」や、市街地の徒歩圏内の「市民菜園」としての利用の可能性も有している。このような跡地利用は跡地の不在所有者と近隣住民の双方にとってWin・Winの関係を築くことができる利用方法の一つと言え、とかく負の遺産として捉えがちな空き家や跡地を都市生活や都市環境の改善に結びつけるための千載一隅のチャンスとも言える。

　したがって、空き家の解体除却事業を単に危険要因を取り除くための「問題解決型事業」としてのみ捉えるのではなく、住宅地の環境改善を促すための「住環境再生型事業」という視点で捉えることが必要である。すなわち「解体除却事業」と「跡地活用」を一体型の施策として位置づけることにより、空き家所有者と地域住民の双方に対して相乗効果をもたらす空き家整備・住宅地再編の施策へと展開することが望まれる。

　管理不全により危険建物化しやすい空き家は、狭隘道路に接道するなど、そもそも立地条件に恵まれない条件不利地に建てられた空き家である。自動車でアクセスすることが困難な幅員2m未満の狭隘道路に接道する宅地、階段や歩行者のみ通行可能な坂道に接道する宅地は、解体後、宅地として新たな利用を見込むのはきわめて難

しい。宅地として需要の見込めないこれらの条件不利宅地については、防災上の緩衝空間や、都市住民のレクリエーション空間として位置づけ、税制上の優遇措置を活用することで、住宅地の荒廃を防止するとともに、魅力ある住環境に再編・誘導することが求められる。

現在、空き家解体後の跡地を更地にした場合、跡地にかかる固定資産税が大幅に増加するという情報が、利用の可能性のない空き家の放置と管理不全化を助長するきらいがある。しかし、これらの空き家解体後の跡地を、隣接する住民が自宅の庭の延長として一体的に利用する場合は跡地に対する固定資産税は特例措置（1／3、1／6）が適用される。また、近隣住民が跡地を果樹園や菜園として利用すれば、場所によっては税制上、跡地を農地として扱うことも可能である。このような跡地の利用方法は、いずれも跡地所有者と近隣住民との連携が不可欠であるが、利用の可能性のない空き家の所有者に対してこのような利用方法を提案できれば、老朽危険建物化した空き家の解体除却やその跡地の利用は促進されるものと考えられる。

幸い住民意識調査からは約3割の住民に跡地の市民菜園としての利用の潜在的なニーズが見られた。跡地の市民菜園としての活用を促進するためには、空き家や跡地の不在所有者と近隣住民の両者をマッチングさせる仕組みが不可欠であり、今後はこの点は配慮した施策の整備が望まれる。

【謝辞】
　呉市建築指導課や住民の方々には調査に際し協力いただいた。記して感謝の意を示す。

【引用・参照文献】
1　三信篤志・篠部裕（2014）「空き家の解体除却整備に関する研究：呉市危険建物除却促進事業を事例として」（『都市計画論文集』Vol. 49）pp. 357-362
2　湊本悠介・久保宏介・山田萌子・篠部裕（2016）「空き家解体除却後の跡地活用に関する研究：呉市危険建物除却促進事業を事例として」（『第14回日本都市計画学会中国四国支部研究発表会、都市計画研究講演集14』）pp. 13-16
3　山田萌子（2016）「住民意識調査からみた空き家整備値一考察（呉市を事例として）（『呉高専専攻科特別研究論文集』No. 17）pp. 59-64

他分野と連携した対応

# 第16章 都市の縮小と公共交通 〜バス路線再編を事例として

吉中美保子、榎本拓真

## 16・1 人口減少と交通計画

　高齢化の進展に伴い、移動制約者のモビリティの確保の重要性が高まる一方で、地域の足である公共交通は、利用者減少に歯止めがかからず、相変わらず厳しい状況に置かれている。とくに地方では、今後、人口減少が進むにつれて、公共交通の経営環境はますます厳しさを増していくものと考えられる。

　人口減少に伴いスプロール状に都市が縮小し、人口密度の低い市街地が広がることは、鉄道やバスのように、ある程度高い輸送密度を前提条件とする公共交通にとって、効率性、採算性を著しく損なう。そのような状況の中で、独立採算制で公共交通を維持することは非常に難しい。仮に、自治体が公共交通に責任を持つとしても、その経済的な負担は非常に大きなものとなるだろう。したがって、今後、人口減少下で、公共交通ネットワークを維持するためには、輸送密度の異なる公共交通を組み合わせ、全体として効率的な交通体系を構築していく必要がある。

　都市における土地利用と交通は密接な関係にありながら、これまで一体的に検討されてきたとは言いがたい。都市の拡大を前提とした時代においては、交通需要はさまざまな都市活動の派生需要であるとの前提のもと、土地利用計画を交通計画の前提としてきた。し かしながら、人口減少というこれまで経験したことのない課題に立ち向かうにあたり、交通の観点から土地利用を見ることで、計画の具現化に繋がる可能性もあるのではないかと考えられる。本章では、そのような認識のもと、人口減少に向けた公共交通の変化と、そこから考えられる土地利用と公共交通に関わる課題を提起したい。

## 16・2 公共交通のダウンサイジング

### 1. 土地利用と公共交通の計画体系

　始めに、土地利用と公共交通の計画体系について、整理する（図16・1）。

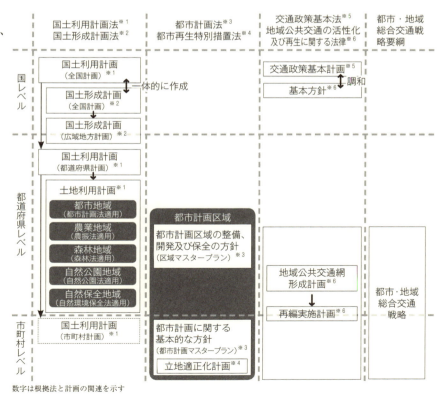

図16・1　土地利用計画と交通計画の計画体系

### ❶ 土地利用の計画体系

土地利用計画については、おおまかに言うと、国土利用計画法、国土形成計画法に基づき策定された国土利用計画、国土形成計画[注1]を基本として、都道府県が策定する都道府県計画と土地利用基本計画があり、土地利用基本計画で定められた五つの地域それぞれに対し、個別規制法と個別計画がある[注2]。五つの地域のうち、都市地域については、都市計画法に基づき、都道府県が定める都市計画区域の整備、開発及び保全の方針（区域マスタープラン）、市町村が定める都市計画に関する基本的な方針（都市計画マスタープラン）があり、地域の将来ビジョン、課題と整備方針などが示される。

都市の縮小という課題に対応するため、2014年に市町村は都市再生特別措置法に基づく立地適正化計画を策定することができるようになったが、立地適正化計画が策定された場合は、都市マスタープランの一部とみなされる。

### ❷ 公共交通の計画体系

公共交通の計画が法的に位置づけられたのは、2007年に施行された地域公共交通の活性化及び再生に関する法律（地域公共交通活性化・再生法）の地域公共交通総合連携計画が初めてである[文1]。地域公共交通総合連携計画は、7年間で601件策定されたが、まちづくりや地域戦略との一体的な取り組みに欠けていたこと、コミュニティバスなど個別事業のみに限定されたものが多かったことなどが課題として指摘され、法改正により廃止された。

2013年に交通政策基本法が制定され、2014年には地域公共交通活性化・再生法が改正された。これにより、国が定めた交通政策基本計画及び地域公共交通活性化・再生の方針に従って、地方公共団体が地域公共交通網形成計画を策定するという公共交通の計画体系ができたことになる。

この他にも、2009年に制定された要綱により運用されている都市・地域総合交通戦略がある。制度創設時は、地域公共交通活性化・再生法の改正前だったため、まちづくりと連携させた地域公共交通計画としての役割を担っていたと考えられるが、現在では、地域公共交通網形成計画と同様の内容となることも考えられるとされており[文2]、今後、計画体系の整理が求められる点である。

### ❸ コンパクト＋ネットワーク

2014年に立地適正化計画、公共交通網形成計画の制度ができたことにより、人口減少に対応し、土地利用計画と公共交通計画の両輪で、コンパクト＋ネットワークを目指すという方向性が明確に示された。しかし、計画体系は整えられたものの実現に向けては課題も多い。まず、日本の都市計画制度や都市計画マスタープランについては、これまでも、その機能や有効性について課題も数多く指摘されている[文3]。公共交通計画については、民間事業で行われている既存の公共交通に対し、多くの自治体は何の権限も持たずノウハウも不足している。そのため、既存の複数の民間事業者を調整し、計画を立案、遂行することに関し、まだ実務面で課題が多い。

## 2. 公共交通のダウンサイジングとは

コンパクト＋ネットワークにより、人口減少に伴う都市縮小に対応するため、交通計画では、交通需要に合わせて戦略的に交通手段を切り替えていくことが求められる。交通需要に合わせて戦略的に交通手段を切り替えることを公共交通のダウンサイジングと呼び、想定される方法や実現に向けた課題を整理してみたい。

### ❶ 公共交通のダウンサイジングの概念定義

一般的に、交通手段の適応範囲は、利用者の密度とトリップ距離との関係によって図16・2のように整理される。この図から、同水準のトリップ距離であっても、利

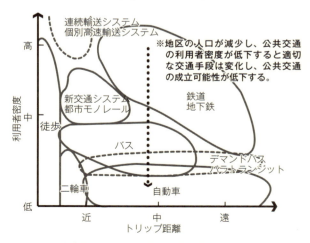

図16・2　都市交通における交通手段の適用範囲
（出典：新谷洋二ほか（2003）『都市交通計画第2版』技法堂出版をもとに筆者が加筆修正）

用者密度によって望ましい交通手段は異なるということが分かる。人口減少により、交通需要の総量が減少することを、利用者密度が低下することと捉えれば、図中の矢印が示すように、人口減少度合いに応じて、適切な交通手段は変化することになる。都市計画ならびに交通計画では、この変化にあわせて、運行コストや地域の状況を鑑みながら、適切な交通手段へ戦略的に切り替えていく必要があると言える。

具体的な公共交通のダウンサイジングの手法としては、ネットワークに関連するものと個別の交通手段に関連するものに分けられると考えられる（表16・1）。

ネットワークに関連するものとしては、幹線・支線型ネットワークへの再編をはじめとする公共交通網全体の効率化や、交通需要の低下にあわせた複数バス路線の再編が挙げられる。ネットワークに関連する公共交通のダウンサイジングでは、ネットワーク全体では運行が効率化される。一方で、個別の交通手段に着目すると図16・2の矢印が単純に下向きになるだけではなく、集約により矢印が上向きになる場合もあり、複数の交通手段の組み合わせを適切に考えなくてはならない。そのため、撤退するエリアだけでなく、集約を進めるエリアも含めた都市ならびに都市圏全体での施策として推進されるべきものである。

個別の交通手段のダウンサイジングは、人口密度が低下するエリア（撤退エリア）で、交通需要の縮小に伴い、輸送力を落とす、もしくは輸送力の小さい交通手段に切り替えることを意味する。たとえば、ダイヤの見直しや鉄道から一般路線バスへの切り替え、一般路線バスからコミュニティバスやデマンドバスへの切り替え、シェアリングシステムの導入などが挙げられる。その他、ピーク時には乗合交通、オフピーク時にはシェアリングシステムといった、乗合交通とシェアリングシステムの組み合わせなども考えられる。

公共交通のダウンサイジングを行う上で、重要な点は、人口減少に伴う交通需要の低下に対して、受動的ではなく能動的に対応するということである。交通需要の低下に対して、受動的に対応をしていては、事業採算性の低下による路線の撤退と変わらない。人口減少時代の交通計画では、交通需要の低下に対して、潜在需要の水準や今後の人口の減少見込み、利用者の意向などを複眼的に捉え、戦略的にユーザーの納得感がある交通手段へと切り替えながら、持続的な公共交通体系を形成していくことが重要であると言える。

### ❷ 公共交通のダウンサイジングにおける課題

公共交通のダウンサイジングを進めていくにあたり、現時点で、大きく三つの課題が考えられる。

一つ目は、公共交通全体の体系を誰がどう描き、実行するのかということである。これまで自治体が策定していた交通マスタープランは、交通手段ごとの課題と施策はまとめられていても、全体の交通体系を俯瞰しているとは言いがたい。とくに、多くを民間事業に依存してきた公共交通については、自治体の持つ官民連携や事業者間調整のノウハウが必ずしも十分ではない。公共交通のダウンサイジングにおいては、輸送力の低下と公共交通のサービスレベルの低下を同一視してはならず、とくに乗継抵抗のしやすさなど、交通手段間の繋ぎ（インターモーダル）への配慮が必要となる。その際、誰がどのようにガバナンスを効かせ、地域にとって利用しやすく持続可能な交通体系を形成するのか議論が必要である。

二つ目は、適正な交通手段をどう選定するのかということである。実際に公共交通をダウンサイジングするにあたっては、適した交通手段は、交通手段の輸送力だけではなく、既存のリソースや利用者の意向、交通手段の切り替えコスト、公共交通の運行コストなど、多様な観点を踏まえて判断されなければならない。

三つ目は、多様な価値観やライフスタイルにどう対応するかということである。成熟社会を迎えてライフスタイルや価値観はより多様化していると言われ、交通ネットワークに関しても、一義的な解は存在しない。公共交

**表16・1 公共交通のダウンサイジングの主な手法**

| 分類 | 主な手法 | |
|---|---|---|
| ネットワーク | 幹線・支線型ネットワークへの再編 | |
| | 鉄道（幹線）＋バス（支線） | |
| | バス（幹線）＋バス（支線） | |
| | 鉄道・バス（幹線）＋バス（支線） | など |
| 個別の交通手段 | 鉄道から路線バスへの切替 | |
| | 路線バスからコミュニティバスへの切替 | |
| | 路線バスからデマンドバスへの切替 | |
| | 乗り合いサービスからシェアリングへの切替 | など |

通のダウンサイジングの議論は、利用者密度の点で交通手段のグレードが低下したり、習慣を変えることを求められたり、必ずしも前向きなものとは言えない。多様なライフスタイルや価値観を持つユーザーと合意形成していくためには、地域のモビリティの水準、アクセシビリティを確保する地区や施設の議論から着手し、公平で納得感のある交通体系を形成する必要がある。

## 16・3 公共交通の再編事例

近年の公共交通再編事例をもとに、公共交通のダウンサイジングの課題を具体的に考察する。

### 1. 仙台市:バスを鉄道のフィーダー路線化

仙台市では、2015年12月の地下鉄東西線の開業とあわせて、都心部へ直通運転されていたバス路線と、地下鉄東西線との競合を避けるため、地下鉄を幹線とし、バスを地下鉄のフィーダー路線とすることで、交通体系全体を効率化した(図16・3)。

仙台市では、自動車に過度に依存しない、公共交通の利用を中心とした持続可能なまちづくりを進めており、今回のバス路線の再編は、定時性や速達性に優れた地下鉄を幹線とし、鉄道とバスとがより連携した路線体系を形成することを目的としている[文4]。また、仙台市交通局のバス事業へは、仙台市からの一般会計補助として2014年度実績で約28億円支出されていることから、公営公共交通事業の効率化の側面もあると指摘できる。

再編にあわせて、乗継ぎを促進するための新たな運賃制度を導入するなど、路線再編による利用者への影響を軽減するための取り組みを行った[文5]。しかし、地下鉄とバスとの接続の悪さや地下鉄駅構内の移動負荷などを原因とする市民からの不満や戸惑いが仙台市交通局に寄せられることとなった。幹線を地下鉄、支線をバスとしたこの事例は、計画論としては、非常に分かりやすく効率的な公共交通体系である。しかし、乗継ぎを前提としたネットワーク再編においては、乗継抵抗の緩和策を講じるだけでなく、利用者の行動変容には時間を要し、効果の発現は長期的な視点で評価することが重要であると理解できる。

### 2. 新潟市:バスを幹線・支線に再編

新潟市では、持続可能な新しいバスシステムの実現を目指し、2015年9月のBRT(Bus Rapid Transit)の開業以前から全市的なバス路線の再編に取り組んでいる[文6]。具体的には、BRT沿線では乗継拠点を整備し、BRTを幹線とする幹線・支線型のネットワーク体系に再編することで都心部のバス輸送の効率化を図り、都心部の効率

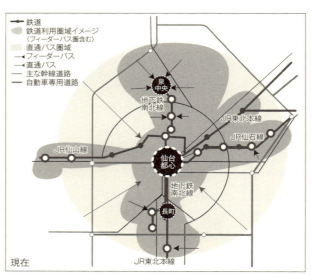
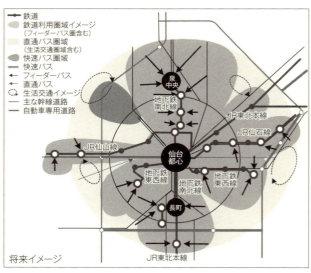

図16・3 仙台市の交通体系 (出典:仙台市 (2010)『せんだい都市交通プラン』)

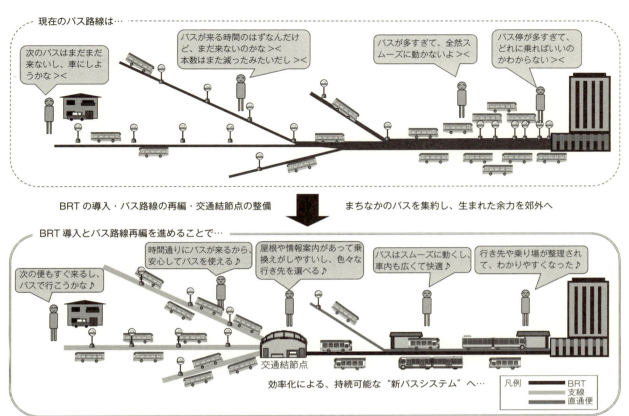

図16・4 新潟市のBRT導入とバス路線再編による利便性向上のイメージ（出典：新潟市[文6]）

化によって発生した余剰分を郊外のバスサービスの維持、拡充に充てるというものである（図16・4）。

BRTの導入ならびに全市的なバス路線の再編の結果、新潟市でも仙台市同様、利用者に乗継ぎを強いることとなり、都心部へ直通するバス路線の減少に対して、利用者からの反対意見や不満が新潟市ならびに新潟交通へ寄せられている[文7]。高齢化が進む中で、乗継ぎを強いることは望ましくないという意見や、民間事業者の車両購入や施設整備の費用を新潟市が負担することに対する妥当性についての意見などが寄せられており、市民全体での理解や合意形成の難しさがうかがえる。

## 3. 福岡市：バスを幹線・支線に再編

西日本鉄道株式会社（以下、西鉄）でも、幹線・支線型ネットワークへの再編を実施している。西鉄のバスは、もともと都心直通の長いバス路線が多いことから、分かりやすさや定時性に問題を抱えていた。そこで、都心部では、分かりやすく利用しやすいバスサービスを提供し、郊外部では、遅れを軽減し定時性を確保することで、公共交通の利用促進を図ることを目的として、幹線・支線型ネットワークへの再編が実施された。

2013年11月、福岡市南部の大橋駅を乗継拠点とし、鉄道とバスを幹線とした路線再編が実施され（図16・5）、再編によって都心部へのバス流入台数も削減された。バスの幹線部分（渡辺通幹線バス）は分かりやすさを向上させるため、カラーリングを統一し（写真16・1）、乗継抵抗の緩和のために大橋駅での乗継ぎ利用に対してポイントを付与する運賃施策も実施している。

筆者らのヒアリングによると、路線再編前後で、直通便の減少などに対して、利用者から多少の不満はあったものの、大きな利用状況の変化はなかったということである。利用者への影響が、仙台市や新潟市と比べ相対的に小さかった理由としては、そもそも、支線の沿線と都心部の直通利用の割合が小さく、乗継ぎを強いることに

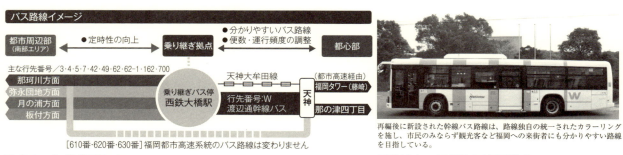

図16・5 バス路線再編の概要
（出典：西日本鉄道 HP（http://www.nishitetsu.co.jp/release/2013/13_124.pdf）

写真16・1 バス幹線の車両デザイン
再編後に新設された幹線バス路線は、路線独自の統一されたカラーリングを施し、市民のみならず観光客など福岡への来街者にも分かりやすい路線を目指している。

よって影響を受ける利用者が多くなかったことが挙げられる。大橋駅周辺は、地域拠点として、病院や区役所等の主要施設が立地し、大橋駅で利用者の大半が入れ替わるという利用者の状況を加味した幹線・支線型ネットワークを構築したと言えるだろう。

また、福岡の再編の特徴として、鉄道と並行してバスの幹線も位置づけられている点がある。これは、大橋駅から都心部にいたる区間には、病院や区役所等の主要施設が立地し、沿線の土地利用も密度が高かったため可能となったと言える。このことから、ネットワークの効率化だけでなく、公共交通利用者のODパターンや土地利用現況、施設の立地状況などを考慮した路線再編が重要だと考えられる。

## 4. 那珂川町：路線バスをコミュニティバス化

2002年の道路運送法改正で、乗合バス事業に対する国の需給調整規制（参入・退出に関する規制）が撤廃されたことにより、利用者が少なく採算の取れない赤字路線の廃線が可能となった。福岡市に隣接する那珂川町は、福岡都心との交通利便性が高いことから、通勤・通学や買い物など、福岡市との繋がりが強い地域であるが、北部の市街地に比べ、町の中・南部は住宅地が分散し、とくに山間部になると住宅が点在しているうえに高齢世帯が多い状況にある。

2009年、地域のバスを運行する民間事業者の路線再編計画により、町の中・南部地域唯一のバス路線廃止が申請された。廃止された場合、広範囲において公共交通空白地域が発生する恐れがあった。

この問題に対し、那珂川町では、路線バス、コミュニティバスの適切な役割分担によって、公共交通空白地域の解消を行った。まず、路線バスを福岡市と那珂川町を結ぶ都市間交通の役割を担うものとし、その拠点となる那珂川営業所を鉄道の駅とともに交通結節点として位置づけた。もともと市の北部で運行していたコミュニティバス路線を南西部にも拡充し、町内公共交通を確保する役割とし、都市間交通との結節に配慮した。地域内の主幹線バスについては、運行補助をすることによって、通勤・通学時間帯のみ路線バスを存続させることができた。

採算性、利用者数、財政負担額からすると、町が設定した目標値を達成している路線は、6路線のうち2路線

表16・2 那珂川町2013年度の評価

| | | 採算性 | 利用者数（人/年） | 財政負担額（万円/年） | 利用者1人あたり負担額（円/人） | 備考 |
|---|---|---|---|---|---|---|
| 循環バス（北東部・北西部） | 目標 | 30.0% | 60,000 | 2,565 | 427 | 利用者数は目標達成。料金割引適用の高齢者の利用が多く、採算は目標未達成。 |
| | 実績 | 22.4% | 65,961 | 2,844 | 431 | |
| 通勤かわせみ | 目標 | 30.0% | 68,000 | 239 | 35 | 目標達成 |
| | 実績 | 60.1% | 20,469 | 136 | 67 | |
| 南畑線 | 目標 | 30.0% | 41,900 | 1,470 | 351 | 目標達成 |
| | 実績 | 45.1% | 69,446 | 1,153 | 166 | |
| 西畑線 | 目標 | 30.0% | 9,100 | 319 | 350 | 利用者数は目標達成。料金割引適用の高齢者の利用が多く、採算は目標未達成。 |
| | 実績 | 15.6% | 9,399 | 384 | 408 | |
| 南面里線 | 目標 | 30.0% | 7,000 | 248 | 354 | 利用者数は目標達成。料金割引適用の高齢者の利用が多く、採算は目標未達成。 |
| | 実績 | 15.8% | 7,385 | 298 | 404 | |
| 路線バス | 目標 | 45.0% | 50,000 | 604 | 121 | 目標未達成。利用者実績が目標と比較して30%も低い。 |
| | 実績 | 32.5% | 34,376 | 742 | 216 | |

（出典：那珂川町（2015）『那珂川町地域公共交通網形成計画』のデータをもとに筆者が作成）

にとどまり、利用者1人あたりの財政負担額も路線によりかなりばらつきが見られる（表16・2）。しかしながら、路線バスとコミュニティバスを役割分担して交通ネットワークを形成した点に加え、バスの利用者特性から一部の時間帯のみ路線バスを残すなど、公共交通の確保のためにきめ細かい配慮がされている点、町内の公共交通確保の方法として、コミュニティバスと路線バス補助を上手く使い分けた点など評価できる点も多い。

### 5. 路線再編事例を通じて

あまねく事例を抽出して体系的に整理したわけではないが、近年の代表的な路線再編の事例から、前述した公共交通のダウンサイジングにおける3つの課題について考察を行う。

一つ目は、公共交通の体系を誰がどう描くのかという点である。仙台市、新潟市、那珂川町の事例では行政がその役割を担っているのに対し、福岡市の事例は事業者が行った再編事例である。福岡市の事例は南部地域のみの再編ではあるが、市全体の交通体系を考え、自治体とも協議を進めながら実施した再編であり、その後、2015年に策定された福岡市総合交通戦略において再編された路線は、公共交通の幹線軸として位置づけられている。行政がリーダーシップをとって公平な立場で複数の事業者との調整を図ることが理想ではあるが、地域の公共交通の運営が独占や寡占状態である場合は、行政のサポートのもと民間事業者がその役割を担える可能性もある。

二つ目は適切な公共交通手段をどう選択するかという点である。手段の選択にあたっては、費用を提示したうえで考えていくべきであろう。費用を提示しない場合、住民がより高い水準のサービスを求めるのは当然のことであり、利用者密度に対して過剰なサービスとなりがちである。設定したサービスに対してかかる費用を明確にし、サービスを享受する利用者はもちろん、サービスを享受しない住民との公平性などもふまえたうえで、合意形成をしていく必要がある。一方で、交通手段の選択は、実際はコストだけで判断できる問題ではない。那珂川町の事例では、町が設定した目標値を下回る路線も存在する。コストだけで考えれば、定期運行ではなく、デマンドバスやシェアリングシステムへ切り替えることも想定できるが、地域のモビリティは、どの水準が望ましく、それをどういう費用負担で守っていくのか、市民が当事者意識を持ちながら、きちんとコンセンサスを取っていくことが重要である。

三つ目は多様な価値観やライフスタイルにどう対応するかという点である。仙台市と新潟市の事例から、計画論として合理的な再編を行ったうえで、乗換抵抗の緩和施策を実施しても、生活習慣の変更を強いられることに対する心理的な抵抗感の払拭は簡単ではないことが分かる。路線再編等のネットワークに関連するダウンサイジングは、公共交通のサービスレベルを維持しながら実施されることが望ましい。そのとき、乗継ぎの時間的、物理的、経済的、心理的な抵抗をいかに最小化するかが重要となる。ダイヤ設定、乗継動線にあわせた案内サイン、運賃施策など、さまざまな施策が考えられる。また、福岡市のように既存利用者のODパターンを考慮し、乗継拠点を選定することも一つの有効な方策であると言えるだろう。

バスシステムが世界的に有名なクリチバは、低所得者層のモビリティ確保のため、公共交通を低廉な運賃水準とし、乗継拠点にスーパーや行政の出先機関等を集積させることで、公共交通で生活できる基盤を作った。現在ではさまざまな都市問題を抱えているが、このように、人々のライフスタイルを想定して拠点と公共交通ネットワークを形成することは、今後の路線再編でも学ぶべき点が多いと言える。

## 16・4 今後の課題

最後に、公共交通の再編事例からみた、交通計画と土地利用計画の課題をまとめる。

### 1. 集約を推進する計画とは

土地利用計画と交通計画が、両輪でコンパクト＋ネットワークを進めていくためには、集約すべきエリアに、その推進に寄与するだけの十分な魅力があることが重要

である。つまり、土地利用計画で示される拠点に、住民の行動を郊外から拠点へ変容させるような魅力的な施設やサービスがあることに加え、公共交通の計画で示される幹線のサービス水準は、その沿線に住みたいと思うほど魅力的であることが求められる。それが実現できれば、長期的には、自然に拠点とその沿線に都市的な土地利用が集約されていく。したがって、計画策定にあたっては、拠点や幹線に集約を進めるトリガーとなるだけの十分な魅力がある計画かどうかを考え、必要に応じてその目標や水準を示すことで、集約すべきエリアでの魅力的なライフスタイルを提案することが重要であろう。

## 2. 計画の実現における課題

　土地利用計画と交通計画の連携や、複数の交通事業者が連携した交通計画を理想論として描くことは、難しいことではない。しかし、交通計画の再編事例に見られるように、実現のためには課題が少なくない。計画と現実の乖離を少なくするためには、以下の二つの方向性が考えられる。

　一つは、計画をより詳細かつ厳密にし、土地利用規制や行政による開発事業への介入等を強化するとともに、行政が公共交通の計画と運営に責任を持ち、民間交通事業者は運行のみを担うパターンである。強権的な方法であるが、この場合、地域のビジョンが共有しやすいというメリットがある。しかし、先行事例では、公共が交通事業をコントロールすることで、実際には需要以上のサービスを提供し、自治体等の費用負担が増加するなどの問題点も生じている。

　もう一つは、計画は最小限にとどめ、開発事業も交通事業も基本的には民間事業者（市場経済）に委ねるという方法である。この場合、地域のビジョンを共有しにくいというデメリットはあるが、そもそもビジョンや計画をたてにくい人口減少という時代の中で、計画に縛られず、状況にあわせて変化していくことができる。一方で、市場経済に委ねた場合は、人口減少下においても、スプロールが拡大する懸念があるため、郊外部や撤退すべきエリアについては土地利用規制を強化し、秩序ある都市の縮小を促すことが求められる。

交通計画を実現するにあたり、複数の交通事業者が存在し、公共交通のコントロールができない場合などは、行政が計画と運営に責任を持つ前者の方法が適していると考えられるが、ほぼ一つの交通事業者が交通事業を担っている場合は、後者の方法のほうが適している場合もあるだろう。人口減少という時代において、実現できる計画がどうあるべきかについても、今後、地域の実情にあわせて考えていく必要がある。

【注】
1　国土形成計画と国土計画は一体的に作成することとされている。
2　国土利用計画は、全国計画、都道府県計画、市町村計画の三段階に体系化されているが、市町村計画の策定については任意であり、策定しない自治体も多くある。

【引用・参照文献】
1　加藤博和、福本雅之（2013）「日本に地域公共交通は根付いたか？：地域公共交通活性化・再生総合事業の成果と課題を踏まえて」『土木計画学研究・講演集』Vol. 47
2　国土交通省都市局（2014）『都市・地域総合交通戦略のすすめ：総合交通戦略策定の手引き』
3　たとえば、蓑原敬ほか（2014）『白熱講義　これからの日本に都市計画は必要ですか』学芸出版社
4　仙台市（2013）『地下鉄東西線開業にあわせたバス路線再編の概要について』
5　仙台市（2014）『地下鉄東西線開業後に導入する新たな運賃制度について』
6　新潟市（2013）『新潟市BRT第1期導入計画』
7　たとえば、新潟市HP
https://www.city.niigata.lg.jp/shisei/mayor/tegami_top/tegami/tegami_27top/27_6koutu/index.html

他分野と連携した対応

# 第17章 自治体税制からの検討
~固定資産税制度から見た望ましい市街地集約化のあり方

樋口 秀

## 17・1 都市計画と税制の関係

### 1. これまでの都市計画が目指したもの

**❶ 切迫する財政問題と都市計画との関連**

　直近の財政状況を総務省が作成する2016（平成28）年度の地方財政計画から見ると、地方団体の歳入面では地方税・地方贈与税が大きく伸び、リーマン・ショック前の水準にまで回復したという。企業の業績が好転したことにより、法人税と所得税の税収が伸びているようである。しかし、このような税収増が今後も継続するかは不透明である。内閣府による2013（平成25）年度年次経済財政報告には、「我が国の財政は非常に厳しい状況にあり、できるだけ早期に財政赤字と債務残高の抑制を進め、中長期的に持続可能な財政構造を確立することが課題」と記述されるとともに、地方財政についても「今後の経済成長の動きと合わせた地方税収の確保や歳出の重点化・効率化などにより、歳入面、歳出面から改革する」ことを求めている。

　一方、地方都市に目を転じると、定住人口の減少や雇用の場の喪失、中心市街地の衰退などさまざまな都市問題が懸念されている。この解決策として取り組まれている集約型都市構造、コンパクトシティ＋ネットワークの実現であるが、小林ら[文1]は、中心市街地活性化に取り組む都市の約3／4が公益施設の再整備や集中立地の必要性を感じている一方で、その8割強が財政難により再整備等の難しさを感じていると指摘している。市街地整備が国からの補助金頼みでしか実現せず、各自治体の財政難が消極的な都市計画を誘発し、その影響で衰退が加速するとすれば、負のスパイラルから抜け出せない可能性がある。

　このような中で、都市計画との関連が強い土地の価格・地価に連動して課税される固定資産税は、自主財源である市町村税収のおよそ半分を占める基幹税目であり、都市計画を実施するすべての基礎自治体にとって、その確保はきわめて重要な意味を持っている（図17・1に長岡市を例示）。そして、今後の市街地整備のあり方を検討する際には、この税収確保と合わせて、これまでに実施された市街地整備との関係をミクロレベルで解明することが求められている。

**❷ 市街地拡大と税収変化**

　本章では、地方都市での人口減少に伴う市街地縮小「リバーススプロール」が財政（税収）に与える影響を考察するとともに、人口減少下での税収確保策を都市計画的な視点から考えたい。2000年ごろまでの人口増加は、安価な宅地供給を伴う郊外部の開発による市街地拡大を誘発してきた。この過程では、納税者の増加による市町村民税の増加とともに、土地と建物に課税される固定資産税（＋都市計画税）の税収も増加した。結果として、都市計画は人口増加への対応として郊外開発への対応が主眼となってきたが、郊外部で開発が進む一方で、中心市街地は衰退が進んでしまった。詳しくは後述するが、この間に固定資産税収の税収構造も変質し、中心市街地からの税収が激減し、不安定さが増すこととなった。今後

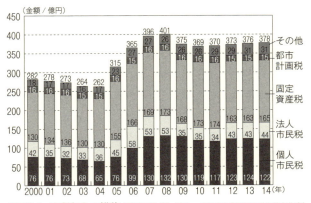

図17・1　市税収入の推移（長岡市全体）（出典：長岡市市税概要を基に筆者作成）

の人口減少下では、生産年齢人口（＝勤労に伴う納税者）の減少により、市町村民税が減少するとともに、地価の下落により固定資産税収も減少することが予想される。固定資産税収の維持には、都市全体の固定資産税評価額の維持が必要であり、そのためには都市計画と税制の連携が課題と言える。本章では、具体例として地方都市の実態を示すため、城下町を起源とし、市域中央部を信濃川が流れ、市街地の外側に美しい田園が広がる人口28万人（2010年）の新潟県長岡市[注1]を取り上げて、その課題と対応策を掘り下げて考えてみたい。

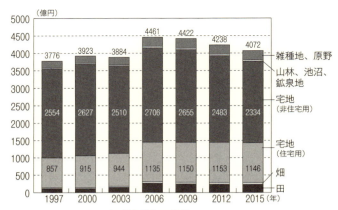

図17·2　長岡市地目別課税標準額の推移（土地）

## 2. 固定資産税の仕組み

### ❶ 課税対象

固定資産税の課税対象は土地、家屋、償却資産である。全市町村で課税されており、土地、家屋または償却資産の所有者が納税義務者となっている。2014（平成26）年度の全市町村の固定資産税決算額は8兆6752億円（土地3兆3820億円、家屋3兆7458億円、償却資産1兆5474億円）であり、市町村税収21兆1020億円のうち41.1％を占める基幹税目である。固定資産税の課税対象のうちとくに都市計画に関連が深いのは、土地と家屋である。なお、持地持家世帯等、個人を含む民間の土地・建物所有者は、高齢者等無職であっても所得に関係なく固定資産税は課税されるため、資産価値が維持できれば税収は確保される。また、公的な住宅に居住する世帯を除き、アパート等、民間借家に居住する世帯も家賃を通じて間接的に固定資産税を負担しているため、ほとんどの国民（世帯）が税負担している地方税でもある。

### ❷ 土地、宅地への課税

まず、土地は①田、②畑、③宅地（住宅用地、非住宅用地）、④鉱泉地、⑤池沼、⑥山林、⑦牧場、⑧原野、⑨雑種地の9種の地目に応じて課税されている（図17·2）。面積は⑥山林が約半分、①②農地が3割を占めている。③宅地は建物が建っているか、または建築可能な状態の土地であり、全国では課税土地面積の1割程度にすぎないが、課税標準額は土地全体の9割弱を占めている。長岡市では、2015年現在、農地でもとくに①田の面積が多い（33％）ものの、住宅用地、非住宅用地を合わせた③宅地は全国同様に1割程度（9.4％）だが、課税標準額は全体の85％を占めている[注2]（図17·2）。

また、宅地は地価公示価格の7割を標準とした評価額が設定された後に、固定資産基準により課税標準額が決定される（図17·3）。そして、課税標準額に対して、一般には標準税率1.4％をかけたものが実際の税額となる。さらに、固定資産税の推移には、制度の仕組みとその移り変わりに注意が必要である。土地に関しては、1993（平成5）年度までは各自治体が独自に評価しており、市町村間や地域で評価額に格差が生じていたが、1994（平成6）年度からこれを是正するために評価額を全国一律に

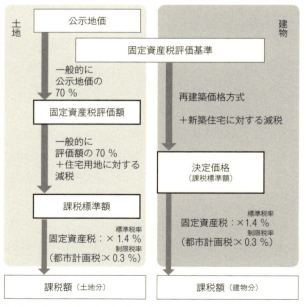

図17·3　固定資産税課税の仕組み

図17・4　長岡市宅地評価額・課税標準額推移
（出典：長岡市市税概要および国交省データを基に筆者作成）

公示地価の7割とすることで均衡化が図られた。長岡市の1983（昭和58）年から2008（平成20）年までの宅地に関する税収の推移を見ると、1994（平成6）年に評価額が跳ね上がっていることが分かる（図17・4）。また、7割評価の背景には、バブルの影響で地価が急激に上昇したことから、地価に評価額を連動させることで税収増を狙う意図があった。しかし、評価額の急激な上昇は同時に税負担を上昇させるため、緩やかに課税標準額を上昇させる特例措置として、1997（平成9）年度以降に負担調整措置が設けられた。長岡市でも地価が下落してもしばらくは課税標準額が増加するのはこのためである。その後、バブル後の急激な地価下落に対応するために、評価替え年度以外でも評価額を修正できるようになったが、7割評価という形で地価と固定資産税を連動させてしまった結果、地価下落の影響が直接固定資産税収にも響いており、自治体の税収に課題を投げかけている。

### ❸ 建物（家屋）への課税

建物への課税は、その構造により木造家屋と非木造（木造以外）の家屋に分けられている。さらに家屋の種類は、住家、店舗、工場（発電所および変電所を含む）、倉庫その他の建物とされている。家屋の価格は適正な時価であり、正常な条件のもとで成立する取引価格である。この際の家屋の評価は、同じものをその場所に新築する場合に必要な建築費である再建築価格とされている。この価格が評価額（決定価格）であり、課税標準額となる。この課税標準額に土地と同様に税率（標準税率1.4％）を掛けて税

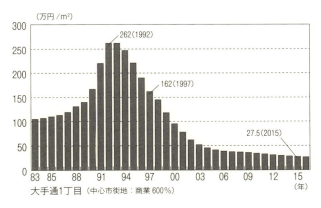

大手通1丁目（中心市街地：商業600％）

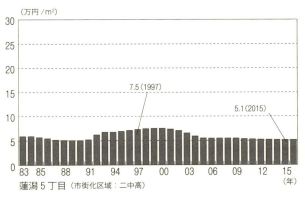

蓮潟5丁目（市街化区域：二中高）

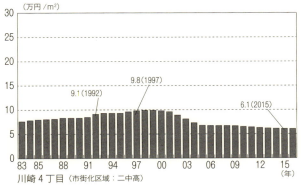

川崎4丁目（市街化区域：二中高）

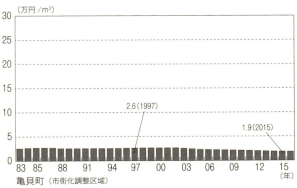

亀貝町（市街化調整区域）

図17・5　長岡市地価公示価格推移

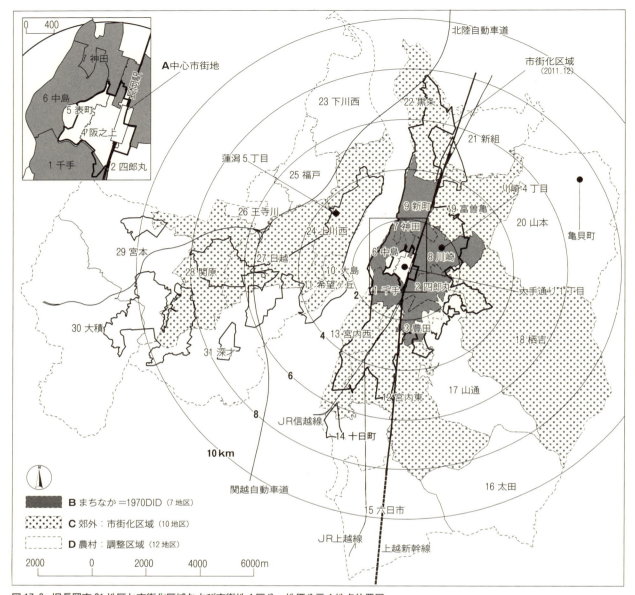

図17・6 旧長岡市31地区と市街化区域および市街地4区分・地価公示4地点位置図

額が決定する（図17・3）。基本的に同じ家屋であれば、その立地場所に関係なく決定価格が決まるため、自治体内の建物の質と量で税収が決定する。ただし、経年劣化による減耗分が毎年減少するため、税収確保には新陳代謝（更新）を含む一定量の建築活動が必要である。なお、昨今問題となっている空き家にも課税されているが、建物が住宅であれば、宅地の課税標準額が1／6（200 m²を超える部分は1／3）に減額されるため、老朽空き家の除却が進まない原因にもなっている。課税のあり方が不動産所有者の行動を規定することには功罪の両面がある。

## 3. 公示地価動向

先述したように、宅地の評価額は公示地価の変動に大きく関係する。そこで、長岡市内の4地点、中心市街地：大手通1丁目（商業600／80）、郊外住宅地：川崎4丁目（二中高200／60）、蓮潟5丁目（二中高200／60）、市街化調整区域の亀貝町を取り上げて地価公示の推移を確認した

い（図17・5、図17・6）。まず中心市街地では1992年にピークがあり、その後は激減している。ピーク時は異常値であったとしても、バブル以前の1983（昭和58）年と2015（平成27）年を比較すると地価はおよそ1／4に下落しており、他と比べてもその変動が著しい。一方、郊外住宅地は1997年ごろにピークがあり、その後は微減し現在はピーク時の3〜4割減となっている。人口は増加し、市街地の拡大に合わせて道路整備や各種施設整備を進めてきたにもかかわらず、調整区域を含めて、現在の地価がバブル前の1983（昭和58）年の地価を割り込んでいる点に注意が必要である。

### 4. 都市計画税

都市計画事業実施のための財源として都市計画税を課税する自治体も多い。固定資産税と関連した都市計画税は、都市計画区域を有する市町村で、都市計画事業の実施に伴う目的税であり、多くの自治体では市街化区域内（もしくは用途地域内）の土地と家屋に課税している。評価額は固定資産税と同様の値を用いるが課税標準額を算定する段階で固定資産税とは異なる特例率を用いるため課税標準額が異なる。これに各都市が設定した税率（制限税率0.3％）をかけて都市計画税額が決定する。都市計画ともっとも関係が深いものの、課税している自治体数は2014（平成26）年度で649（531市、117町、1村）と都市計画区域を有する自治体数1353、用途地域決定済み自治体数1188に対して半数程度であり、税率も多様である。2014（平成26）年度の決算額は1兆2439億円（土地6743億円、家屋5696億円）である。しかし、自治体間の差異が大きく、税収全体から見ると固定資産税収の割合が高いこと、課税している自治体では固定資産税と同様の変化であることから本論での言及は割愛するが、都市計画税の課税のあり方は今後の大きな課題だと考える。とくに市町村合併後の地域間課税不均衡を解消するため、または都市計画事業がないことを理由に、課税を中止する動きもある。目的税としての都市計画税本来のあり方はきちんと議論する必要があるだろう。

## 17・2 中心市街地の衰退と固定資産税収の関係

### 1. 旧長岡市域の固定資産税推移

現在の長岡市は周辺10市町村との大合併により891 km²と広大な市域を有している。まず、長岡市の市税収入の推移を確認する（図17・1）。2004（平成16）年までは微減傾向であったが、2005（平成17）年の市町村合併と2007（平成19）年の財源移譲により2008（平成20）年まで増加したものの、その後は減少して現在は停滞している。合併により財政規模は拡大したが、人口あたりの税収は若干低下している。

都市計画の視点から見ると、市街化区域の大半は合併前の旧長岡市域に存在する（図17・6）。市全域では都市計画の影響がみえにくくなるため、以降の分析は旧長岡市域（262 km²）に限定して考察する。都市人口が増加する局面での市街化区域・市街地の拡大は不可欠であったと考えられる。しかし現在の人口減少局面にあっても同様の事態が継続していることには問題がある。市街地の拡大は宅地面積の増加によって捉えることが可能である。そこで、旧長岡市域を対象に、民有地すなわち課税対象の宅地面積の推移を、2000（平成12）年以降、3年ごとの評価替え年度を比較可能な形に集計した。とくに着目するのは合併後で新中活法が施行された2006（平成18）年から最新の2015（平成27）年までの9年間である。長岡市は新中活法に基づき、2008（平成20）年11月に基本計画（第1期）が認定され、活性化に取り組んできたが、旧市域全体で見ると、2006（平成18）年以降も課税宅地を急激に増加（2006→2015：＋161 ha）させている（図17・7）。また、課税建物の延べ床面積の変化も、人口が停滞する中で新たに課税対象となった建物が多数（同：＋96万 m²）存在する（図17・8）。ただし、宅地の課税対象となる課税標準額、建物の決定価格（課税標準額）を見ると、対象となる面積が増加しているにもかかわらず、宅地では急激に減少（同：－31.7億円）し、建物も一時的な増加はあったが停滞状態にある。

次に、旧市域内に存在する統計上の区分31地区に分割して、このような課税宅地が増加した位置ならびに新

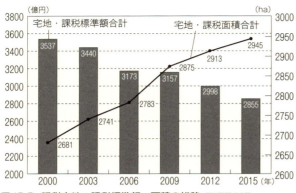

図17·7 課税宅地：課税標準額・面積の推移（旧長岡市域）

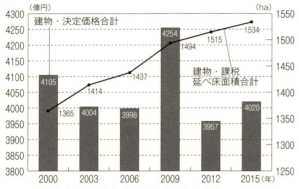

図17·8 課税建物：決定価格・延べ床面積の推移（旧長岡市域）

規課税建物の立地位置を確認する（図17·6）。まず、中心市街地に位置するのは4.阪之上地区と5.表町地区の一部である。図左上中の太線で示されたこの2地区は延べ床面積合計が減少している。とくに阪之上では新規の建物立地よりも減失や経年による評価額の減少のほうが大きいため、課税標準額の減少が全体の中で突出している。一方、郊外の24.上川西地区では、延べ床面積が急増し、課税標準額も長期的には急増している。課税標準額ベースで見ると、阪之上地区の減少とほぼ同額の増加が見られた。

全体としてこの2006→2015の9年間で、課税延べ床面積の増加は96.1万 m² となり、これらは、すべて市街化区域の縁辺部に位置する地区であり、新規の住宅建設が見られる地区であった。

## 2. 人口・世帯数と課税宅地および延べ床面積変化の関係

人口減少下での目指すべき集約型都市構造の実現に向けては、人口密度がその判断指標となると考えられる。そこで、直近の動向について、31地区をA:中心市街地（基本計画区域内）、B:まちなか（1970年DID内）、C:郊外（市街化区域）、D:農村（市街化調整区域）に4区分（図17·6）し、政策判断が可能な区分により、人口・世帯数および密度の変化を分析した（図17·9）。

まず、2006年から2015年の9年間の人口と世帯数の変化を見ると、旧市域全体の人口は＋173人とほぼ無変化だが、世帯数は＋6572と2006（平成18）年比で＋9.6％であった。4区分別に見ると、人口では郊外での激増をまちなか・農村・中心市街地の減少が相殺している。とくに中心市街地の外側に広がるまちなかでの減少が目立つ。人口を課税宅地面積で除した人口密度で見ると、人口が急増する郊外でも人口増加を宅地面積増加が上回る関係で、密度が低下している（65.8→63.4人/ha）。人口規模は小さいが中心市街地（114.5→110.1人/ha）やまちなか（101.1→93.6人/ha）では減少しつつも郊外の1.5倍強の密度である。地方都市で集約型都市構造を目指す際は少なくとも100人/haを下回らないように中心市街地やまちなかでの人口減少を抑止すべきだと考える。

市街地の拡大は人口よりも世帯数の変化のほうが捉えやすい。世帯数は4区分すべてで増加しているが、郊外の増加が突出しており、＋4255世帯となった（図17·9）。市域内での世帯分離、または転入世帯が郊外に住宅を取得している状況が分かる。世帯密度は郊外で24世帯/haである。この数値は課税宅地面積で除した値なので、長岡市の場合は、戸建て住宅が200 m²弱の宅地に立地する状況が想定される。

次に、4区分別に課税宅地面積の推移を確認すると、中心市街地では微減する一方で、まちなか・農村で微増、郊外では激増している（図17·10）。旧市域内で増加した宅地の70％は郊外での増加となった。さらに、課税建物の延べ床面積の変化を見ると、ほぼ宅地と同様の傾向を示しており、全体の増加分の71％を郊外が占める（図17·11）。一方、課税対象となる宅地の課税標準額は、4区分すべてで減少しており、とくにまちなかでの減少が著しい。しかし、人口が急増し宅地面積も増加している郊外ではあるが、宅地からの固定資産税収はマイナスと

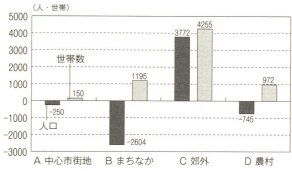

図17・9　長岡市市街地4区分別人口・世帯数推移（2006〜2015）

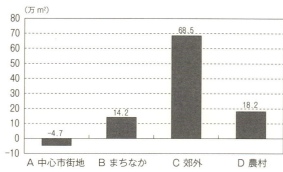

図17・11　市街地4区分別課税建物延べ床面積推移（2006〜2015）

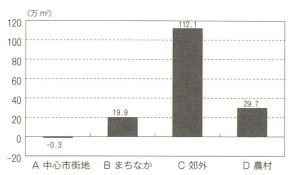

図17・10　市街地4区分別課税宅地地積推移（2006〜2015）

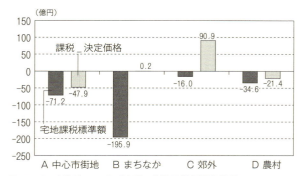

図17・12　市街地4区分別宅地・建物課税標準額推移（2006〜2015）

なっていた（図17・12）。これは税収面からみた大きな課題と言える。

　宅地のうえに立つ建物の税収の基となる決定価格を見ると、宅地とは異なり、郊外では延べ床面積が急増していることもあり決定価格も増加している。しかし、その値はまちなかの宅地課税標準額の減少を埋め合わせるまでにはいたっていない（図17・12）。また、郊外に比して1割強程度の床面積しかない中心市街地であるが、決定価格の減少が大きいことにも注意が必要である。中心市街地に立地する建物について更新や新規の立地がない場合は、課税の評価替えに伴い、経年による評価額の減少分が大きくなっているのである。

## 17・3　集約型都市構造の実現と固定資産税収確保に向けた都市計画の課題

　長岡市は、新中活法による認定基本計画に基づき中心市街地で連鎖型の市街地再開発事業を実施するとともに中心市街地へ市役所を回帰させその活性化を進めてきている。しかし一方では、定期線引き見直しにより、郊外部で積極的に市街化区域を編入してきた[注3]。結果として全体での人口は維持できているが、その増加は郊外での宅地面積増加を伴った建物立地によるものであった。

　このような変化を、固定資産税収の関係で見ると、全体として課税宅地面積の増加や課税建物の延べ床面積の増加が見られたが、固定資産税の税収に影響する建物の決定価格（課税標準額）は郊外での一定の増加はあるものの、まちなかや農村での減少も大きく、全体として税収の増加に繋がっていなかった。さらに、課税宅地の課税標準額は、4区分すべてで減少しており税収は減少していた。

　長岡市の実態を概観したが、郊外部に供給される安価な宅地に新しい戸建て住宅が建築されている状況が直近の税収データからも確認できた。このような状況は、地方都市に共通する事象である。車で10分も走れば地価が半分になるような地方都市では、まちなかの土地に対

する需要が小さく、インフィル型の建物立地に課題も多い。今後、集約型都市構造が求められているものの、現行の線引き制度や立地適正化計画の居住誘導区域による建物立地の誘導では、建物の立地可能な地域が広すぎて、宅地評価額の下落が継続する恐れがある。人口減少による宅地需要の減退の影響も重なるが、リバーススプロールによって余剰となった宅地が放置されれば地域全体の資産価値を低下させ、税収面からも問題を増幅させることが予想される。

集約型都市構造の実現と固定資産税収の確保を狙うならば、インフラへの負担を強いる郊外での新規建物立地を抑制しながら、中心市街地やその周囲のまちなかまでも含んだ地域での建物更新と新規立地を積極的に進めなければならない。そのための支援が不可欠である。

公示地価に連動した土地の評価額を自治体が操作するのは困難である。しかし、一部の自治体では産業団地に進出する企業に対して固定資産税を一定期間免除する制度を設けたり検討したりしている[文2]。これを応用して、固定資産税の不均一課税を用いるなど、土地所有によるランニングコストの低減によってまちなかと郊外の地価の差を埋める手法も考えられる。安価な住宅地が好まれてはいるが、継続する資産価値の減少は、新規住宅取得者にとっても将来への不安リスクである。転勤や老後に資産が適切な価格で売却できなければ、移り住むこともできない。市民のため、まちづくり財源としての固定資産税収維持のためにも、今後は都市計画と税制との連携により、課税宅地面積を適切に管理し、都市全体の宅地評価額を維持することが重要である。

最後に、都市計画の管理面では、固定資産税の課税関連データを活用することがきわめて有益であることを付け加えておきたい。

【注】
1 新長岡市は2005（平成17）年4月に5町村、2006（平成18）年1月に4市町村、2010（平成22）年3月に1町と3度にわたる合併により、2016年4月1日現在、面積891km$^2$、人口27.5万、世帯数10.5万となっている。
2 長岡市市税概要、昭和57年〜平成27年度版、長岡市。
3 宅地供給に大きな影響を与える旧市域内での市街化区域編入は、2000（平成12）年以降では、2000（平成12）年3月31日の第4回定期線引き見直しによる16地区224.1ha、2006（平成18）年3月24日の上川西地域にある千秋が原地区68.5ha、平成23年12月27日6地区97.4ha（逆線引き2地区17.7ha）、平成25年3月26日上条地区38haであり、現在の市街化区域は4780haである。

【引用・参照文献】
1 小林敏樹・水口俊典（2005）「公益施設の移転立地動向・跡地利用の実態と中心市街地活性化に向けたその整備の方向性：中心市街地活性化担当部局へのアンケート調査から」『都市計画論文集』40-3号）pp. 7-12
2 横浜市税制研究会（2011）「企業立地に係る税制の活用について」に係わる意見書

【参考文献】
・樋口秀・岩本陽介（2007）「地方都市マネジメントの視点からみた固定資産税収入の推移に関する研究：長岡市を対象とした事例分析」『日本建築学会大会学術講演梗概集』）pp. 255-258
・児玉寛希・樋口秀・松川寿也・中出文平（2009）「地方都市における都市計画に関連した税収の実態に関する研究：長岡市をケーススタディとした固定資産税に関する一考察」『都市計画論文集』44-3号）pp. 211-216
・児玉寛希・樋口秀・中出文平・松川寿也（2011）「地方都市における固定資産税収の空間的把握と都市間比較に関する研究」『都市計画論文集』46-3号）pp. 505-510
・加藤太基・樋口秀・中出文平・松川寿也（2014）「地方都市における固定資産税収の変化と都市計画との関連性に関する研究」『都市計画論文集』49-3号）pp. 837-842
・小林貴幸・樋口秀・中出文平・松川寿也（2015）「地方都市における固定資産税収と建築活動の関係性に関する研究：上田市・伊勢市・沖縄市の非線引き3市を対象としたケーススタディ」『都市計画論文集』50-3号）pp. 879-885
・樋口秀・松川寿也・中出文平（2016）「地方都市における集約型都市構造の実現と固定資産税収確保策の検討：建物立地に関する考察」（『日本建築学会大会学術講演梗概集』）pp. 37-40

他分野と連携した対応

# 第18章 郊外市街地のマネジメント
～将来人口構造およびインフラ・サービスの費用便益予測を踏まえた検討

勝又 済

## 18・1 将来像予測に基づく郊外市街地のマネジメントの重要性

### 1. 非集約エリア設定の難しさ

　地方都市、大都市圏にかかわらず、都市の中心部から離れた郊外市街地においては人口減少と高齢化の急速な進行に伴い、空き家・空き地の増加、生活利便施設等の撤退による生活の質の低下等の都市問題が深刻化するおそれがある。子育て世帯から高齢者まで、歩いて暮らせるまちづくり、集約型都市構造への転換が今日の都市計画上の大きな課題となっている。改正都市再生特別措置法（2014年8月1日施行）では、集約型都市づくりの推進に向け、新たに立地適正化計画制度が導入され、全国の市町村において計画作成について具体的な取り組みが進められている（2017年4月1日現在、309団体。うち100都市で計画作成・公表）。

　立地適正化計画の策定過程において、市町村がもっとも難しいと感じる検討課題の一つは、居住誘導区域をどのように設定するかではないだろうか。居住誘導区域は、居住を誘導し人口密度を維持することにより生活サービスやコミュニティの持続的な確保を図る区域である。居住誘導区域外では、市街化区域でも一定規模以上の住宅開発・建築行為が届出対象となることから、たとえ人口減少や空き家・空き地化が進行し衰退が著しいような市街地であったとしても、市町村は、住民・地権者の反発を懸念して、居住誘導区域の設定から外すことに慎重となりがちである。しかし、都市計画運用指針において、「今後、人口減少が見込まれる都市においては、現在の市街化区域全域をそのまま居住誘導区域として設定するべきではない」とされているように、「市街化区域＝居住誘導区域」とするような立地適正化計画は、少なくとも都市空間の観点からは、集約型都市づくりの推進とは逆行するものと言える。

### 2. 合意形成のための市街地の将来像予測

　市街地を居住誘導区域から外すことを検討する場合、居住者・地権者の合意を図るためには、そのまま放置した場合に市街地やそこでの生活はどうなるのか、将来予測を行い、課題の認識を共有することが重要となる。人口・世帯数が減少し、地区のコミュニティは維持できるのか、スーパー、診療所、バス交通等の生活利便施設・サービスは存続しうるのか、市町村の財政がますます厳しくなる中、公共インフラ・サービスは変わらず維持することが可能なのか、等々の将来像を、できるかぎり客観的なデータに基づいて予測し、その結果を基に、究極的には市街地の計画的な再編・縮退も視野に入れつつ、将来の市街地のあり方について、居住者・地権者と行政が議論するというプロセスが重要になってくると思われる。

　客観的データに基づく市街地の将来像予測は、住民・地権者との合意形成だけでなく、庁内の連携や合意形成、すなわち集約型都市づくりに向けた旗振り役・コーディネーター役としての都市計画部局と、各種公共インフラ・サービスを所管する庁内他部局との合意形成を図るうえでも重要なプロセスであると考えられる。

### 3. 郊外市街地の将来像予測を行う際の観点

　本章では、衰退著しい郊外市街地において、地区のインフラ・サービスの維持管理・更新の方向性や計画的再編・縮退も視野に入れた将来の市街地のあり方を検討する際の、居住者・地権者や行政内の合意形成の一助とするため、客観的データに基づく市街地の将来像予測と予測結果を踏まえたマネジメントのポイントについて、一つの考え方の例を示すものである。

　郊外市街地の将来像予測を行う際、以下の三つの観点

に留意して行うことが重要である。

### ❶ 生活の質と行政コストの両面の分析・評価

郊外衰退市街地のマネジメントにおいては、居住者の利便性等の「生活の質（QOL = Quality of Life）」がどの程度維持できるかという観点と、財政状況が逼迫する中、インフラ・サービスの維持管理・更新等に係る行政コストがどの程度となるかという観点の、両面の分析・評価を踏まえた検討が重要であり、いずれか一方の観点のみで進めるべきではない。

### ❷「空間的」「時系列的」な将来像の"見える化"

将来像予測は、将来どのように人口・世帯数が推移するのか、生活利便施設は存続するのか、耐用年数の到来も見据えつつインフラ・サービスの維持管理・更新コストはどう推移するのか等について、客観的データを用いて「空間的」かつ「時系列的」に予測を行い、居住者・地権者や庁内関係者が納得できるような形に"見える化"することが重要である。空間的には、郊外市街地の現状や成り立ちは一様ではないことから、地区レベル（小地域、町丁目レベル）の拡がりで、時系列的には、おおむね5年間隔（国勢調査の調査間隔）で数十年先まで予測・評価を行うことが望まれる。

### ❸ 整備シナリオへの展開と代替案の比較評価

将来像を"見える化"して課題を捉えた後、その市街地のインフラ・サービスを現状のまま維持していくのか、あるいは低コスト型の代替サービスの導入により居住者の生活の質を維持していくのか、さらには物理的に市街地の一部または全部を計画的に再編・縮退していくのか、そしてそれを具体的にどう進めていくのか、整備シナリオに展開していくことが重要である。その際も、整備シナリオの代替案を検討し、将来的なコストや便益を客観的データに基づき"見える化"し、比較・評価をしたうえで方向性を検討することが重要である。

客観的データに基づく郊外市街地の将来予測の対象として、以下の項目が主なものとして考えられる。

①地区レベルでの将来人口・世帯数
②生活利便施設の存続可能性
③インフラ・サービスの維持管理・更新に係る将来コスト（整備シナリオの代替案に基づくコスト比較）
④整備シナリオ案に基づく将来便益

以下では、これらの予測方法の一例について、概要を述べる。

## 18・2 地区レベルでの将来人口・世帯数予測

### 1. 地区レベルでの将来人口・世帯数予測の重要性

地区レベルでの人口・世帯数の将来予測は、地区コミュニティの維持、生活利便施設の存続可能性の検討、イ

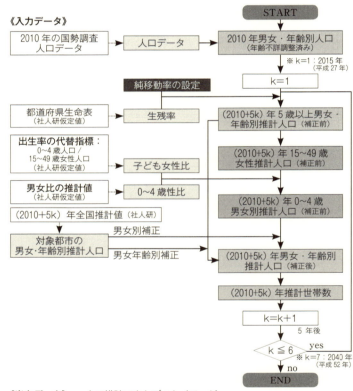

図18・1 コーホート分析のフロー

ンフラ・サービスの需要等を予測し、地区の将来のあり方を検討するうえで、もっとも基本となる作業である。「立地適正化計画作成の手引き」（国土交通省都市局都市計画課、2017年4月10日改訂）においても、計画の作成に向けては、地域別に人口の現状および将来見通しに関する分析を行いながら、都市が抱える課題とまちづくりの方針を検討することが重要であることが述べられている。

診療所、保育園・幼稚園、小・中学校、介護福祉施設等、地区レベルでの日常生活と密接に関連した施設・サービス需要や、自動車の運転が困難となり買い物難民化する高齢者の増加も、人口の年齢構成と密接に関係する。そのため、将来人口は年齢階級別に予測することが重要である。ただし、国立社会保障・人口問題研究所（以下、「社人研」）が公表している地域別の将来推計人口は、市区町村を最小単位としており、町丁目レベルの小地域を単位とした人口予測については独自に行う必要がある。

## 2. 地区レベルの将来人口・世帯数の予測方法

人口・世帯数の将来予測手法としては、コーホート法を用いることが考えられる（図18・1）。コーホート法は、同一年齢階級の集団（コーホート）に着目し、過去の2時点のデータを用いて将来人口を予測する手法で、「変化率法」と「要因法」の2種類がある。変化率法は、過去のデータから算出した各コーホートの人口変化率、子ども女性比および0～4歳性比から将来人口を予測する手法であり、要因法は、生残率、純移動率（転出入率）、子ども女性比、0～4歳性比といった人口変動要因のパラメータを用いて将来人口を予測する手法である。さらに各コーホートの予測結果に対応した世帯主率を用いることで世帯数の予測が可能である。高齢者が世帯主の単身・夫婦のみ世帯など、世帯構成別の世帯数も予測可能である。世帯数の減少を空き家増加数と見なせば、空き家増加数の将来予測を簡易に行うことができる。

なお、一般に予測対象の単位が小さくなるほど予測誤差は大きくなる。町丁目単位の予測値を市町村内で全町丁目分足し合わせた値が、社人研による「日本の地域別将来推計人口（市区町村）」の値と整合が取れるよう、補正処理（コントロールトータル）を行うべきである。

図18・2に、1970年代前半に開発された首都圏40～50km圏の戸建

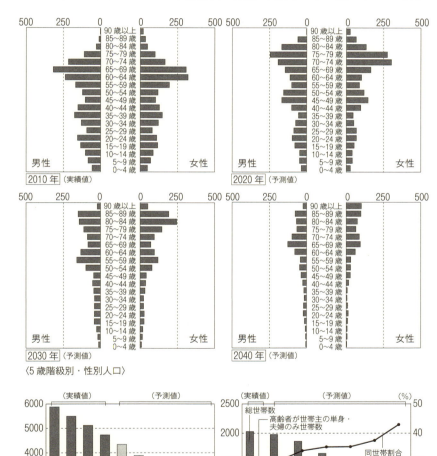

図18・2 コーホート法による将来人口・世帯数の予測結果の例

住宅団地 A 地区（面積 60.1 ha、2010 年国勢調査人口 4734 人、世帯数 1827 世帯、人口密度 78.7 人／ha、1〜5丁目で構成）において行った将来人口・世帯数の予測結果の例を示す。

### 3. 将来人口・世帯数の予測に必要なデータ

予測に必要な過去の地区レベルの年齢階級別・性別人口データは、国勢調査の小地域（町丁目）データやメッシュデータが「政府統計の総合窓口（e-Stat）」よりダウンロードにより入手可能であるし、市町村の住民基本台帳データを用いることも可能である。生残率のデータは社人研による「日本の地域別将来推計人口（市区町村）」の男女・年齢別生残率を、世帯主率のデータは、社人研による「日本の世帯数の将来推計（都道府県）」で用いられている値を用いることが考えられる。

## 18·3 生活利便施設の存続可能性予測

### 1. 人口・世帯数の減少と生活利便施設の経営

人口・世帯数の減少の進行に伴い、郊外市街地の地区内および周辺に立地する店舗、医療施設等の民間の生活利便施設については、利用者の減少により経営が厳しくなることが予想される。経営状況によっては閉鎖・撤退を余儀なくされることも考えられ、それにより居住者の生活の質が低下し、人口減少に拍車がかかる、という悪循環も懸念される。

生活利便施設の存続可能性、将来の生活の質の維持の可能性を客観的データに基づいて予測・提示することにより、施設閉鎖・撤退後の代替サービスの導入の必要性の検討や、集約化等政策的取り組みへの居住者の合意形成を行う際の一つの判断材料となりうる。

### 2. 生活利便施設の存続可能性の予測方法

生活利便施設の存続可能性の予測方法は、地区の人口・世帯数の時系列的な将来予測結果を基に、予測対象とする施設の利用圏に含まれる将来人口・世帯数を計算したうえで、1人あたり利用頻度や利用単価等の原単位を掛け合わせて予測売上高等の将来推移を計算し、施設の一般的な経営採算性に照らし合わせることにより、存続可能性を時系列的に推測することが考えられる。

各施設の利用圏内の将来人口・世帯数を算出する簡便な方法としては、たとえば、コーホート法により算出された町丁目単位の将来人口・世帯数を 100 m 程度のメッシュの格子点に均等に割り当て、施設の利用圏（半径）内に含まれる格子点数から算出する方法（図18·3）や、町丁目の範囲と施設の利用圏（半径）の重なりから面積按分により算出する方法等が考えられる。

生活利便施設として、日常生活に密接した施設であ

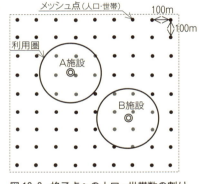

図 18·3　格子点への人口・世帯数の割り当てと施設の利用圏のイメージ

表 18·1　存続可能性予測の条件設定の一例

|  | コンビニエンスストア | 食料品スーパー | 内科系診療所 | バス停留所 |
|---|---|---|---|---|
| 売上高予測式の設定例 | 予測売上高＝（居住者人口＋事業所人口＋昼間流入人口＋車客）×客単価×利用回数×営業日数 | 予測売上高＝居住世帯数×1世帯当たり年間の食料品支出金額×修正係数（家計調査年報の平均世帯人員と地区の平均世帯人員の修正） | 医業収入（円／年）＝標準的な保険診療単価（円／1人1日あたりの診療単価）×診療圏内推定患者総数（人／日）×25日（1ヶ月あたりの診療日数）×12ヶ月 | バス停留所の推定利用者数（平日）＝年齢階級別利用圏内人口×世代別バス分担率×利用頻度 |
| 利用圏（半径）の設定例 | 500 m を基準 | 1000 m を基準 | ・第一次診療圏：500 m 以内、診療圏算入割合 80％<br>・第二次診療圏：500 m〜1km、診療圏算入割合 40％<br>・第三次診療圏：1〜1.5km、診療圏算入割合 20％<br>・第四次診療圏：1.5〜2 km、診療圏算入割合 10％ | 300 m を基準 |
| 存続可能性基準の設定例 | コンビニエンスストアの1店舗当たり売上高、もしくは 3.3 m² 当たり売上高の平均値および平均値±標準偏差で設定 | 食品スーパーの売場面積ごとの売上高の平均値および平均値±標準偏差で設定 | 損益分岐点保険診療患者数から設定 | 対象地区を通る1日1系統あたりの利用者数で設定（地域公共交通確保維持改善事業費補助制度の最低基準：15人） |

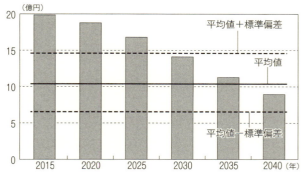

図18·4 食料品スーパーの年間売上高の予測結果の例

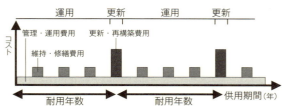

図18·5 施設の維持管理・更新コストのタイムスケジュールのイメージ

るコンビニエンスストア、食料品スーパー、内科系診療所、バス停留所（バス交通）に関する存続可能性予測の条件設定の一例（表18·1）と、食料品スーパーの予測結果の例（図18·4）を示す。

## 18·4 インフラ・サービスの維持管理・更新に係る将来コストの推計

### 1. インフラ・サービスの維持管理・更新コスト

人口減少・高齢化が進行する郊外市街地において、公共インフラ・サービスを市街地開発当初の水準に維持し続けるとした場合の維持管理・更新に係るトータルコストを、耐用年数等も考慮しつつ、時系列的に算出する。

郊外市街地における公共インフラ・サービスとしては、地区内の以下の施設・サービス（ネットワーク系については末端部分）が分析・評価対象として想定される。

- 公共インフラ（ネットワーク）：上水道、下水道、電気、ガス、道路、公園、橋梁、等
- 公共インフラ（建築物）：小・中学校、幼稚園・保育園、公民館、等
- 公共サービス：バス、介護、ゴミ収集、除雪、等

インフラ・サービスの維持管理・更新コストは、以下の3種類のコストに分けて考えることができる（図18·5）。

①毎年、恒常的に必要な「管理・運営費用」
②一定期間ごと、定期的に必要な「維持・修繕費用」
③耐用年数に応じた「更新・再建築費用」

将来的なインフラ・サービスの維持管理・更新コストを簡便に算出するには、まず当該地区におけるインフラ・

表18·2 インフラ・サービスの維持管理・更新単価の一例

| インフラ・サービスの種類 | | | 管理・運営費用（毎年必要） | | | 維持修繕費用 | | | | 更新・再建築費用 | | | |
|---|---|---|---|---|---|---|---|---|---|---|---|---|---|
| | | | 金額 | 単位 | 対象 | 金額 | 単位 | 間隔年 | 対象 | 金額 | 単位 | 間隔年 | 対象 |
| 公共インフラ（ネットワーク） | 上水道 | | 150 | 円/m | 管渠延長 | − | − | − | − | 135000 | 円/m | 40 | 管渠延長 |
| | 下水道 | 公共下水道 | 80 | 円/m | 管渠延長 | 1900 | 円/m | 10 | 管渠延長 | 124000 | 円/m | 50 | 管渠延長 |
| | | コミュニティプラント | 80 | 円/m | 管渠延長 | 1900 | 円/m | 10 | 管渠延長 | 124000 | 円/m | 50 | 管渠延長 |
| | | 農業・漁業集落排水 | 24 | 円/m | 管渠延長 | 1900 | 円/m | 10 | 管渠延長 | 124000 | 円/m | 50 | 管渠延長 |
| | | 合併浄化槽 | 73000 | 円/基 | 浄化槽 | − | − | − | − | 957000 | 円/基 | 30 | 浄化槽 |
| | 道路 | | 210 | 円/m | 道路延長 | − | − | − | − | 4700 | 円/㎡ | 15 | 道路面積 |
| | 橋梁 | | 210 | 円/m | 橋梁延長 | − | − | − | − | 448000 | 円/㎡ | 60 | 橋梁面積 |
| | 公園 | | 420 | 円/㎡ | 敷地面積 | − | − | − | − | 3200 | 円/㎡ | 40 | 敷地面積 |
| | ライフライン | 電気 | 494 | 円/m | 配電路亘長 | | | | | | | | |
| | | ガス | 560 | 円/m | 管路延長 | | | | | 65000 | 円/m | 50 | 管路延長 |
| 公共インフラ（建築物） | 教育施設 | 小学校 | 3300 | 円/㎡ | 延床面積 | 170000 | 円/㎡ | 30 | 延床面積 | 330000 | 円/㎡ | 60 | 延床面積 |
| | | 中学校 | 2300 | 円/㎡ | 延床面積 | 170000 | 円/㎡ | 30 | 延床面積 | 330000 | 円/㎡ | 60 | 延床面積 |
| | | 幼稚園 | 6000 | 円/㎡ | 延床面積 | 170000 | 円/㎡ | 30 | 延床面積 | 330000 | 円/㎡ | 60 | 延床面積 |
| | | 保育園 | 6000 | 円/㎡ | 延床面積 | 170000 | 円/㎡ | 30 | 延床面積 | 330000 | 円/㎡ | 60 | 延床面積 |
| | 公民館 | | 4000 | 円/㎡ | 延床面積 | 250000 | 円/㎡ | 30 | 延床面積 | 400000 | 円/㎡ | 60 | 延床面積 |
| 公共サービス | 公共交通 | 路線バス | 438 | 円/km | 年走行距離 | | | | | | | | |
| | | コミュニティバス | 380 | 円/km | 年走行距離 | | | | | | | | |
| | | デマンドバス | 1830 | 円/人 | 利用人口 | | | | | | | | |
| | 訪問介護 | | 24000 | 円/世帯 | 利用世帯 | | | | | | | | |
| | ごみ収集 | | 10 | 円/㎡ | 可住面積 | | | | | | | | |
| | 除雪 | | 498 | 円/m | 対策延長 | | | | | | | | |

(出典：総務省（2012年）「公共施設及びインフラ資産の将来の更新費用の比較分析に関する調査結果」他)　　　注：「−」は管理・運営費用に含む。

サービスの種類、供用量（管径・管路延長、道路幅員・延長、延べ床面積等）、施工年度、最終更新・修繕年度等の情報を収集・整理したうえで、耐用年数や修繕・更新間隔からコスト発生のタイミングを考慮しつつ、供用量に延長や面積あたりの維持管理・更新単価を乗じることで、コストを時系列的に算出する方法が考えられる。

維持管理・更新単価は都市や地区によってバラツキがあるため、当該都市・地区での実績から個別に算出することが望ましいが、データの入手が困難な場合は、都市全域での平均的な単価や、類似の都市の単価、あるいは全国的な単価を活用することが考えられる（表18・2）。

## 2. 整備シナリオ案の設定

当該市街地における将来予測の結果、人口・世帯数の減少、生活利便性の低下、インフラ・サービスの維持管理・更新費用の増大等が著しく、現状維持が困難であると見込まれる場合、居住者の生活の質の確保や行政コストの軽減に向け、インフラ・サービスの合理化や代替サービスの導入、さらには物理的な市街地の再編・縮退等、タイムスケジュールを考慮した整備シナリオ案を検討することが考えられる。そしてシナリオに基づいてインフラ・サービスを合理化・変更・廃止した場合の維持管理・更新に係るトータルコストの将来予測を行い、当初水準を維持した場合との比較を行う。その結果を一つの参考に、行政コストの観点からインフラ・サービスの整備の方向性を検討することが考えられる。

なお、インフラ・サービスの合理化の例としては、バスの運行本数やごみ収集回数の低減、下水道の管渠更新時の管径縮小等が、代替サービスの例としては、バス路線の廃止に伴うデマンドタクシーの運行、移動販売車、巡回診療、市町村の移動窓口の導入等が考えられる。

## 3. 整備シナリオ案におけるインフラ・サービスコストの推計例

18・2節2項「地区レベルの将来人口・世帯数の予測方法」で将来人口・世帯数の予測を行った、1970年代前半に開発された首都圏40～50 km圏の戸建住宅団地A地区において、以下の三つの整備シナリオ案を仮想的に設定し、インフラ・サービスコストを試算した結果の例を示す。

- シナリオ0：インフラ・サービスは現状の規模・水準を維持する。居住世帯の移転誘導は行わない。
- シナリオ1：インフラ・サービスの維持管理については、人口減少率に応じ毎年維持管理する下水道の対象延長とゴミ収集対象エリアを縮小、2020年以降バスの運転頻度を半減等の合理化を行う。居住世帯の移転誘導は行わない。
- シナリオ2：インフラ・サービスの維持管理については、シナリオ1の条件に加え、地区内の生活利便性の低い二つの町丁目で上水道・道路・電気・ガスの修繕・更新を2025年以降は実施せず、2040年にサービスを停止する。これら二つの町丁目の居住世帯は、2025～2040年に、店舗等が立地し生活利便性の高い他の三つの町丁目の空き家・空き地に移転誘導する（移転費用の補助はコスト縮減額を踏まえ検討）。

図18・6は、シナリオ0の場合のインフラ・サービスの維持管理・更新コストの推移である。耐用年数を迎えた各種インフラの更新コストが突出している。図18・7は整備シナリオ別のインフラ・サービスの年間コスト（5年間の維持管理・更新コストの平均額）と居住者1人あたりの年間コストの推移である。図18・8はシナリオ0を基

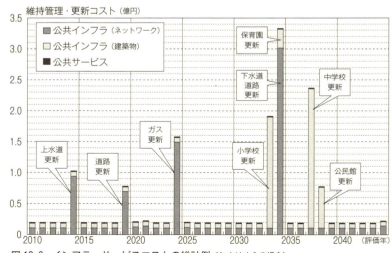

図18・6　インフラ・サービスコストの推計例（シナリオ0の場合）

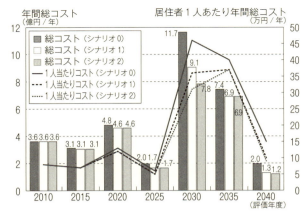

図 18・7 整備シナリオ別のインフラ・サービスの年間コストと居住者1人あたり年間コストの推計例

図 18・8 整備シナリオ別のインフラ・サービスの年間および累積コスト縮減額の推計例（シナリオ0との差）

準とした年間および累計コスト縮減額の推移である。2010〜2040年で、シナリオ1で20億円強、シナリオ2で30億円弱の累計コスト縮減額を示している。

## 18・5 整備シナリオ案に基づく将来便益の推計

整備シナリオ案に基づく便益の評価項目として、「居住者QOL（生活利便性、生活快適性）」「地方公共団体の税収効果」「$CO_2$排出量の削減効果」等が考えられる。表18・3に、便益の評価項目と評価方法の一例を示す。

「居住者QOL」のうち、生活利便性は、たとえば、就業、教育、医療、買い物等に関する生活利便施設（駅、小・中学校、診療所・病院、スーパー・コンビニ等）について、各施設の利用者の居住地から各施設までの所要時間と標準値（市の平均値等）との差分を、時間価値で貨幣換算する方法が考えられる。施設までの所要時間は、18・3節の生活利便施設の存続可能性や整備シナリオ案に基づく居住者の移転によるアクセス性の変化も考慮する。生活快適性は、たとえば、公園の利用・環境・防災の観点からの効用を、公園の規模や公園までの所要時間等から時間価値を乗じて推計する方法が考えられる。

「地方公共団体の税収効果」については、整備シナリオ案に基づく地区特性の変化に伴う地価の変化を、地価に影響する公共施設の立地や人口データからヘドニックアプローチにより推計し、標準税率を用いて固定資産税・都市計画税の増減を求めることが考えられる。

「$CO_2$排出量の削減効果」については、建築物・インフラ（建設、維持管理、運用、更新、廃棄等）、住宅（冷暖房等）、交通（バス等）に関する$CO_2$排出量原単位を、建築物・インフラの存在量、居住世帯数、バスの運行距離等の変

表 18・3 便益の評価項目と評価方法の一例

| 便益の主体 | 評価項目の分類 | 評価項目 | 評価方法 |
|---|---|---|---|
| 居住者 | 生活利便性 | 就業利便性 | 最寄りの駅までの所要時間と基準値との差分を、時間価値（例：所得近接法より算出、39.4円/分）で貨幣換算 |
| | | 教育利便性 | 通学区内の小学校・中学校までの所要時間と基準値との差分を、時間価値（例：所得近接法より算出、39.4円/分）で貨幣換算 |
| | | 医療利便性 | 最寄りの内科系診療所・病院までの所要時間と基準値との差分を、時間価値（例：所得近接法より算出、39.4円/分）で貨幣換算 |
| | | 買物利便性 | 最寄りのスーパーおよびコンビニまでの所要時間と基準値との差分を、時間価値（例：所得近接法より算出、39.4円/分）で貨幣換算 |
| | 生活快適性 | 公園の効用 | 「利用価値」「環境価値」「防災価値」の観点から、公園の効用を推計（国土交通省（2007）『改訂第1版 小規模公園費用対効果分析手法マニュアル』等） |
| 地方公共団体 | 税収 | 固定資産税・都市計画税 | 地区特性の変化に伴う土地価格変化として、ヘドニックアプローチにより地価の変化を推計し、土地評価額に標準税率を乗じる |
| 国 | $CO_2$排出量 | 建築物・インフラの建設・維持管理・運用・更新・廃棄等に伴う$CO_2$排出量 | 建築物・インフラの建設・維持管理・運用・更新・廃棄等に伴う$CO_2$排出量原単位（面積・延長あたり）を設定し、建築物・インフラの存在量に乗じる |
| | | 住宅からの$CO_2$排出量 | 戸建・集合住宅別の$CO_2$排出量原単位（世帯・年あたり）を設定し、戸建・集合住宅の居住世帯数に乗じる |
| | | 交通による$CO_2$排出量 | バスの車種別の$CO_2$排出量原単位（走行距離あたり）を設定し、バスの運行距離に乗じる |

化量に乗じて算出することが考えられる。

図18・9に、18・4節3項でインフラ・サービスコストの推計を行ったA地区において、同じ整備シナリオ案に基づいて居住者1人あたりのQOLを推計した結果の例を示す。シナリオ0およびシナリオ1では、ほぼ同程度の総便益が保たれている。シナリオ2では、居住世帯の2025～2040年の移転集約先となった町丁目はバス利便性が低かったため他のシナリオよりも就業利便性が低下しているが、総便益はプラスで推移している。

以上のように、集約型都市づくりを進めるにあたり、客観的データを用いて市街地の将来予測を行い、整備シナリオ案に基づくインフラ・サービスのコストや便益を推計することは、居住者・地権者や行政内部の合意形成を進める際の一つの参考になるものと考えられる。

なお、本稿は筆者の個人的見解であり、必ずしも所属機関を代表するものではない。

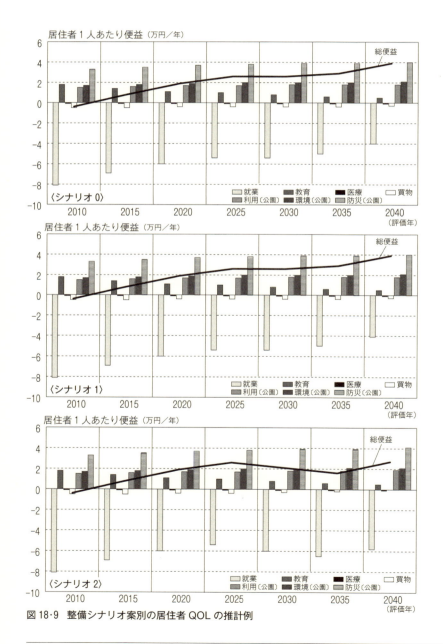

図18・9　整備シナリオ案別の居住者QOLの推計例

3編

欧米諸国の都市縮小の
実態と対応

# 第19章 欧米諸国における都市縮小事情と国際的な比較研究の必要性

Katrin Grossman, Vlad Mykhnenko, Annegret Haase, Marco Bontje／浅野純一郎（訳）

## 19・1 都市縮小問題の国際的研究の状況

### 1. 欧米での国際的研究状況

　最近約10年間に都市縮小問題に関わる国際的な議論が、長期間にわたって深刻な人口減少を経験した各国都市の研究成果を束ねる形で進展してきている。その顕著な成果は、ビルト・エンバイロメント誌やユーロピアン・プラニング・スタディ誌等といった欧米の都市計画学術誌において明らかにされている[1, 2]。都市縮小に関わる大規模な定量的調査に加え、個別のケーススタディにおいても、都市縮小現象は、都市発展を主とみた場合の傍流的現象でもなければ、通常の発展過程からはずれた短期の変成パターンでもないことが指摘されている[3, 4, 5]。こうした既往研究によれば、都市縮小現象は、経済の変調や人口構造の変化、住宅や行政サービスに対する需要の減少といった、安定的な成長都市とは異なった発展論理や要因に基づいて描かれる軌跡と言える。人口の喪失は都市縮小を測る指標ではあるが、経済衰退、人口統計学的な意味での停滞、荒廃地域の遺棄や放置といった都市縮小に関わるさまざまな問題を示す氷山の一角にすぎない。本章では、都市地域研究における一般的な既往研究や調査報告を総合することで、都市縮小に関わる調査項目をまとめ、国際的な都市縮小研究に必要な調査事項や方向性を明らかにすることを目的とする。

### 2. 地域的問題の統合と国際的検討の必要性

　西洋諸国の文脈における都市縮小の議論は、一般に考えられているほど明白ではない。都市衰退（urban decline）、都市衰微（urban decay）、人口減少（depopulation）といった用語を用い、北半球の諸都市における都市人口の喪失に関わる原因と結果については、主に1960年代後半以降、何十年にもわたり調査研究がなされてきた。欧州や北米、東アジアの都市の都市縮小現象の多様さは、各国の個別の問題認識から発せられた議論の多様さにも現れている[6]。たとえば、旧東ドイツの場合、都市縮小問題には住宅ストックの莫大な過剰供給があるが、これは出生率の低下、旧西ドイツへの移住、国の税制優遇策による新築改築ブーム等が複合し引き起こされたものである。そして1990年代から都市研究者やプランナー、政策担当者や人口学者等が協働し、建設市場や住宅市場を再調整するべく、都市縮小や空き家の取り壊しの政策に積極的に関わってきた。英国における都市衰退の問題は、工業用地跡地や放棄された住宅地が典型的であり、「都市再生」や「地区再活性化」戦略といった政策的枠組みの中で議論がなされてきた。ほとんどの都市計画の専門家は、人文地理や都市地域研究、都市社会学といった学問の研究者も含め、公共財の意義とこれに対する国の介入に共鳴しており、「都市再生」策を通じて、都市縮小問題に対応してきた。東欧諸国においては、議論のほとんどは人口減少と産業空洞化に関するものである。同時に、住宅需要は高止まりしているが、これは、社会主義時代の中央集権的計画経済システムの遺産とも言える長期にわたる住宅の供給不足を受けてのものである。よって、老朽化した住宅の撤去ではなく、多くの都市は住宅建設ブームに直面し、都心部では人口密度の上昇が認められる（写真19・1）。社会主義政権後、東欧諸国における都市地域政策はほとんどが例外なく外国の直接的投資を得るべく個々の都市が競争力を増すよう変更された。日本では、本書の各章の著者が記しているように、出生率の低下、高齢化、地方から大都市への人口移動といった要因で都市縮小が引き起こされており、国内における地域的経済格差が拡大し、社会的同一性や結束性が解体し始めている[7, 8]。

1950〜60年代のソビエト時代の住宅街に建つ新たな高層アパート
(Vlad Mykhnenko 撮影：2009年)
**写真19·1　市街地を見下ろすペントハウス**（ドネツク市都心部）

アメリカ合衆国では、経済的再生や都心部の荒廃、郊外スプロールへの取り組みが1970年代以来多くの研究者の注目を集めてきた。ただし、自由市場のイデオロギーを重んじるアメリカでは連邦政府による一貫した政策介入はなく、学術的な政策研究も都市衰退の原因や結果に主に注目したものだった。しかし、ごく最近では、より少ない人口でいかに都市は安定し、復活し、再生できるのかといった観点から、開放的で実際的な議論が始まっている[文9, 10]。

こうした多様な各国の経験は、たとえ共同研究が進められたとしても、個々の地域的な物語がより基本的で普遍的な共通認識のうえで語られなければ、実のある国際的議論とはならない。今まで、欧州や北米、アジアの都市縮小に関わる研究や討論は関連させられることがなく、別々になされてきた。よって、これらのさまざまの議論を同期化させるために、共通した調査戦略が必要であり、とくに①各都市の教訓の比較による盲点の明確化、②多数の縮小都市の背後にある共通性の解明が必要である。

### ❶ 各都市の教訓の比較による盲点の明確化

都市間や各国間の比較は研究の視野を広げ、地域的に観察された縮小都市の現象や要因を改めて発見する機会となる。たとえば、ある地域における人口変動の影響を知ることにより、産業空洞化や経済停滞といった別の要因が都市縮小の主要課題として支配的である別の地域の都市の将来展望に反映することが可能である。さらにこうした比較調査は、国の政策が閉鎖的で、国外からの新たな解決手段の導入を妨げたりする場合、その地域の事情や条件を踏まえ、この地域を当該国内の見方から切り離し、より客観的に精査することを可能にするだろう。すでに見たように、中央集権的計画経済の崩壊した旧社会主義圏の都市では、住宅建設ブームが起きており、別の文脈では、欧米の多くの石炭産業都市の衰退のように伝統的な産業の衰退が決定的な役割を果たす場合もある。しかし、別の条件の都市では、産業空洞化は都市縮小の十分な説明要因とならないかもしれない。つまり、経済変動や郊外化、人口動態の変化等といった要因が特定の場所に関係して相互作用した場合に、都市縮小が生じるものと考えられる。よって、衰退現象一般に対しいかに対応するかと問うよりも、個別の文脈に注目し、現実的な成長展望もなく落ち込んだ低需要下においていかに発展しえるのか、いかに都市を生き生きと保ち、住み続ける住民によりよい生活を提供できるのか、といったより一般的な問いを重視する必要がある。

### ❷ 多数の縮小都市の背後にある共通性の解明

最近の比較調査は縮小都市の驚くべき多様な経緯を明らかにしている[文11]。欧州でみただけでも、都市縮小は多彩で多面的な現象である。このことは各研究者の関心を引き、普遍性を発見すべく議論を巻き起こしている。仮に縮小を招く要因が数は少なくとも類似しているのであれば、なぜ縮小の様相は多彩であるのか？ また、我々はこれらの要因間の互いの関係や異なる地方や国の間に作用する複雑な内的依存性に注意する必要が果たしてあるのか？ といった問いが可能であろう。

## 3. 都市縮小への学術的理解の進展

これまでに都市縮小現象への視点や原因、影響性に関わる多くの知見や調査データが蓄積されてきた。多数の国際的な比較研究は問題の喫緊性を強調し、より統合された調査に基づき、地域文脈に対し深く掘り下げる必要性を指摘している。全体的に戦後の欧米の事例から見ると、じわじわと長期にわたり進行する (slow-burn) 都市縮小には、都市・地域からの人口離脱を招く「産業空洞化」、都心部から同じ都市・地域内の周辺部に移住が進む「郊外化・スプロール化」、死亡率が出生率を上回る

ことで全体人口が減少する「人口自然減少」の三つの主要な要因がある。これら三つの要因の重なりや複合した場合の影響に関わる研究もなされており、一層複雑で非線形的な現象への説明や解釈を可能にするため、解釈的なモデルの構築を進める研究者もいる。ここでは、これらの要因が地域的な文脈でどう作用するのかといった視点と、世界的な視野で都市縮小の都市論や社会論を考える視点の二つが重要である。

後者に関して、都市縮小の全世界的なパターンは存在するのかという問いが可能である。この解明には都市縮小に関係する要因の全世界レベルにおける作用性を明らかにする必要がある。国境を越えて影響する人口統計学的要因に加え、経済のグローバル化や国際的な都市間競争という要因は都市縮小の地理学において重要である。資本の全世界的な移動の後に残された場所という意味で、縮小都市はグローバリゼーションの「裏庭」になってきたとの指摘がある[文12]。また、大都市圏の都心部とその周辺部との関係に関わる理論を応用し、大都市圏に近接化する過程において社会的に周縁化する産物としてこれを見ることで、都市縮小を都市の周縁化として見る見方もある[文13]。ここにおいて我々は都市の政治経済に関わる、すでに古典的となりつつある著作[文14, 15]が明らかに

してきた、資本のフローや蓄積が一時的な固定点をいかに生みだすのか、産業や都市環境に関わるさまざまな条件によっていかに地理的な不平等点が発生するのか、といった知見を引用できるかもしれない。

次に、都市縮小の原因と影響の関係やその相関性を分析するためには、人口減少の動的影響をとくに地域的な文脈で（他方で国際的な文脈で）分析するように学術的な関心を移すべきである。都市の将来予想は不確かであり、都市はこれまで継続的に衰退に向けた下降曲線を描いたことはほとんどない。しかし、間欠的な人口増加や減少の曲折は頻繁に報告されている。そこでは国や地方政府、地方自治体の政策的変化といった要因や、都市や生態系、文化といった形態学的構造が都市動向の多様性に影響していると推定できるだろう。こうした地域的文脈での研究がより重要となる。もしある特定の場における都市縮小を理解したいと思うならば、都市縮小による影響分析に加え、その過程に関連した政策的環境の分析、さらに歴史的な経緯を加えて理論的に分析を統合する必要がある。その一例として、最近、都市縮小の発生プロセスを一般化した統合的なモデルも提出されている（図19・1）[文16]。この包括図は都市縮小の原因、影響、反応の各段階の関係性とこれらの循環フローを示している。これはすべて

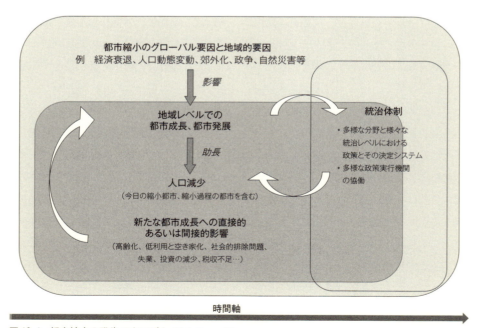

図19・1　都市縮小の発生メカニズム（出典：Hasse、他）

の事例の都市縮小を説明するわけではないが、時と場所を固定した場合に説明可能な枠組みを構築しており、異なる文脈間における議論を可能とする包括的モデルだと言える。つまり普遍的な都市縮小プロセスを示すのではなく、都市縮小の多元論性を示すものである。

## 19・2 都市縮小メカニズムの解釈モデルの検証

### 1. マキイフカ市における都市縮小の進行

図19・1の解釈モデルに従い、マキイフカの事例を引きながら都市縮小を地域的文脈で見る意味を考えてみたい。ウクライナ東部、ドネツク州に位置するマキイフカ市はドンバス地方の工業拠点であるが、1980年代後半から人口減少や経済衰退の影響を受けてきた。ドネツク州でも衰退度がとくに深刻な同市ではウクライナの他地域より5年程度早く都市縮小が始まった。2014年2月のロシア軍によるウクライナ侵攻によって、同地域は暴力的な破壊が進んだが、それよりも前に図19・1上部に示す、地域的な要因と世界的な要因を受け、都市縮小が始まった。その要因とは欧州地域の大半に共通する人口動態の変動と地域経済の衰退である。まず、人口構造では徐々に出生率の低下が進み、1970年代半ばには旧ソビエトの西部地域（ウラル山脈以西）における人口維持レベルを下回るようになった。当時のソビエト時代の将来予測では、他地域からの人口流入の見込みもなく、追加的な経済開発や社会政策も採られなかった。その結果、

1990年代までにはウクライナ全体の出生率は世界最低レベルに陥った（1000人の女性の生む子供の数は2名以下）。次にマキイフカ市は産業空洞化の影響を何度も被った。1970年代のドンバス炭鉱の長期的な衰退傾向に端を発し、突発的な旧ソビエト連邦の崩壊、その後のショック療法的な社会主義後の経済政策へと続いた。これらはいずれも市の経済的衰退に直結した（写真19・2）。

1990年代を通し、同市は工業出荷額の73％を失い、2000年代には成長軌道に乗ったものの、リーマン・ショック前の時点で1990年レベルの3分の2に留まっていた。こうして市の人口は1987年から2012年間に約10万人が減少し（45.5万から35.6万人に減少）、15歳以上人口も22％減少した。人口減少による直接的あるいは間接的な影響はすぐにさまざまな側面に反映する。第一に高齢化であり、ドンバス地方全域で顕著に表れた。1995〜2009年間に15歳未満人口は46％減少し、65歳以上人口は12％増加した。第二に、人口減少は小学校就学前の幼児数の減少をもたらし、1990〜2008年間に約1万2000人（57％）が減少した。また同期間に小中学校の児童数は約2万8000人（51％）が減少し、その結果、保育施設、幼稚園、学校は空き施設となっていった。マキイフカ市の空き家（利用されていない居住施設）数は、旧東ドイツのハレ市ほど目立ったわけではない。しかし、この20年間に利用可能な住宅数は19.3％上昇し、加えて約58.2万 $m^2$（7％）の住宅ストックが取り壊されるか、利用不可として判別されるにいたった。さらに、1990年代初期以降に民間セクターや公的セクターからの十分な投資がなかったことにより、多くの工場、炭鉱、製鉄所が閉鎖された。その結果、市の全職業の約3分の1が失われ、多数の失業者を生みだした。2010年までに全世帯の35％が公共サービスに対し、何らかの延滞金を抱えるようになり、回収不能の光熱費等は4000万ユーロに上った。最終的には、これが市の財政への負担となり、税収不足に陥り、政府等外部からの公的資金に頼らざるを得ない状況へと追いやった。

このようにして、マキイフカ市の経済衰退は、高齢化、失業、外部への人口流出、さらなる人口減少といった強力な下降スパイラルを生みだした。2000年代には同市

(Vlad Mykhnenko 撮影：2009年秋)

写真19・2 マキイフカ・キエフ製鉄所の閉鎖

の失業率は 15〜25 歳層と女性層でもっとも高く、同時に市外へ流出する層も若者や子育て世代の女性でもっとも高かった。こうして市の負の人口変動化はさらに強まることになった。

### 2. マキイフカ市による政策的対応

マキイフカ市（自治体）の政策的対応は主に二つにまとめられる。第一に、一連の合理化、効率化施策であり、公的サービスやインフラ提供の大胆な削減である。市が緊縮財政化を進めた結果、1990〜2010 年間に開業医の 5 人に 1 人が失業した。看護師の数は約 40 ％ 減少し、病院のベッド数は半分に削減された。文化施設では約 3 分の 1 の図書館が閉鎖され、社会活動を担うクラブ施設は 39 ％ 削減された。小中学校数はすでに 18 校（約 20 ％）が閉鎖されていたが、2011〜2012 年間にさらに 8 校の閉鎖が発表された。加えて 107 の保育園と幼稚園が閉鎖された（全体の 57 ％ に該当）。市が管理する暖房用パイプラインの総延長は 119.8 km（27.4 ％）が削減され、温熱供給量は 62.2 ％ 減少した。行政機関の規模も縮小化した。2001 年に市議会は都心部の区議会の廃止を決め、すべての市有財産を統合化した。第二に、自治体は外部からの財政的支援や投資の吸引に奔走した。2008 年には世界 3 位の小売企業であるメトロキャッシュ＆キャリーによるアウトレットモールの誘致に成功した。工業跡地に対する 2000 万ユーロの再開発事業である。しかし、もっとも成功したのは国からの財政支援を得たことであり、2010 年には中央政府による財政支援が 3 倍となり、市の歳出総額の 54.2 ％ を補った。ウクライナ政府による経済不況地域への財政支援策は 2000 年代初期に始まったものであるが、ヤヌコーヴィッチ大統領による政権下（2004〜2010 年間）では、マキイフカ市は中央政府からの比較的手厚い支援を受けることができた。しかし、その後 2014 年のロシア・ウクライナ紛争の結果、マキイフカ市はロシア勢力下に置かれ、別の地政学的要因が都市衰退に加わって現在にいたっている。図 19・1 で示したさまざまな都市縮小要因が地域的文脈と世界的な政治経済的力学の双方で関係し、動かしがたい都市縮小圧力となった経緯が分かる。

## 19・3 都市縮小問題の政策課題と展望

### 1. 政策的対応の比較検討の必要性

1980 年代初頭までには、欧米の古い工業都市における都市縮小問題に対して学術的調査がなされている。こうした調査では、「統治」[注1] という用語が明確には使われていないが、都市、地域、国の各レベルの政策評価に焦点が置かれ、必要な対策の検討がなされた。これらの過程で分かることは、都市縮小への知識や経験の欠如を受け入れ、対策の失敗といった汚名を受け入れることで、各都市は他国の事情から学び、その知見やより適切な管理システムを移入することができる、ということである。ただしその行程は単純ではない。欧州内では、都市縮小の新たな問題地域はほとんど東欧に位置しているが、これらの都市では西欧の各都市の経験から多くを得、対策に活かしてきた。すでに見てきたように、社会主義後の統治下では開発を誘導する自由市場の力、つまり「見えざる手」への強い信念があり、逆に国家社会主義の無残な失敗を受け、中央集権的な行政機構は信用を失っていた。こうした国の多くの人々は都市計画に対する国家介入を嫌悪しており、そこには都市再生問題の解決に対する民間セクターへの強い期待と、経済成長を刺激する外国からの投資への切望があった。しかし、自由放任的な都市政策への転換はその後ほとんど成功していない。こうした戦略の失敗は、地域内を通じてその都市環境にお

ポーランド、ビトム市のアッパーシレジア
写真 19・3　放置された 1870 年代の住宅建築（Vlad Mykhnenko 撮影：2011 年）

のずから現れることになった（写真19·3）。

別の事例として、政策の転換や外部からの学習を拒む傾向は、州政府の権限が強いアメリカ合衆国にも存在する。逆に西欧では、学術的にも実際的な側面でもアメリカ型の自由市場的アプローチは強く拒絶されている。都市の人口密度が高く強い拠点を持つことが西欧都市の理想とされるのに対し、北米都市では逆に郊外化し、高度に分断化されることが歓迎されているのである。国際的な共同研究は、このような見解や知見に関わる障害を取り除く媒介として機能するだろう。

## 2. 都市縮小問題の政策課題

最後に、都市縮小に関わる調査研究は、都市開発に関わるより一般的な問題に注視する必要がある。これまで我々が都市開発の研究で積み上げてきた知識や蓄積の大半は都市の成長や拡大過程を通じてなされていた。これまでの都市論に対し、縮小都市が加える価値とはなんであろうか？　都市縮小問題は都市開発に関わる新旧の取り組みに対しどのような差異をもたらすだろうか？

### ❶ 都市の不平等性、居住の分断化、ジェントリフィケーション

大半の都市の住宅市場は常に住宅不足にあえいでおり、社会的に周縁におかれた低所得者層が良質な住宅を得る手段は限られている。しかし居住の分断化に関する都市縮小の影響についての既往研究によれば、安価な住宅ストックが過剰供給されることで不人気地区において低所得者層の急激な集中が起こることが指摘されている文17。また別の例として、東西ドイツ統合以後のライプツィヒでは、1990年代に都心部における大規模な人口減少と空き家化が進み、2000年代に集中的に都市再生施策が都心部で実施された。この結果、こうした地区の多くでは人口増加とともにジェントリフィケーションが趨勢となり、都心部においても都市レベルにおいても社会空間的な区分パターンが比較的短期間で再編されるにいたった（写真19·4）。このように居住の分断化問題に対し、住宅の過剰供給の影響を問題視しなければならない。都市縮小下における都市内の不平等化に対する適切な政策的対応には何があるだろうか？　都市縮小はジェントリフィケーションにどう関係するのか？　ジェントリフィケーションは荒廃した都心部地区を再生するために避けることのできない対価なのだろうか？　そしてもっとも重要なことであるが、いかなる立ち退きを発生させることなく荒廃した地区の再生は可能なのだろうか？

### ❷ 土地利用と土地消費

これまでの事例が示すように、いくつかの縮小都市は依然として拡大を続けている。土地開発の圧力が減少したにもかかわらず、物理的な都市範囲としても行政サービス面で見ても、縮小都市はいまだにスプロールが可能である。アメリカの都市では都心部を衰退させながら郊外に成長することで継続的にスプロールを続けている。同様の現象は東欧の都市でも見られる。対照的に空間計画による土地利用管理が発展した英国や他の西欧諸国では公的事業や補助金により低未利用地の再利用が重視されてきた。都心部の工業跡地は再開発され、都市の生態

写真19·4　ライプチヒ市の「高級化」した地区における有機栽培食料店（Vlad Mykhnenko 撮影）

旧東独デッサウにおける州政府による都市縮小対策プログラム
写真19·5　荒廃住宅の撤去と緑地の創出（Vlad Mykhnenko 撮影：2010年）

系機能を再生させながら市民の生活の質に寄与させるべく、これらの都市を緑地化する方法が採られてきた（**写真19·5**）。縮小都市に現れる新たな土地利用の型はなんであろうか？　土地の無用な開発を減らし、コンパクトでより小さな生活空間として縮小都市を位置づけることは可能だろうか？　そのために計画者や都市計画の文化に求められることはなんであろうか？

### ❸ 効率的な資源活用

人口の減少は資源やエネルギー利用の減少、温室効果ガス排出量の低下に繋がるはずである。アメリカの衰退工業都市（ミシガン州フリントやオハイオ州ヤングスタウンのような自動車産業や鉄鋼産業都市）ではコンパクト化した結果、低炭素社会によりよく適合した都市の器になったという研究成果がある[文18]。これらの都市では、一層人口密度を高めた居住パターンに移行し、食料供給やエネルギー消費の効率化と交通移動の短縮化といった恩恵の得られる高地価の土地が生みだされている。しかし、都市縮小の現実はかなり異なっており、一人あたりの温室効果ガス排出量が増加している例も多い。たとえば、縮小した結果、スポンジ状になった都市構造は必要以上の暖房用エネルギーを必要とする。既存の都市基盤や交通基盤は低利用となり非効率化し、これはもっとも重要なことであるが、縮小化に伴う財政規模の減少はコンパクトシティ戦略推進の妨げとなる。政策的な優先事項としては、競争力を高めると同時に都市の安定化や再成長を進める方向に向かうべきであろうが、縮小都市においては、こうした環境の変化やそれによって引き起こされる気候変動問題に対しどのような対策を打てるだろうか？　さらに、仮に不動産需要の低下や見通しの不鮮明化の中で、民間投資がリスクに敏感になっていくとすれば、いかにして縮小都市はエネルギー効率のよい新たな建物を増やしていけるのだろうか？

### ❹ 都市の強靭性（レジリエンス）

重要なことを言い忘れていたが、都市の強靭性はさまざまな突発的事件や強力な政策的転換に対する都市の適用能力や耐久能力を示す決まり文句として使用されている。自然災害への対応に関する既往の研究分野では、縮小都市では河岸のような災害危険地域からあらかじめより広く撤退できる余地があると指摘されている[文19]。都市のコンパクト化と緑地化の推進によって、縮小都市は気候変動や極端な気象現象に対応できるような新しい都市環境へ再編できる可能性もあろう。しかし、別の何らかの外的要因に関して、この議論を拡大できるだろうか？　たとえば、2007年の国際的金融危機[注2]が欧州を襲ったように、都市経済や地域経済は強靭性の枠組みの中で議論する必要のある別の重要テーマである。縮小都市にはすでに大恐慌よりはるか昔から財政的な緊縮経済を経験してきた長い歴史がある。本章では、経済不況と財政危機に都市政策を適応させたいくつかの事例を見てきたが、こうした歴史からどのような教訓を引用できるだろうか？　突発的な経済的衰退やこれに伴う行政サービスの削減といった衝撃を緩和するような最善の施策モデルはあるだろうか？あるいは、中央政府への財政的な依存は縮小都市を復活させる唯一の手段なのだろうか？

## 3. 今後の展望

都市縮小は今日広く知られる現象となっている。多くの先進的な資本主義国では出生率の低下と人口の高齢化に直面し、流入する移住者はその損失を調整できないでいる。歴史はいかなる都市も縮小に陥る可能性を示しており、かつての先進的経済中心地であったリバプールやグラスゴー、デトロイトですらその重要性を失ってきた。さらに多数の小都市は大都市への移住によって都市縮小に陥っている。都市縮小は今後も欧州の都市問題からなくなることはないだろう。反対に、世界的な人口変動や経済のグローバル化による地域経済への影響が、近い将来、都市縮小問題をさらに世界的に拡大させることも十分にありえることである。都市研究に関わるあらゆる分野において、縮小都市に関わる新たな興味深い問いかけが続くと考えられる。

【注】

1　EUが典型であるが、旧来の国家の枠組みを超えた統治化が進み、他方で一部地域での国境を越えた部分的な越境的政体的機構が展開する等、かつての国家権限が希薄化している。また、行政サービス等に対し非国家的団体が広く関わり水平方向への権力移行も進展している。こうしたプロセスを旧来の政府（government）に対し、「統治」（governance）と呼称される。

2 2007年のアメリカの住宅バブル崩壊から連鎖的に発生した、2008年のリーマン・ショックを含む、一連の国際的な金融危機。

【引用・参照文献】

1 Bontje, M., Musterd, S. (2012) Understanding shrinkage in European regions. *Built Environment*, 38 (2), 153-161.
2 Wiechmann, T., Bontje, M. (2015) Responding to tough times: policy and planning strategies in shrinking cities. *European Planning Studies*, 23 (1), 1-11.
3 Constantinescu, I. P. (2012) Shrinking cities in Romania: Former mining cities in Valea Jiului. *Built Environment*, 38 (2), 214-228.
4 Forrant, R. (2012) Staggering job loss, a shrinking revenue base, and grinding decline: Springfield, Massachusetts in a globalized economy. In X. Chen & A. Kanna (Eds.), Rethinking global urbanism: Comparative insights from secondary cities (pp. 75-(90) London and New York: *Routledge*.
5 Haase, A., Herfert, G., Kabisch, S., Steinfuhrer, A. (2012) Reurbanizing Leipzig, Germany: Context conditions and residential actors 2000-2007. *European Planning Studies*, 20 (7), 1173-1196.
6 Wiechmann, T., Pallagst, K. (2012) Urban shrinkage in Germany and the USA: A comparison of transformation patterns and local strategies. *International Journal of Urban and Regional Research*, 36 (2), 261-280.
7 Matanle, P., Rausch, A. (Eds.) Japan's Shrinking Regions in the 21st Century: Contemporary Responses to Depopulation and Socioeconomic Decline. Amherst, New York: *Cambria Press*.
8 Buhnik, S. (2010) From shrinking cities to toshi no shokusho: Identifying patterns of urban shrinkage in the Osaka metropolitan area. *Berkeley Planning Journal*, 23 (1), 132-155.
9 Dewar, M., Thomas, J.M.(Eds.)(2012)The city after abandonment. Philadelphia: *University of Pennsylvania Press*.
10 Hollander, J. B. (2011) Can a city successfully shrink-Evidence from survey data on neighbourhood quality. *Urban Affairs Review*, 47 (1), 129-141.
11 Haase, A., Bernt, M., Grosmann, K., Mykhnenko.,V., Rink, D. (2016) Varieties of shrinkage in European cities. *European Urban and Regional Studies*, 23 (1), 86-201.
12 Bernt, M., Rink, D. (2010) 'Not relevant to the system': The crisis in the backyards. *International Journal of Urban and Regional Research*, 34 (3), 678-685.
13 Lang, T. (2012) Shrinkage, metropolization and peripheralization in East Germany. *European Planning Studies*, 20 (10), 1747-1754.
14 Smith, N. (2010) Uneven development: Nature, capital and the production of space (3rd ed.), London: *Verso*.
15 Massey, D. (1995) Spatial divisions of labour: Social structures and the geography of production: Social relations and the geography of production (2nd ed.), Basingstoke: *Macmillan*.
16 Haase, A., Rink, D. (2015) Inner-city transformation between reurbanization and gentrification: Leipzig, eastern Germany. *Geografie*, 120 (2), 226-250.
17 Haase, A., Rink, D., Grossmann, K., Bernt, M., Mykhnenko, V. (2014) Conceptualizing urban shrinkage. *Environment and Planning A*, 46 (7), 1519-1534.
18 Tumber, C. (2012) Small, gritty, and green: The promise of America's smaller industrial cities in a low-carbon world. Cambridge, Mass: *MIT Press*.
19 Kuhlicke, C., Kabisch, S., Krellenberg, K., Steinfuhrer, A. (2012) Urban vulnerability under conditions of global environmental change: Conceptual reflections and empirical examples from growing and shrinking cities. In S. Kabisch, A. Kunath, P. Schweizer-Ries, & A. Steinfuhrer (Eds.), Vulnerability, risks and complexity: Impacts of global change on human habitats (pp. 27-(38) Gottingen: *Hogrefe* (*Advances in people and environment studies*, (3).

# 第20章 ドイツにおける人口減少への都市計画的対応

姥浦道生

## 20·1 ドイツにおける人口減少の様相

ドイツのうち、旧西ドイツにおいても産業構造転換の問題を抱えているルール工業地域や中部農村地域を中心に、人口減少が起きている。しかし、この傾向がとくに顕著なのは、1989年の東西統一後の旧東ドイツである。これは、以下の三つの要因による。

第一には、人口自然減少によるものである。ドイツの人口が維持されているのは移民の受け入れによるものであり、実は1971年を境に、ドイツ全体としては人口の自然減少が進行してきている（図20·1）。旧東ドイツにおいては、社会主義制度のもとでの充実した社会保障や子育て環境を背景として、とくに統一直前には出生率は比較的高かった。しかし、東西統一後はこの傾向が一転し、ほぼすべての地域で自然減となっている。

第二には、旧西ドイツへの移住に伴う社会減である。統一後30年近くが経過してもなお、経済状況や雇用情勢に関する東西格差は埋まりきっていない。そのため、統一直後の劇的な移住傾向は沈静化しているが、より豊かで就業機会の多い旧西ドイツへの移住の動きは、とくに若者を中心に、引き続き根強い。

第三には、中心拠点都市から郊外部への移転に伴う社会減である。旧東ドイツ時代は物資が不足していたこともあり、効率性と経済性の高いコンクリートパネルによって作られた集合住宅団地が拠点都市の郊外部に大量に供給され、そこに住むことが一般的だった。しかし、東西統一後に住宅資材の供給が進み、また統一直後の混乱で都市・地域計画的規制が緩かったこともあり、旧西ドイツ並みの居住水準を有する、郊外の緑あふれる環境に立地する戸建住宅開発が積極的に行われていった。それに伴い、とくに豊かな層は郊外に移転し、周辺郊外の自治体の人口が増加する一方で、とくに中心拠点都市の人口が減少するという、ドーナツ化現象が見られるようになった。

では、このような人口減少・変動の結果として、どのような都市空間が各地で形成されてきており、またどのような課題を有しているのだろうか。さらには、それにどのように対応しようとしているのだろうか。

以下ではまず、自治体内で形成されている市街地空間形態とその計画的課題について、三つの地区に類型化して述べたうえで、その課題への計画的対応策について、ライプツィヒ市を事例として述べていく（20·2節）。そのうえで、とくに日本の人口減少市街地の環境維持・再生に参考になる点が多いと思われるグリュンダーツァイト市街地の空間管理の計画とその実現の状況について述べていく（本章20·3節）。

## 20·2 自治体レベルの空間形成の実態と計画

### 1. 自治体レベルで形成されている空間とその課題

旧東ドイツの都市において、人口減少に伴い形成されてきている市街地空間は、以下の三つに類型化することができる。

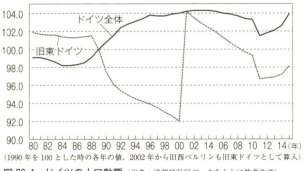

図20·1 ドイツの人口動態 （出典：連邦統計局データをもとに筆者作成）

①中心市街地：社会主義時代には、そもそも物資が不足しており、また配給経済が中心だったため、中心市街地の物的環境の改善や商業空間としての魅力向上に積極的に取り組まれていたわけではなかった。そのような中、東西統一によって多数の西側資本の大型商業施設が都市の郊外部に立地した。そこに顧客を奪われる形になった中心市街地においては、とくに商業機能の衰退が進行し、空き店舗が増加した。

②郊外住宅団地：拠点都市の郊外部には、主に70年代から80年代の社会主義時代に住宅供給公社や住宅組合によって大量に供給されたコンクリートパネル住宅団地が広がっている。建設された当時としては、そこに住むことが一般労働者の憧れでもあった。ちょうど日本の古い公団住宅のようなイメージである。しかし、現代の水準と比較すると窓ガラスが一重で断熱性が不十分だったり、5、6階建てであってもエレベーターが付いていなかったりといった設備面の問題や、板状住宅が並んでいる単調で魅力に乏しいという空間デザインの問題など、さまざまな問題を抱えており、統一後に入ってきた郊外型戸建住宅地には対抗するべくもなかった。そのため、入居者が減少し、空き家率が非常に高くなった。

③グリュンダーツァイト市街地：グリュンダーツァイトとは、19世紀後半から20世紀初頭にかけて、すなわちドイツ帝国の建国後、第1次世界大戦ごろまでの時期を指す。この時期のドイツは経済が伸長し、さまざまな会社が設立され（同時に消えていき）、都市人口も急増した。それに伴い、この時期に新たに拡張・形成された市街地をグリュンダーツァイト市街地という。囲み型の中層建築が特徴的で、ほとんどが民間事業者によって建設された。しかし社会主義時代には、やはり資材の不足から、そのような私有建物に物資が回されることはほとんどなく、メンテナンスがなされることがなかったため、しだいに荒れ放題となっていった。

## 2. 自治体レベルの計画

このような状況に対応するため、市町村はどのような計画的対応を取ったのだろうか。以下では、ライプツィヒ市の事例も踏まえつつ述べていく。

ライプツィヒ市は、第2次世界大戦後ほぼ一貫して人口減少が進行してきた。この傾向は東西統一後にさらに顕著になり、1989年に53.0万人だった人口は1998年には43.7万人と、約10年間で2割近くも減少した。この減少・衰退傾向は市内で一様に生じていたわけではない。とくに顕著だったのが、中心市街地、グリューナウ団地をはじめとした郊外団地、そしてライプツィヒ東地区をはじめとしたグリュンダーツァイト市街地である。

さて、前述の人口減少およびそれに伴う市街地の空洞化の問題が急激に顕在化したことに対応するため、機動的な計画が必要とされた。そのため、旧東ドイツの各都市で、当初は部門別・地区別の、調整事項が比較的少ない"軽い"計画が策定された。

その背景にはもう一つ、総合的計画を好まない当時のドイツの計画文化もあった。旧西ドイツにおいては、70年代に自治体レベルの土地利用計画であるFプランに各種部門別計画を融合させようという動きが見られた。法定の総合計画が存在しないドイツにおける、空間計画の総合計画化と言える。しかし、このような動きは「計画多幸症」と揶揄されるように、実現性に乏しく、さまざまな変化に機動的に対応できない机上の理想的計画を策定したにすぎない、として批判を浴びることになった。そのため、都市計画業界には"重い"総合的計画に対するアレルギーのようなものがあり、機動的な計画の策定が理想とされたのである。

ライプツィヒ市においても、この問題が顕在化してきた1999年から2003年にかけて、最初に策定されたのは、『都市発展計画（Stadtentwicklungsplan）』である。これは四つの部門別計画『住宅建設・都市更新』『中心市街地・地区センター』『産業建設用地』『交通・公共空間』から構成されていた。このうち、『住宅建設・都市更新』においては、グリュンダーツァイト市街地や郊外住宅団地などにおいて増加してきていた空き家対策について示した。具体的には、「需給バランスの安定化」「減築と質の向上」などの目標を設定したうえで、具体的な地区ごとに優先的に取り壊しを進める住棟を示した。また『中心市街地・地区センター』においては、市の中心市街地と

各地区のセンターを計画的に維持・強化することを目的として規定した。具体的には、市内の各中心拠点を中心市街地から日常生活拠点まで4段階に分類して、それぞれの備えるべき機能について示したうえで、個別具体の拠点についての課題を分析し、改善の方向性を示した。

しかし、このような部門別・地区別の計画だけでは問題が解決しないということが徐々に明確になってきた。それは、問題が複合的である――すなわち市街地の空洞化というハード面空間面の課題のみならず、高齢者福祉の課題、商業振興の課題などさまざまな分野にまたがる課題を解決しなければならない――からである。また空間的にもそれぞれの地区の課題は相互に連関しており、その関係性を意識しないと課題が解けないからである。この点を明確に示したのが、「旧東ドイツにおける住宅経済構造変革に関する専門委員会」が2000年に出した報告書である。考え方としては、総合的なコンセプトがあってはじめて、それぞれ個別の地区ごとに具体的な減築に関する計画を策定することが可能になる、ということである。そこで重要視されていたのは、全体的な都市構造に加えて、それぞれの地区ごとに異なる発展目標を持つことである。これを受けて政府は、2002年に創設された旧東ドイツの市街地環境改善に対する連邦政府の補助事業である「旧東ドイツ都市改造プログラム」においては、このコンセプトの策定・改定を補助金付与の条件として、その策定を積極的に進めた。

ライプツィヒ市においても、2009年に「総合的都市発展計画（Das integrierte Stadtentwicklungskonzept）」が策定された。この計画は、日本の総合計画に近い性質を有している。計画の基本原則として、ヨーロッパ的な混合用途の都市を目指すこと、コンパクトな都市形態を目指す

| 計画の基本原則 | |
|---|---|
| ヨーロッパ的混合用途都市 | 郊外開発より市街地内開発を優先 |
| コンパクトな都市 | 持続可能性 |
| 問題地区の改善 | |

| 目標と重点項目 | |
|---|---|
| 国内的・国際的地位の向上<br>・長所の強化<br>・クオリティの向上<br>・広域的連携 | 生活の質の維持・向上<br>・公共施設サービスの維持と需要との整合<br>・持続可能性のある住宅市場形成と地区開発<br>・余暇／文化機能の充実<br>・気候温暖化／環境問題への貢献 |
| 競争力の強化<br>・ソフトな立地要因の強化<br>・経済構造の強化<br>・専門的労働力の確保<br>・産業用地・インフラの整備 | 社会的安定性の確保<br>・社会的不平等への対策<br>・社会への統合の支援<br>・青少年のレクリエーション機会の増進 |

図20・2　ライプツィヒ市都市発展戦略の内容
（出典：ライプツィヒ市総合的都市発展計画）

図20・3　地区別発展総合戦略図（出典：ライプツィヒ市総合的都市発展計画）

ことなどが書かれている。目標としては、「国内的・国際的地位の向上」「競争力の強化」「生活の質の維持・向上」「社会的安定性の確保」という4点を掲げたうえで、それぞれについて重点取組み項目を挙げている（図20・2）。

空間的に示されているのは、第一には現況分析図であり、再整備地区指定や記念物指定などの法定の地区指定状況、建築年代別・タイプ別住宅立地状況などが示されている。第二には部門別計画図であり、住宅系重点取組み位置図、小地区別目標図、緑地系重点取組み位置図などが該当する。そして第三には、地区総合的戦略図や総合的都市発展重点図が挙げられる。このうち地区総合戦略図においては、とくに課題を有している区域について、数ヘクタールごとに区分された地区それぞれに「総合的地区整備開発を図っていく地区」「空間的に部分的介入を行っていく地区」「人口変動への適合を図っていく地区」のいずれかを指定し、地区の状況によって異なる戦略目標を持たせている（図20・3）。

## 20・3 地区レベルの課題、計画とその実現

### 1. ライプツィヒ東地区

ライプツィヒ東地区は、ライプツィヒ市中心部の東側に位置する約350 haの区域である。市内でも、中心市街地を除いてもっとも歴史のあるグリュンダーツァイト市街地の一つである。囲み型配置の高密な中層住宅を中心に、重厚な空間が形成されており、労働者階級が主に住む街だった。

しかし、旧東ドイツ時代には、資材不足などの理由から、これらの建物のメンテナンス・設備更新などはなされなかった。そのため、今日の居住設備水準と比較すると非常に劣悪な建物の状態——たとえばトイレが各階共用だったり、暖房設備が共用石炭ストーブだったり——のままだった。また、建物の外に目を向けても、中層の建物が高密に建て詰まっていて緑地や公園などのオープンスペースが十分には整備されておらず、郊外部の住宅地と比較するとその居住環境水準は高くはなかった。

そのため、統一直後の1993年には4.3万人だった地区人口も、2001年には約3割減少し、3.1万人になっていた。そのため、街区によっては空き家率が50%を超えるところも出てきた。さらに問題だったのが、地区を離れていく人は、この地区の維持・活性化を担うべき若い人や勤労者が多く、逆に地区に残される人や新たに移入してくる人は、高齢者、外国人、失業者などの社会的弱者が中心だったという点である。これらは犯罪率の上昇などの地区環境の悪化に繋がり、それがさらなる地区人口の減少をもたらす。ライプツィヒ東地区は、このような量的側面と質的側面が相まっての悪循環に陥っていた。

### 2. ライプツィヒ東地区構想計画

このような課題に、主にハード面から対処するため、市は2002年に「ライプツィヒ東地区構想計画（Konzeptioneller Stadtteilplan Leipziger Osten）」を策定した。そこで、「緑地空間のネットワーク化」「地区センターの保全」「（地区の西側部分で中央駅に近い）グラフィッシュ地区の発展と魅力の創出」の三つを目標像として掲げた。また、それを実現するための原則として、「東地区の中心部における穏やかな都市改造」「外側からの地区の減築」という2点を挙げている。

これらに基づき、市街地形態の目指す方向性に関して、より具体的に計画されている。

ここで興味深いのは、地区を「整備・強化地区」「潜在的転換地区」「保全地区」「"間引き"地区」「建物除却地区」の五つの"都市改造カテゴリー"に区分している点である（図20・4）。このうち「整備・強化地区」は、行政が積極的に投資を行い空き地の発生を抑制し整備を進めていく区域、「潜在的転換地区」は将来的に土地利用構造を転換していく可能性のある区域、「保全地区」は現状の都市構造を維持していく区域、「"間引き"地区」は個別的な建物の除却によって地区内に散在的に比較的小規模なオープンスペースを創出していく区域、そして「建物除却地区」は建物を一体的集団的に除却して大規模なオープンスペースを整備する区域である。

このうち、「建物除却地区」に指定されているのは、緑地やオープンスペースに面している地区の外郭部が多

|  | 整備・強化地区 | 潜在的転換地区 | 保全地区 | "間引き"地区 | 建物除却地区 |
|---|---|---|---|---|---|
| 構造 | 確固とした都市構造 | 転換可能性を有する都市構造 | 広範囲にわたり保全価値ある構造 | 広範囲にわたり保全価値ある構造 | 多様な構造 |
| 現況 | ・少ない空き地、空き家<br>・高密度建築用途形態の維持 | ・改修済みの居住者の入った家屋<br>・開発用地が大部分<br>・密度や用途が多様<br>・適度な高密化が望まれる | ・非常に高い空き家化傾向<br>・中〜高程度の空き地、空き家率<br>・高密建築<br>・取り壊しは望まれず | ・非常に高い空き家化傾向<br>・中〜高程度の空き地、空き家率<br>・高密建築<br>・需要量までの建物量の縮小 | ・非常に高い空き家化傾向<br>・中〜高程度の空き地、空き家率<br>・様々な建築<br>・利用密度<br>・面的密度緩和の取り組み |
| 目標イメージ |  |  |  |  |  |
| 目標 | ・空き地における建築<br>・都市景観の改善 | ・構造の新しい解釈<br>・新しい都市景観、建物タイプ<br>・新しいオープンスペース | ・都市構造、建物の保全<br>・状況が改善しない場合には現状維持 | ・個別取壊しによる密度緩和<br>・緑地拡大<br>・敷地レベルの一時転用 | ・都市の減築<br>・空き地の創出<br>・自然空間とのネットワーク |
| 計画手法 | ・個別事業の助成<br>・公共空間の改善 | ・利害関係者への積極的支援<br>・計画、プロセス支援 | ・時期待ち、モニタリング、社会的支援、建物保全、歴史的建物保全 | ・時期待ち、モニタリング、社会的支援、個別取壊し、跡地利用 | ・関係者の積極的支援<br>・計画<br>・プロセス支援 |

図20・4 "都市改造カテゴリー"（出典：ライプツィヒ市総合的都市発展計画）

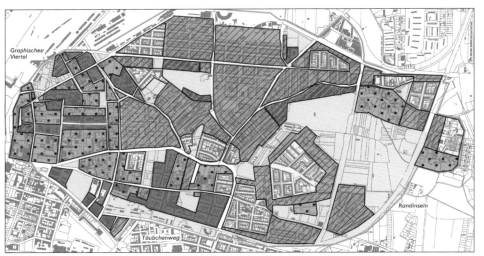

2010年

2020年
（凡例は図20・4参照）

図20・5 ライプツィヒ東地区カテゴリー別区域指定図（出典：ライプツィヒ市総合的都市発展計画、筆者改変）

い。外側から地区の減築を進めていくという原則に基づくものであると言える。

計画の時間的目標は2010年と2020年の2段階に分けられている（図20・5）。このうち2010年までの第1段階では、建物除却地区は全体の2％のみであり、所有者による建て替えが経済的にまったく成立しえないような街区についてのみ、限定的に指定されている。一方、2020年までの第2段階については、建物除却地区は全体の22％と、指定区域の範囲が広くなっている。

都市改造カテゴリーは、地区の将来像の基本的な方針を示すものであり、具体的な除却の場所や量的目標までを示すもので

はない。しかし、新規の開発者は事実上、この計画を参照しながら開発場所を決定するものであり、また公共サイドの各種施設の整備・取壊し等に関する投資・補助も、この計画との整合性を図りながら行われることになる。

計画には、さらに具体的なプロジェクトについても記されている。主なものは、以下の四つである。

① 「リッチュケ緑地帯」プロジェクト：地区の中央部を東西に流れていた旧リッチュケ川沿いを戦略的に緑化し、高密な建築状況、緑地空間の不足、老朽建物の取壊しという課題を一挙に解決し、地区の住環境を改善しようという試みである。

② 「小さな敷地の変化」プロジェクト：地区の中心に近いエリアで行う。沿道囲い型で高密に建て詰まった旧市街地の中層建物の一部を取壊し、間引くことで不規則に生まれる「孔」空間を、樹木が植えられている庭や週末庭園などさまざまな種類の緑地や芸術空間として整備することで、多様なオープンスペースが連続的に表出する空間を創出することを意図している。

③ 「明るい林」プロジェクト：地区東端の交通量が多いヴェルツナー通り沿いの建物をすべて取り壊すことによって、地区外延部の緑地空間を通りまで引き込み一体化し、廃屋が立ち並ぶ街並みから緑あふれる魅力ある沿道空間へと生まれ変わらせることを目的としている。

④ 「暗い森」プロジェクト：「明るい林」プロジェクトに隣接して行われているプロジェクトで、枝ぶりが大きい樹木を比較的高密に植え、高被度で地表を覆うことで、暗い緑の空間を創出することを目的としている。

## 3. 計画の実現：利用承諾協定

このようなさまざまなスケール・関係者でオープンスペースを整備していくプロジェクトを実現するにあたって、最大の課題となるのが土地の流動化である。郊外住宅団地では、建物1棟が一つの組合や公社等の所有となっており、全体としてもステークホルダーが限定的である。一方、既成市街地においては個々の建物をそれぞれ異なる所有者が所有している。それぞれの建物の状況や所有者の置かれている状況などはさまざまであり、またその利活用に関する考え方もさまざまである。とくに課題となるのが、荒廃した建物が放置されている場合である。倒壊の危険性がある場合は言うまでもなく、そこまでの状況ではない場合でも、地区の環境や景観の悪化をもたらすなどの課題が生じることになる。

そこでライプツィヒ市では、民有地を活用した公園・オープンスペースの整備手法として、「利用承諾協定（Gestattungsvereinbarung）」方式を編み出した。

この仕組みは以下のとおりである（図20・6）。まず、市は土地所有者と協定を締結し、土地所有者に一定期間、公共的な用途に土地を利活用することを承諾させる。その間の固定資産税等は免除されることに加えて、必要な建物の除却費用やオープンスペースとしての整備費用などは、原則として市が負担する。もちろん、市が単独で負担するのではなく、市は連邦政府や州政府からの補助金、具体的には旧東ドイツ都市改造プログラムや社会都市プログラム、EU地域開発基金（EFRE）などの補助金を活用している。

市にとっては、土地を直接買収する場合と比較すると、圧倒的に安価に低未利用地を緑地やオープンスペースとして整備することができ、それによって他の郊外部の住宅地に負け

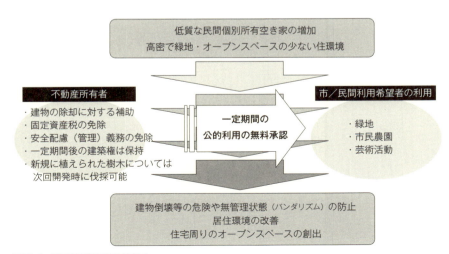

図20・6 利用承諾協定の仕組み

ないような地区の住環境整備・改善が可能になる、というメリットがある。一方、土地所有者側には、少なくとも短期的には利活用の見込みがない建物をほぼ無料で取り壊すことができ、また固定資産税や安全配慮義務をはじめとした不動産所有に伴い付随的に生じてくる各種義務が免除される、というメリットがある。

加えて、この協定は期間限定的なものであり、将来的にこの敷地で建物を建てる権利までを奪ってしまうものではない。ちなみに、この期間については、当初は5～8年とする協定が多かったが、補助金を支出している連邦政府や州政府から短いという意見が出され、その後は15年間の契約が主となっている。

本制度は1999年に始まり、主として「明るい林プロジェクト」などの緑地整備プロジェクトに用いられてきたが、2005年からは市民や地域団体、学校などがその土地を私法上の契約に基づき利用・維持・管理できるようになった（写真20・1、2）。具体的には、庭いじりに興味を持っている近隣住民が市民農園を開設したり、芸術活動を行っている市民団体が芸術イベントを行ったりしている。この場合、市は両者の仲介を行い、その利用の適切性を評価したうえで補助金を出すことになる。なお、オープンスペースとしての整備費用は、原則として当初2年間のみ補助を受けることができる。

## 4. 利用承諾協定の運用状況

2010年までに当地区では103事例の協定が締結されている。全市では、他のグリュンダーツァイト市街地を中心に250事例以上の協定が締結されている。

協定の締結にいたるまでのプロセスとしては、当初は市が特定の地区や敷地を戦略的に選定し、その土地の所有者に対して利用承諾協定の締結を持ちかける場合が多かった。これは、市が事業主体である「明るい林」プロジェクトや「暗い森」プロジェクトが行われている区域において、とくに該当する。

しかし、近年は土地所有者側からの申し出も増えてきているという。税金の免除等のメリットがある一方で、経済状況が短期的には上向かない中では、再建築が一定期間できないというデメリットは、さほど大きくはない、と判断されているものと思われる。

もちろん、建設法典では、建物倒壊の恐れがある場合などは改修命令を出したり、強制的に除却したりすることも認められている。しかし、手続きが煩雑なこともあり、市内で実際に用いられたことはほとんどない。したがって、基本的には市がメリットを示しつつ不動産所有者と交渉することによって、このような建物の除却やその跡地の整備・利用、それに伴う地区の環境水準の向上を進めてきている、というのが実態である。

さて、土地所有者は将来的な開発権までは放棄していないことから、協定期間が終了した後の土地利用の行方も問題となる。この点、実際に協定期間が終了したのは、2010年までに約30事例ある。期間終了後は、1年ごとの自動更新となる。その中で協定を更新せずに、新たに建築許可申請が出されたのは1件のみである。そこは、市が公園として利用していた敷地であり、期間の終了後に4階建ての建築の許可申請が出された。残りはすべて、

写真20・1　明るい林プロジェクトで緑地化が図られた空き地

写真20・2　「小都市農園」として市民に活用されている空き地

協定が継続更新されている。これは、本協定は時限付きのものであるが、一定の空間的安定性を有していることを示している。逆に、利用承諾協定に基づく地区環境整備事業は、環境水準の向上に一定程度寄与しているものの、これまでのところは、それが新たな開発ポテンシャルを発生させるレベルにまでは達していないとも言える。

なお、以上のプロセスにおいては、ドイツの都市計画の根本をなすFプランやBプランはほとんど活用されていない。Bプランで緑地指定まで行うと、当該敷地の開発可能性を奪うことになり、土地所有者の合意を得ることが困難であることに加えて、不動産価値減少分に対する補償問題なども発生することなど、手続きが煩雑になるためである。この点から、時間的なフレキシビリティの重要性が示唆される。

## 20・4 ドイツの低未利用地利活用事例からの示唆

このようなドイツの事例から得られる示唆は、以下の3点にまとめることができる。

第一には、空間的・分野的枠組みを超えた、総合的な計画の必要性である。その際にとくに重要なのは、分野間・空間間の連関性を意識するとともに、それらの間に差異を付けたうえで、目標像を明確にする、という点である。目指すゴールは同じ生活環境の維持・向上だとしても、その目標を達成するための方法は、それぞれの地区の実情に応じて異なる。すべての地区で「空き家を埋める」「空き地を建築的に利活用する」という話にはならないのである。

第二には、民有地の利活用に対するインセンティブの付与とコーディネートの仕組みづくりの重要性である。問題となるのは、一定の需要がありながらも経済的にマッチングが成立しないがゆえに、または所有者の利活用が面倒という意向によって放置されている不動産である。このような不動産にインセンティブを与え公的な利活用を認めることで、地区環境の改善に繋げ、さらには周辺の市場価値の上昇に繋げていくという、地区の空間マネジメント活動が重要になってくる。このマネジメントの重要な要素が、利活用すべき不動産の選択と、その不動産の提供と利活用の間をコーディネートすることである。

第三に、その際に時間的フレキシビリティを持たせた計画・実現手法を取り入れることもまた、重要性が示唆される。単に長期的な空間計画目標のみを設定して、その実現を図るのではなく、短期的な利用を積み重ねることもまた、地区としては中長期的な安定に繋がるのである。

# 第21章 英国における衰退住宅地管理の歴史的経緯と課題

Peter Lee／浅野純一郎（訳）

## 21・1 英国における住宅需要の低下と都市縮小問題

### 1. 英国の戦後住宅施策と都市縮小問題

第2次大戦後の英国の住宅政策は住宅需要の拡大に対し、将来予測を行い、その必要分を供給するというアプローチで行われた。戦後復興における住宅施策に関する国家の介入は供給側の論理である住宅投与によって行われたが、それは公営住宅の役割を重視し、多くの需要が見込まれた工業労働者階級層や中間所得層の要求に応えるものであった。地方自治体は、この住宅施策に対し開発者であるのと同時に公営住宅の管理者としての役割を担ったが、民間セクターに対しては、活動や動静を理解すべく積極的な関与は行わなかった。結果として、地方自治体は各購買層の住宅選好、住宅市場の区分、市場の動向に対して十分な理解を持たなかった。本章では、英国の長期にわたる住宅市場の再編過程から生じた、低所得者向け公営住宅の低需要化と、これに対応して行われてきた住宅計画や都市計画、都市再生施策について論じる。英国の住宅施策は、住宅の低需要化や空き家の発生といった最悪の事態に対応するうえでは成功してきたと言える一方で、長期にわたり住宅を安定的に供給し、地方や地域の要求に的確に政策を適用させる点においてはまだ課題が多いと言える。

### 2. 住宅需要の低下と需要変化

英国で1990年代末に現れた住宅施策の主要課題は、低所得者向け住宅の需要低下と需要変化であった[文1, 2]。2000年に運輸・地方自治・地方省は100万戸の住宅がこの低需要と需要変化の影響を受けると見積もっていた。最悪の事例としては、英国北部や中部のリバプール、マンチェスター、ニューキャッスル、ストーク・オン・トレントのような大都市圏や産業都市において、低需要による空き家化が地区の大半に及ぶような事態となった。リバプールでは、都心部の近隣地区であるケンジントンで約3分の1の住宅が2002年に空き家となった他、市の総人口は1945年から2000年の間に87.5万から45万人へとほぼ半減した。個別の要因は複雑であるが、産業空洞化が関係している点で人口減少と市街地縮小の根本的要因は同じである[文3]。経済のグローバル化と安価な海外労働力への外注化の影響はそれまでの産業の価値を下げ、いくつかの都市では、ケインズ的な経済の管理主義から大企業によるマネタリズムへと世界的に移行する中で著しい打撃を受けた[文4]。たとえば、ストーク・オン・トレントは1960年代半ばまで英国における陶器産業の中心地であったが、1970年代にかけてその機能を失い、数千もの職が失われた。経済再生とマネタリストによるグローバル政策は、住宅動向にすぐには影響しなかったが、時間の経過とともに、経済的な不況の影響とこれに伴う人口減少が住宅の空き家化をもたらした（写真21・1）。

第2次大戦から1970年代にかけて英国の住宅政策は公営住宅の建設プログラムによる供給政策が主であったが、これは英国経済が基本的には1950年から1968年にかけて成長を続けたことで人口も増加したことによっ

写真21・1 ストーク・オン・トレントの空き家

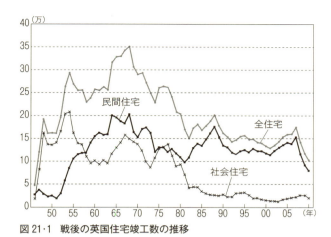

図21・1 戦後の英国住宅竣工数の推移

ている。公営住宅建設は、フォード主義的な大量生産大量消費型モデルを基とした予測と供給型のアプローチであり、取得意欲の高い労働者階級に対し、比較的高品質の公営住宅を大量に提供した[注1]。**図21・1**は、1968年に戦後のピークを記録した竣工住宅数（35万2540戸）において、国の補助金による公営住宅がいかに多くを占めていたかを示している。しかし1968年以降は、住宅施策が供給側ではなく需要を根拠としたシステムへと移行し、英国の住宅供給が減少していった。それゆえに、低需要化の要因は、部分的には、北部や中部地方においては特定の種類の土地建物を過剰に供給した計画の問題でもあった。これらの地方は地域経済の長期的な再編成と1970年代後半からの住宅民営化政策の影響をとくに強く受けた[文5,6]。マクロ経済におけるこうした変化は地域内における転入転出を増加させるとともに、住宅取得意欲の変化、共働き世帯の増加、低価格住宅の増加といった変化と関係し、老朽化した工業者住宅地に悪影響を与えた。他方で1945年から現在にかけて、英国の福祉施策は拡大

変化を続けてきた。ケインズ主義の福祉国家と完全雇用の前提に基づき、国家補助による住宅の拡大が1970年代からは石油危機とこれに伴うIMFの救済を得て経済再生を進めることを目的として続いた。こうした経過の中で、たとえば、英国北西部のリバプールでは市街地縮小と空き家発生が時と場所を変え、何度も発生した。当時の都心部では、社会的な分極化と経済格差が先鋭化したために、リバプールの都心部で1981年と1985年に暴動が起こった（この時期には別の市や町でも同様であった）。このような騒動は中間所得層の間での市の評判や住宅市場に影響し、中間層を都心から遠ざけた。さらに既存居住者を不利な立場におき、社会的排除を受ける立場に追いやるなど、さらなる衰退へと拍車をかけた。1990年代の半ばまでには、リバプール市の都市計画課や住宅計画課の職員は、低需要化や空き家の問題を現地の状況から把握していたものの、改善するための政治的な意思や資力が欠けていた。

北部地方や中部地方の都市における低需要化や需要変化の影響は、時間とともに移りゆく流行の動きとして単純化が可能である。それは自由放任主義的な経済政策や都市計画施策の結果、都市や産業地帯が荒廃化した過程であり、競争主義による社会的排除問題が顕在化する過程であった。筆者等、バーミンガム大学都市地域研究センターでは、1998～2004年間に低需要化と需要変化の影響をうけた地域における各購買層の居住選好や市場動

| 住宅市場種類 | 民間賃貸市場 | 1980年代建設住宅物件 | 低出費趣向層 | 人種的マイノリティ向け市場 | 高齢者向け市場 | 新規建設住宅市場 | 住宅協会管理物件改修市場 |
|---|---|---|---|---|---|---|---|
| 市場の特徴 | 伝統的な住宅市場 | 経済的に活発に取引されている | 非ローン物件、低価格住宅 | 住宅タイプと規模に敏感 | 非ローン物件、低価格住宅 | 市場への流入量が限定的 | 特定地域への投資あり |
| | 強い地主主義：再転売をしない | 若い家族層向け | | 低価格化の意向が強い | | | |
| | 学生向け市場 | | | 文化的施設や家族・友人への近接性の意向が強い | | | |
| | 高い回転率と利益追求市場 | | | | | | |
| | 賃貸物件購入市場の成長 | | | | | | |
| 都市縮小問題との関連性および総合的評価 | 民間賃貸市場の成長は地域の市場全体を急速に不安定化させる | 地域の社会的公平性に負の影響を及ぼす可能性あり | 地域の居住性や住宅自体への関心が低い | この市場の発展はこの地域の都市縮小問題の一つを解決するが、差別化問題に繋がる可能性あり | この市場を安定的維持するのは困難。住民の死去により空き家化に直結 | 賃貸物件購入者市場と公平な競争環境にある | 常に低需要。高い回転率。再投資についての経済的議論が活発 |

図21・2 英国北中部地方の都市圏における住宅市場の特性

静を明らかにする調査を行った。**図21・2**は購買層別の住宅取得選好やその特性を示している。たとえば、低出費趣向層と名づけた世帯層は空き家化や市街地縮小に繋がる近隣地区問題や経済見通しに無関心な層であり、住宅ローンや負債を払うことで支出を最小化しようとする、失業して解雇手当を使っている層である。また、ある市場区分では、市内のある地域やあるいは広域都市圏内へと転出する動きも見られることや、新規購買層は都心部の古い低層連続集合住宅より新築市場における住宅を探す傾向が強いことが明らかになった。

## 21・2　ブレア労働党政権による政策的対応

### 1. 都市再生と社会的包摂プログラム

1990年代半ばごろには住宅市場の需要や各購買層の購買動向は、都市間で競争意識が顕在化する動きと一致するようになった。根拠に基づく（evidence base）政策決定へのアプローチが発展していったが、これは英国都市が生産性と経済生産高において欧州都市にいかに立ち後れているかを明確にした[文7]。主要都市グループであるバーミンガム、ブリストル、リーズ、リバプール、マンチェスター、ニューキャッスル・アポン・タイン、ノッティンガム、シェフィールドといった各都市はいずれも典型であったが、これらの都市の経済的不効率は1960年代から1980年代における都市衰退に由来していた。

トニー・ブレア首相による新労働党政権は新しい政策である「第三の道」[文8]を主張し、競争と社会的包摂[注1]を調和させる一連の政策を導入したが、この一環として、都市再生プログラム（urban renaissance）が打ち出された。これは都市を、知識経済を再活性化させる触媒として捉えるものであった。また、ブレア労働党政権は新組織である社会的排除問題局（social exclusion unit）を設立し、都市における社会的排除問題や近隣地区の動静を徹底的に調査させた。社会的排除問題局は社会的排除や不人気な近隣地区の要因をより幅広い空間的な政策フレームの中で捉え、低質で老朽化した公営住宅が原因であるというような狭い問題認識を採らなかった。そして、複合的な問題を解決するために、複合的で包括的な解決策の必要性を導いた。社会的排除問題局の活動を記録した、政策検討チーム（Policy Action Team）の一連のレポートは、近隣地区更新国家戦略（National Strategy on Neighborhood Renewal）を実行するための根拠とされ、貧困や低需要化、競争による問題への対応に適用された。政策検討チームは幅広い検討を行ったが、中でも近隣地区管理（PAT4：レポートナンバーを示す）、住宅管理（PAT5）、不人気住宅（PAT7）、情報や公共サービスのあり方（PAT17、18）はよりよくまとめられていた。

### 2. 空間計画とその統治

ブレア労働党が進めた都市再生プログラムは、計画・強制収容法（Planning and Compulsory Purchase Act:2004年）とこれを根拠法とする持続可能なコミュニティ計画（Sustainable Community Plan:2003年）によって要約される新しい計画アプローチであった。これらは低需要化の問題解決に対し持続可能なコミュニティを強調することで新しい計画的枠組みを用意した（**図21・3**）。計画システムは地域議会に地域空間戦略（Regional Spatial Strategy）を立案する権限を与えるよう再編され、同戦略は同一地域内の地方自治体間をまたいで住宅の建設計画や投資計画を調整した。これは需要と供給の不均衡を緩和することを目的とされたが、衰退した不人気な都心部を避ける購買層の市場を好転させる糸口になった。そのうえ、最重要課題だった低需要地域に都市再生プログラムを導入する道を開いた。住宅部門での新しい地域行政体制としては、地域住宅委員会が地域住宅需要に関して膨大で詳細な指導を行うものとされ、これは地域空間戦略の内容に影響を与えた。**図21・3**は、英国都市が都市縮小と低需要化の問題に取り組んでいた重要期間である2004～2010年間において、地域や国の各計画主体がいかに系列化されていたのかを示している。また持続可能なコミュニティ計画の導入は計画システム再編の基盤となった。英国では北部地方における低需要化と南部地方における人口過剰が双子の問題であったが、同計画は住宅問題と地域レベルの経済政策を関連づけるうえで政策的枠組みを提供した。

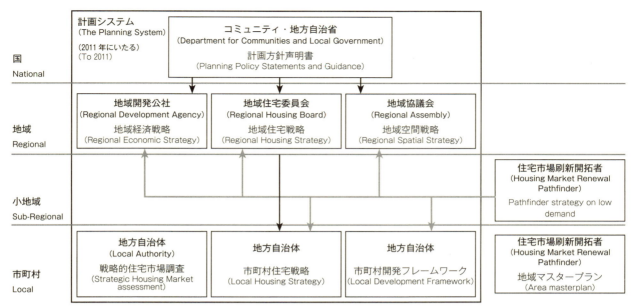

図21・3　2004～2010年間の英国計画システム

## 3. 住宅市場刷新と空き家問題

住宅市場刷新開拓者（Housing Market Renewal Pathfinder）プログラムは、持続可能なコミュニティ計画で位置づけられた低需要問題に対する旗艦的な取り組みであり、2003～2004年に中央政府によって導入された。低需要化と需要変化、空き家問題がもっとも深刻な地域として選ばれた対象地には、総額20億ポンドの予算をもってプログラムが適用された。おのおののプログラムは英国北部および中部の大都市圏住宅市場の重要箇所を含む2～5の地方自治体を包含しており、リバプール、マンチェスター、バーミンガム、ストーク・オン・トレント、ニューキャッスルといった主要都市を含んでいた。これらはいずれも1970年代から1980年代の産業空洞化や経済縮小のあおりをくった都市である。各プログラム[注2]は、空き家問題の発生している問題地域を含みながらも、より広域の住宅市場を通して需要変化の刺激を与えることで住宅市場を再編するものであった。これらの地域では、住宅市場の規模だけではなく、需要のミスマッチが問題であった。

各プログラムは設立趣意書を作成することで住宅市場刷新プログラムがいかに各エリアで効果を上げるのかのビジョンを示した。地方自治体は、当時優位になりつつあった根拠に基づく政策決定へのアプローチに基づき戦略的な計画立案を行ったが、これは社会的排除問題局の政策レポートの作成の過程で確立されていった手法であり、住宅、経済、社会的排除、近隣地区の動静といった各問題を関連づけて分析するものであった。

もっとも深刻な人口減少は1970年代～1980年代に起こっていたが、すべての住宅市場刷新プログラムの適用地は依然として人口減少が続いており、リバプールやマンチェスター、ニューキャッスルの適用地では2001年までの10年間にも8～10％の減少があった（表21・1）。低需要化の兆候やその原因、さらに今後の予測は地域によってさまざまであり、対策も個別に採られた。たとえば、すべてのプログラムでは住宅の改修を実施していたが（写真21・2）、バーミンガムでは小規模住宅の改修を優先し、特定地域で増加しつつあった人種的マイノリティ人口による需要変化に対応するため、これを大規模住宅へと転換した。他方、その間にマンチェスターの住宅市場刷新プログラムは都心部の再生に注力し、シェフィールドでは戦後に建てられた大規模公営住宅の取り壊しを集中的に進めた。

2010年に住宅市場刷新プログラムは、公的セクターの負債を低減する目的で、新しい連合政権によって廃止

表21·1 2007年までの住宅市場刷新プログラムの実績

| 対象地域 | 人口変化率 (1991〜2001) | プログラム事業費 (2003〜2007、万ポンド) | 取得住宅数 | 取り壊し住宅数 | 修復住宅数 | 新築住宅数 |
|---|---|---|---|---|---|---|
| ニューハートランド マーシーサイド（リバプール） | -9.6 | 13950 | 2239 | 750 | 8761 | 338 |
| ブリッジング ニューキャッスル=ゲートヘッド | -9.3 | 9260 | 628 | 1560 | 2567 | 81 |
| マンチェスター サルフォード パートナーシップ | -7.9 | 16990 | 2456 | 1996 | 10434 | 127 |
| ゲートウェイ ハル＆イーストライディング（ヨークシャー） | -4.8 | 2760 | 226 | 239 | 20 | 44 |
| トランスフォーム サウスヨークシャー（シェフィールド） | -4.4 | 11190 | 2655 | 2655 | 3788 | 178 |
| エレベート イースト ランカシャー | -3.3 | 11860 | 1504 | 1178 | 2852 | 16 |
| リニュー ノース スタッフォードシャー（ストーク） | -2.5 | 620 | 728 | 615 | 2633 | 0 |
| オールドハム＆ロッチデール パートナーズ イン アクション | -0.2 | 8430 | 732 | 501 | 2248 | 106 |
| アーバン リビング バーミンガム＆サンドウェル | -0.1 | 6550 | 1458 | 748 | 6753 | 188 |
| 合計 | -5.5 | 87190 | 12626 | 10242 | 40056 | 1078 |

写真21·2 ストーク・オン・トレントの住宅再生事業　従前（左）と従後（右）の様子

あり、地域愛を求めるべく、3万ポンドを借り入れた全員に3％の利息を付けたうえで10年以内の返済を求めた。この利息は、最近の利率が0.5％程度の英国中央銀行のそれより高い設定である。また10年以内に売却した場合は、売却益に応じてスライド制で市議会に納める必要があった。つまり家屋を売却する見返りを得るためには、居住者は住戸を改良

された。残された基金は劇的に減少し、新政府は2012〜2016年間に低所得地区における劣悪住宅や空き家問題に対応すべく総額6000万ポンドの空き家住宅基金を設立して今日にいたる。

空き家問題や低需要化を経験した英国北部の地方自治体は、2007年の金融危機[注3]とその後の不況による公的部門の緊縮経済の影響にも同時に苦しんだ。こうした中で、ストーク市議会は革新的な解決策を打ち出している。放棄された低層連続集合住宅（terraced house）の2寝室住戸タイプ、計35戸をおのおの1ポンドで売却するという宣伝を行ったのである。この計画のもとで、市議会はこれらの住戸に不可欠な改修に対し、上限3万ポンドのローンを提供した。この計画は政府基金を欠く中で、社会的な結合を高め、空き家で荒廃した地域を改善するために策定された。対象者は過去3年間同市に居住し、英国に永住権を持つ者だけとされた。さらに援助に値する貧困な労働者家庭に対象を限るため、収入の上限が3万ポンドに設定されたうえ、適用者は他に住宅取得が認められず、直近2年間に雇用されていることも条件であった。最低5年間はこの新しい住居に住み続ける必要が

し、利用できるように再生する必要があるのである。リバプール市議会は、独自の「1ポンド住宅」プログラムを通し、約200戸の空き家を利用可能な状態へと戻した。2015年にはプログラムを拡大し、都心部のウェイバーツリー地区では、150の物件に対し2500人の応募があった。

こうした緊縮経済後の戦略的な革新プログラムは、1992年に設立された国の空き家公益団体によって支援され続けている。同団体は、空き家の改修や利用を進める空き家管理命令（Empty Dwelling Management Order）の概念を発展させたものであったが、この団体による空き家対策ネットワークは過去15年間にわたり貴重な資産を提供するとともに、空き家を利用可能な状況に戻す施策を後押しした。

## 21·3 住宅市場の強靭化と都市管理の必要性

### 1. 住宅市場の強靭性と先見性

低需要問題や都市再生政策を通して得られた成果の一

つは、将来見通しに関する指針の強化と地方自治体レベルから地域レベルにいたる広範囲で住宅市場を監視下におくことであった。また1997年～2005年間では、社会的排除問題に関し場所（住宅や近隣地区）の役割を再評価したことや社会的排除問題の顕在化である市街地縮小や空き家問題に政策的関与をしたことが評価される。つまり、低需要化と需要変化の議論は貧困や社会的排除問題に対する関心が生まれた時期に起こったのである。そしてそれは雇用、福祉給付、住宅問題、近隣地区や学校問題といった異なった政策分野に関連性を見出し、問題を包括的に分析したことで可能であった。これはまた住宅市場や貧困問題の分析に対して、地域境界や行政管轄の枠を超えて分析のスケールを変える必要性を要請するものでもあった。

戦後から1980年代までは、地方自治体や市議会による住宅施策の役割は公営住宅管理の枠を超えなかった。つまり、住宅の割り当て、借り手の募集、住宅の修繕が主であった。そして1980年代の買取請求権（Right to Buy）注4 制度を通して公営住宅の売却を後押ししたことで、最上の住宅が売られ、公営住宅は貧困者の保有物件になるにいたった。1950～1960年代に建てられた公営住宅は異なる近隣地区に互いに異なる建築様式で建てられたが、この結果、これらの公営住宅の需要は場所によって変容していった。バーミンガム市の労働者階級向け住宅の場合、郊外の伝統的な庭付き2戸接続住宅は居住水準が高く買取請求権を行使した層に人気が高かったが、非伝統的な近代建築様式による高層アパートは人気が低いのである（写真21・3）。

産業空洞化といったマクロレベルの要因と、特定の近隣地区における高層近代建築型アパートの不人気といったミクロレベルの要因が重なり、非入居住戸が増え最悪の場合は空き家化へと進んだ。しかし、地方自治体が住宅市場のパターンや買取請求権の影響を系統立って把握する指針は確立されておらず、ましてや住宅市場の地域的な差異や1960年代後半までに建てられた公営住宅の選好特性の把握手法については手つかずであった。

2000年頃には、社会排除問題や住宅問題における根拠に基づく政策決定へのアプローチは、政府や地方自治体の公表する困窮度に関わる指標によっていたが、これは住宅需要変化の問題や立地場所の将来予測に対して有益な指標ではなかった。問題解決には、経済や雇用と居住者の住戸タイプ選好との関係を反映し、問題地域の都市内における機能や将来予測を場所ごとに把握する必要があり、こうした分析を通して、①需要が安定的で人気があり、近隣地区として今後も効果的に機能しうる現在の問題地域と②住宅と市場がミスマッチしている問題地域の選別が可能となるのである。

②の近隣地区では、住宅や近隣地区の特性が空き家問題や需要転換といった将来の潜在的な問題の兆候を示していた。求められたのは、住宅と労働市場の非対称性の是正、つまり固定的な住宅資産と流動的で柔軟に変化する資本とのギャップを埋める政策である。したがって、前述の住宅市場刷新プログラムにおける政策的な枠組みでは、住宅市場における購買者の意思や趣向の動静を特定し、これがどう需要に影響するのかが分析された。この枠組みは進行しつつあった社会的排除問題を把握することもでき、その問題場所を特定した。さらに住宅政策における根拠に基づく政策決定へのアプローチは、場所性が持つ特定の問題やそれ以前の政策との関係性をも明らかにし始めた。この分析手法は経済の新たな動きに即応しながら住宅と住宅市場との関係を再調整する新しい計画手法であった。当然のことながら、問題分析に関

郊外の戦後の公営住宅（Sutton Cold Field）

市街地周縁部の1960年代建設の高層住宅（Ward End）

**写真21・3　戦後の公営住宅の事例**

わる空間的スケールを変化させることは同時に政策的枠組みのスケールも変更する必要があることを示していた。

地域経済の変化と住宅部門の民営化政策への移行は、地方自治体や地域自治体の住宅供給管理を戦略的に進めるうえでただちに影響したわけではない。地方自治体レベルでの住宅計画の戦略的な役割は国の役割に対して遅れていたのであり、実際、北部地方の市町が低需要化の問題に直面したのは2000年代初頭であった。

2000年代初頭より、住宅市場の強靱性や先見性の必要がとくに強調されるようになり、2004年には戦略的住宅市場評価（Strategic Housing Market Assessments）が導入された。これは地方自治体が住宅需要や市場動向、住宅と経済との関係性を計画策定プロセスの一部として把握することを義務づけるものであった[文9]。1997年のブレア労働党政権は特定地域の貧困問題に積極的に関与し、社会的排除問題局を設立し、貧困状況を把握すべく政策検討チームのレポートを相次いで作成したが（前述）、この施策はこの時期を経たことによる必然的な帰結だった。

## 2. 都市管理と住宅ストックの変化

近隣地区や住宅市場の異なった機能やその将来変化を把握することは、住宅管理上重要である。1990年代後半以降、住宅管理のあり方として、多様な保有条件を持つ集合住宅の再開発や用途混合を進めコミュニティを多様化させる建替が推奨された。これは住宅ストックの変化を促すものであり、地方都市においては個人の収入や資産への作用を通じて再開発事業の余地を広げるものであった。市場刷新戦略と新たな住宅再開発によって住宅市場を再編することにより公営住宅のストックも統合された。たとえば、バーミンガムではキャッスルベールやリーバンクといった公営住宅は低需要化問題に対して保有条件を多様化する異なったプログラムが適用された。これらは所有者特性を変え、住戸保有条件を多様化し、住宅資産をコミュニティレベルで管理する機会を生みだした（写真21・4）。

## 3. 今後の展望とさらなる課題

1990年代末の英国における住宅の低需要化と需要変化の問題は工業からサービス産業へと国家経済が再編される中で南北格差の長い歴史を反映していた。1997年から2010年にかけては、北部地方への政策的支援や都市再生プログラムへの関与、住宅市場の再編と住宅市場刷新プログラムの導入、戦略的分析手法や先見性評価の重視、住宅部門に対する地域計画のあり方の再編、といった一連の政策展開があり、その結果、英国都市は再び魅力的な都市へと生まれ変わった。リバプール、マンチェスター、バーミンガムといった中心都市は、経済的資産に富んだ都市と見られるようになり、さらなる投資や文化的発展を予感させ、都市での生活への憧れを強める都市となった（写真21・5）。

これはグローバル経済のもと、モノとサービスを産出する知識経済が支配的になる中で、都市間競争を強めた結果である。これに対する都市計画と住宅計画における教訓は、ブレア政権が組織した都市特別委員会（Urban Task Force:1999年）の報告書が明快に示している[文10]。世界的な建築家であるリチャード・ロジャース卿を長とする同委員会は報告書『都市再生を超えて』において、工業都市としての過去から創造的経済を担う都市へ変わるものとして英国都市を位置づけた。この報告書は都心部における工業地域跡地の開発需要を高め、農地開発や自然地開発よりも工業跡地開発を優先するよう逐次計

キャッスルベール（Housing Action Trust）　　リーバンク（Estate Renewal Challenge Fund）
写真21・4　協議型アプローチ（左）と大規模民間開発（右）による住宅地更新

写真 21・5　運河に面したマンチェスター都心部の住宅地再生
（2014 年撮影）

画手法（sequential planning）を促した。

　同時に、より全体論的な計画システムが発達し、地域空間戦略プログラムが生まれたが、これは住宅土地利用をより効果的に行い、これを経済の需要変化と合わせる必要に対応したことによる。戦略的住宅市場評価は地域計画を補完し、住宅政策とその戦略への効果を最大化した。また都市計画方針にも影響し、住宅需要を調整するとともに、地域レベルの住宅供給の決定過程に関わることで住宅取得層の流動化に影響を与えた。地域内の住宅市場の役割を詳細に分析し、経済と住宅計画との相互作用を把握することは、住宅施策の空間的スケールを再調整することでもあり、空き家化を減少させ、住宅市場のミスマッチを緩和するうえで重要である。これらはより進化した都市の診断手法と言えるが、2010 年に住宅市場刷新プログラムや地域計画と住宅計画に関する方針が廃止されたことで、その後は不均衡な開発パターンが発生してきている。また空き家化と市街地縮小の問題は、経済成長と安価な住宅供給の問題として置き換えられ、単純化された。安価な住宅取得の容易さは経済状況と購買者の所得レベルに左右されるため、コミュニティ間の緊張を生むことになった。

　本章の追記として、2016 年 6 月 23 日に英国は EU 離脱を国民投票によって選択した。離脱を強く支持したのは空き家化や衰退に苦しんだ地域の人々であり、住宅市場刷新プログラムが適用された地域の人々である。これは、社会的排除問題や労働力の自由化問題に対する失敗を政府に示したものであり、住宅や公共サービスへの不満の高まりの結果だと考えられる。それゆえに、政策決定者は産業空洞化が進んだ 1997 年〜 2010 年間の需要変化問題を緩和し、新たな社会的文化的政治的問題へ対応することが求められている。

【注】
1　社会的包摂（social inclusion）とは、片親家庭や高齢貧困層、薬物中毒者、ホームレス等の社会的弱者に対し、彼らを救済する一連の社会政策概念を指す。後述の住宅市場刷新プログラムはこの一環として理解される。
2　同プログラムは地方自治体によって国の補助金を得て実施される（適用地域が複数自治体に渡る場合は、これに関わる複数自治体が共同でプログラムを実施する）。
3　2007 年のアメリカの住宅バブル崩壊から連鎖的に発生した、2008 年のリーマン・ショックを含む、一連の国際的な金融危機。
4　1980 年にサッチャー政権によって導入された制度であり、3 年以上の公営住宅の賃貸者に対し、市場価格の 3 分の 1 の安価でこれを購入できる権利を与えた。この結果、持ち家率が飛躍的に向上した。

【引用・参照文献】
1　Ferrari, E., Lee, P. (2010) Building Sustainable Housing Markets, *Chartered Institute of Housing*, Coventry.
2　Coaffee, J., Lee, P. (2016) Urban Resilience: Planning for Risk, Crisis and Uncertainty, *Palgrave Macmillan*: London.
3　Lee, P., Nevin, B. (2003) Changing demand for housing: restructuring markets and the public policy framework, *Housing Studies*, 18 (1) pp. 65-86.
4　Harvey, D. (1989) From Managerialism to Entrepreneurialism: The Transformation in Urban Governance in Late Capitalism, Geografiska Annaler. Series B, *Human Geography*, Vol. 71, No. 1, The Roots of Geographical Change: 1973 to the Present. (1989) pp. 3-17.
5　Webster, D. (1998) Employment change, housing abandonment and sustainable development: structural processes and structural issues, in: Lowe, S., Spencer, S., Keenan, P. (Eds), Housing abandonment in Britain: studies in the cause and effects of low demand housing, York: *Centre for Housing Policy, University of York*.
6　Holmans, A. E., Simpson, M. (1999) Low Demand: Separating Fact from Fiction, Coventry: *Chartered Institute of Housing*.
7　ODPM (2004) Competitive European Cities: Where Do the Core Cities Stand?, London: *Office of the Deputy Prime Minister*.
8　Giddens, A. (1998) The Third Way: The Renewal of Social Democracy, *Polity Press*: Cambridge.
9　CLG (2007) Strategic Housing Market Assessments: Practice Guidance, London: *Department for Communities and Local Government*.
10　Urban Task Force (1999) Towards an Urban Renaissance, final report of the Urban Task Force, London: *Spon*.

# 第22章 放置されたブラウンフィールドの有効な再生方法
~英国と日本の取り組み方の比較

大塚紀子

## 22・1 ブラウンフィールドとは

### 1. 日英のブラウンフィールドの捉え方の相違

ブラウンフィールドの再生は、持続可能な都市再生政策と強く結びついており、脱工業化社会に直面する先進諸国の社会産業構造の変化や環境負荷の軽減などの観点から議論されてきた。一般的な再生方法として住宅開発や商業施設への土地利用転換が紹介されてきたが、立地条件がよく土壌汚染や地権者の問題などが少ない大規模な敷地のブラウンフィールドの再開発に限られているのが現状である。本章では、再開発の見込みの少ないブラウンフィールドを有効に再利用する方法を、英国と日本の政策や事例を比較しながら解説する。一般的にブラウンフィールドは、脱工業化に起因する工場などの跡地と解釈される場合が多いが、日英間では意味あいが異なるため、まずは両国の定義を比較する。

### ❶ 英国の定義

ブラウンフィールドという用語が注目され始めた1990年代にはネガティブな意味あいで使われることが多く、広く共有される定義が存在していないことが混乱を招いていると指摘された。2000年になって英国政府は、住宅政策のガイダンス（PPG3）の中で、ブラウンフィールドの定義を「以前に開発されていた土地（Previously Developed Land（PDL））と発表した[注1]。英国で定義されるブラウンフィールドは、過去に開発され一旦使用されていた土地であれば、土壌汚染の有無がブラウンフィールド（PDL）と認定されるうえでの条件になることはない。さらに、PDLには空き地や放棄された土地建物だけではなく、現在使用中であっても将来的に再開発の可能性がある土地や建物も含まれている。英国政府による土地利用統計データーベースの2009年の結果によると約6.3万haのPDLがイングランド内に存在し、その55％が空き地と放棄地となっている[文1]。英国政府の方針は、土壌汚染の原因や除染問題に注目するのではなく、「以前に開発された土地」の有効な再利用方法に焦点を当てることにより、ブラウンフィールドに起因するネガティブなイメージを払拭しようと試みている。

### ❷ 日本の定義

日本ではブラウンフィールド再生は欧米諸国に比べると、比較的新しい概念である。英国型の再利用の方向性を探求するような位置づけとは相異なり、土壌汚染が疑われる土地における人体への健康リスクを軽減するためのシステムの構築に焦点が当てられてきた。2007年に初めて環境省が発表したブラウンフィールドの定義は、米国での解釈に基づいたもので「低・未利用地において土壌汚染が存在する可能性があるため、本来の地価に見合わない状況に陥り再開発が進まない土地」[文2]のことを言う。ブラウンフィールドの定義に土壌汚染の存在が条件として含まれており、英国に比べネガティブな印象を与えているように思われる。

表22・1 日英のブラウンフィールドの定義

| | イングランド | 日本 |
|---|---|---|
| ブラウンフィールド | 以前に開発されていた土地（Previously Developed Land, PDL）と定義され、現在または過去において建造物に占有されている土地とそれに隣接する表面構造物。 | 低・未利用地において土壌汚染が存在する可能性があるため、本来の地価に見合わない状況に陥り再開発が進まない土地。 |
| ハードコアサイト | PDLを再開発する際に発生する付加費用が完成時に期待される地価を上回るような状況で、現時点より9年以上に遡り放棄された土地。 | ブラウンフィールドの除染費が地価の30％を超える可能性があるため、再開発の経済収支が成り立たないような土地。 |

（出典：環境省[文2]とDixon, Otsuka, Abe[文6]および注1を参照に筆者が翻訳と作成）

## 2. 放置されたブラウンフィールドが抱える問題

日英間でブラウンフィールドの解釈は異なっているが、開発が進まず放置されたブラウンフィールドの再生に向けての問題は共有されている。英国では、「ハードコアサイト」という用語がイングリッシュ・パートナーシップ[注2]によって導入され、現時点より9年以上に遡り空き地や放棄地であったブラウンフィールドのことを意味する。このような土地の多くは立地条件が悪いことに加え規模が小さく、一つの土地区画内にいくつかの地権者が混在しており、再開発に向けて土地区画を整備することが難しい。また、土壌汚染が原因で長期に渡って放置されているケースでは高額な除染費は避けられず、不動産市場の観点から開発需要の低い地域においては、再開発後の収益が見込めない。日本の環境省は、ブラウンフィールドの除染費が地価の30％を超える可能性のある土地は、再開発の経済収支が成り立たない土地であると言い方をしている[文3]。本章で扱う「放置されたブラウンフィールド」とは（写真22・1参照）、英国の「ハードコアサイト」と環境省の定義に相当する土地のことを意味する。

日本では、土壌汚染のある土地の除染方法は掘削除去（Dig and Dump）が主流であるため、除染費用が非常に高額になる。英国では、土壌汚染を現地で封じ込め措置した上部に集合住宅を建設するという方法が一般的に行われているが、ロンドン近郊などの住宅不足が問題になっている地域以外では土壌汚染の含まれるブラウンフィールドの住宅開発を進めることは容易ではない。住宅建設の需要が低迷しているような都市縮小に直面する地域では、商業施設やハイテク産業の研究所など他の用途への転換プロジェクトは成り立つ術がない。

都市再生政策のビジョンの一環としてブラウンフィールド再生を推進してきた英国でも、都市縮小に直面している北西部イングランドに集中するハードコアサイトの取り扱いに手を焼いているのが現状である。

## 22・2 ブラウンフィールド再生に向けての都市政策

### 1. 英国の都市政策

英国政府は1990年代後半よりブラウンフィールド再生に熱心に取り組んでおり、都市再生政策の基盤の一つとなった。1997年に発足した労働党の新政権は、「アーバン・ルネッサンス」という概念を推進することにより、グリーンフィールドの開発を抑え中心市街地を活性化する政策を普及しようと試みた。英国政府は森林を伐採した更地（グリーンフィールドのことを意味する）に住宅開発をすることを極度に制限しており、新築住宅の60％はPDLに建設する方針を2000年に発表した。2009年の時点で80％の新築住宅はPDLに建設されたという統計結果が出ている[文4]。また、2012年のロンドンオリンピックは壮大なブラウンフィールド再開発とそのレガシー計画をコンセプトとした誘致で知られている。オリンピックが開催されたハックニーやタワーハムレット地区は低所得層の移民が集中しグレーター・ロンドンでももっとも貧困率の高い地区で、都心への交通アクセスがよいにもかかわらず、長年に渡りブラウンフィールドが放置されていた地域である。

一方、イングリッシュ・パートナーシップが主体となって、英国ブラウンフィールド戦略が作成された際に「ハードコアサイト」の再開発が重要な問題点として挙げられた。その後、住宅とコミュニティ局（Homes and Communities Agency（HCA））[注2]が地方自治体との連携業務を引き継ぎ、地方のニーズに即したブラウンフィールド戦略の作成と実施を監督している。

写真22・1 放置されたブラウンフィールドの事例。大阪府貝塚市繊維工場跡 （出典：大阪大学）

土壌汚染対策に関する法律は、主として環境保全法令（Environmental Protection Act 1990）の中の「パート2A」において規定されている。この法令では、地方自治体がその管理区域内において土壌汚染の可能性のある土地の状況調査を主導するよう義務づけられている。人体への健康リスクの高いサイトを優先する戦略的アプローチをとる必要があり、環境庁（Environment Agency）の助言をもとに各地方自治体によって除染対策案が作成され、公表されるとしている[文3]。

## 2. 日本の都市政策

　一方、日本政府は1990年代からの景気後退対策として2002年に都市再生特別措置法を発行し、全国63ヵ所（6424 ha）に都市再生緊急整備地域を指定した[文5]。緊急整備地域は都市開発事業などを通じて緊急かつ重点的に市街地の整備を推進すべき目的で定められ、ブラウンフィールドの再利用が選定条件の一つとなった。しかしながら、採択されたのは人口や産業が集中する大都市圏内で、再開発の条件が整った大規模な土地に限られていた。景気後退対策に重点が置かれたため、立地条件の悪いブラウンフィールドは放置されてしまった。英国の住宅開発のようにブラウンフィールドを活用するための具体的な数値目標が設定されたわけではなく、結果として立地条件のよい大規模な駅前再開発のようなプロジェクトが主流となったため、この法令が放置されたブラウンフィールド再生に直接的に貢献したとは言いがたい。

　日本のブラウンフィールドの取り扱い方は、再開発の対象としてではなく、土壌汚染による人体への健康リスクを軽減するのが主目的であるため、2003年発足された「土壌汚染対策法」[注3]が先駆的な役割を果たしている。「土壌汚染対策法」は、3000 m²以上の大規模開発に対する指導要綱として規定されており、土地所有者が計画開発許可を申請する時点で土壌汚染の調査義務を負うことになる。地方自治体に届け出ることにより、自治体側はその土地の使用履歴調査等によって汚染地の取り扱いについて適宜判断する。高橋ら[文3]が指摘しているように、日本では調査主体が土地所有者であり、3000 m²未満の土地に関しては調査契機が存在しないため、英国のように包括的な調査を行いながら都市計画政策と連携した土壌汚染対策案を構築できないのが問題である。

　また、環境負荷の軽減や脱工業化社会に向けての持続可能な都市政策とブラウンフィールド再生の関連づけがされておらず、ブラウンフィールドの再利用を優先する根拠が明確に議論されていないのが日本の現状である。

## 22·3 放置されたブラウンフィールドの再生事例

### 1. グレーター・マンチェスターと大阪府の比較研究の紹介

　放置されたブラウンフィールドの再生に際しては、都市政策に基づく法令の適応や交付金による援助などが行われるが、個々の土地特有の外的要因を考慮する必要がある。ここでは、筆者が携わったグレーター・マンチェスターと大阪府の事例の比較研究の結果[注4]を紹介しながら、「ハードコアサイト」における再生事業の成功要因を解説する。

　グレーター・マンチェスターと大阪府は、それぞれ英国と日本における第三の都市であり、脱工業化による生産業の衰退が著しく大量のブラウンフィールドが存在している。グレーター・マンチェスターには約500ヵ所の「ハードコアサイト」があり、イングランド全体の約4分の1のサイト数に相当する。一方、大阪府では4300ヵ所のブラウンフィールドが英国の「ハードコアサイト」に類似する条件を満たしている。敷地面積の合計を比較すると、グレーター・マンチェスターの3016 haに対し大阪府は6152 haであり、大阪府の「ハードコアサイト」のサイトあたりの平均敷地面積は約1.4 haでグレーター・マンチェスターの場合の5分の1にあたり、小規模のブラウンフィールドが点在している様子がよく分かる[文6]。

　この研究では、放置されたブラウンフィールドの規模推計に加え、それぞれの都市において5ヵ所の再開発事例のケーススタディ[注4]が行われた。両国の再開発事業のキープレイヤーである政府機関や地方自治体の担当者、デベロッパー、除染および都市再生の専門家に聞き取り

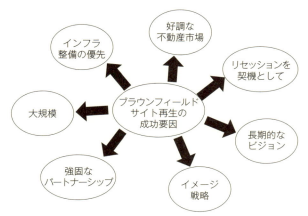

図22・1 放置されたブラウンフィールド再生の成功要因
(出典：Dixon, Otsuka, Abe[文6]の974ページのFigure. 4を筆者が翻訳)

調査を行い、「ハードコアサイト」を有効に再利用するための7項目の成功要因が特定された（**図22・1**参照）。

長期間放置されたブラウンフィールドの再生には、「好調な不動産市場（Strong market）」の波にのる可能性を継続的に探ることが前提条件となる。市場の浮き沈みは避けられない事実であるが、「リセッションを契機として（Recession as opportunity）」という発想に転換することもできる。地価が低下することによって、需要の低い悪条件の土地の再開発が実現可能になるというわけである。さらには、市場のサイクルを見据えながら再生事業立案に向けての「長期的ビジョン（Long-term vision）」を持ち続けるということが原則となる。

再開発事業には「イメージ戦略（Strong brand）」が必要であり、フラッグシップ・プロジェクトと呼ばれる大規模で宣伝効果の期待できそうな事業と連携したブランド作りをすることが有効である。幾つもの小規模な「ハードコアサイト」を個別に取り扱うのではなく、それらを繋ぎ合わせることにより、「大規模（Large scale）」な再開発事業に転換していくことが望ましい。このようなアプローチには「強固なパートナーシップ（Strong partnerships）」が不可欠で、官民の連携を重視することにより開発のリスクを分散したり土壌汚染の除染費用を分担することも可能になる。

七つ目の要因である「インフラ整備の優先（Prioritise infrastructure）」は、空き地や放棄地の再開発を実現するうえでのもっとも必要な条件である。グレイ・インフラストラクチャー（道路、水道、電機、通信ネットワークなど）のみならず、コミュニティ作りを目標とした社会機構の立て直しを考慮しなければならない。

グレーター・マンチェスターと大阪府の比較研究では、放置されたブラウンフィールドの再開発事業を推進するための成功要因を探し求めた。しかしながら、先にも述べたように、需要が低迷する場所で開発条件が整わないブラウンフィールドの再利用を不動産事業に依存するには限界があると思われる。

## 2. ブラウンフィールドの緑化事例

再開発の見込みのないブラウンフィールドは「ハードコアサイト」に陥りやすく、放置された状態が続くと人体への健康リスクが懸念され、バンダリズムや犯罪行為の現場となる可能性が高まる。緑化して森林公園などに転用できればブラウンフィールドを生き返らせることができ、環境生態系を復元し、都市部の気温低下（Urban cooling）に貢献すると同時に、市民に憩いの場を提供することができる。英国では、都市計画の実務者や研究者の間で、ブラウンフィールドをグリーンスペースへ転換することによる効果が認識されている。ここでは、マンチェスター近郊のマージーフォレストの事例を紹介したい。また、日本でも近年ブラウンフィールドの緑化への関心が高まってきているため、先駆的な事例として大阪ベイエリアを紹介する。

### ❶ マンチェスター：マージーフォレストの事例

マージーフォレストは1991年に創設され、英国政府が指定する12のコミュニティフォレスト[注5]の一つである。これまでに、全国で16万haに及ぶグリーンスペースを新たに供給し、イングランドで最大級の環境再生をリードする組織として評価されている。

マージーフォレストは、チェシャーウエストとチェスター、リバプール、セントヘレンズなど七つの地方自治体と英国政府直轄の林野庁、環境庁およびナチュラルイングランド（イングランドの自然とランドスケープを保全するために政府へアドバイスを提供する機関）が中心になって運営する共同組織で、現在約15名の職員が常駐している。組織の運営は、上記の主要メンバーに加え、土地所有者

やビジネス界の代表者および地元の市民との連携に基づいている。マージーフォレストが手がけたプロジェクトは多岐に渡り、並木道の木の植樹、森林や公園の維持管理、コミュニティ主体の環境改善事業から、地元の小学校の林間学校のプログラム作成と運営にまで携わっている。緑地や木や森林は都市基盤を整備するうえでの重要な構成要素であり、グリーンスペースをネットワークとして繋ぐグリーン・インフラストラクチャーを都市計画の戦略的なレベルで取り込むべきであるというのが、マージーフォレストの方針である。以下に、セントヘレンズとノースウィッチの森の2事例を紹介しながら、グリーン・インフラストラクチャーのブラウンフィールド再生への適応方法を説明したい。

セントヘレンズはグレーター・マンチェスターの北西部約37 kmに位置する人口17万人の中都市で、炭坑採石場の廃業に起因する数々の社会経済的および環境問題に直面してきた。過去25年に渡り、マージーフォレストが主導するパートナーシップ（地方自治体、土地所有者、近隣コミュニティなど）が、いくつかの廃鉱地跡を繋ぐように既存の森林を保護したり新たに植樹することにより、ブラウンフィールドを包括的に緑化してきた。この結果、ボールドフォレスト・パーク（写真22·2参照）と呼ばれる森林公園がつくられ、市民のリクリエーションの場として活用されている。サットンマナーやクロックフェイス・カントリーパークなどの近隣の森林公園を緑のネットワークで繋ぎ合わせ、全体で220ヘクタールの森林が整備された。ブラウンフィールドの緑化を都市再生に向けての「イメージ戦略」に組み込むことにより、廃鉱地跡に起因するセントヘレンズの町全体のネガティブなイメージを好転させたよい事例である。

次に、ノースウィッチはグレーター・マンチェスターの南西部約40 kmに位置する人口約2万人の小都市で、古くから製塩産業で栄えた。また、19世紀後半に創設されたウィニントン化学工場でのソーダー灰の生産は、2006年にインド資本のタタ・ケミカルヨーロッパに買収された後も続けられている。森の南西部分がウィニントン化学工場に隣接しており工場廃棄物処理場として長年使われ、広域に渡る土壌汚染が森林内に放置されていた。1980年代に着手された森林の再生プロジェクトを引き継いだマージーフォレストは、「汚染された荒廃地から野生生物の天国へ（Industrial Wasteland to Wildlife Haven）」[文7]というコンセプトを掲げ、15年の年月をかけて143 haに及ぶ市民の森を作りあげた。現在も稼働中のウィニントン化学工場は今でも地元市民にとって誇りの地場産業であり、彼らからの強い要望で、将来的に工場建物が隠れないような植樹計画とランドスケープデザインが適応された（写真22·3参照）。また、廃棄物処理場として使用された土地は隣接する既存の森林と一体化するよう植樹が行われた。森林が再生されて以後、この土地に対する住民のイメージは完全に転換され、市民の憩いの場として広い目的で使用されるようになった。

セントヘレンズとノースウィッチの森の維持管理は、

写真22·2　ボールドフォレスト・パーク

写真22·3　ノースウィッチの森

地方自治体から派遣されるフォレストレンジャーや造園専門家の指導のもと、地元の住民のボランティア活動で成り立っている。維持管理活動に加え、ボランティアグループはニュースレターを発行し、さまざまな年齢層をターゲットにした環境改善事業プログラムを提案している。たとえば、地元の小学生が森の入り口のゲートや案内板やベンチなどのストリートファニチャーのデザインに参加したりした。緑化プロジェクトの企画、実施、運営のすべての行程において「強固なパートナーシップ」が原動力になっていることは明らかである。

### ❷ 大阪：大阪ベイエリアの事例

日本では、英国のマージーフォレストに見られるような政府が推進する植林プログラムとブラウンフィールドの緑化を直接的に結びつけるような事例は見られない。ここでは、地方自治体が主導する都市再生プロジェクトの事例として、大阪ベイエリアの臨海埋め立て地の緑化プロジェクトを2件紹介する。

1例目は、兵庫県が2002年に策定した「尼崎21世紀の森構想」に基づく尼崎の森中央緑地の整備である。約1000 haに及ぶ尼崎臨海地域には巨大な製鉄所跡などの遊休地があり、尼崎市全体の約20 %を占める。この計画は道路や運河沿いに緑地のネットワークをつくり、100年かけて、ブラウンフィールドに豊かな森を創生することを目的としている。2014年には全体整備計画面積の約半分に当たる尼崎スポーツの森と中央緑地がオープンした。残り半分の港湾に面した最南端の工区でも、造成工事が開始された。市民が参画する「地域が育てる森」から、森が成長し自然の恵みを享受する「地域を育てる森」への展開を基本理念とし、森を機動力とした臨海地域の都市再生を目指している[文8]。事業主体である尼崎港管理事務所は、2005年に設立されたNPO法人尼崎21世紀の森と市民ボランティアグループと協力しながら、苗木の里親植樹会や小学生の環境体験学習を企画している。

2例目は、大阪港の最北端に位置する人工島に開発された舞洲スポーツアイランドである。人工島の敷地面積は約200 haで、島の東部には舞洲のシンボルとして建設された斬新な外装デザインの下水処理場とゴミ処理場

写真 22·4　舞洲スポーツアイランド

があり、西部側はスポーツリクレーション施設（写真22·4参照）に使用されている。大阪市が2008年の夏季オリンピック開催地選考に応募した際に舞洲がメイン会場として計画されていたため、オリンピックに焦点を合わせた既存施設を利用した総合スポーツ公園のマスタープランが存在していた。その後、大阪市が緑地部の維持管理を行い、スポーツイベントや宿泊施設などの運営管理をミズノグループが行うことにより、官民連携のパートナーシップを組んでいる。舞洲スポーツアイランドは大阪市港湾局が推進してきたプロジェクトであるが、グリーン・インフラストラクチャーの活用が反映された都市再生計画とは言いがたく、緑化に対する「長期的なビジョン」は今のところ明確になっていない。

## 22·4　今後の課題

再開発のための条件が整ったフラッグシップ・プロジェクトが優先的に進行される中、長期に渡り放置されたブラウンフィールドを再生するのは容易ではない。縮小型都市での脱工業化により放棄された遊休地問題へ取り組むためには、「ハードコアサイト」に相当するブラウンフィールドを有効に再利用する方法を検討していく必要がある。

本章で紹介したブラウンフィールドの緑化は理想的な解決策の一つであるように思われるが、商業施設や住宅

開発のような完成後の経済効果を期待するのが難しいため、出資に見合った見返り（Value for Money）を期待するデベロッパーを惹きつける魅力にかける。グリーン・インフラストラクチャーの長期的な維持管理の負担は常に問題視されており、緑化プロジェクトでは収益が見込めるどころか、維持管理費の捻出が地方自治体の財政を圧迫しているケースが多いのが現状である。

しかしながら、緑化による環境の保全と持続性の向上は、都市部の気温の低下、洪水抑止効果、生態系の多様性保全、大気汚染の軽減などの温暖化の緩和策として広く認識されている。ブラウンフィールド緑化プロジェクトがもたらす環境面や社会的利点をさらに普及することで、住民とビジネス界のサポートを得ることができれば、「強固なパートナーシップ」を前提にした維持管理費方法を模索する第一歩となるであろう。また、「緑化」という市民にとって魅力的なアイデアは、ブラウンフィールド再生に向けての「イメージ戦略」を支え、社会機構やグレイおよびグリーン「インフラ整備の優先」を目指した「長期的ビジョン」の策定に有効である。

最後に、英国政府によるブラウンフィールドの解釈の仕方と再生を支援する各種政策やグリーンスペースを保全するための環境再生イニシアチブについては、日本が学ぶところは多い。また、英国では企業の社会的責任（Corporate Social Responsibility）を追求するような環境プロジェクトとブラウンフィールド再生にも熱心に取り組んでおり、今後日本で広く議論されるべき課題であると思われる。

【注】
1 「Planning Policy Guidance Note 3 : Housing」は、2006 年に「Planning Policy Statement」に変更されたため、下記の文献を参照のこと：Department for Communities and Local Government（DCLG）（2006）Planning Policy Statement 3: Housing, DCLG, London。なお、キャメロン政権においては、2012 年以降「National Planning Policy Framework」にさらに変更されている。
2 English Partnerships は英国政府のアーバンリジェネレーションを統括する機関として発足し、2008 年に新設された Homes and Communities Agency（HCA）の一部に統合された。
3 2002 年に施行された「土壌汚染対策法」は、2010 年に改正が行われている。
4 日英の比較研究の詳細は文 6）あるいは、下記の URL のプロジェクトレポートを参照のこと。http://oisd.brookes.ac.uk/news/resources/REPORTDRAFTv8.pdf
5 コミュニティフォレストとは、1990 年に英国政府によって立ち上げられた長期的な植林プログラムで、地域の環境改善や住民の経済および社会的基盤の再生に、緑化プログラムがどのような形で貢献できるかを探求してきた。

【引用・参照文献】
1 Homes and Communities Agency（HCA）（2011）*Previously-Developed Land that may be available for redevelopment. Results from the 2009 National Land Use Database of Previously-Developed Land in England*, HCA, Warrington, p. 2.
2 環境省・土壌汚染をめぐるブラウンフィールド対策手法検討調査検討会（2007）『土壌汚染をめぐるブラウンフィールド問題の実態等について 中間とりまとめ』p. 1.
3 髙橋彰、阿部浩和、大塚紀子、宮川智子（2013）「日英の土壌汚染としてのブラウンフィールドにかかわる法的枠組みと規模推計」（『日本建築学会計画系論文集』第 78 巻第 687 号）pp. 1077-1086）。引用は p. 1078 と p. 1081.
4 Department for Communities and Local Government（DCLG）（2009）*Land Use Change Statistics（England）2008, Provisional Estimates（October（2009）*, DCLG, London），p. 2.
5 Prime Minister of Japan and His Cabinets, Urban Renaissance Headquarters（2004）http://japan.kantei.go.jp/policy/tosi/index_e.html
6 Dixon, T., Otsuka, N., Abe, H., (2011) "Critical success factors in urban brownfield regeneration: an analysis of 'hardcore' sites in Manchester and Osaka during the economic recession（2009-2010）", *Environment and Planning A*, Vol. 43, No. 4, pp. 961-980, p.969.
7 Friends of Anderton and Marbury, (2009) *Newsletter Summer 2009: Further Recognition for the Northwich Woodlands and FoAM at the Cheshire Show*, p.3. (http://foam.merseyforest.org.uk/wp-content/uploads/2009/10/FoAMNewsletterSummer09final.pdf)
8 兵庫県『尼崎の森中央緑地整備計画（資料 4）』(2015) p. 2. http://web.pref.hyogo.jp/ks24/documents/shiryou4-seibikeikaku.pdf

【参考文献】
・Alker, S., Joy, V., Roberts, P., Smith, N., (2000) "The definition of brownfield", *Journal of Environmental Planning and Management*, Vol. 43, No. 1, pp. 49-69.
・Mersey Forest (2014) *More from trees: The Mersey Forest Plan*, The Mersey Forest Offices, Warrington.
・Otsuka, N. Dixon, T., Abe, H., (2013) "Stock measurement and regeneration policy approaches to 'hardcore' brownfield sites: England and Japan compares", *Land Use Policy*, Vol. 33, pp. 36-41.
・大塚紀子「ブラウンフィールドのグリーンスペースへの転換：英国のマージーフォレストの事例」(2015)（『建築の研究』第 232 号）pp. 5-10.
・舞洲スポーツアイランド、ホームページ（http://maishima.jp）

# 第23章 縮退状況における計画アプローチとしての グリーン・イフラストラクチャー

Karsten Rucshe, Jost Wilker／秋田典子（訳）

## 23・1 縮小都市におけるグリーン・インフラストラクチャーの可能性

　ヨーロッパでは、ここ数年、都市開発において戦略的緑地空間計画が重要性を獲得してきている。その主要な理由は、計画に関する研究や実践において、たとえば持続性やレジリエントな環境、経済的福祉、市民の幸福といった現在あるいは将来の都市全体の課題に取り組む際に、グリーン・インフラストラクチャーが気候変動や経済悪化、環境正義、人口変動や移民といった課題に対する戦略を、計画面からサポートできる可能性が認識されるようになってきたからである。

　グリーン・インフラストラクチャーが持つ機能は、縮小都市と同様に成長都市においても重要である。ただし、それぞれに適用可能な政策手段の違いから、やや異なるアプローチが求められる。

　まず成長都市においては、オープンスペースが開発や利用の圧力に晒されているため、グリーン・インフラストラクチャーの計画では、土地利用の変更をよりバランスが取れたものとすることや、短期的な投機目的による都市内緑地の開発抑制に重点が置かれることとなる。

　一方、縮小都市においては、経済の停滞や人口減少という状況に対応するために、緑地空間のデザインや緑地と緑地を接続することの可能性、そのための機会が重視される。これは、縮小都市の活性化のための潜在的空間が、グリーン・インフラストラクチャーの発想に相対的に多く含まれるからである。ただし、縮小都市は彼らが直面する課題に対応するための予算が十分に確保できないという課題を抱えている。いずれにせよ縮小都市と成長都市の双方において、グリーン・インフラストラクチャーは非常に重要な政策領域となっている。

　本章では、グリーン・インフラストラクチャーの縮小都市への適合可能性に着目する。ヨーロッパや日本の都市において、ここ数十年の間に主要な中心都市圏のみで人口が増加し、それ以外の都市は縮退という脅威に直面するからである。

　本章では、まずはグリーン・インフラストラクチャーの概念を提示し、そのもっとも重要な機能や利益について検討する。次に、縮退状況における計画アプローチとしてのグリーン・インフラストラクチャーの概念化に取り組む。その後、この手法が実現化可能であることを実証するために、長期にわたりグリーン・インフラストラクチャーの計画アプローチを都市再生に活用したドイツのルールエリアをケーススタディとして取り上げる。最後に、そこから得られる示唆を踏まえ、他の事例への適用可能性と課題について検討する。

## 23・2 グリーン・インフラストラクチャーとは

### 1. 定義と分類

　グリーン・インフラストラクチャーは、「田園地域と都市地域において、広範な生態系サービスと生物多様性の保全を提供するために、デザインと管理がなされる環境機能を持った質の高い自然と、それに準ずる自然エリアが戦略的に計画されたネットワーク」を包含する概念である。この定義に基づき EU は、自然環境と生態系の保全および発展により人はその利益を享受することができるという論理を展開し、空間計画と地域開発では、これらの点に配慮がなされるべきだとしている。

　グリーン・インフラストラクチャーは、ランドスケープエコロジー、ランドスケーププランニング領域の専門家をはじめとして、多くの専門家の影響を受けている。したがって、グリーン・インフラストラクチャーという

用語やアイデアは、それ自体は新しいものではないにもかかわらず、統一された定義は存在せず、異なる概念や考え方の組み合わさったものとなっている。また、グリーン・インフラストラクチャーは、従来のオープンスペース計画のアプローチとは異なる総合的で学際的なアプローチを有するため、緑地の保全の価値やそのための行為を位置づけるだけでなく、土地の開発や都市の成長、縮退のマネジメントやインフラ計画に対しても適用が可能である。

　広域的で多機能な緑地空間は、異なる空間スケールのネットワークを形成するための、「ハブ」と「リンク」としての役割を果たし、グリーン・インフラストラクチャーは、こうした多様な緑の資源とそれらが生みだす相乗効果を通じて、多機能な生態的・社会経済的利益を提供する。ハブとなる緑地は、自然環境や景観保全エリア、森林、河川、氾濫原、墓地や近隣公園といった生態系サービス価値の高い空間であり、リンクはハブを接続する要素となる歩行者専用道路、オープンスペースの回廊、グリーンベルト、街路樹などが含まれる。さらにこのような緑の資源には、市民農園やコミュニティガーデン、屋上緑化や壁面緑化も含まれる。

　「インフラストラクチャー」という用語は、これらの資源やネットワークの階層的なシステムが、相互に連結性があり、異なる空間スケールで構成されることを含意している。すなわち、グリーン・インフラストラクチャーは、「ネットワークのネットワーク」で構成されるものなのだ。

## 2. 機能と利益

　「生態系サービスの万能選手」と説明されるように、グリーン・インフラストラクチャーは、生態系を保護し、接続し、強化する。このため、緑の資源やそれらの相乗効果は空間計画と高い関連性を持つ。

　「生態系サービス」という概念では、自然生産物の連鎖による健全なエコシステムが、社会的、生態的、経済的な利益を社会にもたらす。一方、緑の資源のネットワークは、生物種の生息地の発展の可能性と移動性を保障するため、グリーン・インフラストラクチャーが、生物種の生息領域の拡大や種の保全を保障し、結果として都市化によるマイナスの影響を緩和し、種を保全し、多様性をサポートするツールとなり得る。

　また、グリーン・インフラストラクチャーは、気候変動の緩和を強力にサポートする。冷たい空気のコリドーの形成や、周辺大気の質の改善は都市のヒートアイランド効果の緩和に明確に影響を与える。さらに、公園や草地、保全エリアといったグリーン・インフラストラクチャーの要素は、オープンスペースの提供を通じた洪水コントロールの役割も果たす。地上および地下のバイオマスは、大規模な炭素貯蔵庫にもなる。

　グリーン・インフラストラクチャーは、精神的・肉体的な健康や福祉だけでなく、人々の社会的な繋がりの形成にも寄与する。たとえば、公園やスポーツ空間などの緑地は、近隣住民同士の出会いの場になり、住民の社会的交流の機会を提供する。都市住民の健康と福祉は、緑の資源に明確に影響を受けており、緑のオープンスペースは、個人の肉体的な活動の機会を提供し、人々の活動を誘発する。これらの効果は、緑地空間が相互に接続されたネットワークを通して提供される場合に、さらに強い効果を発揮する。それは緑に対するアクセシビリティを高めるだけでなく、グリーン・インフラストラクチャーの魅力を高めることにもなるからである。

　グリーン・インフラストラクチャーは、経済的機能も有している。たとえば雨水の濾過といったことを通じた天然資源の保全は、行政や企業のコスト削減に繋がる。質の高い都市の緑は、地域住民や商業者の重要なアメニティであり、人々は灰色の都市よりも緑の都市を好むため、緑地は土地の資産価値を上昇させ、市や広域スケールにおける主要な経済的効果に繋がる。グリーン・インフラストラクチャーが、都市においてバランスがとれた相互に接続されたネットワークとして提供される場合に、都市の重要なイメージ要素となり、緑のネットワークは「グリーン」「レジリエンス」として売り込むことができる。これらはとくにサービス分野の雇用者の居住や企業の誘致を行おうとする場合に、都市の魅力として競争力を高めることができる。概して、グリーン・インフラストラクチャーは都市の生活の質を高め、人口や企業の流

入を促進させ、持続可能な開発の促進に繋がる。だからこそ、グリーン・インフラストラクチャーは、とくに都市再生や都市における居住の質の改善という観点から、持続的な成長の道筋に有効なツールなのだ。

　接続されたネットワーク状の緑の資源の統合により生みだされる健康および福祉、経済、都市の魅力という三つの効果は、従来のオープンスペース計画とは異なるグリーン・インフラストラクチャー固有の付加的な価値を生成している。これは、生態系によるモノやサービスに関する複数の利点の提供も包括できる。

　ただし、慎重な空間計画なしにグリーン・インフラストラクチャーによる利益を得ることはできない。プランナーは、それぞれの地域において、必要な異なる利益を考慮したグリーン・インフラストラクチャーを計画することによってのみ、市民の幸福を最大化できる可能性を有する。このためには、それぞれの地域において、グリーン・インフラストラクチャーの実現のために何が必要で、何ができるのか、そして、どのように社会的、生態的、経済的な環境の改善に寄与できるかについてのモニタリングが不可欠である。ここで留意すべきことは、グリーン・インフラストラクチャーの可能性は、公共部門、民間部門の利害関係者の意見や認識の統合なしには、適切に評価することができないことである。

## 23・3　グリーン・インフラストラクチャーの計画アプローチの特性

　グリーン・インフラストラクチャーの計画アプローチには、以下のような重要な原則がある。

　まず、緑地空間のプランニングは、物理的な空間の開発に繋がっていることから、グリーン・インフラストラクチャーの計画に先立つ計画の展開に注目するべきだということである。たとえば都市開発政策では、都市域に緑空間のネットワークを展開するために、異なるタイプの緑地をバランスよく配置することが重要になる。たとえ、それがすでに公有地であっても、土地の売却や購入をサポートする戦略がある場合でも、統合的なアプローチによってのみ、社会的、生態的、経済的という領域すべてにおける活用が可能になる。グリーン・インフラストラクチャーを通じた異なる利益の提供や、利益の相関性に注目することが必要なのである。

　さらに重要なのが、プランニングのプロセスに関わるすべての利害関係者が、グリーン・インフラストラクチャー戦略の原則や機能に対して共通の理解を持ち、グリーン・インフラストラクチャー事業の実施段階だけでなく、戦略に対しても発言することである。このような性格をもつグリーン・インフラストラクチャーの実現は、都市域に一連の良好な結果をもたらす。これは生態系をベースとするコンセプトを基本的な枠組みとすることで、人と自然それぞれのニーズについて、同時に言及することができるからである。その結果、土地が開発される前に、空間に対してプランナーが生態的なハブとリンクを位置づけることが可能になり、市域全体の観点から優先度に基づいて土地利用が調整され、都市の緑地と居住地や商業地は、よりバランスのとれた構造になる。このプロセスを通じて、マスタープランに位置づけられるグリーン・インフラストラクチャーの戦略は、利害関係者だけでなく行政にも信頼される、市域のための総合的な将来構想になる。

　長期的な考え方は、人々の認識を変化させるために重要なステップであり、この点は縮小都市においてより重要になる。もし、不健康で産業衰退後の地域であるという認識に基づく縮退地域というレッテルに対して市が戦いたいのであれば、グリーン・インフラストラクチャーの計画理念は、イメージを転換するための決定的なステップの一つになりうる。ただし、そのプロセスには長い時間がかかり漸進的な変化になる。グリーン・インフラストラクチャーの準備、計画、実施、適用には時間がかかるのだ。

## 23・4　縮退という文脈におけるグリーン・インフラストラクチャー

　空間計画におけるグリーン・インフラストラクチャーのアプローチの利点は、都市の縮退に対応できる可能性を提供することである。ヨーロッパの都市計画家や政策

立案者にとって、都市の縮退はますます重要な課題となっている。人口20万人を超える多くの都市が人口減少に見舞われているからである。都市の縮退は、その大部分は主に経済状況、人口構成、環境や政策システムの変化によりもたらされている。ドイツのルール地方のように工業化された地域では、伝統的な産業の衰退による雇用と労働力の喪失が、経済の危機を招いた。

縮退に面している地域は、多くの場合、経済の低下と人口の減少が同時に発生しており、これは多面的な課題をもたらす。課税基準値の低下による税収の減少による公的予算の減少と、土地の過剰供給による需要の低下である。低利用の土地、空き地、建築物の解体の結果発生するブラウンフィールド等は、すべての政策領域に影響を及ぼし、成長をベースとするプランニングのアプローチに対して疑問を投げかける。

縮小都市は、伝統的な成長パラダイムに従う代わりに、将来的な成長や開発の機会を保全することでコストを削減し、既存のインフラストラクチャーの機能を最大限に利用することとなる。縮退という文脈においてこのことは、グリーン・インフラストラクチャーによるアプローチを通じて、土地利用の変更や用途の転換の機会を提供することになる。グリーン・インフラストラクチャーは、持続的でレジリエントな地域の実現という目的を達成するために、都市の生活の質を縮退過程においても発展させることができる。緑のハブやリンクのネットワークの展開に注力することで、社会的、経済的、生態的利益を活性化させることができるからだ。

上述のとおり、もっとも差し迫った縮退の現れは、脱工業化空間と空き地の発生である。このような「新しい」敷地をグリーン・インフラストラクチャーのコンセプトと統合することで、市全域に生態系サービスの提供をもたらし、緑の連結性をデザインしなおすことで、水系や洪水のコントロール、レクリエーション空間の供給という目的の達成が可能になる。縮小都市は成長都市と対比して、グリーン・インフラストラクチャーのネットワークとなるより多くの可能性のある敷地を有しているからだ。

さらに、縮小都市は健全な環境を形成するポリシーを基盤とするグリーン・インフラストラクチャーの計画に基づき、時間をかけて生活と仕事にとって適切な場所を形成し地域の積極的なイメージを再生することができる。これは、市に対する内外のイメージを変化させ、人口の減少を抑制したり、止めたりすることに繋がる。なぜなら生活空間がグリーンで健康的な場所であるという都市のイメージにより流入が促進されている間は、住民の流出は減少するからである。

それでも課題となるのは、都市の再緑化のプロセスをどのようにマネジメントするか、そしていかに空き地や既存のものに対して投資する予算を集めるかである。なぜなら、人口減少は税収の減少をもたらすからである。

したがって都市再生ツールとしてグリーン・インフラストラクチャー戦略を導入する際には、透明で公正なプロセスが提供されるべきである。異なる利益を有する主体（政策立案者、市民リーダー、住民、地権者、自然環境NGOなど）により、都市の適切な規模に関する建設的な対話が生成されることが必要だからだ。グリーン・インフラストラクチャーの計画は住民参加のもとで、分野横断的、組織横断的、境界横断型なチームで行われなくてはならないし、市域レベルの戦略は、多様な投資がその目的に繋がることを保証するように実施されなくてはならない。

縮小都市の土地は、それが大規模であっても小規模な分散的なものであっても、相対的に価格が低いことが多い。そのことは、コミュニティにも土地のマネジメントが可能なように、公共が土地を獲得したり集めたりして、グリーン・インフラストラクチャー戦略やマスタープランに基づき、再生のために活用することを容易にする。

グリーン・インフラストラクチャーを縮退に対抗する手段として活用するための基本的なアプローチには、二つの異なる方法がある。一つは既存の緑地を扱うことで、もう一つは空き地に新たな都市の緑地を展開することである。この二つのアプローチにおいては、バランスのとれたグリーン・インフラストラクチャーのネットワークを形成するために、点やハブの連結に注力することが必要である。ただし、それがネットワークに組み込まれることで最大のポテンシャルが発揮されるためには、グリーン・インフラストラクチャーのハブやリンクとなる資

産を分類するための、現在の土地利用構造の評価とモニタリングが必要である。現在の、あるいは将来的なグリーン・インフラストラクチャーにおけるハブやリンクの可能性は、社会的、生態的、経済的利益がその場所においてバランスよく供給されるために、その場所に存在する必要性が十分理解されることが重要である。この段階では、異なるスケール（地区、近隣、市域、広域など）を横断するチームの協働が、社会的、経済的、生態的発展の統合をサポートする。

また、グリーン・インフラストラクチャーについての検討は、計画に関わる利害関係者に、都市の緑地の多面性に関する共通理解を促進する。さらに、行政はプランニングプロセスを市民にオープンにすることについて、できるだけ早く取り組むべきである。このことは、住民をエンパワーし、彼らの発言をサポートすることに繋がる。このアプローチにおいては、市民の緑空間に対する意識を醸成し、市民が喜んで緑空間の世話をし、ボランティアに取り組めるように、ともにデザインすることを目的とする。

その場所が魅力的であることで誘発される再投資や再建築を通じて、グリーン・インフラストラクチャーからの利益を享受できるエリアでは、地価が上昇する。都市内の森林、河川堤防、ポケットパーク、コミュニティガーデンのような、グリーン・インフラストラクチャー戦略によって生成されたものは、保全され維持されるべきである。ただし、新たな取り組みでは、置き換えやジェントリフィケーションに留意すべきである。住民がそこに残したいと思っているものやすでに存在するグリーン・インフラストラクチャーから享受されている利益を、現在の住民の利益に繋げることが肝要である。

## 23・5　ルール地方におけるスタディ

ルールエリアはドイツの中西部に位置する最大の都市圏であり、図23・1に示す場所に位置する。東西116 km、南北67 kmにわたり、53の異なる都市から構成される。多くの都市の人口は、15万人から50万人であり、ルールエリア全体の人口は約500万人でドイツ全体の6.5 %を占めている。

ルールエリアは、その若い歴史に特徴がある。20世紀初頭の産業化の始まりに伴い、ルールエリアは鉄鋼および石炭産業の中心となり、1950年中頃までルール地域の人口と雇用は急速に成長した。表23・1に示すように、1950年から60年の10年間における人口増加は年間約10万人であり、失業はまったくなかった。この時期にルールエリアは成長し、豊かな地域になった。

ただし、このすさまじい人口増加は、その代償なしには実現しえなかった。廃棄物と汚染の問題は、この地域の人口増加と同様のスピードでやってきた。これらの課題に対応するために、広域レベルの環境悪化への対応を目的として、ルール地域協議会が設立された。

ルール地方の東西を流れるエムシャー川は、経済の成

図23・1　ルールエリア

表23・1　ルール地方の統計の変化

|  | 1950年 | 1961年 | 1987年 | 2011年 |
|---|---|---|---|---|
| 人口（Population） | 4,594,676 | 5,674,223 | 5,256,725 | 5,062,307 |
| 年間人口変化（Absolute annual population change） | - | 9,814,064 | -1,605,762 | -810,075 |
| 失業率（Unemployment Rate） | - |  | 15.1 % | 10.4 % |
|  | 1990年 | 2010年 |  |  |
| 宿泊旅行客数（Tourist Overnight Stays） | 3,600,000 | 6,500,000 |  |  |

長過程において自然環境への課題がどのように発生するのかを象徴するものとなった。石炭産業による猛烈な採掘活動により、地下に下水道を掘るという選択肢がなかったため、エムシャー川はルール地方の汚水を排出するための主要な下水システムとして選択され、運河や道路や舗装の下と川が繋がれた。エムシャー川はルール地方のイメージの一つになった。汚く、不健康で、工業に強く影響を受けている。それにもかかわらず、53の都市による協働はこの時期に導入された。共通の課題のために協働するという考え方は、広域の環境状況の改善を助けた。

緑地空間に関しては、20世紀半ばの計画図書に言及しなくてはならない。その時点で計画者は、娯楽とレクリエーションの提供、相対的に清潔な大気環境の確保において、緑地をポケットパークとすることの必要性に気づいていた。しかし、開発に対する強い圧力は、その概念化を妨げた。ところが1960年代に石炭産業は他の産業に対して競争力を失い、深く長い経済停滞をもたらした。並行して雇用の機会を失い、人々はルールエリアから去ってゆき、優勢的に土地を消費していた石炭業と鉄鋼業は破たんした。1950年代にドイツの経済の中心であったにもかかわらず、1961年から1987年の間に、ルール地方では16万人の人口を失い、同じ期間に失業率は空前の高さとなった。

経済危機は、ルール地方に二つの課題をもたらした。一つは人口の減少、もう一つは膨大なブラウンフィールドのストックの発生である。ルール地方の場合、政治家が行動を起こす必要性を認識し、1989年にルールエリアを国際建築展示会（IBA）の会場にすることを決定した。連邦政府は10年間の長期的な助成を通じてグリーン・インフラストラクチャーに投資を行い、ルールエリアの利害関係者はこの地域に対するイメージをいかに変えるかという共通のアイデアを発展させた。彼らは互いにネットワークとして機能する緑のプロジェクトに少しずつ投資することで、社会構造の変化や人口減少に柔らかに対応するグリーン・インフラストラクチャーのアプローチを活用した。この文脈において非常に重要なことは、その手法がルール地域の成長過程における経験に基づく

図23・2　エムシャーパークの範囲

ものであり、17の自治体がIBAのエージェンシーになることに対し、皆がその決定に同意するために力をあわせる必要があると認識したことである。

IBAエムシャーパークは、1989年から10年間において800 km²のエリアを対象に、40億ユーロの予算規模で120を超えるプロジェクトを推進した。主要な目的は、エムシャー地方全体を繋げる広域のグリーン・インフラストラクチャーの導入であった。既存の緑地は緑道や緑のフットパスで繋がれ、ブラウンフィールドはグリーン・インフラストラクチャーの資産として再生され、これに組み込まれた。また、19の異なる場所で新しい経済サービスに関連する企業のためのビジネスパークが開発された。この地域の従前のイメージにもかかわらず、利害関係者は地域の産業遺産をユニークなセールスポイントとして活用した。従前の産業関連施設で残されていた重要なものは美術館として再生され、それらはグリーン・インフラストラクチャーのパスやトレイルで接続された。

1999年にIBAが終了した後も、利害関係者は彼らの共同の活動を継続することを決めた。2005年までに、都市と環境のデザインという中心コンセプトを持つ新しいエムシャー川流域のイメージを発展させるエムシャーランドスケープパークのマスタープランの協議が進められ、自治体は広域の目的達成に向けた協働を続けた。計画文書は、より緑地のネットワークやグリーン・インフラストラクチャーという考え方に焦点を当てられたものとなった。利害関係者による現在の議論は、生態系サービスの供給をグリーン・インフラストラクチャーのコンセプトにリンクさせ、広域的なグリーン・インフラストラクチャーに対する共通の活動を2020年を超えて計画することである。

表23·1には、多くの主体の多大な努力がいかにルール地域の運命を変えることになったことが明示されている。2011年時点において失業率はまだ相対的に高い値にあるものの10.4％に激減した。人口減少は完全に止まってはいないが、減少数はIBA開催前の半分にあたる年間8000人にとどまっている。ルールエリアのいくつかの大きな都市は、人口が維持されているか、若干の増加も見られる。また、観光客の急増は目をみはるものがあり、1990年には360万人だったが、2020年には650万人に増加している。産業遺産をグリーン・インフラストラクチャーで繋ぐことにより、人々はそこで自然の楽しみや、都市のスマートさ、歴史性をさらに一体的に感じることができる。

しかしながら、IBAのアプローチとその成功には批判がないわけではない。まず、このプロジェクトは公的資金に大きく依存しており、この傾向は将来的な計画にも見られるという点である。また、その実現には非常に時間がかかるため、多くのアイデアや計画に基づく事業がまだ完了していない。したがってルールエリアの発展は、将来的にも利害関係者の協力の意思や、安定的な公的助成を必要としている。

## 23·6 グリーン・インフラストラクチャーの課題

本章では、縮小都市におけるグリーン・インフラストラクチャー戦略の推進は、都市の生活の質を改善し、都市の再生を支えるということを示してきた。生態的、社会的、経済的利益を提供するというグリーン・インフラストラクチャーの領域横断的で多機能な側面は、ネットワークとしてのグリーン・インフラストラクチャーが、個々の集合よりも大きなインパクトを持つことを示す。

それにもかかわらず、グリーン・インフラストラクチャーのコンセプトを計画し、実施してゆくためには、ルール地方で見たように、利害関係者が協働で長期的な目的に向かって努力することに対する合意が必要である。また、広域的な支援が確実に行われることも求められる。なぜならグリーン・インフラストラクチャー計画における個々のプロジェクトを通じた改善は、漸進的だからである。このため、すべての行政レベルにおける正式で義務的な業務という枠組みを形成することが、目的の達成には必要である。また、生態系サービスの知識について利害関係者に提供することが、グリーン・インフラストラクチャー計画の可能性に気づかせるために重要になる。他方、とくに都市の縮退過程においては、長期的な資金

的サポートを広域的な公的主体や民間セクターから集めることも求められる。資金の支援の確保なしに、グリーン・インフラストラクチャーの実現は不可能である。さらに改善された都市の緑の維持にも資金が必要であることも忘れてはならない。

【参考文献】
- Ahern, J.. (2007) Green infrastructure for cities: The spatial dimension. In: Cities of the future: *Towards integrated sustainable water and landscape management*, V. Novotny, and P. Brown, eds., IWA Publishing, London, pp. 267-283.
- Benedict, M. A., McMahon, E. T. (2002) Green Infrastructure: Smart Conservation for the 21st Century. In: *Renewable Resources Journal*, pp. 12-19.
- Benedict, M. A., McMahon, E. T. (2006) Green Infrastructure: Linking Landscape and Communities. *Island Press*, Washington.
- Davies C., MacFarlane R., McGloin C., Roe M. (2006) *Green infrastructure planning guide*.
- European Commission (2015) Declininig population could boost provision of urban ecosystem services. In: *Science for Environment Policy*, Issue 401.
- European Commission (2013) *Building a Green Infrastructure for Europe*. Brussels.
- European Environmental Agency (EEA) (2011) *Green infrastructure and territorial cohesion*. Copenhagen.
- Faust, H. (1999) : Das Ruhrgebiet—Erneuerung einer europaischen Industrieregion [The Ruhr Area—Regeneration of an European industrial region], In: *Europa Regional*, Vol. 7, pp. 10-18.
- Haase, D., Haase, A., Rink, D. (2014) Conceptualizing the nexus between urban shrinkage and ecosystem services. In: *Landscape and Urban Planning*, Vol. 132, pp. 159-169.
- Heitmann, M. (2016) Vom Abwasserkanal zur Lebensader [From sewage canal to lifeline], In: *Wandel*, Vol. 51, No. 2, pp. 4-10.
- Hoornbeek, J., Schwarz, T. (2009) Sustainable Infrastructure in Shrinking Cities: *Options for the Future*.
- Lafortezza, R., Davies C.; Sanesi G., Konijnendijk C. C. (2013) : Green Infrastructure as a tool to support spatial planning in European urban regions. In: *iForest 6*, pp. 102-108.
- Landscape Institute (2009) *Green infrastructure: connected and multifunctional landscapes*.
- Lennon, M., Scott, M. (2014) Delivering ecosystems services via spatial planning: reviewing the possibilities and implications of a green infrastructure approach. In: *Town Planning Review*, 85, pp. 563-587.
- Lennon, M., Scott, M., Collier, M., Foley, K. (2016) Developing green infrastructure "thinking": devising and applying an interactive group - based methodology for practitioners. In: *Journal of Environmental Planning and Management*, Vol. 59, No. 5, pp. 843-865.
- Llausas A., Roe, M. (2012) *Green infrastructure planning*: Cross-national analysis between the north east of England (UK) and Catalonia (Spain) European Planning Studies, pp. 641-663.
- Mell, I. C. (2013) Can you tell a green field from a cold steel rail - Examining the "green" of Green Infrastructure development. In: *Local Environment*, Vol. 18, No. 2, pp. 152-166.
- Moffat, A. (2016) Green infrastructure and regeneration of brownfield land. In: Sinnett, D., Smith, N.; Burgess, S. (Eds.) *Handbook on green infrastructure. Planning, design and implementation*. pp. 395-413. Cheltenham.
- Roe, M., Mell, I. (2013) Negotiating value and priorities: evaluating the demands of green infrastructure development. In: *Journal of Environmental Planning and Management*, Vol. 56, No. 5, pp. 650-673.
- Rosler, S. (2008) Green space development in shrinking cities: opportunities and constraints. In: *Urbani izziv*, Vol. 19, No. 2, pp. 147-152.
- Schilling, J. (2009) : Blueprint Buffalo—Using Green Infrastructure to Reclaim America's Shrinking Cities. In: *Pallagast*, K. et al. (eds.) : The Future of Shrinking Cities—Problems, Patterns and Strategies of Urban Transformation in a Global Context, pp. 149-160, California.
- Schröter-Schlaack, C., Schmidt, J. (2015) Ökosystem-dienstleistungen grüner Infrastrukturen. Erfassung, Bewertung und Inwertsetzung [Ecosystem Services of green infrastructure. Assessment, Valuation and Activating Values], In: *RaumPlanung*, Vol. 180, No. 4, pp. 17-21.
- Sinnett, D. (2016) Green infrastructure and biodiversity in the city: principles and design. In: *Sinnett, D.*, Smith, N., Burgess, S. (Eds.) : Handbook on green infrastructure. Planning, design and implementation.
- Wilker, J., Rusche, K., Rymsa-Fitschen, C. (2016) Improving Participation in Green Infrastructure Planning. In: *Planning Practice & Research*, pp. 1-22.
- Wright, H. (2011) Understanding green infrastructure: the development of a contested concept in England. In: *Local Environment*, Vol. 16, No. 10, pp. 1003-1019.

# 第24章 米国における空き家・空き地問題への対処
## ～市場メカニズム活用とランドバンク

藤井康幸

## 24・1 米国における空き家・空き地問題

### 1. 一部の地域中心都市の大幅な人口減少

郊外化、人種や社会階層による住み分けなど、米国の都市構造が日本のそれと異なることはよく知られている。米国の中西部、北東部の地域中心都市には人口が半減した都市が数多く見られる（表24・1）。背景は主として、産業構造の転換や全米規模での西部州や一部の南部州への人口移動である。日本の人口100万人以上クラスの都市で、これまでに5％以上の人口減少をみた都市は、大阪市（1965年のピークから2010年までに18.4％減）と北九州市（1980年のピークから2010年までに9.0％減）しかなく、米国の都市圏の状況は、周辺人口が地域中心に集まってきた日本とは好対照である。

たとえば、自動車のまち・デトロイトは米国でもっとも衰退した大都市の一つである。2013年に、米国自治体史上最高額の負債総額180億ドルで財政破綻し、その後1年余り市の自治は取り上げられ、州の管理下に置かれることとなった。デトロイト市の人口は1950年のピークから60％超減少したものの、都市圏3郡をあわせた人口は、1950年から28％増加（2010年人口386万人、面積5571 km² は愛媛県とほぼ同程度）し、都市圏としては現在も経済活力を保つという歪な構造となっている。

### 2. 住宅市場の混乱、滞納差押住宅の増加

米国においては2008年前後には滞納物件差押危機（foreclosure crisis）と呼ばれる状況となり、住宅市場はおおいに混乱した。住宅建設ラッシュをみた州では住宅バブルがはじけたのに対して、人口減少都市では低所得世帯層に対するサブプライム融資、略奪的融資がなされた結果、滞納差押となる世帯が急増し、衰退地区のいっそうの疲弊が進んだ。政府系住宅金融機関の抵当融資滞納差押物件数は全米でいまだ約70万戸を数える（図24・1）。

表24・2にクリーブランドのとある物件の2002年以降の取引の実際を示した。2007年までは、民間金融機関による2度の抵当融資差押と個人への譲渡がなされ、物件取得需要があったことがうかがえる。2010年の3度目の抵当融資差押は、融資保証の関係から政府系金融機関のファニーメイ（Fannie Mae）が取得することとなったが、物件価格（差押取得価格）はピークに比べて3割程度に下落している。クリーブランドに所在するカヤホ

表24・1 1950年における米国の人口上位100都市のうちピーク年からの人口減少率の大きな都市

| 順位 | 都市名 | 2010年人口 | 人口増減（ピーク年/2010年） | 人口順位変動 1950年、2010年 |
|---|---|---|---|---|
| 1 | セントルイス | 319,294 | -62.7% | 8 → 58 |
| 2 | デトロイト | 713,777 | -61.4% | 5 → 18 |
| 3 | ヤングスタウン | 66,982 | -60.6% | 57 → - |
| 4 | クリーブランド | 396,815 | -56.6% | 7 → 47 |
| 5 | ゲーリー | 80,294 | -55.0% | 71 → - |
| 6 | バッファロー | 261,310 | -55.0% | 15 → 61 |
| 7 | ピッツバーグ | 305,704 | -54.8% | 12 → 61 |
| 8 | フリント | 102,434 | -48.0% | 60 → - |
| 9 | スクラントン | 76,089 | -47.0% | 83 → - |
| 10 | デイトン | 141,527 | -46.1% | 44 → 177 |

注：2010年順位についての－は上位200都市の圏外を示す。（出典：米国国勢調査）

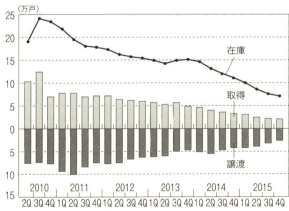

図24・1 政府系住宅金融機関（ファニーメイ、フレディマック）の全米における抵当融資滞納差押物件数の推移
（出典：Federal Housing Finance Agency (2015) Foreclosure Prevention Report, Fourth Quarter）

表24·2 頻繁な抵当融資差押をへてランドバンク保有となった
クリーブランドの物件例

| 近隣地区 | フォレスト・ヒルズ (Forest Hills) | | | |
|---|---|---|---|---|
| 区画番号 | 110-16-079 | | | |
| 取引年月日 | 譲渡者 | 取得者 | 金額(ドル) | 備考 |
| 2002/4/3 | 個人1 | 金融機関1 | 36000 | 抵当融資差押 |
| 2002/10/18 | 金融機関1 | 不動産事業者 | 42500 | |
| 2003/4/1 | 不動産事業者 | 個人2 | 90000 | |
| 2006/2/8 | 個人2 | 金融機関2 | 50000 | 抵当融資差押 |
| 2007/6/27 | 金融機関2 | 個人3 | 15000 | |
| 2007/9/19 | 個人3 | 個人4 | 90000 | |
| 2010/4/12 | 個人4 | ファニーメイ | 26667 | 抵当融資差押 |
| 2010/11/16 | ファニーメイ | 郡ランドバンク | 0 | 低価格物件の無償譲渡 |
| 2012/8/30 | 郡ランドバンク | 市ランドバンク | 0 | 建物解体後の移管 |

注:郡ランドバンクはカヤホガ郡ランドバンク、市ランドバンクはクリーブランド市ランドバンクプログラム。
(出典:Office of the Cuyahoga County Auditor Property Information (http://fiscalofficer.cuyahogacounty.us/AuditorApps/real-property/REPI/) より作成)

表24·3 滞納物件差押の種別と概要

| 種別 | 抵当融資滞納差押 (Mortgage foreclosure) | 税滞納差押 (Tax foreclosure) | |
|---|---|---|---|
| | | 税滞納物件差押 | 税抵当売却 |
| 領域 | 民間領域 | 行政領域 | |
| 差押までの期間 | 数ヶ月 | 通常2〜3年で滞納確定、差押可 | 滞納確定後に抵当証書を売却、取戻期間(通常1年)経過後に差押可 |
| 競売あるいは売却時の対価設定 | 差押申立者が競売最低価格を設定(通常は、市場価格) | 査定価格を最低価格とする競売 | 市場価格プラス税滞納額、課徴金による証書価格の設定が基本。証書の売却を競売による場合もあり |
| 所有権の移動 | 競売を経て、差押落札者(通常は、申立者である抵当融資機関)に移動 | 競売成立の場合は落札者に移動、不成立の場合はランドバンク等に移動 | 差押手続の完了後に抵当証書購入者に移動 |

(出典:諸資料より作成)

ガ郡ランドバンクは、政府系および民間の金融機関と、市場での売却の見込めない物件を無償に近い形で譲り受ける協定を結んでおり、当該物件はファニーメイの1年7カ月の保有の後、カヤホガ郡ランドバンクに移管された。そして、カヤホガ郡ランドバンクは、空き地のみを扱うランドバンクであるクリーブランド市ランドバンクプログラムとの協定に基づき、建物解体し移管している[文1]。当該物件は、2016年3月時点で、クリーブランド市ランドバンクプログラムが更地で保有している。

## 3. 抵当融資滞納差押と税滞納差押

滞納物件差押(foreclosure)は、空き家・空き地問題と切っても切れない関係にある。前項でみた抵当融資滞納差押が民間領域であるのに対して、資産税の滞納による税滞納差押は行政領域である。税滞納差押の実施は、そもそもの対象となる物件の量と、行政の意思やキャパシティによる部分がある。たとえば、オハイオ州のクリーブランド市では、滞納物件差押危機直後の2009年には、抵当融資滞納差押が約4300件と税滞納差押の2.1倍を数えたが、2015年には、抵当融資滞納差押が約1500件、税滞納差押が約1900件と、件数は逆転している。

滞納物件差押の種別と概要は表24·3のとおりとなる。米国では、差押物件の所有権の移動時には、競売をへることが特徴的で、行政が資産税滞納で差し押さえた物件のみならず、抵当融資者が差し押さえた抵当融資滞納物件の所有権を移転する際にも競売が義務づけられる。滞納差押の規定は州ごとに異なる。大きくは司法手続をとる州と行政手続をとる州に分けられ、両方を併用する州も一部みられるが、両者の数は拮抗している[文2]。司法手続は法的な手続きとして堅確ではあるが、行政手続のほうが簡易、短期間に滞納差押を実施できる。

表24·4に、ランドバンクを活発に展開するミシガン州における税滞納差押の過程を示した。税滞納から2年1カ月で税滞納差押が確定し、その半年後に、税滞納差押物件競売が実施されるというのが基本的な流れである。

税滞納差押には、物件そのものを差し押さえる場合と税滞納にかかる抵当を売却する場合がある。両方とも、購入者は、物件の利活用でなく、投資や転売を目的とするため、地区の再生という点で問題は多い。競売の仕組み自体にも多いに問題がある。競売において、一者の取

表24·4 ミシガン州の税滞納差押規定

| 納税年 | 7月から11月までに納税通知書発送 | |
|---|---|---|
| 翌1年目 | 2月28日 | 税滞納の発生、課徴金4%と月1%の金利 |
| | 10月 | 滞納フィー 15ドル |
| 翌2年目 | 3月1日 | 一時没収(forfeiture)、フィー175ドルと登録フィー26ドルの加算、金利は滞納時に遡り月1.2% |
| | 6月15日 | 郡による滞納差押(foreclosure)対象物件の巡回裁判所への届出期限 |
| 翌3年目 | 1月30日〜2月28日 | 滞納差押審問 |
| | 3月30日 | 巡回裁判所の滞納差押判断 |
| | 3月31日 | 税滞納分、フィー、利息の支払による所有権回復期限 |
| | 4月1日 | 税滞納差押確定 |
| | 11月第1火曜日 | 郡財務官による税滞納差押物件競売実施期限 |

(出典) State of Michigan, Real property tax foreclosure timeline. Revised August 21, 2013. (http://www.michigan.gov/documents/taxes/ForfeitureForeclosureTimelinesChart_317028_7.pdf)

得する物件数に制限は設けられておらず、たとえば、デトロイト市の所在する2015年のウェイン郡競売における一者の最多物件取得数は473物件であった。取得した全物件に管理が行き届くことは難しいと考えるのが妥当であろう。また、最近の改正までは、税滞納者自身が競売に参加することもできたために、税滞納となり、税滞納分が帳消しとなる競売を待って、物件を取り戻そうとする者さえ現れた[文3]。実際、税滞納差押物件競売では、物件を取得した者の多くが資産税を滞納し、同一物件が再び差押、競売となっている。たとえば、ウェイン郡当局では、2011年から2013年に税滞納差押、競売された物件の78％に相当する2万2700件、延べ8000万ドルが税滞納状態にあり、郡当局は、法的措置をとり、購入者から物件を取り上げることを検討していると報じられた[文4]。

もう一方の税抵当売却は、売却時に物件を管理する責任が購入者に発生しないという点で、さらに大きな問題を抱えた制度である。税抵当売却は、民間事業者に税の取り立てを委ねるいわゆる税取り立て請負人制度（tax farming）であり、米国建国時に英国から持ち込まれた概念とされる[文5]。所有者には通常1年等の取り戻し期間が与えられ、取り戻しがなされた場合には利息が事業者の収入となり、取り戻しがなされない場合には抵当証書購入者は物件差押と所有権移行手続を行使することができる。税抵当売却は行政にとって、税滞納状態の解消を民間事業者に委ねることができ、かつ、税抵当の売却によって税滞納額を一気に回収できる便利な手法であるため、広範に活用されてきた。

しかしながら、税抵当購入者の投資意図は大半の場合、物件の取得と利活用でなく、利息収入にある。居住中物件に対して、税抵当が実行された場合には、居住者の追い出しとなるし、再販の期待できない衰退地区の物件については、所有者の取り戻し期間経過後にも、所有権移行手続は取られず、税滞納は継続、また、空き家の場合には物件放置状態が継続されがちとなっている[文6]。税抵当売却の地域社会に及ぼす悪影響は、マスコミも追求するところとなっている。たとえば、インディアナポリス市の所在するインディアナ州マリオン郡の税抵当競売においては、過去8年間に税抵当売却された延べ6000物件超で、税抵当の購入者が、取り戻し期間経過後にも、物件の取得に動かず、多くの物件が放置状態になっているとされる[文7]。また、ワシントンDCにおいても、同様の問題が地元紙によって追求されている[文8]。

## 24・2 空き家・空き地の再利用に際する課題

### 1. 権利関係

空き家・空き地の権利を取得して利活用をはかるには、権利の処理、権利移動の確定が問題となる場合が多く見られる。多くの州では、ランドバンク州法の整備に前後して、税滞納物件の差押にかかる規定の改革もなされたが、公的機関としてのランドバンクの物件取得と、物件の名義確定（quiet title）は別の事項となる。名義の確定していない物件を譲渡する際には、1件あたり500ドル程度とされる費用を要するほか、なによりも名義確定のための期間、物件取得と利活用までの不透明性が物件取得者にとっての障壁となる。

抵当融資滞納物件の場合には、複数の債権者が存在したり、名義確定手続を進める過程で、権利主張する者が現れることもあり、一般的には、税滞納差押の場合よりも複雑となる。

また、行政が税滞納差押と競売手続をとったにもかかわらず、物件が売却できなかった場合には、元の所有者が所有権を保持したまま、行政による一時没収という扱いになる場合も見られる。この場合には、元の所有者は、税の滞納分、課徴金、利息を支払うことで権利を回復することができるが、所有者が不在となっていたりし、物件の放棄状態の継続されることが多く見られる。こうした物件の維持管理はほとんどなされないか、行政が最小限の維持管理を行うかにとどまる。

### 2. 空き家の価格と市場性

空き家の再利用にあたっては、地区の住宅価格水準と修繕費用がネックとなることが多い。米国の人口減少都市の衰退地区における物件は、実質的に値が付かないこ

とも珍しくない。この背景には、米国では、不動産を利用していくらという考え方が基本となっていて、土地と建物の上下分離、土地だけを取り上げた公示地価がないことも関係していると考えられる。

たとえば、毎年秋に実施されるミシガン州の各郡の税滞納差押物件競売では、第1回の最低入札価格は1000ドルとされるが、ウェイン郡のように住宅市場の低迷した地域における競売では多くの物件が未売却となる。未売却物件を対象とする第2回競売では最低入札価格は500ドルに引き下げられ、転売を目論む投資家が2回目を待って入札するか、それさえもなされない物件は未売却となる。

空き家を居住物件として利用するには、修繕費用と当該地区における市場価格を天秤にかけることとなる。たとえば、36の計画地区からなるクリーブランド市の既存戸建住宅価格中央値（2010年）は市内全体で6万1400ドル、下位から9番目の地区は3万4700ドルにすぎない。一方で、長期間の放棄状態にあった空き家は建物の傷みが著しいことが多く、修繕費用は、労務費用が実勢価格として反映される結果、5万ドル程度ということとなる。そうした市場においては、たとえば5万ドルをかけて修繕したとしても、周辺の住宅価格水準がそれよりも低い地区においては、5万ドルの住宅を購入する者はなかなか出ないということになりかねない。

滞納物件差押危機後に3期にわたって実施された連邦政府の近隣安定化プログラム（NSP: Neighborhood Stabilization Program）では、住宅修繕に大きな額の助成金が投入されたりもしたので、修繕住宅の販売価格を周辺住宅価格と釣り合わせることも可能であったが、同施策のなくなった今日ではそれがままならない状況となっている。

## 24.3 米国における空き家・空き地問題への対応

### 1. 空き家・空き地対処のための施策

米国における空き家・空き地対処策としては、滞納差押防止施策等による税滞納世帯支援、空き家登録制度、違反建築物是正、そして、ランドバンクなどが挙げられる。

滞納差押防止施策は、資産税を滞納している者に対して、税滞納分の分割払計画と引換えに延滞状態の継続を認めたり、住宅ローンに関するカウンセリングや借り換えが行われる。空き家となっている場合にも所有者が資産税を納めている場合もあり、こうした物件に空き家登録制度を適用すると、所有者に空き家の解消を働きかける効果が期待できる。また通常は、空き家の登録は空き家の売買の発生前に義務づけられるので、実需の伴わない空き家の売買の防止に繋がることも期待される[文9]。さらに、居住者に支払能力と放置空き家是正の意思のある地区で放置空き家是正を勧告した場合、空き家の放置状態が是正されることもある[文10]。放棄物件はさまざまな建築規定違反に該当することが多いため、違反建築物是正は、空き物件に対する幅広い適用が可能となる。上述した施策の多くは、物件の差押や行政による強制執行の前に、物件の所有者に解消や是正を促すもので、差押や強制執行の前に実施されると、より効力を発揮することが期待される。

### 2. ランドバンク：施策兼組織

放棄物件等を差押し、所有権を公的主体に移すことが不可避となった際に登場するのがランドバンクである。ランドバンクとは、空き地、放棄地、税滞納差押物件等を利用物件に転換することに特化した行政機関と定義される[文11]。空き家・空き地対処のための施策と同様に、ランドバンクも施策の一つではあるが、同時に、組織でもある。したがって、ランドバンクの経営が成否の鍵を握る。

ランドバンクにかかる州法においては通例、物件の譲渡、利活用を進めやすくする趣旨で、滞納されていた資産税や課徴金はランドバンクの物件取得時に帳消しされたうえ、ランドバンクの保有物件は非課税扱いされる。また、ランドバンクは、税滞納差押物件競売を経ずして放棄物件を取得する権利を有していたり、地域の改善、活性化の観点から物件の譲渡先を決定し、市場価格未満で物件を譲渡できるといった裁量が付与されていたりする。

表24・5　主要な州におけるランドバンクの設置状況

| 州 | 州法制定年 | 設置行政の基本単位 | 組織の形態 | ランドバンク数 |
|---|---|---|---|---|
| ミシガン州 | 2003年 | 郡 | 郡の機関 | 37 |
| オハイオ州 | 2009年 | 郡 | 郡のエージェンシーとしての非営利組織 | 33 |
| ジョージア州 | 1990年、2012年改定 | 郡、市、ほか | 非営利組織 | 15 |
| ニューヨーク州 | 2011年 | 税滞納差押権限を有する行政機関、共同申請可 | 非営利組織 | 10 |
| ペンシルバニア州 | 2012年 | 郡、市、広域 | 行政機関 | 8 |

注：2016年4月時点。(出典：諸資料より作成)

米国において空き家・空き地を扱うランドバンクは1970年代から存在したが、法的な位置づけという点で十分ではなかった。ランドバンクが大きな転換をみせたのは、ミシガン州において一連のランドバンク関連法の制定された2003年である。以降2015年までに、中西部、北東部など、多くの空き家・空き地を抱える中心都市を有する州においてランドバンク州法が制定され、2015年時点で、ランドバンク州法を有する州は延べ12州となった。主要な州におけるランドバンクの設置状況は、**表24・5**のとおりである。設置行政の基本単位、組織の形態は、州によってさまざまである。

## 24・4　ランドバンクによる空き家・空き地問題への対処

### 1. ランドバンクの意義

行政の歳入部署の扱う税滞納差押物件の競売は、物件の所有を納税義務のある主体に移すということが重視され、空き家・空き地が増加し衰退した地区の再活性化という観点は少ない。税滞納物件や建築規定違反物件を保有していないことが競売参加の要件とされてはいるものの、別主体や別法人などに主体をすり替えて物件を取得することに対する規制は不十分とされる。

これに対して、放棄物件の所有を行政機関に移したうえで、責任ある主体を選別し、戦略的な物件譲渡を行うのがランドバンクである。同時に、衰退した都市で活動するランドバンクには、当面の利活用の需要の見込めない空き物件の保有（しばしばmothballing（虫干し保有）と呼ばれる）と管理も期待される。

ランドバンクの仕組みの整ってない時代には、放棄家屋の放置、そうでない場合は、時間を要する手続きをへて、行政が放棄家屋を解体、土地所有者に解体費用を請求するも支払はなされず、行政の抵当の付いた民有空き地状態となっていた。荒廃は荒廃を呼ぶが、責任主体に弁済を求めること、また、放棄物件による負の外部性を金額として提示することは難しい。放棄物件の取得から管理と譲渡までをランドバンクが担うことで、行政コストと手間暇はかかるものの、衰退地区の再活性化、さらに、広く人口減少都市における持続性の実現という点に立脚すれば、ランドバンクの活用は、大きな意義を有している。

### 2. さまざまなランドバンク

ランドバンクは、法制度等の設置根拠の違いにより、設置行政の単位、組織形態、組織構造などは多様である。

設置行政としては、郡、市、郡市共同などがある。今日では、州法によってランドバンクを規定することが増えた関係で、州と近い行政機関である郡によるランドバンクの設置が増えている。ランドバンクは、物件の取得と譲渡を通じて、不動産、近隣地区、コミュニティ開発に関係してくるため、郡ランドバンクであっても、空き物件の多い地域中心都市との関係構築は重要となる。

組織形態としては、行政外郭機関がもっとも一般的であるが、ランドバンクの行う物件譲渡についての市の担当行政や市議会の承認の必要性などは、ランドバンクによってさまざまである。公的な非営利組織という組織形態も見られるが、行政との距離感はこれまたさまざまである。

ランドバンクの経営は理事が担い、常勤スタッフが日々の運営を担当する。最近では、行政関係者に加え、不動産開発やコミュニティ開発などの民間関係者の理事参画を得るランドバンクが増えている。

### 3. ランドバンクの事業内容

ランドバンクは**表24・6**のような事業を手掛ける。空

表24・6 ランドバンクの事業内容

| 事業 | | 備考 |
|---|---|---|
| 放棄物件の建物解体 | | ランドバンクでなく、行政主体による場合もあり。 |
| 空き家の維持管理 | | ボーディング（犯罪防止等のための建物開口部の封鎖）、多くの場合は建物解体前段階としての対処。 |
| 空き地の維持管理 | ランドバンク自身による管理 | 虫干し管理（mothballing）。 |
| | コミュニティ団体への貸付 | 物件ごとのリースや、最小物件数を規定し、管理費用の交付。 |
| 空き家の譲渡 | 個人への譲渡 | 修繕、居住年限を義務づける場合あり。 |
| | 事業者への譲渡 | 事業実績、事業計画、資金計画などを審査。CDC[注2]を優先、優遇する場合あり。 |
| | 特定主体への優遇譲渡 | 警察、消防などの関係者への優先譲渡、割引価格の適用。 |
| | コミュニティ団体への譲渡 | 複数区画の一括譲渡、割引価格の適用。 |
| | 所有住宅への転換の支援 | 賃貸住宅が税滞納差押、ランドバンク物件となった際の措置。 |
| 空き地の譲渡 | 隣地優先譲渡（side lot） | 税滞納のない隣地所有者への譲渡。1区画あたり100ドル内外が一般的な価格。 |
| | コミュニティ団体への譲渡 | 複数区画の一括譲渡、割引価格の適用。 |
| ディベロッパー事業 | 経済開発 | 空き状態の業務ビルの修復などへの事業主体としての参画。ランドバンク事業としては稀。 |

注1：さまざまなランドバンクの実施する事業を書き出したものであり、一つのランドバンクが上記のすべての事業を扱っているわけではない。
注2：CDC = community development corporation（コミュニティ開発会社）。近隣地区単位で組成され、アフォーダブル住宅供給ほかのコミュニティ開発事業を手掛ける非営利法人。（出典：諸資料より作成）

き家・空き地のいずれについても、譲渡先は、個人、事業者、コミュニティ団体が基本となる。ランドバンクによって、物件譲渡の考え方、重点の置き方は異なる。現代型のランドバンクのモデルとされるジェネシー郡ランドバンク（ミシガン州フリント市）のように、ランドコントラクトと呼ばれる米国特有の割賦払制度を導入してまでも、個人への物件譲渡を通じた所有住宅の確保を通じた衰退地区の改善に取り組むランドバンクが見られる一方で、営利、非営利を問わず、事業実施力のある事業者と積極的に連携するランドバンクも見られる。

ランドバンク物件の譲渡では、一般的な譲渡以外に、修繕や一定期間の居住を義務づけることもなされる。カヤホガ郡ランドバンクでは、取り決めた修繕が完了するまで、所有権の移転を留保するエスクロー譲渡施策を展開している。また、ランドバンクが事業者に物件を譲渡する際には、事業実績、事業計画、資金計画などを審査したうえで物件譲渡を決定する。こうした責任ある物件取得主体、利活用主体を確保する規定と努力は、金融機関や事業者から抵当融資滞納物件を取得した者に比べて、ランドバンク物件を取得した者のその後の税滞納の発生の少なさに繋がっている[文12]。

米国においてコミュニティ開発は、衰退した地区を中心に展開される。CDC（コミュニティ開発会社）は、非営利の事業者としての顔とコミュニティ団体としての顔の両方をあわせ持つ。衰退した地区における空き家・空き地を取り扱うランドバンクとCDCの親和性は高く、多くのランドバンクでは、CDCを優遇した物件譲渡を行っている。また、警察や消防といった公共安全の関係者に、物件を優先譲渡するランドバンクも見られる。

前述のように、ランドバンクは多かれ少なかれ、空き物件の虫干し管理を担う。コミュニティ団体は、衰退した地区における人の繋がりの再構築や青少年教育などの観点から、地区のために空き地を利活用しようとする意向を有する。CDCも含み、こうしたコミュニティ団体と連携することは、ランドバンクにとっても物件の管理負担の軽減に繋がるものであり、ウィンウィンの関係が成立する。たとえばジェネシー郡ランドバンクでは、1団体あたり25区画以上を扱うことを条件に、コミュニティ団体に年3000～4500ドルの管理料を支払い、ランドバンク保有の空き地が緑地、菜園、運動スペース等として管理運営されている。2014年の実績は、51団体の参加、延べ約2000区画と大規模なものである。

空き地については、隣地優先譲渡（side lot）と呼ばれる事業は手軽で引き合いが多い。かつて一軒の住宅が存在した空き区画が、隣地居住者の庭として使用される。ランドバンクにとっての物件売却収入は微々たるものであるが、非納税物件が納税物件に転じ、民間の管理主体が確保される点は大きい。

空き物件を利活用の可能な状態に整え、居住者や事業者の利活用を促すのがランドバンク事業の基本であり、ランドバンク自らが事業主体となることは稀である。

## 24・5 市場性メカニズム型施策と公的施策のバランスのとれた活用の必要性

日本においては人口減少社会が日々現実となっているが、地域中心都市で人口が半減した都市は見られない。米国特有の所得格差、人種格差、郊外化等に起因する米

国の都市の特定の地区の空き物件、放棄物件の発生には著しいものがある。空き物件は周辺にさまざまな悪影響を及ぼすため一地権者の問題ではすまされない。

　米国においては、税滞納状態にある空き家・空き地を納税物件に回帰させるにあたって、競売によって取得希望者に物件を譲渡する市場メカニズムに頼ってきたが、物件取得者は、物件の利活用というよりは投資目的で取得するため、衰退した地区の再生が上手く進まなかった。ランドバンクはこの欠点を修正し、公的な趣旨から、空き家・空き地の納税物件化と利活用を実現する主体として期待が集め、成果を上げている。

　放棄物件への対処を市場に任せる競売方式は、行政歳入だけに着目すれば、滞納された税額以上の歳入の期待できる好都合なものである。しかしながら、物件放棄、税滞納が繰り返され、負の外部性が生じている。投機筋を排除すると同時に、物件の取得者に責任ある利活用を促す仕組みの充実が必要となる。これに対し、ランドバンクの事業は物件ごとを扱ういわば手作りの施策であり、行政コストもかかる。ランドバンクは市場の拒絶した物件を扱う切り札とされる。そうした物件について、都市計画、コミュニティ開発といった空き家・空き地に直接的に関連する部署に加え、税滞納差押競売を扱う歳入部署がランドバンクの有益性を認識する必要がある。そのうえで、官民協働のもとで、物件の市場性メカニズム型の施策とランドバンクという公的施策をバランスよく、活用していくことが望まれる。

【引用・参照文献】

1　藤井康幸・大方潤一郎・小泉秀樹（2014）「米国オハイオ州クリーブランドにおける二層のランドバンクの担う差押不動産対応、空き家・空き地対策の研究」『都市計画論文集』Vol. 49、No. 1）pp. 101-112.
2　RealtyTrac, Foreclosure laws and procedures by states. http://www.realtytrac.com/real-estate-guides/foreclosure-laws/
3　Dewar, M., Seymour, E., Druta, O. (2014) Disinvesting in the city: The role of tax foreclosure in Detroit. *Urban Affairs Review*, pp. 1-29, published online 7 October 2014.
4　Brian DiBartolomeo (2014) "Wayne County wants to reclaim 78% of sites sold in tax auction since '11." Aspect Properties, June 19, 2014. (http://aspectproperties.com/manage.numo?module=blog&component=display&show=post&id＝36)
5　Alexander, F. S. (2000) Tax liens, tax sales, and due process. *Indiana Law Journal*, 75 (3), pp. 747-807.
6　Ford, F. (2015) *Property tax delinquency and tax lien sales in Cuyahoga County*, Ohio. Prepared by the Vacant and Abandoned Property Action Council. March 1, 2015. Cleveland: Thriving Communities Institute.
7　Brian Eason (2015) "Blight Inc.: How our government helps investors profit from neighborhood decay." Indianapolis: The Indianapolis Star, 2015, November 14. http://www.indystar.com/story/news/2015/11/14/blight-inc/75675084/
8　Michael Sallah, Debra Cenziper, Steven Rich. (2013) "Homes for the taking." Washington, D.C.: The Washington Post, 2013, September 13. http://www.washingtonpost.com/sf/investigative/collection/homes-for-the-taking/
9　Martin, B. C. (2010) Vacant property registration ordinances. *Real Estate Law Journal*, 39, pp. 6-43.
10　Lind, K. J. (2012) *Code compliance enforcement in the mortgage crisis*. Flint: Center for Community Progress.
11　Alexander, F. (2015) *Land banks and land banking, 2nd edition*. Flint: Center for Community Progress.
12　Fujii, Y. (2015) Spotlight on the main actors: How land banks and community development corporations stabilize and revitalize Cleveland neighborhoods in the aftermath of the foreclosure crisis. *Housing Policy Debate*, pp. 1-20, published online 5 October 2015.

# 終章 多様な都市空間の創出に向けて

浅野純一郎、姥浦道生、松川寿也

## 1　都市縮小現象の何が問題なのか

　本書では、都市縮小の実態、都市縮小時代に必要とされる集約型都市構造に誘導する計画・制度のあり方、海外における現状と取り組み、の三つに本書を大きく区分する形で、都市縮小問題を通観してきた。終章を取りまとめるにあたり、今一度、各章の指摘を踏まえながら、そもそも人口が減少し、都市活動やその器としての市街地が縮小することによる問題とは何かについて考えてみたい。

　各章で述べられた問題を振り返ると、それは、①「都市縮小を引き起こす要因に関わる問題」、②「都市縮小によってもたらされる直接的問題」、③「②に対応するうえで懸案となる問題」の三つに分類することができる。①としては、日本の実状に即せば、人口動態の変化（出生率の低下と高齢化）（1章）注1や、東京一極集中が典型なように地方から大都市への人口移動による影響がとくに大きい（19章）。海外の都市縮小問題に関して見れば、都心部の空洞化や都市のドーナツ化をもたらす郊外化（19章）、産業構造の転換に伴う産業空洞化や脱工業化（22章）が挙げられる。とくに先進各国では、経済のグローバル化による事業や業務のアウトソーシングが都市レベルでの経済衰退に直接影響し、不動産取引や開発動向に反映するため、経済のグローバル化も大きな要因とされる（21章）。さらにもっとも根本的な要因として、突発的な衝撃、たとえば紛争による政変や大規模災害の影響もこれに含めて考えるべきである（5、19章）。①に係わる問題は、都市計画を通じて介入することが難しいものもあるが、都市縮小問題そのものの前提を変えうる要因として考慮すべきものであり、これらの要因をより注視すれば、他分野の専門家との協働を今以上に必要とすることを示唆するだろう。

　②に関して見れば、雇用・労働力・市場の縮小が招く社会全般への影響があり（1章）、行政サービスや個人収入の低下による生活の質の低下が市民個人から見れば最大の懸念事項である。都市に関して言えば、空き家、とくに危険空き家や低未利用地の増加（15章）、賑わいの喪失や住環境の質の低下（10～12章）、公共交通サービスの低下（16章）があり、放置された低未利用地が長期化すれば、殺伐とした景観が当たり前となるだけでなく、犯罪やバンダリズムの温床となる（19、22章）。さらにこうした都市全般における課題は、農村地域にあっては集落コミュニティの喪失に置き換えられ（12章）、市町村合併で市域が広域化した日本の地方都市では、地方公共団体が都市縮小問題の一環として取り組む課題にこれが含められる。海外に目を向ければ、都市縮小の問題は、地域的経済格差の拡大に伴う社会的同一性の喪失や住民間の結束性の解体にも影響が及ぶものとして理解され、低所得者や人種的マイノリティ、薬物依存者等に対する社会的排除問題と一体として考えられており（19、21章）、今後日本でも憂慮すべき課題だと考えられる。

　③について見れば、2014年8月の立地適正化計画制度の施行を受け、②を解決するための具体的都市像として多極ネットワーク型コンパクトシティが掲げられている。したがって、③の問題の多くは集約型都市構造への移行の難しさを指摘したものである。つまり、無秩序な市街地縮小の整序の困難さ（3、4章）、法定都市計画制度適用の難しさ（6～9章）、郊外住宅団地の維持のあり方（2、11章）等である。これらの問題の背景に共通する見解として、集約型都市構造を実現するうえで、居住者の強制的移住が実質的に不可能な制約条件のうえで、いかに個人の生活要望に添いながら望ましい都市像に誘導するのか、という方法論の問題と、多極ネットワーク型コンパ

クトシティという集約型都市構造のモデルこそ掲げられているものの、それ以上に具体的な将来の生活イメージを持ち得ていないという、目標像の問題の二つがあると考えられる（後者については、終章2節7項で述べる）。

こうした問題を精査するうえで重要なことは、時間概念を明快に持つことである。つまり、現状においても都市縮小の進展は都市によってさまざまであり、その深刻さは一様ではない。可能性として考えられる問題を一般化することで、過度に悲観的な将来像を予想することは得策ではないだろう。したがって、将来の展望を少なくとも短中期と長期の二つに分類し、おのおのの時点での正確な状況把握に基づいた、適切な将来像を描くことが肝要である。そこでは、目指すべき方向性が都市の集約化であったとしても、集約化すること自体が目的とされるのではなく、縮小過程の各期において市民に必要とされる都市空間の多様性の確保がむしろ重視されるべきである。人口減少という量的減少の反面で、人々のニーズの多様性（質的多様性）はさらに進み、それを先端的な技術革新が支える時代にあって、人々の日常生活の多様性の確保はきわめて重要である。そして、それは「生活の質」の保証ができる点で、都市縮小時代の将来まちづくりに希望の灯をともすことになると考えられる。

たとえば、将来の人口減少が予想されながらも、DIDの縮小等、明快な市街地の縮小が短中期で進まないと想定される都市であれば、集約化を現時点で強調するよりも、高齢者対応の都市づくりをまず進めながら、市街地範囲は現状に据え置き、高齢者に対してセイフティネットを張るといった都市政策は、生活の多様性に即した都市空間の再構築を目指す具体的手法の一つだと考えられる[注2]。それでは、多様な生活像を確保するために都市空間の多様性が必要であるとすれば、都市縮小時代にあってどのような都市再構築のあり方が求められるのだろうか。次節では、これを七つの視点から考察する。

## 2 多様な都市空間の創出に向けた都市再構築の必要性

### 1. 都市空間の再構築

ここでは、本書で取り上げた内容を振り返りながら、都市縮小時代の土地利用計画として実現していくべき都市空間の再構築について総括したい。都市空間の再構築に向けた方策は、大都市圏や地方都市圏はもちろんのこと、中心市街地、郊外、農山村地域といった都市内の地域区分ごとに、それぞれで生じている空間変容の問題や再構築に向けた対応に違いがあることは言うまでもない。

まず大都市圏であるが、地方都市圏と比べ都市縮小に関する影響は表面的にはそれほど健在化していないものの、高齢化等都市の希薄化に起因する現象はすでに確認されており、中長期的には都市空間の変容の結果として生じるさまざまな問題は容易に想定できる（2章）。そして、大都市圏の郊外住宅地が地方都市圏と比較して大規模な人口集積地であることを踏まえると、都市空間の変容は地方都市圏以上に大きなインパクトとして顕在化することが当然懸念される。そのため、こうした喫緊の課題に対して打つべき施策を早い段階から打ち出していく必要があり、その一つの施策として「土地利用の分野では何をすべきであるのか？　何が望ましいのか？」ということの議論や知見を蓄積していかなければならない。たとえば、本章2節2項で論じる制度・手法の再構築とも関連するが、望ましくない方向に変容しつつある都市空間を、建築制限の見直しや税制等各種インセンティブを講じる施策によって再構築するということになるだろう（11章）。ただ、それらインセンティブを講じるべき空間的広がりを設定するベースとなるのは土地利用計画であり、建築制限の緩和や金銭面での各種支援を節操なく講じる施策となれば、都市空間の再構築どころか、かえって悪い方向に都市空間を変容させることにもなりかねない。

次に、地方都市圏では都市縮小時代が到来し、都市空間の変容ということではDIDの密度低下にとどまらずDID自体の縮小という形ですでに具現化している（4章、6章）。これは、市街化区域内での土地利用転換が鈍化す

る中にあって、当初線引き時に市街地の器として設定した市街化区域内にまだ農地が残存し（13章）、さらには中心市街地や一部郊外住宅地で生じている空き家・空き地化（14章、15章）が主たる要因であると言え、その結果として既成市街地の空隙化が秩序なく進行している。こうした現象は、「人口減少 → 都市的土地需要の低迷 → 都市縮退」という単純な構図で語れる話ではなく、既成市街地の外側にある郊外の空間変容がもたらした結果でもある。かつて人口増加が見込めない中で、多くの地方都市が必要以上に市街地としての器を広く設定する郊外開発を指向していたことに加えて、都市計画区域外をはじめとする緩規制地域への開発の滲み出し（3章）、さらに言えば市街化調整区域であっても開発を許容する制度が存在する（7章）ことで、都市機能・居住機能が郊外で無秩序に供給され、その代償として既成市街地の空隙化が進行していた。つまり、「無秩序な郊外化によって、都市縮小も無秩序に起きてしまった」という何とも情けない土地利用計画の醜態をさらしてきたのである。そして、こうした醜態の代償として、行政サービスを供給するためのコストを緻密にマネジメントし（18章）、あるいはその行政サービスの供給源となる税収の確保（17章）に一喜一憂する都市問題を抱えてしまったのである。

では、前節で述べた土地利用計画の醜態によって変容してしまった都市空間を再構築していくためには、どういう施策を打てば良いのだろうか？ よく言われるのが、リノベーションやシェアハウスといった今流行の横文字で格好の体のつく取り組みを推進する施策が想定され、大都市圏であれば「団地の再生」、地方都市圏であれば「まちなか居住」を推進させる手厚い支援策中心の手法になるだろう。ただ、こうした飴の施策だけでは都市空間の再構築を実現できるとはとうてい思えない。大都市圏も含めて都市的土地需要が限られてくる都市縮小時代を迎えている状況だからこそ、これら手厚い支援策は、無計画な住宅供給（都心部の高層マンションや郊外部の住宅建設）を抑えこむ施策との両輪で講じていく必要があり、とくに地方都市のまちなか居住政策による中心回帰（10章）については、それを効果的に実現させていくうえでベースとなる土地利用計画は必要不可欠である。「土地利用制度や立地適正化計画などを一生懸命考えてもあまり意味がなく、まちなかの居住や賑わい再生などの仕組みを直接考えることのほうが大事」と論じる研究者もいるが、流行言葉や甘い言葉を書き並べた都市計画だけで都市空間の再構築を実現できるのだろうか？ 望ましい方向に都市空間を再構築していくには、まちなかの居住や賑わい再生などの仕組みを用いて再構築を進める戦略的エリアの内側だけでなく、その外側の方針やそこで講じるべき制度を同時に考えてくことが重要であり、その実現には多くの課題があるにせよ、無秩序な空隙化をもたらした土地利用計画の再構築が求められる。そして、後述する生活スタイルとも関連するが、衰退が進む不便な郊外住宅地や工場跡地等で都市機能の維持を強引に推し進めるのではなく、むしろその空間を種地として多様な機能（都市のなかにある農地や自然地といった新たな機能）に再編し、これを新たな都市機能として将来世代のだれもがその機能を享受できる空間へと再構築していく概念も当然必要になると思われる（20章、22章、23章）。

## 2. 都市機能・評価軸の再構築

ここからは、本書の目的である都市縮小時代の土地利用計画のあり方を特に浮き彫りにするため、多様な都市空間の創出に向けたさまざまな要素の再構築の必要性について、「拡大する都市」と対比的に述べていくこととする。ここでいう「拡大する都市」とは、人口・世帯が増加し、それを収容するために必要な物理的生活空間が拡大する都市を意味する。また「縮小する都市」とは、本書で扱ったような、人口・世帯が減少し、必要な（少なくとも最低限の）物理的生活空間が縮小する都市を意味する。

まず、都市機能については「拡大する都市」においては、基本的には都市的土地利用の密度を、周辺環境への悪影響が生じないようにしつつ、いかに上げるか、それによって土地利用の効率性をいかに高めるか、が課題であった。したがって、農地などの非都市的土地利用が残るスプロールが進行した場合には、それをいかに都市的土地利用に転換させるかが課題であった。

一方、無秩序な空隙化（リバーススプロール）が進行する「縮小する都市」においては、時空間的にランダムに空閑地が発生することになる。その際に、都市的土地利用に対する需要がある場合には、それを掘り起こし、土地を再度利活用することになる〈仮設飲食店街（5章）、複数区画統合の種地（14章）としての利活用〉。

しかし、「縮小する都市」においてとくに顕著なのは、そのような需要がなく低利用が継続化する場合、いわば土地利用のダウンサイジング化が進行している場合である。この低利用地には、スプロール市街地における残存空閑地（農地）と無秩序な空隙化が進行する市街地における新規発生空閑地の両方が位置づけられるが、これらはともにこれまでは「課題」として捉えられてきた空間である。

ところが、本書の随所から読み取ることができるのは、このような空間機能の再構築・再評価の必要性である。たとえば、農地や菜園については、「消費地に近い食料生産地、避難地、レクリエーションの場等としての多様な役割」が期待される場所（13章）とされ、生活の豊かさの向上に繋がるもの（14章）として、市民からの一定の活用ニーズも見られる（15章）。とくにオープンスペースが多くはない高密市街地においては、そのような空閑地を市街地内に確保することが市街地全体の価値の向上に繋がるもの〈ライプツィヒ（20章）〉として、市民からも理想とされている〈呉市市民アンケート（15章）〉。また、公園・緑地についても、従来のパークシステムをさらに発展させ、階層的ネットワークとして社会的・生態的・経済的機能など、多様な機能を有する「グリーンインフラストラクチャー」として再評価されている〈ドイツ（24章）〉。そして実際、ヨーロッパにおいてはそれを根拠に公共による緑化が積極的に進められている〈マンチェスター（23章）、エムシャーパーク（24章）〉。

このように、市街地内における土地利用に関するダウンサイジング的機能転換およびその積極的な評価を通じて、市街地空間総体としての質を担保し、向上させることが求められているのである。

## 3. 制度・手法の再構築

ここでは、本章で述べられている各種の再構築を実現する手段として、都市縮小時代に求められる制度や手法を本書で取り上げた内容を振り返りながら総括したい。

### ❶ 都市縮小を見据えた制度を考えるにあたって

まず、都市縮小時代に求められる制度について考える。マルチハビテーションの浸透といった生活スタイルの変革や、移民の受け入れなど国の大胆な政策転換が行われないかぎりは、現在ある都市的土地利用の総量を維持していくことはとうてい難しく、市街化区域の中での低密居住を受入れていくことになるだろう。すでにDIDの密度低下や縮小（4章、6章）が起きているが、従来の都市計画制度を維持し続けた場合、市街化区域の指定要件（40人／haで3000人以上の人口集積地等を既成市街地とする要件）すら満たせない市街化区域を抱える地方都市が将来多数発生することになるだろう。このままでは、市街化区域の規模と都市計画制度とに矛盾が生じる事態となりかねず、規制緩和を望む都市ではその矛盾を理由とした線引き廃止というシナリオも考えるのかもしれない。こうした現行の市街化区域の指定要件については、研究者の間でも再定義すべきとの意見もあるが、40人／haを下限値とする密度要件の引き下げを採用した場合は、密度の低い市街化区域の存在を容認することにもなりかねず、「はたしてこの再定義がコンパクト化を目指す都市縮小時代に求められる対応と言えるのか？」との見方もあるのも事実である。残念ながら市街地の低密化を計画的に受入れていく制度を持ちえていない段階では、逆線引き制度によって縮小できる場所から都市縮小を実践するという対応になるだろう。

### ❷ 都市縮小を実践する手法が抱える課題

次に、その都市縮小を実践する手法について考える。逆線引き制度は、市街地としての器を線引き制度のもとで物理的に小さくする制度手法であり、すでに複数の都市で行われている（8章）。こうした手法は、開発許可制度という実効性のある規制制度を伴って行われるため、効果的な都市縮小を実践することができるが、線を引くにあたっては地元の合意形成などで相当の労力が生じるうえに、集団的農地や山林といった都市的土地利用があ

まり進行していない場所と、そうでない場所とでは対応が異なってくる。とくに、縮小対象となる場所がある程度の基盤整備が整っている農村集落やミニ開発地の場合では、合意形成のための手法として縮小後も一定の開発を許容する仕組みを残すケースも想定され、事実上の都市縮小にいたらない結果となることも懸念される。また、都市縮小の対象となった農地に対して農業施策を講じていくにしても、営農条件（優良農地として農用地区域を指定しうるといった物理的条件だけではなく、営農継続する後継者を確保できるかも含めた条件）の悪い農地で農業施策を講じることが現実問題として可能なのか？といった別の議論にも対応していく必要がある。

こうした従来からの制度手法がある中で、立地適正化計画制度の施行を受けて同制度を活用した取り組みが全国各地で展開されている（16章）他、一部の都市では、地域公共交通網の再編も同時に行われており（16章）、国が掲げる「コンパクト＋ネットワーク」を実現する都市空間の再構築の検討が広く行われている。立地適正化計画では、市街化区域や用途地域内の現況市街地の中で各種都市機能、居住機能を誘導する区域の線引きをするが、換言するとその外側はこれら機能を誘導しない区域として公に宣言されることを意味し、現況市街地であっても結果として都市縮小を想定する範囲が明示される形となる。ただ、立地適正化計画は都市計画法に基づかない制度手法であるがゆえに、誘導区域内での支援策を中心とする誘導施策が主であり、誘導区域外では届出、勧告を中心とした緩やかな制限が適用されるだけである。その点では前述の物理的に都市を縮小する制度手法よりは実効性の面で劣ると言えよう。

**❸ 都市縮小を実践する手法の再構築**

では、都市縮小に関する制度や手法をどのように再構築してく必要があるのだろうか？ 通常であれば、制度そのものを再構築する大胆な提案ということになるが、制度自体を再構築せずとも現行制度の運用を工夫することによって再構築を目指す方が現実的と思われるので、本稿では後者を中心に述べていきたい。1つ考えられるのは、実効性のある都市縮小手法とそうでない手法を組み合わせて活用していく手法であり、これにより都市縮

小時代を見据えた都市空間の再構築を「絵に描いた餅」としないようにすることが期待できる。都市空間の再構築方針として描かれた立地適正化計画を実現するためにも、誘導区域の外側となった領域での制度手法を同時に講じていくことが求められ、少なくとも市街化調整区域での開発を容認する制度を立地適正化計画の策定と合わせて再点検する（7章）とともに、用途地域内の誘導区域外では将来的に特別用途地区を指定するなどして、誘導区域内に立地すべき施設の立地を誘導区域外で制限するという手法も考えられる。また、非線引き都市計画区域の用途地域外に対しては、都市機能誘導区域に誘導すべき施設を制限した特定用途制限地域であったり、居住誘導区域への居住を促すためにその外側で居住調整地区を指定するといった法定都市計画による方策が想定される。一方で、地方都市圏には立地適正化計画による施策が及ばない農山村地域を広く抱えているため、集落生活圏としての拠点を維持することも同時に行わねばならず、「小さな拠点」に代表されるようなさまざまな取り組みや制度が存在することからも（12章）、場合によっては立地適正化計画に影響しない範囲で、各種サービス施設の立地を認めざるを得ない状況があるのも事実である。さらに、大都市圏の郊外住宅地について考えると、最低敷地規模の制限やコンビニなどの生活利便施設の立地を規制する制度の存在が衰退原因や再生の足かせとなっているとの指摘があり（11章）、政府も土地利用制度の運用改善によってその問題に取り組んでいる[注3]。したがって、建築制限を中心とする規制一辺倒ではない新たな土地利用の仕組みもまた取り入れていく必要があるかもしれないが、集落生活拠点維持のための制度手法（地域再生土地利用計画）には農振除外や開発許可の特例措置が同時に伴う他、大都市圏の郊外住宅地の場合で述べた生活利便施設の立地を許容する制度手法は建築基準法第48条の規定に基づく例外許可[注3]により行われることからも、これらの特例措置、例外許可にあたっては規制緩和による影響を見極めた慎重な検討が求められる。

**4. 時間概念の再構築**

「拡大する都市」においては、その拡張部分の空間設

計図があり、そのとおりに街がつくられた時点で「完成」という静的安定性を得て、かつそれが長期的に継続することが望ましいことと考えられてきた。したがって、何か課題があって綻びが生じた場合には、再度開発を行い、それを「完成」させることで、再び静的安定性を得るという解決策がとられてきた。

一方、無秩序な空隙化が進む「縮小する都市」においては、そのような完成形を示す設計図は存在しない。時空間的にランダムに発生する空閑地への都度対応が求められるのである。

その際に本書に共通していたのは、そのような空閑地に対して——従来と同様の一定の恒久的な解決を図る〈イギリス・ブラウンフィールドの緑化（23章）、エムシャーパーク（24章）〉ことに加えて——暫定利用を積み重ねるという方策をとっていたことである〈石巻コモン（5章）、住宅地内の菜園利用（14章）、利用承諾協定（20章）〉。必ずしも一度に恒久的な解決を図るのではなく、また暫定利用を単に恒久的解決への橋渡しとして消極的に捉えるのではなく、それそのものを積極的に評価し位置づけることで、地区環境の維持・改善という目標に結びつけることを意図している。土地利用に対する需要が弱い中では、役満を狙って一度も上がれないよりは、1翻（イーハン）を積み重ねるほうが最終的な点数は高くなる、というイメージである。逆に言うと、役満を狙うべき時は狙うことも重要であり、プランナーにはその見極めが求められるということになるのだろう。

このような時間のマネジメントも、都市の無秩序な空隙化への対応においては重要な要素になってくるのである。

## 5. 権利義務概念に関する再構築

「拡大する都市」においては、「所有」することと「利用」「管理」することとは表裏一体の概念であった。所有地とは、所有者が利用するために取得する土地であり、その利用を通じて管理も付随的に行われることになる。したがって、所有という行為と利用・管理という行為の関係性について空間計画的に問題になることはほとんどなかった。

一方、「縮小する都市」においてはこの「所有」「利用」「管理」概念が分離することになる。すなわち、所有はされているものの利用されていない空閑地が発生し、その管理も十分になされないことによって周辺に悪影響が生じる、という構造である。これは、所有自体を自らが意図して積極的に行ったわけではない場合、とくに相続等で遠隔地居住者が新たな所有者になった場合で、当該所有地から得られる経済的利得が小さい（またはマイナスになる）場合に、典型的に見られる。

このような状況に対して、所有の空間的範囲の変更・拡張によって再度「所有」「利用」「管理」の空間的統合を図ることも、一つの解法である〈住宅地における隣地の買い増し（14章）〉。しかし、地方都市においては、そのような需要がない場合や所有者の都合から売ることができない場合もある。その場合、その分離を積極的に受け入れたうえで空間の質の向上を図る方法もある。たとえば、「不在地主の所有区画を草刈りする代わりに無償で畑として暫定的に借りている」（14章）という使用貸借事例は、所有と利用・管理概念を分離させた一例と言えるだろう。

今後は、これまでのような所有権絶対のシステムではなく、他者による利用と管理をさらに柔軟に認めることで外部不経済を防止するためのシステムが求められていると言える。

## 6. 主体の再構築

「拡大する都市」においては、行政とデベロッパーが主要なアクターである。需要を勘案しつつ市街地を拡張する部分について行政が一定の枠を決め、その中でデベロッパーが実際に具体の需要に応じて開発・建設をしていく、というプロセスをへる。この枠が緩いままにデベロッパーが個別的分散的に開発を進めていった結果が、スプロールである。

一方、「縮小する都市」においては、すでに地域コミュニティが成立しているところで無秩序な空隙化現象が発生する。したがって、行政に加えて、地域住民が重要なアクターとなる（14、15、23、24章）。また、この無秩序な空隙化の最大の問題点は、そこでの再度の開発が、

需要の小ささから経済的に成立しない点である。したがって、通常の営利企業である民間デベロッパーがプレーヤーからは外れることになる。その代わりに、NPOやまちづくり会社、CDCなどの公共的性格を有する主体がプレーヤーとなる〈街づくりまんぼう（5章）、ランドバンク（25章）〉。しかし、そのようなプレーヤーが十分ではない場合も少なくなく〈農業の担い手の不足（5章）〉、その発掘と支援が今後の課題である。

公共交通ネットワークについても同様のことが言える。行政と交通事業者という官民が役割を分担しつつ、中心的な存在として位置づけられる（16章）が、ダウンサイジングが進行することによって、とくにその末端部分については民間から公共へ、さらには地域コミュニティへと主体が移っていくことが予想される。

## 7. 生活スタイルの再構築

公共交通網の基盤が弱く、自家用車利用に依存した地方都市は、小都市であればあるほど、車を運転しない（あるいは車を運転できなくなった）生活者にとって、日常生活に不便な空間となる。「拡大する都市」に合わせて進められた都市整備の弊害である。高齢化社会の到来とともに、これを解消するために進められているのが、立地適正化計画による多極ネットワーク型コンパクトシティへの移行である。したがって、生活スタイルの観点で言えば、これまでのような自家用車利用を前提とした郊外居住生活（だけ）ではなく、自家用車利用に依拠しないで享受できる生活スタイル像を地方都市においても構築することが重要課題としてある。これはとくに高齢者にとって不可欠だと考えられる。

都市縮小という言葉が持つ負のイメージを乗り越え、積極的な意味でコンパクトな都市に再構築するうえで、住民の「生活の質」の向上に資すると同時に、人々の多様な生活像を担保する都市づくりには何があるだろうか。余暇や趣味の多くがインターネットを通したバーチャルリアリティで供給され、時間や空間の概念を超えつつある今日では、リアルに体験できる実空間として質が一層求められると考えられる。つまり、人々に住まいたいと感じられる街や空間の多様性が、多様な生活像の提供に対する答えではなかろうか。これは、量的な充実を満たすべく進められた「拡大する都市」においては、あまり目立たなかった課題であるものの、「縮小する都市」においては、都市機能や役割のダウンサイジングを進める課程で、もっとも考慮されるべき課題だと考えられる。このためには、地方都市においては、おのおのの都市のもつ地域性や歴史性の確保が少なくとも重要だと考えられる。地域性が感じられ、歴史的町並みや歴史的建造物に典型なように歴史の感じられる空間が残されていれば、住民が自らの趣向に照らして、こうした空間に生活することを選択できるのであり、その生活の選択の可能性を広げることが重要だと考えられる。これには、一つの都市で魅力の多くを賄おうとすることは不要であり、数は少なくとも各都市がなされた自らの持ち味を再評価し、それを強めればよいことである。

【注】
1 以下では、本書で論じられた関連する章を〈　〉内表記で示す。
2 自家用車利用が必須である地方都市では、現状市街地とその基盤を維持すれば、自家用車利用をするかぎりにおいて、少なくとも生活環境は維持される。その場合、公共交通利用に依拠し、集約化された都市機能誘導区域に住む住まい方と自家用車利用に依拠し、郊外生活を営む二通りの選択肢が確保される。これは金沢市の立地適正化計画の考え方に典型的に見られる。
3 「第一種低層住居専用地域及び第二種低層住居専用地域におけるコンビニエンスストアの立地に対する建築基準法第48条の規定に基づく許可の運用について（技術的助言）」（2016年8月、国土交通省住宅局市街地建築課長通知）。

# 索引

## あ
アーバンシュリンケージ　20, 23
アーバン・ルネッサンス　193
明石市（兵庫県）　122, 124, 126, 127
空き地　127, 128, 130, 131, 132, 133, 134, 135, 179, 183, 208, 210, 212, 213
空き家　30, 36, 51, 54, 100, 127, 136, 137, 138, 139, 140, 141, 142, 161, 171, 183, 184, 187, 188, 189, 208, 209, 210, 213, 214
空き家化　44, 109, 191
空き家管理命令　188
空き家公益団体　188
空き家住宅基金　188
空き家対策特別措置法　21
空家等対策の推進に関する特別措置法　136
空き家登録制度　210
アジア　22, 23
跡地活用　136, 138, 139, 140, 141
尼崎　197
アメニティ　200
アメリカ　25

## い
イギリス　24
維持管理・更新　159, 160, 163, 164
維持管理・更新コスト　163, 164
石巻市　58, 59
1ポンド住宅　188
一般路線バス　145
移転促進区域　58
違反建築物是正　210
イベント　60, 182
移民人口　24
インターモーダル　145
インフラ維持更新コスト　105, 109, 111
インフラ維持費　114
インフラ・サービス　159, 160, 163, 164

## う
ウクライナ　22, 23, 171
宇都宮市　66, 73, 77, 78, 79

## え
英国　184
エージェンシー　205
駅勢圏　31
エリアマネジメント　38
遠隔郊外住宅地　105, 106
エンゼルプラン　13

## お
大阪ベイエリア　197
大阪府　194, 195
オープンスペース　179, 181, 199, 200, 217
オープンスペースの回廊　200
屋上緑化　200
温室効果ガス排出量　174

## か
改正都市再生特別措置法　15
解体除却　136, 137, 138, 140, 141, 142
買取請求権　189
開発許可　73, 75, 97, 119
開発許可条例　15, 54, 84, 95
開発許可制度　15, 52, 79, 81, 83, 84, 87, 89, 95, 97, 217
開発審査会　84, 96, 116, 119
開発審査会基準　97
拡大する都市　216, 218
かさ上げ原位置再建型区画整理事業　56
かさ上げ原位置再建型区画整理事業区域　57
可住地　68
課税宅地　155, 156
課税宅地面積　157
課税建物　155, 156, 157
課税標準額　152, 153, 155, 156, 157
仮設商店街　59
過疎地域対策緊急措置法　21
過疎問題　21
金沢区（横浜市）　32
金沢市　101, 102
金沢シーサイドタウン　37
鹿沼市（栃木県）　85
環境保全法令　194
幹線　146, 149, 150
幹線・支線　147
幹線・支線型　145
幹線・支線型ネットワーク　145, 148

## き
危険空き家　214
危険建物　136, 137, 139, 140, 141, 142
気候変動　174, 200
既成市街地　39
既成市街地要件　77, 78, 79, 80
既存集落　75
既存宅地制度　15, 73, 74
既存の集落　73
既宅地　84
基本単位　47
基本単位区　65
君津市（千葉県）　40, 42
逆線引き　15, 68, 80, 81, 82, 83, 84, 85, 86, 87, 89, 217

逆都市化　29
逆農地転用　60, 61
旧既存宅地制度　116
旧小糸町　42, 43, 44
旧住宅地造成事業　106
旧ソビエト　171
旧東ドイツ　26, 168, 176, 178, 179
旧東ドイツ都市改造プログラム　178, 181
行政コスト　160, 164
共同化　110
居住施策　99, 101, 102
居住調整地域　96, 98, 110
居住誘導区域　15, 53, 70, 90, 91, 92, 94, 95, 98, 104, 115, 158, 159
拠点集約　113, 118
近畿圏整備法　39
近郊整備地帯　39, 45
近隣地区更新国家戦略　186

◆く
区域区分　66, 68, 70, 123
区域区分制度　15, 81, 114
区域マスタープラン　144
空間計画　173, 177, 186, 201
区画整理　81, 87
区画統合　128, 129, 130, 131
熊本市　95
グリーン・インフラストラクチャー　196, 197, 198, 199, 200, 201, 202, 203, 204, 205, 217
グリーンスペース　195, 196
グリーンフィールド　193
グリーンベルト　200
グリュンダーツァイト市街地　176, 177, 179, 182
グレイ・インフラストラクチャー　195
グレーター・マンチェスター　194, 195
呉市（広島県）　136, 137
グローバリゼーション　170

◆け
計画・強制収容法　186
計画人口密度　86, 89
経済衰退　171
経済的誘導手法　105, 106, 111, 112
経済のグローバル化　170, 174, 184, 214
決定価格　153, 155, 157
ケムニッツ市　26
限界郊外住宅地　105
減築　179
建築許可　119

◆こ
コアシティ　23, 24
公営住宅　184, 185, 186, 187, 189, 190
公園　179, 196, 200

郊外化　214
郊外住宅団地　105, 108, 109, 177
公共交通　43, 143, 144, 145, 146, 148, 149, 150, 214, 220
公共交通計画　144, 150
公共交通指向型開発（TOD）　78
公共交通ネットワーク　149
公共施設再編計画　91
合計特殊出生率　13
公示地価　153, 154, 158
交通計画　143, 145, 150
交通手段間の繋ぎ　145
交通政策基本法　144
交通ネットワーク　145, 149
交通マスタープラン　145
コーディネート　62
コーホート法　161, 162
国際建築展示会　204
国勢調査　47, 106
国土形成計画（全国計画）　21
国立社会保障・人口問題研究所　29, 161
固定資産税　111, 121, 122, 126, 142, 151, 152, 153, 155, 156, 181
固定資産税評価額　152
コミュニティ維持　30
コミュニティガーデン　200
コミュニティ開発　211, 212, 213
コミュニティ衰退　29, 30
コミュニティバス　43, 144, 145, 148, 149
根拠に基づく　186, 187, 189
コンパクトシティ　14, 20, 21, 90, 99, 174
コンパクト＋ネットワーク　21, 144, 149, 151, 218

◆さ
菜園　128, 131, 132, 133, 134, 135, 140, 142
災害危険区域　55, 57
災害危険地域　174
災害ハザードマップ　91
再開発　192, 193, 194, 195
再建築価格　153
埼玉県　73
最有効活用　105
産業空洞化　169, 171, 184, 187, 189, 214
産業衰退　23
三大都市圏特定市　124
暫定逆線引き　87
暫定逆線引き制度　81
暫定利用　128
3411区域　72, 73, 74, 75, 76, 79, 116
3412区域　72

◆し
ジェントリフィケーション　24, 173
市街化区域　15, 41, 49, 50, 51, 53, 65, 66, 68, 69, 72, 74, 76, 78, 80, 81, 84, 85, 87, 94, 109, 114, 115, 121, 123, 124, 125, 126, 127, 128, 131, 132, 155, 157,

159, 217
市街化区域内 56
市街化区域内農地 70, 121, 122, 123, 124, 125, 126, 127
市街化区域編入 86
市街化調整区域 15, 54, 56, 69, 72, 73, 75, 76, 79, 80, 81, 90, 94, 95, 97, 113, 114, 115, 116, 117, 119, 154, 156, 216
市街地再開発事業 157
市街地縮小 12, 151, 189, 191
市街地縮小化 127
市街地の拡大 155
自給的農家 126
資産価値 152, 158
支線 146
自然的土地利用 68
持続可能性（サステイナビリティ） 13
持続可能なコミュニティ計画 186, 187
市町村合併 155
市民菜園 141
市民農園 200
社会的排除問題 186, 189, 214
社会的排除問題局 186, 187, 190
社会的包摂 186
社会的包摂プログラム 186
住生活基本計画 122
住宅市場 184, 186, 187, 188, 189, 190
住宅市場刷新開拓者 187
住宅市場刷新プログラム 189, 190, 191
住宅ストック 190
住宅政策 184, 191
住宅とコミュニティ局 193
住宅・土地統計調査 136
集団規定 68
集約型都市構造 156, 158, 159, 214
集約型都市づくり 166
集落拠点 116
集落生活圏 118, 119
集落内開発制度 95
縮小する都市 216, 219
縮小都市 20, 25, 26, 47, 169, 170, 173, 174, 199, 201, 202
縮退方策 109, 110, 111, 112
出生率 25, 26
首都圏近郊整備地帯 40
首都圏整備法 39
シュリンキングシティ 20, 24
シュリンクスマート 20
準都市計画区域 15, 68
上越市 113
将来人口 159, 160, 161, 162
食料・農業・農村基本計画 123
食料・農業・農村基本法 123
自力再建（がけ近事業） 56
新規住宅取得者 158
人口減少 12, 22, 23, 24, 26, 27, 29, 51, 76, 77, 80, 85, 106, 136, 143, 155, 168,

176, 187, 207
人口自然減少 170, 176
人口集中地区 47, 91, 94
人口置換水準 13
人口フレーム 77, 85
人口フレーム方式 15, 52, 68, 81, 87, 89
人口密度 65, 68, 69, 91, 99, 111, 145, 156
新住宅市街地整備事業 106
浸水想定区域 75
新中活法 155, 157
森林 196, 200

**す**

衰退（decline） 20
スプロール 40, 46, 57, 76, 85, 89, 108, 109, 110, 112, 143, 169, 173, 217
スプロール市街地 48, 52, 54

**せ**

生活関連施設 43
生活拠点の集約化 98
生活の質 28, 67, 110, 159, 160, 162, 164, 174, 179, 202, 214, 215, 220
生活利便施設 159, 160, 162, 165, 218
政策検討チーム 186
生産緑地 69, 122, 123, 124
生産緑地地区 126, 127
生態系サービス 200
税滞納差押 209, 210, 211
成長の限界 14, 20
税抵当売却 209
世帯分離 156
仙台市 146, 149
線引き 39, 40, 97
線引き制度 15, 51, 77, 81, 158, 217
線引き都市 48, 53, 72, 96, 97
線引き都市計画区域 67, 77, 94, 114, 115, 117
線引き廃止 217
線引き廃止都市 94
戦略的住宅市場評価 190

**そ**

相続税 124
相続税納税猶予 111, 112
総便益 166
存続可能性 160, 162, 165

**た**

大規模集客施設 15, 120
大都市圏 215
大都市圏郊外地域 29, 36
大都市圏都市 48
大都市郊外地域 33
第二の庭 141
滞納差押防止施策 210

滞納物件差押　208
滞納物件差押危機　207, 208, 210
ダウンサイジング　143, 144, 145, 146, 149, 217
多極ネットワーク型コンパクトシティ　14, 16, 214, 220
宅地化　82, 83, 126
宅地化農地　124
宅地並み課税　121
宅地面積増加　157
脱工業化　192, 194, 214

**ち**

地域空間戦略　186
地域公共交通活性化・再生法　144
地域公共交通網形成計画　144
地域再生拠点区域　118, 119
地域再生土地利用計画　98, 113, 118, 119, 120, 218
地域再生法　98, 119
小さな拠点　92, 113, 116, 117, 118, 218
地価　106, 153, 155, 195
地価公示　154
地価公示価格　152
地価調査　41
地価の下落　152
地区計画　87, 109
地区再活性化　168
逐次計画手法　190
地方財政　151
地方創生　99
地方都市　47, 81, 90, 99, 121, 124, 125, 136, 151, 215
中古住宅　100, 101
中山間地域　113, 115, 116, 118
駐車場　140
中心市街地　49, 58, 100, 138, 151, 155, 156, 177, 178
中心市街地活性化法　15
中部圏開発整備法　39
超高齢化　30
調整区域　89

**つ**

土浦市（茨城県）　103

**て**

定期線引き見直し　50, 81, 84, 85, 86, 87
低需要化　184, 188
低・未利用地　192
低未利用地　128, 214
デトロイト　25
デマンドバス　145, 149
転入者　45

**と**

ドイツ　26, 176
東京一極集中　13, 214

当初線引き　121
統治　172, 186
ドーナツ化現象　176
特定保留　77
特定保留区域　15, 86
特定用途制限地域　15, 67, 70, 98
都市改造カテゴリー　179, 180
都市開発区域　39
都市機能　90, 92, 99
都市機能誘導　96
都市機能誘導区域　15, 92, 94, 115
都市希薄化　12, 29, 38, 105, 106, 109
都市計画運用指針　71, 87, 96, 121, 123, 159
都市計画区域　15, 66, 68, 70, 80, 81, 85, 96, 114, 116, 119
都市計画区域外　40, 45, 57, 64, 68, 84, 94, 96, 98, 113, 115, 116, 117, 119, 216
都市計画区域内　41
都市計画区域マスタープラン　74
都市計画税　52, 81, 94, 111, 151, 155
都市計画法　64, 70, 72, 73, 77, 79, 80, 81, 94, 144
都市計画法改正　66
都市計画マスタープラン　75, 77, 79, 92, 97, 115, 126, 144
都市荒廃　12
都市再生　168, 173, 186, 188, 192, 193, 196, 197, 201, 202
都市再生特別措置法　90, 99, 144, 159, 194
都市再生プログラム　186, 190
都市縮小　11, 12, 20, 23, 47, 65, 66
都市人口　22
都市衰退　12, 168, 169, 172
都市衰微　168
都市的土地利用　68, 70, 84, 217
都市特別委員会　190
都市農業　121, 123, 126, 127
都市農業振興基本計画　123
都市農業振興基本法　121, 123
都市農地　123, 124
都市の希薄化　47
都市の生態系　173
都市のヒートアイランド効果　200
都市発展計画（Stadtentwicklungsplan）　177
都市部の気温低下　195, 198
都市マスタープラン　101
土壌汚染　192, 193, 194, 195, 196
土壌汚染対策法　194
都心回帰　99
栃木市　73, 76
土地区画整理　84
土地区画整理事業　55, 81, 125, 127
土地利用　64, 66, 67, 69, 79, 88, 94, 97, 120, 143, 144, 150, 216
土地利用規制　70
土地利用基本計画　79
届出・勧告制度　96
飛び地 DID　50, 52
富山市　100

**な**
長岡市（新潟県） 152, 153
那珂川町 148, 149

**に**
新潟市 146, 149
二重減歩 84
担い手 61, 126
ニュータウン 108

**ね**
ネットワーク 145, 147
ネットワーク再編 146

**の**
農家 133
農業振興地域 72, 79, 84
農山村地域 113
農住組合制度 121
農振農用地区域 83, 84, 85, 89
農振法 120
農政協議 79
農地 61, 79, 83, 85, 89, 121, 122, 123, 124, 126, 127
農地課税 122
農地転用許可 72, 75, 120
農地法 120
農地法の特例措置 120
農用地区域 73, 79, 83, 120, 218
農用地等保全利用区域 118, 119
ノースウィッチ 196

**は**
ハードコアサイト 193, 194, 195, 197
パートナーシップ 196, 198
橋通りCOMMON 58, 59
バス 43, 146, 147
八王子市 106, 108, 112
花巻市（岩手県） 90
バラ建ち 84, 88, 109
犯罪 195
犯罪率 179
反都市化（disurbanization） 20

**ひ**
東日本大震災 55
東松島市 60
非可住地 69
非線引き 53
非線引き白地地域 54, 57, 79, 96, 98
非線引き都計区域 77
非線引き都市 48, 52, 72, 96, 98
非線引き都市計画区域 67, 70, 90, 96, 114, 115
非線引き用途地域 77, 78, 79, 94

ピッツバーグ市 25
費用 58, 163
評価額 152, 153, 155, 156, 158

**ふ**
フィーダー路線化 146
福井市 128, 130, 131, 132
福岡市 147, 148, 149
福祉資金貸付制度 103
複数区画利用 128, 130, 131, 135
負担調整措置 153
ブラウンフィールド 12, 192, 193, 194, 195, 196, 197, 198, 202, 204, 205
ブランディング 38

**へ**
壁面緑化 200
便益 110, 165

**ほ**
保安林 82
防災集団移転促進事業 55
防集事業 55, 56, 58, 60, 61
防集団地 56, 57
北陸地方 100, 102
圃場整備 83, 84
保留人口フレーム 77, 85, 86, 87
保留フレーム 81

**ま**
マージーフォレスト 195, 196
マキイフカ市 171
まちづくり会社 59, 60, 220
まちなか居住 99, 100, 103, 104, 216
まちなか居住施策 100, 103
まち・ひと・しごと創生総合戦略 12, 13, 117
まち・ひと・しごと創生法 11
松本市 73, 77, 78
マネジメント 62, 159
マンチェスター 195

**み**
見える化 160
瑞穂市（岐阜県） 83

**も**
モータリゼーション 99
目的税 155

**や**
家賃助成 101
家賃補助 100
ヤングタウン 26, 174

**よ**

用途指定区域 53
用途地域 72, 77, 78, 79, 96, 139
用途地域存置 81, 87
用途無指定区域 94, 95, 97, 98, 113, 118
横浜市 30

**ら**

ライフスタイル 145, 146, 149
ライプツィヒ 26, 173
ライプツィヒ市 176, 177, 178, 181
ランドスケープエコロジー 199
ランドスケーププランニング 199
ランドバンク 207, 208, 210, 211, 213
ランドバンク州法 209, 211

**り**

立地適正化計画 14, 15, 53, 67, 68, 69, 70, 74, 90, 92, 94, 95, 96, 97, 98, 104, 113, 115, 117, 118, 119, 120, 144, 158, 159, 161, 214, 216, 218
立地適正化計画制度 75, 99
リノベーション・マネジメント 28
リバースモーゲージ 103, 104
リバプール 24
利用承諾協定 181, 182
緑化 195, 196, 197, 198
緑地 179, 181, 182, 183, 196, 197, 199, 200, 202, 204, 205
緑地化 174

**る**

ルールエリア 203, 204

**れ**

レジリエンス 12, 174

**ろ**

老朽危険空き家 136, 141
老年化指数 33, 34
路線価 132
路線再編 146, 147, 148, 149
路線バス 148, 149
ロンドン 24

**わ**

和歌山市 73, 74
我ら共通の未来 14, 20

**B**

BRT（Bus Rapid Transit）146, 147

**C**

CDC（コミュニティ開発会社）212, 220
$CO_2$ 排出量 165

**D**

DID（Densely Inhabited District 人口集中地区） 22, 47, 65, 91, 99, 100, 114, 215, 217
DID 縮小区域 47, 48, 49, 50, 51, 53
DID 人口密度 68, 114

**E**

evidence base 186

**F**

F プラン 177, 183

**I**

IBA 205

**N**

NPO 117, 220
NPO 法人 197

**Q**

QOL 165, 166

# あとがき

　超高齢化社会を迎える日本において、死亡率が出生率を上回ることによる人口動態要因が人口減少や都市縮小の大きな要因であることに替わりはないが、東京の一極集中による地方の一種の疲弊は、日本に特有の様相と言える。東京（及びその他の大都市圏）に経済的資本や知的資源、あるいは政治的権限等が集中することによる弊害は、漠然と地方には働き場所がないと認識されることで一層若い人材が離れることであり、人材の枯渇は地方再生に対して、少なからず大都市圏に縁のある人材が関わらないと、その達成を困難にしつつある。このことは地方都市のオリジナリティや固有性をさらに弱めることに繋がるだろう。かくいう我々、都市計画の分野でも皮肉なことが起こっている。大学は大都市圏に集中しているのであるが、研究対象としての最前線課題である都市縮小は地方ほど深刻であるという事実である。よって、大都市圏に生活し、地方の生活感に疎い研究者がこの課題に取り組むということになるのである。

　このような中で、都市縮小問題を論じるシンポジウム等で、必ずといってよいほど発せされる問いかけがある。それは「都市の集約化はいかに可能か」というものである。人口が減るから都市の器も小さくてよいはずだ。だとすれば、それはコンパクトな形態が環境負荷も小さく、財政的負担も少なく、高齢者にも優しいだろう、と。確かに合理的な論理ではある。が、そこには、かつて石川栄耀が強調したような、都市の娯楽性や余暇の充実といったアメニティ的な視点は見えにくく、集約化という言葉がもつ後退的な印象はぬぐえないのも事実である。また、この問いかけを地方の生活感に疎い研究者が捉えた場合、地方都市の多様性を無視した、金太郎飴的な集約型都市構造の適用も懸念されるのである。

　本書では、各執筆者が自らの地方都市（や首都圏の人口減少地域）の関わりを基に各章を書いている。ある章では問題提起がなされ、ある章ではその先の提案までが具体的に示された。各章が出揃い、一通り読んだ上で我々が議論したことは、各章を演繹的にとりまとめ、一つの論として包括化するというよりも、各章のリアリティを地方の生活感に裏打ちされた各論として理解しながら、「都市の集約化」の問いかけに関わる違和感に関してであった。つまり、計画的な都市縮小の必要性とは、新たな都市空間を創造する重要な機会ではないか、ということである。「都市の集約化」はその一側面にすぎない。その機会をものにするためには何が必要であるのか？　本書のサブタイトルを「多様な都市空間の創出に向けて」とした理由はここにあり、そのことを結章にまとめている。もちろん、多様な都市空間の具体や実態と、これを必要とする新しい生活像は今後生まれてくるものも多かろう。本書がこうした視点を提供し、新しい議論を開示できたのだとすれば、幸いである。

　本書をとりまとめるにあたり、多くの方々のご協力を賜った。この場を借りて御礼を申し上げたい。

日本建築学会都市計画委員会<br>
土地利用問題小委員会

# 著者略歴

**浅野 純一郎**（あさの じゅんいちろう）
豊橋技術科学大学大学院教授。
1968年生まれ。豊橋技術科学大学大学院修士課程修了、積水ハウス株式会社、長野高専助手・准教授等を経て、2015年4月から現職。博士（工学）。一級建築士。主な著書に、『中心市街地再生と持続可能なまちづくり』（共著、学芸出版社、2003年）、『戦前期の地方都市における近代都市計画の動向と展開』（単著、中央公論美術出版、2008年）、『人口減少時代における土地利用計画』（共著、学芸出版社、2010年）。

**海道 清信**（かいどう きよのぶ）
名城大学都市情報学部教授。
1948年生まれ。京都大学大学院博士課程単位取得満期退学。地域振興整備公団20年間勤務を経て現職。博士（工学）。専門分野は都市計画。主な著書（共著）は、『コンパクトシティ』（学芸出版社、2001年）、『シリーズ地球環境建築・専門編1・地球環境デザインと継承』（彰国社、2004年）、『創造都市への展望—都市の文化政策とまちづくり』（学芸出版社、2007年）、『コンパクトシティの計画とデザイン』（学芸出版社、2007年）、『デンマークのヒュッゲな生活空間—住まい・高齢者住宅・デザイン・都市計画』（萌文社、2014年）。

**中西 正彦**（なかにし まさひこ）
横浜市立大学准教授。
1970年生まれ。東京工業大学大学院博士課程修了、日本学術振興会特別研究員、東京工業大学大学院社会理工学研究科助教等を経て、2013年4月から現職。博士（工学）。専門分野は都市計画・土地利用計画。制度論・計画論研究の他、近年は郊外住宅地の活性化に取り組む。主な著書に『成熟社会における開発・建築規制のあり方—協議調整型ルールの提案』（共著、技報堂出版、2013年）。

**秋田 典子**（あきた のりこ）
千葉大学大学院園芸学研究科准教授。
東京大学大学院博士課程修了、東京大学国際都市再生研究センター研究員、東京大学大学院新領域創成科学研究科研究員等を経て、2008年12月から現職。博士（工学）。専門分野は土地利用計画、緑地計画。主な著書（共著）に、『都市計画の理論—系譜と課題』（2006年、学芸出版社）、『住民主体の都市計画』（2009年、学芸出版社）、『自分にあわせてまちを変えてみる力』（2016年、萌文社）。

**姥浦 道生**（うばうら みちお）
東北大学大学院准教授。
1973年生まれ。東京大学大学院博士課程満期退学、豊橋技術科学大学COE研究員、大阪市立大学助手等を経て、2008年4月から現職。博士（工学）。専門分野は都市計画・土地利用計画。主な著書（共著）に、『人口減少時代における土地利用計画』（2010年）、『東日本大震災　復興まちづくりの最前線（東大まちづくり大学院シリーズ）』（2013年）、『白熱講義　これからの日本に都市計画は必要ですか』（2014年）、『都市・地域の持続可能性アセスメント』（2015年、いずれも学芸出版社）。

**苅谷 智大**（かりや ともひろ）
株式会社街づくりまんぼうまちづくり事業部。東北大学大学院工学研究科教育研究支援員兼務。
1985年生まれ。東北大学大学院工学研究科博士課程後期修了、日本学術振興会特別研究員（PD）を経て、2015年4月から現職。博士（工学）。専門分野は住民主体型まちづくり、中心市街地活性化。著書に、『シティプロモーション：地域創生とまちづくり』（共著、同文舘出版、2017年）。

**中出 文平**（なかで ぶんぺい）
長岡技術科学大学副学長。
1957年生まれ。東京大学大学院博士課程満期修了、東京大学工学部助手、長岡技術科学大学工学部助教授、2001年4月に同教授、2012年4月より現職。工学博士。専門分野は都市計画・土地利用計画。主な著書に、『消滅してたまるか！』（共著、文藝春秋、2015年）、『人口減少時代における土地利用計画』（共著、学芸出版社、2010年）、『中心市街地活性化—三法改正とまちづくり』（共著、学芸出版社、2006年）、『中越大震災・前・後編』（共著、ぎょうせい、2006年）。

**松川 寿也**（まつかわ としや）
長岡技術科学大学大学院助教。博士（工学）。
新潟県生まれ。同大助手、国土交通省国土交通政策研究所客員研究官等を経て2007年より現職。著書に『ラーバンデザイン—「都市×農村」のまちづくり』（共著、技報堂出版、2007年）、『人口減少時代における土地利用計画』（共著、学芸出版社、2010年）。

**眞島 俊光**（ましま としみつ）
株式会社日本海コンサルタント社会事業本部計画研究室リーダー。
1981年生まれ。金沢大学大学院博士課程修了、2006年4月から現職。博士（工学）。技術士（建設部門、農業部門）。専門分野は都市計画・土地利用計画。著書に『地方都市の再生戦略』（共著、学芸出版社、2013年）。

**藤田 朗**（ふじた あきら）
日建設計総合研究所主任研究員。
早稲田大学理工学部建築学科卒業、慶應義塾大学大学院政策・メディア研究科修士課程修了。技術士（建設部門・都市及び地方計画）、一級建築士。専門分野は都市計画、政策分析。

竹田 慎一（たけだ しんいち）
新潟県上越市都市整備部都市整備課計画係長。
1989年上越市役所入所、農林水産、産業、道路、河川、砂防、都市計画関連部署、上越市土地開発公社、新潟県を経て2012年から都市計画の土地利用や開発業務に従事。主に上越市都市計画区域のあり方、上越市総合計画、上越市都市計画マスタープラン、上越市立地適正化計画などに携わる。

柴田 祐（しばた ゆう）
熊本県立大学環境共生学部教授。
1971年生まれ。大阪大学大学院工学研究科博士後期課程修了。博士（工学）。造園コンサルタント、大阪大学大学院工学研究科助教、熊本県立大学環境共生学部准教授を経て、2017年4月から現職。専門は地域計画、農村計画。主な著書に『都市・まちづくり学入門』（共著、学芸出版社、2011年）、『はじめての環境デザイン学』（共著、理工図書、2011年）、『都市計画とまちづくりがわかる本』（共著、彰国社、2011年）などがある。

原田 陽子（はらだ ようこ）
福井大学大学院准教授。
1975年生まれ。神戸芸術工科大学大学院博士課程修了、（株）HEXA、コペンハーゲン大学客員研究員などを経て、2013年7月から現職。博士（芸術工学）。専門分野は、居住地計画・環境デザイン。主な論文に、「大阪市空堀地区における路地単位特性と接道不良長屋所有者の居住改善実態」（日本建築学会計画系論文集、2011年）、「デンマークにおける地区を基盤にした市民参加の都市再生事業に関する研究」（日本都市計画学会論文集、2016年）

篠部 裕（しのべ ひろし）
呉工業高等専門学校教授。
1962年生まれ。豊橋技術科学大学大学院修士課程修了、呉工業高等専門学校助手、文部科学省教科書調査官等を経て、2003年4月から現職。博士（工学）。技術士（建設部門）、一級建築士。主な著書に『中国地方のまち並み—歴史的まち並みから都市デザインまで』（共著、中国新聞社、1999年）。

吉中 美保子（よしなか みほこ）
西日本鉄道株式会社。
福岡市役所勤務ののち、九州大学大学院博士課程を修了し、2008年4月より現職。博士（工学）。専門は持続可能性の評価、コンパクトシティ政策、都市・地域計画。これまで、沿線のまちづくりや不動産事業、新規事業などに従事。主な著書に『景観法と景観まちづくり』（共著、学芸出版社、2005年）、『持続可能な低炭素都市の形成に向けて（九州大学東アジア環境研究機構RIEAE叢書Ⅶ）』（共著、花書院、2015年）。

榎本 拓真（えのもと たくま）
Local Knowledge Platform LLC。

横浜国立大学大学院博士課程修了後、九州大学大学院学術研究員等を経て、2016年4月より現職。博士（工学）、技術士（都市及び地域計画）。これまで、大手私鉄事業者による交通戦略策定のコンサルティングやエリアマネジメント組織の運営、各種プロジェクト評価等に従事。その他、国連ハビタット（国際連合人間居住計画）コンサルタント等。専門は都市交通計画、都市・地域計画、都市政策、交通政策。

樋口 秀（ひぐち しゅう）
長岡技術科学大学大学院准教授。
1966年生まれ。長岡技術科学大学大学院建設工学専攻修了、島根県立出雲工業高等学校建築科教諭、長岡技術科学大学助手、同助教授を経て、2007年4月から現職。博士（工学）・一級建築士。専門分野は都市計画・市街地整備。主な著書に、『中心市街地再生と持続可能なまちづくり』（共著、学芸出版社、2003年）、『定常型都市への模索—地方都市の苦闘（「シリーズ都市再生」第3巻）』（共著、日本経済評論社、2005年）、『日本建築学会叢書9 市民と専門家が協働する成熟社会の建築・まちづくり』（共著、日本建築学会、2014年）。

勝又 済（かつまた わたる）
国土交通省国土技術政策総合研究所都市研究部都市開発研究室長。
1967年生まれ。東京大学大学院修士課程修了、同博士課程中途退学、建設省建築研究所を経て、2014年4月から現職。博士（工学）。専門分野は都市計画・住環境整備。主な著書に、『暮らし・住まい—大都市の戸建住宅に住む』（共著、日本統計協会、2001年）、『まちづくりのための建築基準法集団規定の運用と解釈』（共著、学芸出版社、2005年）、『人口減少時代における土地利用計画』（共著、学芸出版社、2010年）、『地域再生 —人口減少時代のまちづくり』（共著、日本評論社、2013年）。

Katrin Grossmann
エルフルト応用科学大学建築都市計画学部教授。
1972年生まれ。フィリップ大学マールブルクでPh.D、UFZ都市環境社会学学科ヘルムホルツ環境調査センター助手を経て、2014年より現職。主な著作に、
Grossmann, K., Buchholz, J., Buchmann, C., Hedtke, C., Höhnke, C., Schwarz, N. (2015): Energy costs, residential mobility, and segregation in a shrinking city. Open House International 39, 14-24.
Haase, A., Rink, D. and Grossman, K. (2016): 'Shrinking cities in post-socialist Europe: what can we learn from their analysis for theory building today?', Geografiska Annaler: Series B, Human Geography 98 (4): 305-319.

Vlad Mykhnenko
オックスフォード大学セントピーターズカレッジ継続教育学科准教授。
1975年生まれ。ケンブリッジ大学でPh.D、グラズゴー大学都市研究学科研究員、ノッティンガム大学地理学部研究員、バーミン

ガム大学人文地理学部講師を経て、2017年より現職。主な著作に、
Haase, A., Rink, D., Grossmann, K., Bernt, M., Mykhnenko, V. (2014) Conceptualizing urban shrinkage. *Environment and Planning A*, Vol. 46 (7) pp. 1519-1534.
Haase, A., Bernt, M., Grossmann, K., Mykhnenko, V., Rink, D. (2016). Varieties of shrinkage in European cities, *European Urban and Regional Studies*, Vol. 23 (1), pp. 86-201.

Annegret Hasse
UFZ都市環境社会学学科ヘルムホルツ環境調査センター上級科学者。
1972年生まれ。ライピツッヒ大学でPh.D、IfL（地域地理研究所）科学協力員を経て2002年より現職。主な著作に、
Bernt, M., Cortese, C., Couch, C., Cocks, M., Grossmann, K., Haase, A., Krzysztofik, R. (2014): How does (n't) urban shrinkage get onto the agenda? Experiences from Leipzig, Liverpool, Genoa, and Bytom, In: *International Journal for Urban and Regional Research* 38 (5), 1749-1766 (DOI:10.1111/1468-2427.12101).
Haase, A., Athanasopolou, A., Rink, D. (2016): Urban shrinkage as an emerging concern for European policymaking, In: *European Urban and Regional Studies* 23 (1), 103-107 (2013 Online first; DOI: 10.1177/0969776413481371).

Marco Bontje
アムステルダム大学地理・計画・国際開発研究学科助教。
1973年生まれ。アムステルダム大学でPh.D、同大学研究員を経て2009年より現職。主な著作に、
Grossmann, K., Bontje, M., Haase A., Mykhnenko, V. (2013) Shrinking cities: notes for the further research agenda. *Cities* 35: 221-225.
Bontje, M., Musterd, S. (2012) Understanding shrinkage in European regions. *Built Environment* 38 (2) : 153-161.

Peter Lee
バーミンガム大学地理・地球及び環境科学学部上級講師。
1962年生まれ。バーミンガム大学でPh.D、同大学都市地域研究センター研究員、講師等を経て2011年より現職。主な著作に、
Urban Resilience: Planning for Risk, Crisis and Uncertainty, Coaffee, J., Lee, P. May 2016 London: Palgrave Macmillan.
Building Sustainable Housing Markets, Ferrari, E., Lee, P., Jan. 2010 Chartered Institute of Housing, London.

大塚 紀子（おおつか のりこ）
英国在住のフリーランスコンサルタント。
専門分野は都市デザインと交通計画。現在ドイツの都市計画研究所、ILS（地域都市開発調査研究所）の客員研究員として、EU出資の研究プロジェクトを主導し、オランダ、ドイツおよびイタリアの鉄道駅のデザインを調査中。大阪大学大学院工学研究科地球総合工学専攻の招聘研究員として、日英のブラウンフィールド比較研究に携わる。1985年から1995年まで竹中工務店勤務、退社後渡英しオックスフォード・ブルックス大学でPh.D（都市デザイン）を取得。TRL Limited（英国交通研究所）やETH Zurich（スイス連邦工科大学チューリッヒ校）での勤務などを経て現職、一級建築士。

Karsten Rusche
ILS（地域都市開発調査研究所）上級研究員。
1980年生まれ。ミュンスター大学大学院でPh.D、同大学空間・住宅経済研究所研究員を経て、2009年より現職。主な著作に、
Reimer, M., Rusche, K. (2016): Green Infrastructure - an Important Element in Strategic Urban Planning. In: IGLUS (Hrsg.) : GIPC - Governance, Innovation and Performance in Cities. Jg. 2, H. 2, S. 6-9.
Rusche, K., Wilker, J. (2015): Social, Economic and Ecological Benefits of Landscape Park Projects: Using Benefit Transfer to Assess Green Infrastructure Projects. In: Woltjer, J., Alexander, E., Hull, A., Ruth, M. (Hrsg.) : Place-Based Evaluation for Integrated Land-Use Management, Farnham, UK, S. 57-74.

Jost Wilker
ノルトライン＝ヴェストファーレン州気候保護・環境・農業・保全・消費者保護省研究員。
1983年生まれ。ドルトムント工科大学大学院修士課程修了、ILS（地域都市開発調査研究所）研究員を経て、2016年より現職。主な著作に、
Mell, I., Allin, S., Reimer, M., Wilker, J. (2017): Strategic Green Infrastructure planning in Germany and the UK: A transnational evaluation of the evolution of urban greening policy and practice. In: International Planning Studies, published online 15 February 2017.
Wilker, J., Gruehn, D. (2017): The Potential of Contingent Valuation for Planning Practice. The Example of Dortmund Westpark. In: Raumforschung und Raumordnung – Spatial Research and Planning, Vol. 1, p. 1-15.

藤井 康幸（ふじい やすゆき）
民間シンクタンク勤務。
1962年生まれ。カリフォルニア大学ロサンゼルス校（UCLA）建築都市計画スクール修士課程修了、東京大学大学院博士課程単位満期取得退学。博士（工学）、AICP（米国認定都市プランナー）。専門分野は都市・地域政策、人口減少都市問題。主な著書に、『日本の街を美しくする』（共著、学芸出版社、2006年）、訳書に、『カリフォルニアのまちづくり』（共訳、技報堂出版、1994年）。

日本建築学会　本書作成関連委員

■都市計画委員会（2015年度）
　委員長　有賀　隆
　幹　事　饗庭　伸、姥浦道生、岡本　肇、栗山尚子、三島伸雄

■都市計画委員会（2016年度）
　委員長　鵤　心治
　幹　事　饗庭　伸、石村寿浩、栗山尚子、樋口　秀、三島伸雄

■土地利用問題小委員会（2013〜2016年度）
　主　査　浅野純一郎
　幹　事　姥浦道生、松川寿也
　委　員　秋田典子、勝又　済、柴田　祐、中西正彦、原田陽子
　　　　　藤田　朗、眞島俊光、吉中美保子

---

都市縮小時代の土地利用計画　　多様な都市空間創出へ向けた課題と対応策

2017年8月1日　　第1版第1刷発行

編　者　一般社団法人 日本建築学会
発行者　前田裕資
発行所　株式会社 学芸出版社
　　　　〒600-8216　京都市下京区木津屋橋通西洞院東入
　　　　電話 075-343-0811
　　　　http://www.gakugei-pub.jp/
　　　　E-mail info@gakugei-pub.jp
印　刷　イチダ写真製版
製　本　新生製本
デザイン　KOTO DESIGN Inc.　山本剛史　萩野克美

© 一般社団法人 日本建築学会 2017　　　　　　　　　　　　　　　Printed in Japan
ISBN 978-4-7615-4092-0

[JCOPY]〈(社)出版社著作権管理機構委託出版物〉
本書の無断複写（電子化を含む）は著作権法上での例外を除き禁じられています。複写される場合は、そのつど事前に、(社)出版社著作権管理機構（電話 03-3513-6969、FAX 03-3513-6979、e-mail: info@jcopy.or.jp）の許諾を得てください。
また本書を代行業者等の第三者に依頼してスキャンやデジタル化することは、たとえ個人や家庭内での利用でも著作権法違反です。

## 好評既刊

**『人口減少時代における土地利用計画 〜都市周辺部の持続可能性を探る』**
川上光彦、浦山益郎、飯田直彦＋土地利用研究会 編著
開発と縮小、保全のマネジメントを提案する
B5変判・176頁・定価 本体3800円＋税

**『人口減少時代の都市計画〜まちづくりの制度と戦略』**
大西隆 編著
突きつけられた課題に、いかに応えるか!?
A5判・272頁・定価 本体2900円＋税

**『ドイツ・縮小時代の都市デザイン』**
服部圭郎 著
人口減少社会を生き抜くドイツの姿勢と政策
A5判・240頁・定価 本体2600円＋税

**『都市・地域の持続可能性アセスメント 〜人口減少時代のプランニングシステム』**
原科幸彦、小泉秀樹 編著
総合的、長期的地域づくりの不可欠な手法
A5判・264頁（カラー16頁）・定価 本体3200円＋税

**『都市経営時代のアーバンデザイン』**
西村幸夫、中島直人、坂本英之 他著
都市生活のデザインへ、深化する13都市
B5判・224頁（内カラー28頁）・定価 本体3700円＋税

**『図説 都市空間の構想力』**
東京大学都市デザイン研究室編／西村幸夫、中島直人 他著
建築・都市デザイン・まちづくりの拠り所
B5判・184頁（2色刷、内32頁カラー）・定価 本体3700円＋税

**『都市計画 根底から見なおし新たな挑戦へ』**
蓑原敬 編著／西村幸夫、佐藤滋 他著
地域の安定と活性化のために何をなすべきか
A5判・272頁・定価 本体2800円＋税

**『ドイツのコンパクトシティはなぜ成功するのか 〜近距離移動が地方都市を活性化する』**
村上敦 著
地方都市のコンパクト化、成功と失敗の本質
四六判・252頁・定価 本体2200円＋税

**『コンパクトシティの計画とデザイン』**
海道清信 著
最新動向に探る持続可能な成熟都市への道筋
A5判・320頁・定価 本体3500円＋税

**『コンパクトシティ 〜持続可能な社会の都市像を求めて』**
海道清信 著
欧米の政策と論争の紹介と、日本型への提案
A5判・288頁・定価 本体3200円＋税

**『失敗に学ぶ中心市街地活性化 〜英国のコンパクトなまちづくりと日本の先進事例』**
横森豊雄、久場清弘、長坂泰之 著
まちづくり三法改正後の課題と解決策を探る
A5判・224頁・定価 本体2400円＋税